CSSCI（2014–2015年）来源集刊

武大国际法评论

WUHAN UNIVERSITY INTERNATIONAL LAW REVIEW

教育部人文社会科学重点研究基地
武汉大学国际法研究所
主办

第十六卷 · 第二期
VOL.16 No.2

WUHAN UNIVERSITY PRESS
武汉大学出版社

图书在版编目(CIP)数据

武大国际法评论．第16卷．第2期/教育部人文社会科学重点研究基地，武汉大学国际法研究所主办．—武汉：武汉大学出版社，2014.7
ISBN 978-7-307-12717-3

Ⅰ.武… Ⅱ.①教… ②武… Ⅲ.国际法—研究 Ⅳ.D99

中国版本图书馆 CIP 数据核字(2014)第001984号

责任编辑：田红恩　　责任校对：鄢春梅　　版式设计：马　佳

出版发行：**武汉大学出版社**　(430072　武昌　珞珈山)
(电子邮件：cbs22@whu.edu.cn　网址：www.wdp.com.cn)
印刷：武汉中科兴业印务有限公司
开本：787×1092　1/16　印张：25.5　字数：493千字　插页：1
版次：2014年7月第1版　2014年7月第1次印刷
ISBN 978-7-307-12717-3　定价：56.00元

武大国际法评论

钱绍武题

武大国际法评论

（第十六卷第二期）

编辑部邮箱：tougao@ whuilr. org

通 信 地 址：武汉大学法学院

《武大国际法评论》编辑部

邮政编码：430072

Wuhan University International Law Review

Vol. 16 No. 2

E-mail: tougao@whuilr.org
Address: School of Law, Wuhan University
Editorial Board of "Wuhan University International Law Review"
430072

武大国际法评论

学术顾问

（按姓氏拼音先后为序）

Wuhan University International Law Review

Editorial Advisory Board

目　录

一、珞珈学人

二、专论

三、国际私法中的强制性规范

CONTENTS

WHU Scholars of International Law

Articles

Mandatory Provisions in Private International Law

International Investment Treaty

International Investment Arbitration

一、珞珈学人

梁西先生是我国著名的国际法学家、国际组织法学的开拓者和奠基人。今年恰逢梁西先生九十华诞，他的几位学生分别结合自己的求学经历，对先生的治学精神、学术贡献和教育理念进行了梳理和回顾，以此为先生祝寿。

梁西与国际法

□ 曾令良*

目　次

今年是梁先生九十华诞。先生是我国今日最年长国际法学家，我作为先生名下毕业的年龄最大的博士、现任的国际法研究所所长，于情于理，或于公于私，都应该为先生精心准备隆重的庆祝活动，奈何先生执意不肯。我只能在此向先生致以最美好的祝福！有好奇者向先生请教长寿之策：“夫子何以能长寿？”先生诙谐地说：“或许因为我是学国际法的吧。”一语惊人，成为美谈！以下记录的是我对先生为

* 武汉大学国际法研究所所长、长江学者特聘教授。

学感悟的点滴，以飨学界同仁、同事和同学们。

一、一丝不苟、精益求精的学术精神

梁先生于1950年毕业于武汉大学法律系，在北京大学执教30年后，于1983年调回母校任教至今。早年受著名国际法学家周鲠生及李浩培等先生的教益，对国际法深感兴趣。半个多世纪以来，先生在国际法方面的贡献，主要体现在他对国际组织法（学）的开拓性研究与教学活动之中。其主要代表作为《梁著国际组织法》（2011年版）。

先生一生乐于读书，勤于思考，形成了具有自身特色的严谨学风。在改革开放前，他因好学和专心于教学和研究，被批走“白专”道路，并下放农场当了两年“放牛郎”。在“文革”年代，他在北大与王铁崖、沈宗灵、芮沐等老一辈法学家组成一个编译组，担任对联合国资料的收集、翻译和研究工作，并独自搜集和研究了大量有关国际组织的中外文资料，为他此后30多年来对我国国际法学及国际组织法学所作创新性的贡献奠定了基础。在我攻读硕士和博士期间，他曾多次讲到中英文语言和文化的差异，强调翻译是一种再创造，“准确性”是唯一的标准。为此，他和芮沐等教授往往为了一个词的准确翻译，不惜坐公交车往返北京图书馆数次。在教学中，先生常用学生的翻译作业进行对比讲解，效果很好，给我留下了深刻印象。

先生在学术上一丝不苟、精益求精是一贯的，数十年如一日。其早期著作《现代国际组织》及其后来的多次修订版，不仅阐述精辟、条理清晰、措辞严谨、表达流畅，而且，书中的关键词都用黑圆点标示。细心的读者还会发现，无论是哪一版，都没有任何的错、别、漏字或标点符号的错误。这在法学著作中，如果不是唯一的，那也是屈指可数的范例。先生曾经告诉我，他的书稿有些重要内容是刘老师（师母）采取倒序逐字的方式校对的，所以不易出错。

先生毕生追求学术成果的质量。上述他所撰写的《现代国际组织》，在过去的30年间，先后修订了五次，已出到了第六版，名为《梁著国际组织法》，如此多的次数，且数十年不过时，实属鲜见。① 先生主编的《国际法》教材，以创新、精确、简要、流畅著称，也先后三次出版，两次修订和多次重印，成为许多高校法学专业选用的教材。② 这两本书都曾以繁体字竖行本在台湾出版发行。

先生执著追求和产出学术精品的一个重要方法是，在持续积累的基础上，根据

---

① 该书前四次修订均由梁先生本人完成，第五次修订他委托杨泽伟负责完成。

② 该书第一次修订由梁先生负责完成，第二次修订他委托曾令良主持完成。

新的信息资料和研究成果，定期修订其代表作。在修订过程中，除了更新和补充各种有关的数据资料之外，主要是充实国际法及国际组织法发展的新内容，尤其是吸纳新的研究成果，特别是他本人新的学术观点，从而不断提升研究成果的学术水准。先生关于国际组织法体系的论述及国际组织法学科体系的构建（参见下文），从提出到完善，历经三十多年，都是通过原创和不断修订的方式得以实现的。

先生公开发表的论文数量不算多产，但每篇都是精品力作。先生每写一篇文章，在公开发表前都要经过修改。先生习惯于将稿纸对折，左边用于撰写初稿，右边留作修改之用。每一次修改，分别用不同的颜色字体记载和标示。他说，这样做的好处是，一个稿件记载不同的版本，便于辨识、比较和查找。用于发表的稿件，限于篇幅，需要删减部分细节内容（如统计数据、举例说明、引注等），但这些细节内容可以留着待以后演讲、授课或写学术报告时采用。

先生有收集和留存资料的良好习惯。资料的范围广泛而又全面，涉及法律、政治、经济、文化、教育、历史、科技等领域，还有历届学生的档案、单位发布的文件、学科申报的材料和其他方面的文字记录。只可惜，他在20世纪70年代以前收集的资料，在"文革"期间，被红卫兵抄家时毁掉了。近30多年来，他自己的和所接触的所有文稿和资料，他都有保存。凡是我记不起来的事情，询问先生，有不少都能得到满意的答复。

二、独具匠心，开辟和不断完善新的学科分支——国际组织法

国际组织法是第二次世界大战后逐步形成的一个新的国际法学科分支。在20世纪80年代以前，国际上有关国际组织法的著述大多集中于联合国以及之前的国际联盟的研究，鲜有关于国际组织的一般原理的探讨。80年代初，已故的荷兰国际法学家谢尔莫斯（Schermers）所著的《国际组织法》（International Institutional Law）是第一部全面、系统研究国际组织法的著作。该书有三大特点：一是"大而全"几乎覆盖所有的国际组织，就像一本国际组织手册或百科全书；二是主要从组织法的角度进行研究和阐述，很少将国际组织与国际法结合起来进行分析；三是资料翔实，脚注丰富。先生的《现代国际组织》初稿完成于1981年，与谢尔莫斯的《国际组织法》的出版是同一年，但正式出版要晚三年，即1984年出版。该书是我国较全面系统论述国际组织法的第一本专著，初步构建了具有自身特色的国际组织法学科体系，并通过后续的五次修订，不断完善了这一体系。

他的代表作《梁著国际组织法》，与中外同类著作相比，在研究视角和方法上至少有四个方面的特色：一是他所建构的国际组织法学，是建立在深刻分析人类社

会发展规律和国际社会结构的基础上的；二是他始终将对国际组织法的研究与国际法的发展趋势有机地结合在一起；三是他的国际组织法学思想富有鲜明的法哲学味道，尤其体现在第一编的绪论和第六编的尾论以及其他各章节的导语之中；四是他的研究紧密地联系着与中国有关国际组织的实践。

他所撰写的《现代国际组织》，曾经在很长时期内是我国这一新兴国际法学科领域唯一的专著。20 世纪 90 年以后，有关国际组织法的论文和著作逐步多了起来。但是，出版和发表的有关著述，大多是阐释特定的类别性国际组织的法律制度，偶有国际组织法的教科书问世，一般来说，也鲜有超越先生已创立的理论和体系的。在这一新兴学科领域，先生不仅积累了丰富的教学经验、率先出版了个人专著和发表了一系列论文，而且还是改革开放后中国第一本全国统编《国际法》教材（法律出版社 1981 年版）"国际组织"一章的作者。他还是《中国大百科全书》（法学卷）所有"国际组织"词条的撰稿人。

先生对国际组织法学所作出开创性贡献涉及这一新兴学科的各个方面，其核心是，创建了具有特色的国际组织法学科体系，构建了国际组织的法理学，并提出和阐述了一系列创新的学术观点，大大提高了国际组织法学的理论深度和学术价值。以下略举十一例，以见一斑：

1. 明确提出了国际组织是"国家间进行多边合作的一种国际合作的法律形态"和"国际法律秩序"的观点

研究国际组织的学者，一般都认为，国际组织作为一种社会现象，是一种国际行为体，也是一种国际合作的产物和形式。梁先生则从法学和人类社会发展的双重角度来认识国际组织。他在其著作中开宗明义地提出，"从法学角度来解释：国际组织是国家间多边合作的一种法律形态"。从人类发展史来看，国际组织是人类组织化过程中的第二次飞跃：人类"由远古集群发展到氏族，由氏族到部落，终于产生国家，这是一次飞跃；由国家交往而形成国际社会，在国际合作中产生国际组织，这又是一次飞跃"。两次飞跃导致两种不同法律秩序的形成：一种是国内法律秩序；另一种是"国际法律秩序"。① 国际组织及其法律制度是国际法律秩序中一种新的形态。国际组织是一种国际合作的法律形态，是由其两大基本特征所决定的：（1）它是基于国家（或政府）间协议而建立的，而这种协议本身就是一种法律形式；（2）它是有关国家为特定领域的合作目的而建立的，具有高度的国际合作功能。国家之间通过国际组织而开展的合作，是一种常设机制性的合作，具有稳定性、连续性、持久性、民主性，有的国际组织甚至还具有问责性的法律职能。

2. 科学地概括了现代国际组织的发展趋势

① 梁西：《梁著国际组织法》，武汉大学出版社 2011 年版，第 3 页。

先生通过大量的资料分析和理性认识，客观和科学地总结出国际组织的起源、沿革和发展趋势，其要点是：（1）19世纪初期开始形成的国际民间团体开创了有组织地开展国际合作的先河，并逐步成为国家间协定或条约所承认而成为正式国际体系单位；（2）国家间民间交往发展到政府间的国际会议，是国家间交往与合作的更高一级的形式，政府间国际会议所形成的带有常规性的习惯程序和决策规则，为国际组织的诞生奠定了基础；（3）19世纪中叶开始建立的国际行政联盟，开创了国际组织的"三重结构"，即代表大会、执行机关和国际秘书处分立体制的范例；（4）20世纪国际组织的发展进入了"快车道"，数量迅速增加，是"国际组织的世纪"；（5）现代国际组织的职能包罗万象，上至外层空间，下至海底洋层，在人类活动的各个方面，国际组织无处不在；（6）国际组织间的协调日益增强，形成了以联合国为中心的协调网络；（7）在全球化不断扩展和深化的时代，国际组织作为协调各国行动并将其组织起来的机构与制度，大有可为，但也面临严峻的挑战。①

3. 深入、系统地分析和总结了国际组织法体系的构成及其理论基础

先生在构建国际组织法体系过程中，固然收集、查阅了大量的中外文资料并博采东西方的主要观点，但他从不照搬既有的观点，而是从法理学出发，阐述自己独到的见解。他指出国际组织数以万计，种类繁多，但国际法（学）所着重研究的主要是国家或政府间组织。而且，他在20世纪70年代末就认定早已形成一个新的重要的国际法分支——国际组织法。他后来将这一新的国际法分支定义为："它是用以调整国际组织内部及其对外关系的各种规范（包括有关组织建立、存在与活动的一切有约束力的原则、规则和制度）的总体。"②

关于国际组织法体系的构成，他首先认为没有固定不变的模式。然后，根据国际组织法的上述定义和不同的识别标准，将国际组织法的体系作出了四种理论分析：（1）以法律效力的层次为标准，国际组织法可以区分为各种组织性条约与各种行政性法规；（2）以法律调整的对象为标准，国际组织法可以区分为对外关系法与内部关系法；（3）以组织的各种重要事项及问题为标准，可以将国际组织法区分为若干部分，如组织章程、法律地位、成员资格、组织结构、职权范围、成员国的权利义务、争端解决、财政制度、总部问题、特权与豁免、议事规则，等；（4）以组织的职能和地域范围，并进行交叉分析，可以将国际组织法区分为综合型组织法律制度与专门性组织法律制度，或区分为全球性组织法律制度与区域性组织法律制度。③

① 梁西：《梁著国际组织法》，武汉大学出版社2011年版，第18～25页。

② 梁西：《国际组织法》（总论），修订第五版，武汉大学出版社2001年版，第3页。

③ 梁西：《梁著国际组织法》，武汉大学出版社2011年版，第12～14页。

4. 首次提出了国际组织法渊源与国际法渊源的共性与个性之关系的观点

虽然国际组织都有其赖以建立的约章，还有专门的《关于国家和国际组织间或国际组织相互间条约法的维也纳公约》以及其他有关国际组织具体事项的各种法律文件，但是国际法委员会迄今还没有以国际组织法为主题而进行系统的编纂。先生从法学逻辑出发，对国际组织法的渊源进行了类别的比较分析。他认为，"作为国际法一个新分支的国际组织法，其渊源的性质和种类，是不可能超出一般国际法的范围的"，这就是国际组织法与一般国际法的"一般性"或"共性"。与此同时，国际组织法还有其"特殊性"或"个性"。所谓"共性"，是指那些"普遍适用于所有国际关系（包括国际组织）"的一般性条约、国际习惯或一般法律原则；所谓"个性"则是指那些"直接关于国际组织的组织性条约"以及"在国际组织内部及其对外关系中所产生的规定及长期形成的各种来自实践的惯例和做法"。①

5. 创立了关于国际组织法律人格的"职能性原则"

关于国际组织的法律人格，一直存在着两种代表性学说，即"约章授权说"和"隐含权力说"。前者主张，国际组织是否具有法律人格应依其章程的明确规定，是成员国授予的一种权力；后者认为国际组织法律人格是国际组织客观存在的必然结果，是一种固有的权利。先生认为，国际组织并不当然具有法律人格，其法律人格的确定取决于有关组织的基本文件对"职能的大小及范围"所作出的规定。那些重要的特别是那些负有重大国际责任的国际组织，为实现其宗旨，在其"法定职能"范围内通常具有相应的法律人格，以便在其国际交往中行使其权利和履行其义务。这一观点（即"职能性原则"）被认为是以"约章授权论"和"隐含权力论"为基础的一种比较适用的"折中观点"。②

6. 提出了专门机构的"三级结构论"

专门机构作为国际社会的一种法定组织，与一般综合性国际组织相比，在基本体制上，虽然没有重大差别，但是也有一些明显的个性或特点。在组织体系上，先生认为，专门机构是一种典型的"三级结构"。具体表现是：各专门机构均设有最高权力机关、执行机关和秘书处，其中最高权力机构一般为大会，由各成员国代表组成，一般一至两年召开一次常会；执行机构一般称为理事会，大多由大会选举的少数成员国代表组成；秘书处由国际公务员组成，负责有关机构的经常性事务。尽管专门机构的运作体制不尽一致，但是"三级结构"无疑最具有广泛性和代表性。③

① 梁西：《梁著国际组织法》，武汉大学出版社 2011 年版，第 10～12 页。

② 梁西：《梁著国际组织法》，武汉大学出版社 2011 年版，第 9 页。

③ 参见梁西：《梁著国际组织法》，武汉大学出版社 2011 年版，第 291 页。

7. 提出了联合安理会常任理事国否决权的“三脚架”原理

先生对于安理会常任理事国否决权在宪章中的依据的解释具有系统性和独到性。依他看来，宪章第27条是直接规定否决权的条款，但是该条款并不是否决权法律基础的全部内容，还要根据宪章第23条和第109～110条进行综合研究。他认为，第23条规定了五大常任理事国是否决权的主体，这个条文是否决权制度的主体条款；第27条授予常任理事国的投票权具有一票压倒多数的法律效果，这个条文是否决权制度的基干条款；第108～110条规定常任理事国对于宪章的生效和宪章生效后的修正案的生效均享有否决权。这就意味着常任理事国对于宪章能否生效和宪章的修正案能否成功都起着决定性的作用。这组条文是上述两项条文的永恒性保障条款。他由此得出结论：“这三组条文相互为用，像一台钢筋三脚架支撑着整个的联合国体制，也使否决权制度本身在联合国体制中根深蒂固，不易动摇。”①多年来，各种力量一直在推动安理会的改革，尤其是其表决制度的改革，但迄今没有实质进展。其中固然有错综复杂的政治和经济原因，然而宪章的这三组条款是最根本的法律因素，由此演绎的“三脚架”原理无疑给出了令人信服的学理解释。

8. 提出了国家自卫权制度的“三驾马车”的观点

长期以来，关于国家自卫权的法律基础，学者们一般都从国际习惯法和《联合国宪章》的双重角度进行阐释。在习惯国际法中，学界都认为自卫权是国家主权和国家基本权利的应有之义。而在《联合国宪章》中，一般都认为国家自卫权的依据是第51条有关自卫权的直接规定。先生在其著作和多次学术报告中对于《联合国宪章》中的自卫权依据有自己独到和深邃的见解。他认为，不能将国家自卫权的法律基础只限定在宪章第51条的直接规定，还必须根据宪章的宗旨和原则以及有关维护国际和平与安全的强制性的规定进行综合的分析。为此，他得出的结论是：宪章所确认的自卫权制度涉及三个密切相连的条款：第51条是自卫权制度直接的主干条款；第2条第4款规定的不得以武力相威胁或使用武力是自卫权的前提条款；第39条关于对任何和平之威胁、和平之破坏或侵略行为是否存在的断定是主干条款的断定条款。先生将这三组条文形象地比喻为一架拉动自卫权制度的“三驾马车”，缺一不可。②

9. 联合国维持和平部队法律基础的新解释

联合国维持和平行动是联合国解决严重国际争端和冲突的一种措施。自1948

① 梁西：《梁著国际组织法》，武汉大学出版社2011年版，第147页。

② 梁西：《国际法的危机》，载《中国国际法精粹》2005年卷，高等教育出版社2005年版，第3～14页；《世界情势与国际法律秩序的危机》，载《法学研究》2004年第2期，第126～127页。

年以来的维护行动共计50多次。值得注意的是，《联合国宪章》对于和平行动并无明确的规定，它是在实践中根据宪章的宗旨和原则逐步发展起来的。关于和平行动的法律基础，学界的基本共识是，它不属于宪章第41条或第42条所采取的强制性行动，但是其具体的宪章依据，则一直存在争议。有的学者援引宪章第6章或第7章的有关条款，另有学者援用其他的联合国文件，如1950年的《联合国维和决议》，还有的以联合国为实现其宗旨所应具有的一种隐含权力来作为法律根据。梁先生通过考察历次维和部队的建立程序、职责范围和活动实践，作出了新的解释，认为“以宪章第40条来解释维持和平部队，似乎比较符合宪章的精神”。也就是说，维和部队的派遣构成安理会在采取强制行动以前促请有关当事国遵行的一种“临时措施”，属于“安理会为执行其职能所需要设立的一种辅助机构”。①

10. 精辟地论述了集体安全制度的理论与实践及其发展规律

在《现代国际组织》（特别是）及其历次修订版本中，除了国际组织法的基本原理是其重点内容之外，联合国的内容先生浓墨论述的另一个重点，而其中关于集体安全制度的阐述是原创性的，既系统、全面，又深刻、精辟。首先，他开宗明义地指出，“集体安全制度，是传统国际法向现代国际法发展的标志之一”；与传统的“个体”或“个体联盟”方式相比，集体安全制度更有利于维护世界和平与安全。他深刻分析了国际联盟的集体安全制度失败的根本原因，即《国联盟约》没有完全禁止战争和国联行政院无法采取迅速有效和统一的制裁措施。然后，他准确地阐述了联合国集体安全制度在国际法上的进步性。主要表现在：（1）《联合国宪章》制定者在法律体系中给集体安全以重要的地位，将其作为联合国的宗旨与原则予以规定，并且在组织和权力形态上使之具有集权的性质；（2）宪章不仅当然禁止战争，而且普遍禁止使用武力或以武力相威胁。接着，他考察了半个多世纪以来联合国集体安全制度的实践，特别强调在以分权为基础并形成为多极的国际社会里，由于大国及各国家集团之间错综复杂的矛盾，集体安全体制运作过程中经常遇到各种难以逾越的障碍和制约。他还特别揭示了冷战结束后集体安全制度出现了一些显著变化；例如，安理会5个常任理事国在通过有关采取强制行动的决议时，不轻易使用否决权，从而使联合国采取的强制措施的频率明显上升。又如，安理会逐步把有限的制裁范围和制裁重点放在特定的主体上，如统治阶层、官方机构、经济实体或个人。此外，他还专门阐明了集体安全与普遍裁军的关系，指出“裁减军备与制止战争，是执行集体安全制度的两个相辅相成的问题”。最后，他就集体安全制度总结出了“若干规律性认识”，其要点是：（1）集体安全制度的理论基础是“世界整体和平”这一新概念；（2）建立一个执行集体安全措施的强大机构及其有

---

① 梁西：《梁著国际组织法》，武汉大学出版社2011年版，第199～203页。

效行动是物质基础；（3）势力均衡原则对于集体安全制度产生重大影响；（4）受国际社会基本结构的制约，集体安全制度一直面临各种阻碍力量，如民族主义、意识形态、军事同盟体制、军备竞赛、霸权主义、强权政治，等；（5）“集体安全制度与普遍性国际组织的发展密切相关”，前者不可能脱离后者而单独存在，也不可能比后者发展得更快。①

11. 首次提出并论述了国际法和国际组织的“极限论”

先生集数十载研究之大成，不仅创建了国际组织法学体系，而且通过不懈的研究，不断在完善这一新兴学科的体系，丰富和提升他的国际法和国际组织法理论。他所著的《国际组织法》（第五版），专门增加了第六编，作为“尾论”，以“人类的组织化趋势”为题，大篇幅地归纳了国际社会的组织化规律及其对国际法发展所产生的影响。在此基础上，对国际法和国际组织的未来提出了前瞻性的“极限论”。他从法哲学的角度总结道：国际法的稳定是相对的，而发展则是绝对的。紧接着，他提出了一个值得深思的问题：国际法的形成、适用和执行“由分散到较为集中”和“国际法调整范围在不断扩大，国家管辖范围在相对缩小”的发展趋势，到底有无极限，其极限是什么？他得出的结论是：虽然随着国际社会的逐步组织化，世界增强了凝聚力，但在国际社会基本结构（即众多主权国家并存的“平行式”社会）发生根本变化之前，国际组织仍将基本上是一种“国家间组织”，国际法仍将基本上是一种“国家间法”。这就是极限，超出了这个限度，它就不是“国际组织”或“国际法”了。“这个限度是由现阶段国际社会的本质属性及基本结构所决定的。”②

最后，需要特别指出的是，自1983年以来，在国际法这一新兴科学领域，梁先生培养了数十位法学硕士和法学博士，并在他的指导下，进行了一系列课题研究，完成并发表或出版了一大批与国际组织直接相关或交叉联系的文章、学术报告、咨询意见、学位论文、教科书及专著，广泛涉及国际组织法的各个部分。除了先生的总论性著作外，较有分量的专著就有20多本。他在2001年就提出建议，希望这些著作的作者们能约定分别进行一次修订，在此基础上合作出版一套大型的新的“珞珈国际组织法丛书”。③ 我们期待，先生的建设性规划能早日实现！

---

① 参见梁西：《梁著国际组织法》，武汉大学出版社2011年版，第181～199页。

② 梁西：《梁著国际组织法》，武汉大学出版社2011年版，第347～357页。

③ 梁西：《国际组织法》（总论），修订第五版，武汉大学出版社2001年版，第五版修订说明。

三、厚积薄发，创新国际法理论

中国的改革开放给中国的国际法教学与研究带来了蓬勃发展的生机。一个重要的表现是，国际法教材如雨后春笋陆续面世。先生是曾获“全国高等学校优秀教材特等奖”的《国际法》（1981年版）的主要编写人之一，他在中国率先在教科书中系统阐述了国际组织法。国内的国际法教材在体系结构上一般都遵行章节平衡的传统模式，编写的内容大同小异。20世纪90年代初，先生根据自己数十年教学和科研的积累，担纲主编了一本新的国际法教科书，旨在“探索国际法发展轨迹和演变规律的同时，试图在法学观念上有所更新”。为此，先生在搜集和调研了中外国际法教材的基础上，拟定了一个新的编写大纲，将国际法学科体系的“整个内容分为总论和分论两编。凡属国际法的基本理论、对国际法各领域具有指导意义和普遍影响的问题、适用于国际法一切效力范围的原则及制度，均归于‘总论’编。凡在某一专门领域，已发展成为国际法独立分支并具有较成熟体系的部分，均归于‘分论’编”。这一新的体系设计，在专家鉴定会上获得一致通过，并逐步获得国际法学界的认同，而且在后来该书的多次修订与再版中沿用。

先生主编的这本《国际法》最耀眼的亮点是他亲自撰写的第一章“国际法的性质和基础”。他首次提出并系统阐述了有关国际法发展规律的“社会基础论”。他通过透彻的分析，概括出“国际法社会基础”的若干规律性的认识，即：“众多国家并存”并“交互作用”，才能形成国际社会；“国际社会的形成是一个‘渐进过程”；“建立国际法律秩序，是世界各国进行交往的一种内在需要”；“国际社会组织化程度，对国际法的发展产生深刻影响”；“现代国际法需要适应一种复杂的世界格局”。他进一步预言：“21世纪的国际法理念及价值取向，必将随着国际社会法律秩序的改善和加强而不断向前发展。”①

在论及“国际法的特殊性”时，先生一针见血地指出“国际法是平等者之间的法律”，这是由国际社会的基本结构所决定的。他形象地将国内社会描述为一种纵向的“宝塔式”社会，而国际社会则是一种横向的“平行式”社会。由此，他揭示出国际法的最本质的属性和特征，即：“它所建立的不是一种以统治权为基础的法律秩序”，而是“一种以国际社会的主权者‘平等协作’为条件的法律体系，是一种国家之‘间’的法律体系”。②

---

① 梁西：《国际法的社会基础与法律性质》，载《武汉大学学报》1992年第4期；梁西主编：《国际法》，修订第三版，武汉大学出版社2011年版，第5~7页。

② 梁西主编：《国际法》，修订第三版，武汉大学出版社2011年版，第11~12页。

先生对于现代国际法发展的规律性特征的五个方面的总结，堪称精辟，并且预言这些规律性的特征无疑将继续影响21世纪国际法的发展。它们分别是：(1) 国际关系的最大特点是新独立国家的迅速增加及其对国际法发展的重要影响；(2) 国际社会的扩大和国际法主体的增加最富有时代意义；(3) 国际法的客体的迅速扩大使国家“保留范围”相对缩小；(4) 战争法发展最为突出，从战争法规的产生、到对战争的限制、直到战争权的废止，是国际法演变过程中的一条极其重要的轨迹；(5) 人类社会的组织化趋势和20世纪国际组织的迅速发展，极大地推动了国际法的发展。①

国际法与国内法的关系，是国际法学界长期讨论的“常青藤”问题。对于已有的两大代表性理论，即“一元论”和“二元论”，先生肯定二者各自的长处，又明确指出它们的短处。更重要的是，他不盲目遵从两种代表性理论中的任何一种，而是提出了“国际法与国内法内在联系论”，并阐述了这种内在联系的三个方面的根本因素和纽带，即：(1) 国家是国际法与国内法发生内在联系最重要的纽带和动力：(2) 国家的对内职能及政策，同国家的对外职能及政策，彼此密切相关；(3) 适用国内法的国内社会和适用国际法的国际社会具有千丝万缕的关系。②

先生提出的“结构平衡论”是他发展现代国际法理论的又一项重要的贡献。他于1997年在武汉大学举办的“当代国际社会与国际法高级研讨班”上，以“人类组织化与当代国际法的新动向”为题，做主旨报告，首次讲解这一新的理论，并借助这一理论阐释了国际组织的发展规律和作用。以此为基础，在《法学评论》1997年第4期上发表了题为《论国际社会组织化及其对国际法的影响》的论文。在该文中，先生对国际组织的发展规律提出了如下深邃和独到的见解：

“国际组织的出现和一个巨大国际组织网的形成，是世界两股潮流的汇合；一股是，各主权国家基于各自的文化传统与民族利益，热衷于追求己国的独立。同时，在各种国际竞争因素的影响下，国家间利益的冲突、权力分配的矛盾和意识形态的分歧，时隐时现，没有最终消失的时候。所以，国际社会无法将众多分散的国家权力完全融合为一个统一体。这里存在的是一种‘分力’（离心倾向）。另一潮流是，由于各种国际关系和科学技术的发展，国家间的利益联系与行政交往日益增多，从而使国内管辖事项往往溢出国界，需要国际互助；没有他国协助，一国难于实现其相关的管辖任务。所以，各国都希望找到一种多边合作的方式。这里存在的是一种‘合力’（向心倾向）。国际组织的蓬勃发展，正是由于上述两种力量和愿望得到了合理的平衡与调和，从而使现代国家‘既能各自独立又能相互依存’的

① 参见梁西主编：《国际法》，修订第三版，武汉大学出版社2011年版，第23～28页。

② 梁西主编：《国际法》，修订第三版，武汉大学出版社2011年版，第15～16页。

结果。这是世界进入20世纪以后一种结构性的新现象……国际组织作为现代国际社会的一种结构形式，显然是国家间诸种力量和愿望得到平衡的必然结果。"①

梁先生，将他创立的"社会基础论"和"结构平衡论"形象地比喻为"俨如一对孪生子，殊途同归"。他正是以这"两个孪生的法理学"为出发点，高屋建瓴，深刻揭示和高度概括了国际法和国际组织的发展规律，创建了自己特色的国际组织法学，提出了一系列创新性的国际法理论。他在数十年来的国际法与国际组织法教学及科研的实践中，始终贯穿着他创建的这两种基本理论。②

四、教书育人，独树方法论

教书育人，是每个教师的本职工作，古今中外，天经地义，理所当然，似乎无需赘述。然而，说起来容易做起来难。在这方面，"说话的巨人，行动的矮子"者，屡见不鲜。在社会高度市场化和师德已成为社会化问题的今天，强调"教书育人"的重要性和紧迫性，显得尤为必要！在这方面，先生有如一面镜子！他数十年如一日，坚持既教书，又育人，喻育人于教书之中，在法学院是有口皆碑的师德楷模、育人典范！

先生从来不赞成大学教师只注重科研，而轻视教学。他主张教学科研并重，相辅相成。对于青年教师而言，他认为，讲好课，站稳讲台是第一位的。所以，在育人方面，先生首先注重的是对青年教师的传、帮、带。他经常自发地走进课堂，听青年教师讲课，课后还再约谈主讲老师，对课堂教学的内容安排、表述、举止、互动等方面作出评估，鼓励好的地方，对于不足之处，提出改进的建议。他常常告诫青年教师，欲求好的教学效果，充分备课是关键。对于重复开设的课程，每讲1小时，至少备课4小时；而对于新开课程，备课时间至少翻一倍。20世纪80年代末，当我准备给本科生主讲国际法课程时，先生亲临寒舍，询问我的备课情况，还要求我在家对着穿衣镜和录音机进行试讲，自我鉴别和改进讲授的画面和音语效果。从这些细微之处，足见先生对青年教师之关爱，对教学之重视！

需要说明的是，先生重视教学、重视青年教师培养的所作所为，大多不是出自领导或教学行政管理部门的指示或安排，而是出自一个德高望重的老教授自发的对教育事业的钟爱，对教学效果和质量至善至美的执著追求，对青年教师的成长与事业进步无微不至的关怀，对培养德才兼备的大学人才的高度责任感。

---

① 当代中国法学名家编委会编：《当代中国法学名家》，第二卷，人民法院出版社2005年版，第933~934页。

② 参见梁西：《梁著国际组织法》，武汉大学出版社2011年版。

为总结其数十年教学经验的积累并与青年教师和学界进行教学方法的交流，梁先生数次在武大法学院、国际法研究所、湖北省国际法研究会和全国有关高校就教学方法问题作专题报告，其中特别就备课与资料、教师的台风、讲好第一堂的重要性、有教材的情况下如何讲课、板书与语言表达、课堂思想交流、讲课进度、理论联系实际、学生能力的培养、教风和师德等问题进行系统、深入、生动的阐述，受到广泛的好评。如今，先生关于法学教学方法的报告和论文，已汇编整理成书，公开出版发行。① 我相信，随着时间的推移，他的教学方法论必将产生更加广泛的影响。

先生十分注重与学生之间的直接交流和互动。梁老师的课堂从来不沉闷，气氛活跃。他不仅凭借其精湛的学术思想和深入浅出、循序渐进的讲解吸引学生的注意力，而且善于运用语调轻重、抑扬顿挫、富有情感的表述感染学生。更重要的是，他常用以问题导向课堂的方式，与学生展开对话交流，即在课堂内形成“思想共鸣”。

他尤其重视课外与学生的直接交流。他与学生的课外交流，不拘于形式。无论是他自己讲课，还是听别人讲课，他习惯地利用课间休息或课后主动接触学生，询问和听取学生们对教材、教学内容、教学方法等方面的意见和反映，以便能及时得到解决或改进。他欢迎学生到他家里谈论学术，交谈教与学的感想，反映有关的问题。

先生退休后，不再给本科生讲课。但是，他的心里和脑海里从来没有离开过法学院、国际法研究所和历届的学生们。他不仅从未间断国际法及国际组织法的研究和教学活动，而且还身体力行地践行教书育人的辅导活动。2005 年，他已经是 81 岁高龄的老人，还欣然为当年入学的法学院新生举办讲座，与之讨论“如何读书与做人”的话题。在长达两个多小时的报告中，他以“大学生要强化‘自我塑造’的意识”为题，分别就新生们如何开启大学的学习、如何搞好课堂学习、扩大学习视野、学习方法等问题，用“一种松散的口语表达”方式逐一进行讲述，以便利刚刚踏进大学的新生们的理解和掌握。先生的讲述，层次清晰，环环相扣，既对每个学习环节进行细致的诱导，又善于提炼各个学习环节的要点，其中关于“博”与“专”的关系、“六字读书法”（通读、读通、读透）、东方的“学”与“思”、西方的“S. Q. 3R 学习法”（浏览、阅读、质疑、背诵、复习）等论述堪称经典。讲述中生动的比喻比比皆是。报告的核心集中于三个方面，即：学生应努力将自己塑造为“德才兼备体健全、”“不断总结经验教训”和具有“创造性思维”的高级人才。

---

① 参见梁西、宋连斌著：《法学教育方法论》，武汉大学出版社 2009 年版。

先生对研究生的教育可谓用心良苦，而且很注重培养方法。除了课堂教学一丝不苟，平时对学位论文的指导更是严格、认真。他先后指导了10余位硕士研究生和20余位博士研究生。他为每一位研究生建立了单独的档案。学生的简历、课程考试成绩、平时作业的批改、论文（包括习作）的文稿，等等，他都有记载和保存，便于查核和因人施教。

学风严谨是梁老师一生保持的职业操守。他一向主张和坚持独立思维、独立研究和独立创新，当然也鼓励团队精神。他的著作和论文都是个人独立撰写完成的，只有一部国际法教材中的“国际组织法”一章和新近出版的《法学教育方法论》是他分别与两位教师（也是他名下毕业的博士或硕士）合著的。他对联合署名十分慎重，前提是：必须是实实在在的合作产品。他对于学生和青年教师提交审阅的文稿，他都会逐字逐句地批改，连一个标点符号都不放过。有时，他的修改量大，稿纸上布满了他以自己独特的字体标示的修改内容。经他修改的文稿，如果他认为达到发表水平，他会乐意向有关学术刊物推荐，但他谢绝联名发表。他常说：“审阅和修改学生的文稿以及推荐发表，是做老师的本分，老师不应从中获利。”当今，导师和学生联名发表文章已经成为一种较普遍的现象，先生的这种执著和坚守尤其显得难能可贵。这些年来，受他的影响，我也照例行事。

我本人对先生为学、为事严谨的作风感受颇深。除上所述之外，还有两例给我印象深刻，终身难忘。第一件事是，20世纪80年代末期的某一天，国际法研究所要召开一个会议，请我通知梁老师参加。我写了一个便条，放入他的信箱。几天后，当我打开自己的信箱，发现了他的回执：在我原来的纸条上，补充了标点符号，然后写下“收到，谢谢！梁西”。

第二例是，自从我成为他名下的研究生时起，我撰写的文稿，包括填写的科研项目申报书、科研奖励申报书、学科申报和评估材料、职称评审申报材料、博导申报材料，等等，一般都要递交给他过目把关。每一次，他都欣然收下，进行认真批阅，修改，并在约定的日期与我详解修改过的地方和修改的原因。久而久之，我产生了对先生的依赖：没有经过他审阅的文稿，心里总觉得不踏实。1996年，我已经遴选为博士导师，并开始独立招收博士研究生了。我在美国丹佛大学做为期1年的富布莱特高级研究学者期间，撰写了一篇论文，题为“论冷战后时代的国家主权”，准备向《中国法学》投稿（后被该刊发表）。我从美国将文稿寄给先生过目，他照例作了详细的修改和评注，从而大大提升了文稿的质量和发表的几率。与此同时，先生嘱托说，我可以“单飞了”。此后，考虑到先生年事已高，我实在不忍心过多打扰，送阅稿也就少了。

梁先生不仅悉心指导研究生，而且十分注重学位论文中的研究方法与写作方法，并逐步形成了系统的方法论。20世纪80年代中期，他曾专门就“如何撰写学位论文"这一问题给研究生作课外指导报告，并在此基础上形成了文章予以发表。① 2009年在出版《法学教育方法论》时又对该文作了必要的修改和补充。在这些报告和文章中，他着重就本科生毕业论文、硕士学位论文和博士论文带有共性的一些问题逐一进行了深刻的阐述：

在论文主题的选定方面，他告诫道：应就自己造诣较深的专业性问题来考虑；问题大小要得当，难易要适宜；选题应挑选与本专业基本理论相关的重要问题；要挑选有现实意义的学科前沿问题。总之，"选题，就像猎人到深山旷野去寻找猎物一样，既要考虑到自己的猎技，又要具备勇气和信心；既要看准追捕的方向，又要善于搜索与发现"。如此比喻，何等形象！

在论文的资料的积累方面，他比喻道，"科学研究需要材料，就像人类生活需要粮食一样"重要。对于从事社会科学的人来说，"日积月累做好资料工作"，尤其重要！他特别强调，无论是采用哪种方式搜集资料（用脑子、文字或电脑），理解是第一位的，"只有理解（消化）了才能使资料变成知识，使牧草变成牛奶，也只有理解了才能对资料进行选择"。至于资料搜集的范围，首要对有关主题的各种资料进行普遍调查，以了解现状及问题的来龙去脉，特别是新的信息和动向。方法上，应先从理论性的资料着手，因为只有吸取现行者的经验教训，才能"青出于蓝而胜于蓝"。还应注意资料的分类整理，便利于长期之需。此外，要充分和善于利用网络资源和专业数据库。

进入论文的撰写阶段后，他首先强调，应拟好写作提纲，即设计写作框架。提纲宜由简到繁多写几次，直到满意为止。学位论文是一种以说理论证为特征的学术性文章，"重在概括与分析，要从复杂社会现象中找出内在的发展规律"。对于法学论文来说，尤其要注意使用严格的法学语言，他将其概括为"文字练达、用语明确，更重要的是要正确运用法的观念、逻辑和规范，但是，文字上的严格要求，不等于行文上的迂腐呆板。论文的用词遣句要有活力，要优美，富于可读性"。

2009年，先生已逾85岁高龄，仍然坚持伏案写作，完成了"再议法学学位论文的设计与写作"一文，继续完善他对法学论文撰写方法的经验之谈和理论概括。这篇文章，实际上是先生于2005年5月和2006年6月，分别为法学院全体（包括法学各专业）研究生所作的两次"法学研究方法论"的专题讲座的讲课手稿。这篇文章的构架源于上述第一篇论学位论文写作的文章，但对于论文的选题和资料的积累问题增加了新的更深刻的论述。此外，还新增加了"研究与思维方法"一节，并将"如何在撰写中下工夫"问题单列一目进行系统阐释。

在如何选题的问题上，除了重申选题必须兼具理论价值与现实意义外，他首先

① 梁西、宋连斌著：《法学教育方法论》，武汉大学出版社2009年版，第54～60页。

进一步阐述了“理论价值”的选择应注意三个方面：（1）不能脱离本专业的基本研究方向；（2）要有理论开拓的余地（空间）；（3）力求“小题大作”。然后阐明“现实意义”的具体要求，即：（1）要挑选对客观实践有重大影响的问题；（2）国家建设及社会发展急需解决的问题；（3）选题切忌“大而空洞”、“广而浮泛”。此外，他特别强调学位论文选题“要有新的视野”，并且要“顾及主客观条件和就业远景”。最后，他提供了一些有关选题信息的主要来源。

如何积累资料的问题上，他着重建议，首先，要明确研究范围，选定主题及中心。然后，围绕主题及中心，拟出“问题清单”，以便有目的地收集资料。还要善于发现和挑选资料，并注重查阅研究有关的法律文献、包括立法、法规、案例、司法行政文件等原始资料。此外，不可忽视有关实践的情况和边缘学科中的资料。他再次强调“要使青草变成牛奶”的重要性，并介绍了如何使“死”资料变成“活”资料的具体方法。最后，他就资料的“分类整理”建议了几种具体方法。

特别值得注意的是，梁先生在这篇文章中关于“研究与思维方法”的内容。

首先，他强调，“思维活动，贯穿于法学研究和论文撰写的全过程，对论文质量起着决定性的作用”。做论文时，作者应该使周密的思考建立在丰富材料的基础上，特别“要克服主观片面性”。如何克服呢？先生建议养成“求异”的习惯。“唯有能虚心和认真思考别人‘不同见解’和反对意见的人，才有更多的机会来提高自己的认识和学术水平。”

第二，“要创造性地思维”，决不能使自己的论文成为资料的堆积或翻版。为此，“要敢于想象和探索，敢于怀疑并富于学术批判的精神”。但是，他又强调，“创造性思维”，应以科学态度为前提，与切实研究相结合，不能“随心所欲，异想天开”。

第三，应“顺向思维与逆向思维”并举。在“顺向思维”，方面，他指出：对某问题形成初步想法后，就必须一直想下去，逐步使之完善。思想像流水一样，也有一种势头，可叫“思想洪流”。“思想洪流的出现，就会产生灵感。有了灵感，就要穷追不舍”。在“逆向思维”方面，他指出：“从自己立论（观点）的对立面去进行思考（‘换位思考’）”。

第四，不要“墨守成规”，要从新角度思考。他说，“一切社会现象，都有其特殊性或复杂性，都是立体的、多维的……任何问题，从不同的角度（新的角度）去观察和思考，常常会有新的发现。所谓‘横看成岭侧成峰，远近高低各不同’”。

第五，不仅勤于“动脑”，而且勤于“动笔”。他指出，语言（文字）与思维是一种形式与内容的关系。“文字是随着思想而来的。思路清晰，文字才能表达明确。相反，思路模糊，文字表达不可能良好。”“先思后写”是一般规律。他的经验是：“有些问题，想着想着，经过琢磨，写起来就更加顺手；有些问题写着写着，多撰写几次，思路就更加清楚了。”可见，“思”与“写”还有一种相互促进的作用。

第六，科学运用信息，善于疏通思路。根据他自身的体会，在写作过程中，可能产生两种困境：一种情况是，资料信息很多，杂乱无章，难以取舍，感到“无所适从”；另一种情况是，兴致勃勃，各种想法如潮涌，但难以驾驭，酷似“误入迷宫”。遇到这两种情况时，他建议：(1) 进一步调理和筛选资料（信息），使之一目了然，使之与写作大纲的论证体系合理搭配，舍弃多余的资料；(2) 再仔细审视一次写作大纲，进一步明确主题思想，疏通思路，使之更加条理化，由此及彼，一层比一层深入；把一些主要论点，想深想透，突出重点，发挥自己的优势。如果经过上述两步工作，仍然混乱不清，理不出头绪，他建议暂时休息，“忙里偷闲”之后，会顿时醒悟，豁然贯通！

第七，零度风格与激情风格的结合。“零度”与“激情”是两种极端的文体风格，前者不带感情色彩，是一种客观的风格，后者带有作者强烈的感情色彩。有人主张，论说文不宜采用激情风格，而应采用零度风格。对此，先生不以为然。他认为：(1) 论说文主要是讲道理，而理是离不开情的，社会科学的文章尤其如此。情，能是使作者权衡价值，辨认善恶好丑，是一种论辩与说服的方式。情，能补充与平衡理智，能摆脱唯理主义的偏见与危机。(2) 作论文是脑力劳动中一种最艰苦的劳动，如对主题毫无兴趣和感情，就会缺乏写作的内在动力。(3) 没有情感，很难有创造性的思维。(4) 没有一点感情的文章，就不能感动别人，难以取得社会效果。但是，先生也不赞成另一种极端，即“激情风格”。他认为，论说文贵在“以理服人”，而不是以感情用事来实现自己的意旨。因此，法学论文，应该是“理智与感情的一种适度结合”的产物。

关于“如何在撰写中下工夫”的问题，他再次强调“写作大纲”和论说文的“说理论证”的重要性。在法学语言方面，他强调“所有词语要明确而无歧义，文字要练达而不啰嗦，表达要清晰，说理要准确”。

最后，他“画龙点睛”：“新”是学位论文的生命！

五、具有鲜明个性和感染力的文风

我特别喜欢阅读先生的著作和论文，他的作品我通常要阅读好几遍，并时不时地翻阅。每一次品读，都会情不自禁地频频点头，也常常皱眉思索，领悟其中的要义或寓意。我之所以痴迷如此，其中学术上的原因，自不待言，还有一个重要的原因，那就是我敬佩先生独特的文风或著述的风格。近 20 多年来，每年国际法专业研究生入学，我向他们首推的阅读书目就是先生的著述。先生的著述在风格上具有如下一些独特性：

其一，构思缜密，结构严谨。阅读他撰写的著作，首先引入眼帘的是严密的体系结构，编与编之间、章与章之间、节与节之间、目与目之间的内在联系十分的紧密，富有层次感。而且，这种严密的构思贯穿于全书。书中的前段与后段之间、前句与后句之间都有严密的逻辑关系。

其二，不爱人云亦云，勤于个人思考。在上述引用的一些著述中，我们已经领略了他的一些独到性和理论上的创新性。这里，再从其文风的角度，作一点补充。先生一系列独到的学术建树，还得益于他数十年如一日"喜欢积累资料，讲求据实分析，不爱人云亦云，勤于个人思考"。在其著述中，对于学科中已有理论或学术观点，他一般都要先进行介绍和总结，但他从来不照搬，而是根据自己的观察和思考，进行点评，肯定其长处，指出其不足，然后鲜明地亮出自己的新见解，并进行充分的论证。这些新的见解，有的是原有学说的补充，有的是修正，有的是选择另一种视角，还有的是填补理论的真空。他常说，世界的事物总是在不断变化和发展，任何的理论和观点都会有时代的局限性，都会受各种主观和客观因素的制约或影响，只有通过敏锐观察，作出符合实际的逻辑分析，才能透过事物的现象看到其本质，从而得出新的结论或见解。

其三，注重分析，更强调概括。先生看问题，视角广泛；常常超前，具有远见；他对任何问题或现象的阐述，不会只停留在一般介绍，而总是要进行深入的分析，揭示出事物的根源或规律。可以说，是"入骨三分"、"淋漓尽致"，有说服力和感染力。根本原因是，他长期养成的深邃思维的习惯，不仅看重分析，而且善于归纳和概括。无论是著作，还是论文，先生都要就论述的主题作出结论，他有时称之为"尾论"或"规律性认识"，从而便于读者集中理解和把握著述的主要观点，并从中受到启迪，激发进一步的研究。先生还常常将这种"高度概括"运用于书（或文）中子主题的小结。先生常说："没有结论的论文，很难说是好论文！"

其四，用词精准，表达有力。先生写作，讲究遣词造句。他常说，"只有用词准确，才能表达准确"。先生往往为了使用一个字或一个词（包括翻译），要反复推敲，甚至还要查阅字典、辞海和大百科全书等工具书。他的文章行文简洁、明快、易懂，阅读起来十分的流畅。有读者著文称赞说："先生的文笔，犹似春晚细雨，读之如闻雅乐。"他曾经对我讲："英文的特点是长句子多，从句套从句，体现了行文严谨；中文则不同，句子越短，表达就越有力。中文用长句容易造成句法错误，应当尽量避免长句。"正是由于先生扎实的文字功底和干练的语言表达，可以肯定说：先生的著述中没有一个错别字，没有一句碎语、闲言，句句紧扣主题。

其五，善于比喻，富有哲理。先生的著述之所以富有感染力，其中还有一个因素是，他善于运用比喻的手法来阐述国际法及国际组织法的理论与实践。法律语言本来以规范性、严肃性和逻辑性为特征，但这并不等于法学语言必定是呆板、生硬，不具有描述性。适当运用比喻来阐述法律现象和法学理论，能大大提高法学著作和论文的可读性和感染力。翻阅先生的著述，可以说，各种明喻和暗喻比比皆是。这些比喻，既生动又形象、贴切，读起来耐人寻味！他的著述具有浓厚的哲理味道。他不仅自己擅长于法哲学思维的运用，而且经常告诫学生要读法哲学，学会运用法哲学。他常言：分析问题和解决问题要善于前后思维、左右思维、上下思维、正反思维和纵横思维，即“立体思维”。只要这样，得出的结论，就可以避免片面性。

总之，阅读先生的著述，除了学术上受益之外，还是一种“美”的享受！这种“美”是法学特有的“美”，是一种“朴实、精炼的美”，一种“法哲学的美”，一种“逻辑学的美”，一种“修辞学的美”！

小　结

先生自谦是一介“布衣”书生。然而，在大家的心目中，他是一位平易近人、亦师亦友的长者，是一位诲人不倦、德高望重的法学家，他无愧为中国国际组织法学的“无冕之王”。虽然他曾因种种原因，没有出国留洋，但他学贯中西，出版和发表了大量翻译作品，做的是国际性学问，而且成就卓越！曾有学生撰文对先生的人生经历与学术思想作过恰如其分的评价：“先生一生是以两种身份生活着的：一是‘学’者，二是‘师’者。作为学者，他是我国国际组织法学的开拓者和奠基人，公认的当代法学名家。作为师者，他一生育人无数，桃李满天下。然而，在这两种身份的背后，我们还发现，先生更是一个‘仁’者。”① 他在国际法及国际组织法方面的学术成就已产生广泛影响。最近，他收到联合国秘书处的正式公函，邀请他为联合国国际法视听图书馆视屏录制国际法专题讲座，作为联合国在全世界范围内推行国际法教学、研究和传播的组成部分，永久性地保存在该图书馆，以便在全球内可持续地使用。该系列专题讲座的主讲人由联合国秘书处从联合国192个会员国中挑选的著名国际法专家担任，题目和内容覆盖国际法的所有领域。先生虽已90岁高龄，但仍欣然接受邀请，并拟以“安理会否决权制度与联合国改革”为主题展开他的讲座，这将是先生为国际法在人类社会广泛传播所作出的又一次新的努力！

---

① 马冉、谢晓庆：《梁西》，载何其生主编：《珞珈国际法：学人与学问》，武汉大学出版社2011年版，第343～382页。

我从梁西老师那里学到的教育理念

□ 谢石松*

作为武汉大学法学院国际法学专业的第一届学生，我们也应该是梁西老师从北京大学调回到武大后教的第一届本科学生。梁老师的课排在1983年9月我们开始学习国际法专业课的第一个学期，即我们大三的第一个学期。武大法律系在1981年招收了"法律"和"国际法"两个专业的本科生，按照国际法专业的课程设计，我们第一年和第二年是在法律系跟法律专业的同学一起学习法律基础课，同时在外语系跟英文专业的同学一起学习英语；从第三年开始，除了继续与法律专业的同学一起学习法律专业的课程外，我们开始专门学习国际法方面的专业课程，梁老师给我们讲授4个学分的专业必修课《国际组织法》。梁老师在课堂上除了教给我们国际法和国际组织法的理论知识以外，还特别强调对概括能力、应对能力、思辨能力和实践能力的培养，并通过期末考试的形式，对我们在这些方面的学习效果进行了充分的测试。其中对抽象概括能力的测试给我们留下了最为深刻的印象，梁老师在试卷上对每一个题目答案的字数都提出了明确的要求，如一个问答题的答案字数是500字，误差不能超过5个字；一个论述题的答案字数是1000字，误差不能超过10个字。在我后来的教学生涯中，我也一直在向学生们强调这些能力的培养，特别是在批阅研究生考卷时，我也会特别注意考生在概括能力方面的表现。

而对于法学研究生的教育，梁老师也特别强调在研究生阶段同样需要注意对上述四种能力的培养，特别是有关思辨能力的培养，尤其强调要术业有专攻。除此之外，还特别注重大家在基础理论知识方面的积累，特别强调要多读经典著作，既要泛读以博，又要精读以专。他认为，现代法学人才最好要做到一专多能，多多领悟如周鲠生老先生等大家的著作。

我在武大法学院10年学习期间，跟法学院很多老师都建立起了非常亲密的关系，而梁老师和师母刘老师则是我在武大法学院最亲密的老师之一。这是因为，我的父亲和刘老师是一个县（桃江县）的小老乡，我的母亲和梁老师是一个县（安化县）的小老乡。所以，虽然尽管我不是国际公法的研究生，但在研究生阶段，

* 中山大学法学院教授。

我还是经常去梁老师家里请教各种各样的学习或者生活方面的问题。当我在1988年1月份的某一天，为准备报考国际私法专业博士研究生而去请教梁老师该怎么复习国际公法，并请他帮忙推荐一些复习资料时（因为我知道我们国际公法的考卷是梁老师出的），梁老师不仅非常爽快地答应了，而且还当即就进了他的书房，一会儿就给我开出了一个17本书的书单。我当时还有点失望地告诉梁老师，我还要复习英语和国际私法，可能没有那么多的时间来复习国际公法，没有办法看完书单上所有的书，看他能不能帮我在那个书单里再挑出一些相对来说更重要的必读书来。梁老师当时就非常明确地告诉我，这些已经是最小的阅读范围了，我只好失望地离开了梁老师家。不过，失望归失望，离开梁老师家后，我立即就去了当时的国际法资料室、法学院资料室以及学校图书馆，把梁老师书单上的17本书全部借回了宿舍，并加班加点、夜以继日地通读了一遍。一直等到我从博士生考场出来，听到旁边的同学说国际公法题目出得很偏的时候，才意识到我当初离开梁老师家时的失望是不应该的。也就是在我随口跟旁边的考生说我怎么一点都不觉得题目偏的时候，我才真正感受到梁老师对我的教导和帮助是多么的重要。如果没有通读完那17本书，我估计也会跟其他考生一样，觉得当年国际公法的题目很偏、很难！

梁老师给我开出的那17本书的书单，不仅让我很顺利地通过了当年的博士生考试，更让我充分认识到了重点阅读和广泛阅读、精读与泛读的重要，懂得了法学、特别是国际法学基本理论知识对一个国际法专业的研究生来说是多么的重要。因此，在我后来的教学生涯中，我也会特别向我的学生强调：应该将相关学科的所有论文和著作作为复习考研的参考资料；将每一门课所涉及的整个领域的所有论文和著作作为学习这门课程所应该阅读的资料。而对于我自己指导的研究生，则更是在入学前就给他们一个书单，要求他们在入学前精读完30本（原来是45本）相关论著，并写出读书笔记，入学报到时交我审查通过后才能继续做我的学生。入学后则会给他们一个更详细的培养计划，就国际法专业学习而言，除了要将国际公法、国际私法、国际经济法方面的一些经典著作精读几遍，每精读一遍写出读书笔记以外，还必须精读完史尚宽先生和王泽鉴先生的民法学著作，还必须通读完在网上和学校图书馆能够找到的所有国际私法、国际经济法、民商法方面的论文和著作，并写出读书笔记。我从不在乎我的研究生什么时候能够通过司法考试，但必须按照我的要求完成我布置的读书计划。我一直认为，作为学法律的人，通过司法考试只是迟早的事情；而且，把书读到家了，通过司法考试也是很自然的结果；我甚至反对我的学生为了司法考试而去读书。像梁老师所要求的那样，我也一再告诫我的学生们，坚实的法学理论基础才是他们走出校门以后的立世之本！

1991 年 7 月 15 日我在博士论文答辩通过后与梁老师合影

2006 年 10 月 27 日我和梁老师一起参加第一届青年国际法学者和博士生论坛

梁西先生与我的法学人生

□ 古祖雪*

今年是梁西先生的90岁华诞，也是我与先生有缘相识的第20年。20年前的1993年6月，原中南工业大学成立法律系，我被学校聘为系主任。为了让“一张白纸”的法律系尽快得到发展，当年10月，我受学校委派，前往中国法学教育和研究重镇——武汉大学法学院拜师求教。在梁小尹老师（当时在武汉大学法学院进修学习国际法）和白映福博士的引荐下，我去拜访了梁先生。虽是初次见面，但先生平易近人，和蔼可亲，我们一见如故。梁先生不仅送了我他独著的《国际组织法》和主编的《国际法》两本著作，而且对如何办好中南工业大学法律系提出了很多中肯的建议，并接受了中南工业大学客座教授的聘任邀请，愿意为家乡法学事业的发展作出无偿贡献。从此，我与梁先生不仅结下了同事之缘，更结下了师生之缘，并由此开始了我的法学人生。

一

1993年之前，我一直从事科学技术哲学的教学和研究工作，并且在国内科学技术哲学界已有了一定影响。因此，虽然职责要求我将自己的学术领域从哲学转向法学，但对于是否实现这种转向，却一直犹豫不决，内心十分矛盾。因为这种转向意味着放弃已有的思维习惯、研究范式及学术资源。正当我在学术道路上彷徨的时候，我有幸认识了梁先生。先生不仅通过他独著的《国际组织法》和他主编的《国际法》，向我阐释了哲学和法学之间的相通性，从而激发了我对法学特别是国际法学的好奇；而且通过列举从哲学转向法学的成功案例，给我分析了从哲学走向法学的可行性，从而坚定了我走向法学人生的决心。

可以说，正是先生的著作，让我领略了国际法学的精彩。因为，在先生的著作中，不仅有对国际法原则和制度的条分缕析，更有对国际法本质和发展规律的深度概括，他提出的国际法的“社会基础论”、国际组织发展的“结构平衡论”、国际

* 浙江工商大学法学院教授、博士生导师。

法与国内法之间的“相互联系论”等理论，无不充满了哲理的光辉！正是先生的鼓励，让我扬起了法学人生的风帆。因为，在先生的鼓励中，不仅有前辈对后学的肯定和期盼，更有一个学术大家对自己法学人生的深刻感悟，他在历次逆境中的学术坚守、在乱象面前的理性洞察，无不为我们提供了人生的楷模！

二

1995 年 5 月，我被录取为先生的博士研究生，（1996 年上半年赴德国完成高级访问学者研究计划）并于 1996 年 9 月开始了博士生的学习和研究生活。尽管哲学和法学之间具有相通性，但它们毕竟是两个性质不同的学术领域，前者注重理论思辨，后者着力实证分析，具有两套不同的研究范式。因此，要实现从哲学共同体向法学共同体的转变，并非易事。先生为了让我尽快掌握法学，特别是国际法学的研究范式，一开始就为我量身定做了攻读博士学位的学习和研究计划，开出了必读的书目，并规定每星期汇报读书心得，与他讨论相关学术问题。尽管我当时还兼有中南工业大学法律系的管理工作，但先生并没有因此放松对我的要求。在完成第一学年的课程学习之后，我原本打算回工作单位一边工作一边学习。但先生不同意，不仅要求我在武汉大学继续专心读书一个学期，而且当我回到工作单位的时候，他还赴长沙亲自督促我的学习，每星期向他汇报读书情况。正是在先生的要求和督促下，我先后精读了法理学、知识产权法学和国际法学的 30 多本著作和教材，并作了 30 多万字的读书笔记，从而为日后的学术研究奠定了初步基础。

珞珈山的读书生活，虽然辛苦，但非常幸福。这种幸福不仅来自于读书过程中所产生的愉悦，更来自于先生在言传身教中释放出的人格魅力！每当想起先生在他的书房里为我答疑解惑的情形和在通往枫园宿舍路上对我谆谆教诲的身影，我都会激动不已。如果没有先生当年的严格要求，如果没有先生当年的细心教育，今天我可能还是法学，特别是国际法学的“门外汉”！

三

经过专业基础的学习和研究，1998 年初，先生允许我进入博士论文的选题和写作阶段。这个阶段不仅是对我过去学习成效的检验，更是确立我未来学术走向的重要环节。因此，先生对我的论文选题非常重视，为此，先生对我过去有关科学技术哲学方面的论著进行了一番研究，了解我的研究状况。在此基础上，先生强调，我的选题必须考虑两个方面的因素：一是我在科学技术哲学领域的已有特长，二是国际法发展的前沿动态。在先生的启发下，我考虑了两个选题：一是“现代国际法中的知识产权制度研究”，二是“国际法的效力研究”。在这两个选题中，前者可以利用我的科技基础，后者可以发挥我的哲学优势。经过综合考虑，先生同意将前者作为我的博士论文选题，但同时鼓励我日后在国际法的基础理论方面开展研究，以便充分利用我在哲学方面的特长。

回顾博士毕业后所走过的法学研究道路，我深深感到，当年先生强调的选题原则，不仅为我的博士论文选题指明了方向，同时也对我后来在国际法基本理论、国际知识产权法和国际通信法等领域的研究产生了重大影响。从这个意义上说，我今天在法学领域取得的点滴成绩，都是与先生当年高屋建瓴的指导分不开的。

“一日为师终生为父。”能够做先生的学生，是我一生的荣耀。时值先生 90 华诞之际，惟有祝愿先生：健康长寿！

二、专论

论网上交易平台对概括性仲裁协议效力的影响

□ 肖永平*　　□谭　立**

内容摘要：为了维护网上交易的秩序和安全，网上交易平台在一定程度上从市场的"参与者"转变为市场的"管理者"，引导当事人选择网上仲裁解决争议。在此背景下，本文提出了概括性仲裁协议的概念，从当事人合意、当事人经济关系两方面分析了概括性仲裁协议的成立。然后从网上交易平台对双方当事人真实意思表示的影响分析了概括性仲裁协议是否有效。最后针对不同情形对概括性仲裁协议进行了完善。

关键词：网上仲裁　网上交易平台　概括性仲裁协议　仲裁协议的成立　仲裁协议的生效

目　　次

* 武汉大学法学院教授、博士生导师、院长。
** 武汉大学国际问题研究院2009级博士研究生。

三、概括性仲裁协议的效力
（一）网络环境对概括性仲裁协议的影响
（二）网上交易平台对当事人意思表示的影响
四、对概括性仲裁协议的修正
（一）单方当事人选择法院的规则设计
（二）双方协商一致重新选择法院或者其他仲裁机构的规则设计
（三）两种规则设计与概括性仲裁协议之间的关系
五、结论

“网上仲裁”已经不是一个新问题。早在2001年，在一系列关于涉网问题的讨论热潮中，关于“网上仲裁”的讨论层出不穷，讨论的热点主要集中在网上仲裁协议的书面形式要件和网上仲裁程序如何设置等问题上。随着网上交易平台作用的凸显，其对网上仲裁产生了深远的影响，从某种程度上说，离开了网上交易平台的协助，网上仲裁想要发展只能是空中楼阁。有学者指出，“为了真正发挥ODR项目内在的制度优势，必须首先确保充足的案源，这就要求ODR项目必须与电子商务经营者及其他相关机构建立紧密的合作关系”，①可见两者之间的紧密联系。网上交易平台的作用显然已经超越了市场参与者的地位，而逐渐转变为规则制定者和市场管理者。在交易规则的统一化和自治化趋势日益明显的情形下，网上交易平台对仲裁协议的影响不断增强，成为讨论网上仲裁协议时不可回避的问题。

如何推进网上仲裁，目前理论界研究不多。由于经济因素的考虑，网上仲裁的发展程度不如网上调解。然而，网上仲裁的强制效力却是网上调解无法达到的。要推动网上仲裁的发展，还需要从仲裁协议入手，探索解决实践中的各种具体问题，为当事人选择仲裁提供理论支持。本文以概括性仲裁协议的效力为研究中心，讨论网上交易平台对概括性仲裁协议成立与效力的影响，并提出具体的修正方案，希望能够在现有法律框架下促进网上仲裁协议的达成与运用。

一、问题的提出

假设A（商家）要使用网上交易平台，② 在使用网上交易平台之前，面对这样

① 参见牟迪：《电子商务交易纠纷解决机制的困境与出路》，载《中国国际私法与比较法年刊》2007年第十卷，第341页。

② 交易平台的“明确告知”义务是否恰当履行，以及A与B的行为能力问题，本文不做重点讨论，假设告知已经完整明确，A与B皆为完全行为能力人。

一份点选合同：① 我方自愿将在使用网上交易平台过程中与其他用户产生的商业纠纷提交某仲裁委员会解决。如果A选择“不同意”，则不能使用该网上交易平台。B（买家）要注册账户使用网上交易平台，同样面对着这样一份合同。如果选择“不同意”，则无法使用该网上交易平台。A、B分别与网上交易平台签订合同之后，为购买某件商品产生纠纷。在此情况下，双方之间是否存在有效的仲裁协议就成为一个颇有争议的问题。②

认为双方不存在有效仲裁协议的理由主要有：

（1）仲裁协议是双方协商一致的产物，不应当有来自外部的干涉。在上述情形下，网上交易平台利用自己的强势地位，强行介入当事人的意思表示，使得当事人意思表示不真实，因而是无效的。

（2）仲裁协议一方当事人在纠纷产生之前根本无从知晓将与谁发生纠纷，仲裁协议的相对方不确定。因此，即使有意思表示，也不能判断意思表示的对象，该仲裁协议并未成立，更不存在效力问题。

（3）该仲裁协议的生效时间无法确定，双方只是就争议解决方式达成了倾向性意见，但何时适用该争议解决方式并不确定。因此，该仲裁协议效力待定。

（4）该仲裁协议在一定程度上剥夺了当事人的诉权。诉权是法律确定的赋予当事人进行诉讼的基本权利，它是公民所享有的请求国家维护自己合法权益的权利。换言之，它是赋予民事法律关系主体在其权利受到侵犯，或者权利义务关系发生争执时，进行诉讼的权能。该仲裁协议全面排除了当事人寻求法院诉讼解决争议的权利，“在不受控制的情形下，有限的权力限制将不再有限制，理性的当事人将不再选择仲裁”，③仲裁因此失去了存在的合理性。在无正当理由剥夺当事人诉权的前提下，这种仲裁协议无效。④

---

① 所谓点选合同，是指在网络交易中，消费者必须按照商家预定的购买步骤操作，并且只有按下同意商家预先制定的格式合同的按钮，才能进入下一步操作。许多网络商家会附带说明，一旦消费者按下鼠标，即视为消费者同意网络商家就合同所订立之条件。

② 在实践中，国内最大的网上交易平台，淘宝网已经在其《服务协议》中约定强制调解的内容，要求用户之间发生争议时由淘宝进行调处，并接受淘宝作出的调处决定。这在某种意义上已经具备了网上仲裁的雏形。甚至在B2B网站金银岛制定的《金银岛大宗产品现货交易中心管理办法》中已经约定由中国国际贸易仲裁委员会解决争议。

③ See W. Michael Reisman, Heide Iravani, Symposium, Arbitration and National Courts: *Conflict and Cooperation: The Changing Relation of National Courts and International Commercial Arbitration*, American Review of International Arbitration, Vol. 21, No. 5, 2010, pp. 5-46.

④ 参见王绍凯：《探析格式合同中仲裁条款的有效性》，载《长春理工大学学报（社会科学版）》2007年第5期，第19页。

支持双方存在仲裁协议的理由也有不少：

（1）当事人在点选合同中作出选择也是意思自治的表现。有学者认为，“在某些情形下，自由意思表示甚至是一种法律假设”，①真实意思表示要综合当时各种因素才能确定。点选合同的有效性已经被国内外多个判决证实有效，不能因为点选合同中存在强势一方就否定合同条款的效力。②

（2）仲裁协议可以在纠纷发生之前作出，也可以在纠纷产生之后形成。在上述情形中，当事人在纠纷产生之前作出选择，协议的相对人当然是“其他使用者”，因而不存在所谓的仲裁协议相对方不确定的问题。

（3）仲裁协议的生效时间应该按照合同法来确定，一方签字之后，另一方签字的时间就是合同生效的时间。所以，要确定仲裁协议生效的时间并不存在障碍。

（4）有效的仲裁协议当然排除了法院的管辖权，这是各国仲裁法和民事诉讼法的主流做法，不存在强迫性剥夺当事人诉权问题。“网络空间自治”理论的支持者更是认为这种仲裁协议是在网络空间中由人们自发形成的规则，比一般法律规则更加适应网络环境，应该予以尊重。

这种假设情形中的仲裁协议，将一方当事人可能产生的所有纠纷概括性提交某一网上仲裁机构，本文称之为“概括性仲裁协议”。我们认为，以上两种观点均有一定道理，在数据电文已经满足仲裁协议书面形式的要求，逐步得到广泛认可的背景下，我们应当将分析的焦点集中在当事人意思表示的真实性问题上来，主要讨论当事人在面对概括性仲裁协议时的表意过程以及真实意思表示。

二、概括性仲裁协议是否成立

概括性仲裁协议的成立是协议有效的前提条件。概括性仲裁协议是由当事人分别作出仲裁意向性表示，双方的意思表示结合在一起组成的协议。双方当事人并未在同一时间，或者在固定的时间之内进行意思表示。这种表意过程是否因为当事人表意的先后性，以及表意对象的不确定性而丧失合理性，直接关系到概括性仲裁协议的成立与否。

---

① See Mayer, J., Seitz, T., *Recognizing and Understanding Consent Issues in Arbitration*, MIBJ, Vol. 79, 2000, p. 505.

② See Ryan J. Casamiquela, Business Law: *A. Electronic Commerce: Contractual Assent and Enforceability in Cyberspace*, Berkeley Tech. L. J., Vol. 17, 2002, p. 476. Also see Tarra Zynda, *Ticketmaster Corp. V. Tickets. com, Inc., Preserving Minimum Requirements of Contracts on the Internet*, Berkeley Tech L. J., Vol. 19, 2004, p. 504.

我们认为，除了合同成立的要件之外，仲裁协议的成立还有两个条件：（1）双方当事人是否形成了将争议提交仲裁的合意；（2）双方当事人之间是否实际发生了经济关系，或者将要发生经济关系。其中，第一个条件是仲裁协议的基本要求，缺少明确的仲裁意思表示，仲裁就缺少效力来源。①第二个条件是仲裁协议性质的要求。从合同法的角度来看，仲裁协议是合同的一部分。合同的主要内容是双方当事人之间建立经济联系，而仲裁条款只是为了解决可能因此所产生的纠纷，并无可以直接履行的内容。当事人未对合同主要内容达成一致，合同无法成立，仲裁协议也无法成立。这两个条件之间并没有先后顺序，只要满足这两个条件，仲裁协议即告成立。

（一）当事人之间合意②的形成

概括性仲裁协议由双方当事人分别作出意思表示，然后结合形成的合意。这个过程是将当事人的表意过程逐步分解，分解为一项项的单独行为，然后以书面的形式予以固定。从程序的完整性来讲，这种略显“拖沓”的过程是最完美的程序，因为程序每一步的推进都可以清晰认定。尽管最终合意的形成需要结合双方的具体行为进行判断，③但可以肯定的是，这样的表意过程是合理的，形式是严谨的，仲裁的意愿是明确的。

仲裁实践中经常出现这样的情况：一方当事人在争议产生之后向仲裁委员会咨询，率先作出单方的意思表示，委托仲裁委向对方了解情况说明仲裁意愿。经仲裁委协调之后，对方表示愿意通过仲裁解决争议，即认为双方已经达成了仲裁协议。最后作出意思表示的一方在作出仲裁的意思表示后，仲裁协议即告成立。仲裁机构作为被信任的中立方，在一方当事人申请后，可以“主动邀请”对方参与仲裁，这种工作方式被国内多家仲裁机构使用，成都仲裁委员会将这种工作方式归纳为

① See Byrnes, J., Pollman, E.: Arbitration, *Consent and Contractual Theory: The Implications of EEOC v. Waffle House*, Harv. Negot. L. Rev., Vol. 8, 2003, p. 290.

② 这里的“合意”是指形式上的合意，即（paper deal），与当事人的真实意思表示（real deal）相区别。See Macaulay, S., *The Real and the Paper Deal: Empirical Pictures of Relationships, Complexity and the Urge for Transparent Simple Rules*, The Modern Law Review, Vol. 66, 2003, pp. 44-79.

③ 英国丹宁勋爵曾经对“无要约与承诺形成的合意”有着深入论述，认为协议是否成立需要综合考虑多方因素，而非仅仅是形式上符合“要约-承诺”的规则。See Richard Stone, *Forming Contracts without Offer and Acceptance*, *Lord Denning and the Harmonisation of English Contract Law*, Web Journal of Current Legal Issues, Vol. 4, 2012.

“仲裁邀请”予以推广。①天津仲裁委员会在2010年版《天津仲裁委员会仲裁规则》第10条直接规定了“仲裁邀请”条款②。这种工作方式打消了当事人的实际顾虑，即愿意仲裁的一方当事人不愿意将载有己方意思表示的协议送与对方手中，而直接将该意思表示交与仲裁机构，一旦对方作出相反的意思表示，仲裁机构可以将该协议送还当事人，避免将来产生不利后果，这在实践中取得了良好的效果。这个程序与概括性仲裁协议的合意形成过程基本一样，从实践上证明了概括性仲裁协议合意形成的合理性。

（二）当事人之间经济关系的形成

经济关系是当事人的“连结因素”。在日常生活中，当事人之间签订仲裁协议，是以经济关系的存在为基础，具有争议相对人和争议事项的直接指向性。这种形式符合合同法中合同相对性的原则，③因而得到了普遍的承认。

在本文假设情形之中，经济关系是概括性仲裁协议缺少的因素。当事人在签署点选合同时，表达的是当事人愿意将争议提交仲裁的意向，是对不特定的对象作出的一种承诺。尽管其他网上交易平台用户同样签订了点选合同，但是在交易实践中，可能两者永远不发生经济联系，这两种承诺则无法相互交叉，无法形成直接关联，概括性仲裁协议成立的实际意义也就不存在。一旦双方发生交易，则“经济关系”的因素自然被补充，仲裁协议即告成立。

与其他仲裁协议不同，概括性仲裁协议是先有双方当事人仲裁的意思表示因素，然后补充了“经济关系”因素。从这个意义上看，概括性仲裁协议的成立时间是在网上交易平台用户发生交易之时。在此之前，概括性仲裁协议只是当事人的仲裁意愿，并未结合形成稳定关系，仲裁协议并未成立。

---

① 具体可见 http://www.tyac.org.cn/zcyd/zclw/2009/0709/308.htm，访问于2009年8月12日。

② 《天津仲裁委员会仲裁规则》(2010年版)，第10条规定：当事人没有仲裁协议，一方当事人通过本会邀请另一方当事人以仲裁方式解决纠纷并签署仲裁邀请书的，本会于2日内将仲裁邀请书及本规则发送另一方当事人。另一方当事人同意仲裁的，本会通知双方当事人达成仲裁协议。另一方当事人收到仲裁邀请书后10日内未作答复的，视为拒绝接受邀请。

③ 合同的相对性，是指合同项下的权利义务只能赋予给当事人或者加在当事人身上，合同只能对合同人产生约束力，而非合同当事人不能诉请强制执行合同。合同的相对性包含主体、内容、责任三方面的相对性。参见王利民：《论合同的相对性》，载《中国法学》1996年第4期，第63~73页。

三、概括性仲裁协议的效力

当事人意思自治原则是仲裁的基石。当事人的真实意思表示是概括性仲裁协议是否生效的重要因素。如果出现胁迫、欺诈、乘人之危等情形，概括性仲裁协议属于无效或者可撤销的协议。在假设情形下，网上交易平台对当事人意思表示的引导作用十分明显，这种引导作用是否构成胁迫，是否造成了争议当事人权利不平衡的状态，是本节论述的重点。

（一）网络环境对概括性仲裁协议的影响

网络的迅速发展对社会影响巨大，给法律工作也带来了极大的挑战。如果将概括性仲裁协议放在日常生活中，去掉其中的网络因素，其当然无效。原因主要有以下几点：(1) 在现实社会，诉讼是当事人维护自身权益的最后手段，司法权的性质不允许当事人在某一领域完全排除法院的管辖权。①这一点不仅带有权利保护方面的考虑，还有一定的宣告意义，是国家强制力的体现。(2) 经过长年发展，各国已经形成了一套完整、有效、稳定的法律体系，可以对现实生活的方方面面进行调控并解决争议。(3) 在现实生活中，没有任何一个商家可以完全占领某一领域的市场，能够强势要求当事人作出如此选择。各国的反垄断法也不允许此种情形的出现。

但在网络环境中，文中的假设情形可能出现。网络这一特殊环境放大了所有行为的特点，使得当事人的表意过程分解。网络新技术的应用和推广掌握在少数商业公司手中，有能力在某个领域内制定行为规则。国家对网上行为的立法并不完善，还需要探索网络环境下的新规则。

概括性仲裁协议是在网络环境下提出的，不可避免地带有网络行为的特点。概括性仲裁协议之所以出现间接性表意、概括性表意和限制性表意，与网络环境密不可分。网络环境为概括性仲裁协议的出现提供了可能，也为概括性仲裁协议的形成提供了合理性。

（二）网上交易平台对当事人意思表示的影响

在假设情形中，"网上交易平台"这个第三方对当事人的意思表示产生了很大影响。有意见认为，网上交易平台以其强势地位要求使用者作出符合交易平台利益

---

① 即使是仲裁排他性地取得了管辖权，法院仍然可以通过撤销或不予执行对仲裁裁决进行调控。

的意思表示，处于弱势的用户为了使用网上交易平台不得不接受网上交易平台提出的要求，双方签订的协议不可能存在真正的公平。我们认为，在网络交易发展初期，网上交易平台扮演市场管理者的角色。从交易秩序的维护来看，网上交易平台需要引导用户运用仲裁机制解决争议。虽然网上交易平台可能会影响到使用者的意思表示，但网上交易平台对当事人意思表示的影响远未达到显著不公平的地步，并未剥夺使用者的主要权利。

1. 网上交易平台产生的必然性

网上交易平台的产生和现实生活中的市场发展类似，都是经济发展的必然结果。人与人在交往过程中，在生产资料和生活资料有了一定积累的情形下，为了满足自身需要，相互交换物品，形成了最初的交易。随着社会分工和个人需要的不同，交易行为成为人与人之间经常的活动。人们需要在特定的地方进行大规模的商品交换，最早的市场就出现了。市场为人们提供了一个稳定的，可随时交换物品的平台。市场的产生不是国家机器强制推广的结果，而是出于人们自身的需要。早期市场中的行为规范也是自发形成的，任何不诚信行为都将为市场中交易的人们所知，将直接导致拒绝交易。

在中世纪的欧洲，规范商业活动的法律法规和维持商业活动秩序的机构较少。合同的履行缺少强制效力，也没有相关的机构对商业行为提供保护。在交易不断扩大的情况下，由于对其他交易主体的不了解，为了保护商人免遭那些“在某地欺诈一次即永不出现的商人”（merchants who might cheat in one location, never to be seen again）欺诈，商人基尔特（Merchant gilds）与商人法（Law Merchant）由商人群体自发形成，在不断规范和完善的基础上逐步得到政府以及法律的承认，也促成了经济学意义上的“西方世界的兴起”（Rise of the Western World）。①

网上交易平台的出现也具有相似性。网络用户需要一个集中、安全的环境完成交易，需要网上交易平台维护市场秩序和交易稳定。在网络环境中，网络拉近了人与人之间的距离，但也具有缺乏直观性和稳定性的缺陷。一方面，网络用户需要积极寻找交易对象，网上交易用户越来越多，网上交易的需求越来越大。另一方面，网络用户对交易对方根本无法了解，交易安全无法保证。此时，网上交易平台的出现满足了当事人的需要，推动了网上交易的快速稳定发展。

2. 网上交易平台在网上交易中的定位

在现实生活中，市场秩序的维护并不仅仅依靠参与者的善意行为，还需要国家

① See Paul R. Milgrom, Douglass C. North and Barry R. Weingast, *The Role of Institutions in the Revival of Trade: The Law Merchant, Private Judges, and The Champagne Fairs*, Economics & Politics, Vol. 2, No. 1, 1990, pp. 4-5.

强制力予以保证。然而，当前的网络还处于初级发展阶段，国家强制力在网络环境中的作用有限，基本的行为规范逐渐发展成为规范网络行为的主要力量。这些行为规范尽管源自现实生活的行为规范，但是网上交易平台保证了这些行为规范的效力，发挥了管理交易平台的作用。

网络环境的无国界性促使了"网络空间自治论"、"新主权理论"等一系列理论的形成。以"网络空间自治论"为例，该种观点的支持者认为："(1) 网络社区正在制定并实施法律；(2) 网络社区制定的法律通常不适用于网络世界以外的行为；(3) 网络世界以外的法律通常难以适用于网络世界中的行为；(4) 网络世界外的人必须制定新的法律来调整网络上的行为。"① 因而网络空间是一个独立的管辖领域，应该由"网络空间自然形成的规则"调整人们的网上行为。

"网络空间自治论"一经推出就受到了多方批判。主要的批判观点是：网络空间不能离开现实世界而独立存在，网络世界的行为投射在现实世界中，造成了实际影响，现实世界的惯例直接影响着网上行为，②因而网络世界不能脱离现实世界而形成所谓的"自治"。而且尽管受到批判，"网络空间自治论"中对自发形成的议事规则和行为规范的作用等观点还是得到了认同。③这些行为规范对网络行为有着极为重要的意义，原因在于这些规范是通过网络活动的参与者经过长期讨论互动逐渐形成发展起来的，能够反映同类行为的共性，在一定程度上得到了全体网络活动参与者的认同和遵守。

从这个意义上讲，网上交易平台代替了国家机器，承担了规范网上交易行为的责任。网上交易平台运用这些已经形成的、带有深刻网络印记的行为规范，建立了属于网络的规范体系。与现实生活中的行为规范略有区别，这些行为规范或多或少带有某一特定网络社区的特点，且在某些本应具有强制力的环节表现不足。例如，在国内某一著名论坛上向各位用户求助某资料下载，在得到回复的第一时间应该向提供帮助的用户发帖致谢，并尽可能在最短的时间下载完毕，完毕之后必须在第一时间向该用户发送站内信息表示下载完成，并再次感谢。这一简单的行为规范并非论坛强行要求，而是由论坛倡导，并在网络活动中得到遵守。论坛会对用户的以上行为进行跟踪监督并评价。如果有用户不遵守该行为规范，论坛将对该用户采取禁

---

① 参见何其生：《电子商务的国际私法问题》，法律出版社2004年版，第41页。

② See Kazi Arshadul Hoque, Mohammad Mahabubur Rahman, *Internet Peculiarity and Territorial Traditionalism Converge on Cyberspace: A Study of Techno-legal Synchronization in the USA*, IIUC Studies, Vol. 7, 2011, pp. 117-130.

③ See James C. Smith, Comment, *Online Communities as Territorial Units: Personal Jurisdiction over Cyberspace After J. McINTYRE MACHINERY, LTD. v. NICASTRO*, St. Louis L. J., Vol. 7, 2013, p. 839.

言或者“打标签”，降低其信用等级，限制该用户之后的网络行为。我们不能仅仅以这些行为规范表现出的某些特性（或者缺陷）就否认其规范行为的效力。网上交易平台需要以这些基本规范为基本框架，建立系统的网上交易行为规范，特别是在国家立法还未直接“照顾”到网上交易行为的时候，网上交易平台建立自己的行为规范体系具有十分重要的意义。

要说明网上交易平台已经成为“市场管理者”，根据自己的行为规范体系规范网上交易行为，还要明确解释：网上交易平台在本质上是商业公司，也是网络用户，与网上交易平台使用者之间处于平等地位，“管理”的效力从何而来？

首先，“管理”的效力来源于规则的效力。网上交易平台建立的行为规范体系都是来源于网上行为的反复实践，同时与现实世界法律、法规主张的善意、诚信等原则一脉相承，这一点得到了网络用户的认可，使网络用户产生了普遍遵守网络规范的内心认同。

其次，“管理”的效力来源于网上交易平台与用户之间的关系。网上交易平台是服务提供者，网络用户是服务享用者。网上交易平台提供服务的对象是大规模的，如果没有类似“用户守则”之类的行为规范体系，网上交易平台无法为网络用户提供稳定、优质的服务。从内部管理的角度来看，网上交易平台对其服务对象也有“管理”的权力。

再次，网上交易平台虽然是公司，但其利益之所在并非直接与使用者相关。网上交易平台一般免费为用户服务，①以其拥有的用户数为资源争取广告收入，其利益争夺点在于与其他交易平台的竞争。对于网上交易平台来说，用户是稀缺资源。网上交易平台只有保持超然的地位，才能很好地处理用户之间的争议，这在客观上需要赋予网上交易平台以“管理”的权力。

最后，网上交易平台对用户的“管理”有利于促进网上交易安全，也未造成显著的不公平。否认该协议的效力虽然对网上交易平台本身并无不利，但给用户之间争议的解决造成了法律上的障碍和经济上的压力。

事实上，网上交易平台并不一定一直扮演“市场管理者”角色。在网络发展的初期，网上交易平台之间的竞争并不激烈，国家并没有直接制定专门的法律法规规范网上行为，借助网上交易平台的力量规范网上交易行为，这未尝不是一个有效的做法。但随着国家逐步制定专门的法律法规规范网上交易行为，网上交易平台的作用也许会因此发生变化。

3. 网上交易平台对当事人意思表示的引导作用

---

① 例如，2008 年 8 月，淘宝恢复收费事件引起了极大震动，2008 年 10 月，淘宝不得不宣布暂停收费。

概括性仲裁协议直接表达了网上交易平台对争端解决方式的倾向性。如前所述，网上交易平台正履行着“市场管理者”的职责，而网上仲裁可以运用现有网上行为规范解决争议，两者具有契合性，主要表现在以下几个方面：

首先，两者的适用范围一致。网上交易平台只能对平台内部的交易行为进行“管理”，“管理”的范围只限于网上交易。这与网上仲裁只能在商事领域进行是完全吻合的。

其次，两者在规范依据上具有协调性。网上交易平台运用网上已经形成的行为规范“管理”网上交易，网上仲裁也可以运用网上交易习惯对争议作出裁决。网上仲裁适用的规范依据包含了网上交易平台的规范依据。

再次，两者的目的一致。网上交易平台需要维持稳定的交易秩序，需要公平合理地解决用户之间的纠纷，网上仲裁机制本身也是为了解决当事人的争议而存在。

基于实际需要，网上交易平台倾向于采用网上仲裁方式解决争议。网上交易平台对于用户的“管理”，本身具有局限性，主要表现在强制效力低，缺少法律依据等方面。网上交易平台建立的规范体系只包含了行为规范和评价体系，缺少强制手段，①只能通过与用户签订《用户守则》或其他协议对不当行为进行约束。在网上交易发展的初期，在处理小件货物买卖纠纷时，这些规范手段已经捉襟见肘。随着参与网上交易的用户越来越多，货物的“三包”问题、假货退换赔偿问题、交易中涉及的知识产权侵权问题都需要解决，这些问题显然不是网上形成的简单交易规范所能处理的，必须同时运用线下已经成熟的法律理念和法律规范。②这种困境促使网上交易平台迫切需要引入法律机制来维护脆弱的网络环境。仲裁机制也因此成为网上交易平台的首选。在此前提下，网上交易平台必然影响当事人的意思表示，引导当事人签订概括性仲裁协议，运用仲裁机制解决纠纷。

在实践中，行业协会也直接引导着当事人的意思表示，行业仲裁也因此发展成为仲裁的一种特殊种类。著名的谷物与饲料贸易协会（GAFTA），在其向会员提供

---

① 尽管淘宝在服务协议中规定了强制调解：淘宝或者淘宝授权的第三方作出的（针对纠纷的）调处决定对用户具有法律约束力。但是笔者认为，这种调解决定的强制效力较低，不能发挥实际作用。

② 在法国，网上交易平台提供的调解服务已经基本终结，平台的功能被认为是：保存争议相关文件的数据（keeping the document database，document management）。See Gaillard，E.，Edelstein，J.，*Mediation in France*，American Arbitration Association Dispute Resolution Journal，Vol. 55，2001.

的标准合同文本中“绑定”了仲裁条款。①一旦各位会员使用了标准合同，就意味着采用 GAFTA 提供的仲裁服务。目前，GAFTA 的会员遍布全球 86 个国家，拥有 1400 家会员，协会成立历史已经长达 135 年。一直用协会在行业中的影响力引导着会员的意思表示，规范着会员的行为。

4. 概括性仲裁协议对当事人的主要权利的影响

值得注意的是，以上三点分析都是以维护网上交易安全和秩序为出发点，如果站在当事人的立场上考虑，在国家没有出台具体规范之前，当事人的主要权利不能随意约定排除。我们认为，概括性仲裁协议作为网上格式合同条款，公平与否取决于案件的具体情况，格式合同双方当事人实力对比只是判断公平与否的标准之一，而非唯一标准。②应当讨论概括性仲裁协议生效的后果，以判断概括性仲裁协议生效后是否合理。

概括性仲裁协议生效后，网上交易平台并未直接收益。如前所述，网上交易平台视用户为稀缺资源，为交易平台用户提供服务是网上交易平台公司的主要业务。网上交易平台公司以追逐商业利益最大化为目标。用户之间发生的纠纷与网上交易平台无关，如果用户对概括性仲裁协议抵触，一致拒绝使用该网上交易平台，网上交易平台公司必然会修改该仲裁条款，以满足用户的需求。若概括性仲裁协议无效，网上交易平台并没有任何的损失，当事人之间的争议由当事人自行解决。网上交易平台虽然影响了当事人的意思表示，但其未从中收益。甚至可以说，如果概括性仲裁协议无效，网上交易平台的地位更加超脱，可以运用其他的机制，如目前通行的与银行系统合作建立“银行卡退款机制”、推广自己开发的记录双方交易记录的程序软件等，协助当事人解决争议。

概括性仲裁协议对双方当事人权利的限制是平等的。只有在具有偏向性情形下，弱势的一方才可能被迫作出仲裁的意思表示。网上交易平台虽然影响了当事人的表意行为，但对当事人双方是平等的，并不存在任何偏向。假设情形中的概括性仲裁协议甚至没有考虑到网上交易平台用户中商家与消费者之间的强弱实力对比，而采用了同一内容的用户协议。我们认为，概括性仲裁协议以网上格式合同的形式出现，保护弱势方的利益是衡量格式合同效力的基本条件之一。因而，应当区别对

① All Gafta contracts include an Arbitration clause, which incorporates the Gafta Arbitration Rules Form No. 125 into the contract. See GAFTA's DISPUTE RESOLUTION SERVICE: ARBITRATION, SIMPLE DISPUTES, MEDIATION - A GUIDE, available at http: //www. gafta. com/ sites/gafta/files/gaftas_ dispute_ resolution_ service_ -_ a_ guide. pdf. , visited on May 5, 2013.

② 参见乔仕彤、何其生：《电子格式合同中仲裁条款的效力——以中国消费市场中 Microsoft 软件最终用户许可协议为例》，载《武汉大学国际法评论》第七卷，第 95 页。

待当事人，以保护处于弱势的消费者的利益。

概括性仲裁协议的效力直接关系到当事人诉权的排除。概括性仲裁协议一旦签署，网上交易平台的用户有义务将以后所有可能产生的纠纷都提交仲裁，这是引起人们诟病的理由。普通的仲裁协议是自我限制型协议，将当事人提起诉讼的权利予以限制，协议排除法院的管辖权。这种协议仅在相对较小的范围内排除了法院管辖，得到了法律的尊重与认可。但在假设情形中，网上交易平台具有引导性的意思表示，导致当事人将所有可能发生的争议“打包”提交仲裁，将法院对网上交易争议的管辖权完全排除，诉讼作为国家强制力的体现在网络环境中没有得到实现。这就超越了纯粹的民事领域，涉及司法权的问题，①必须予以正面解决。

综上所述，假设情形中的概括性仲裁协议的基本精神是合理的，但在制度设计上需要进一步完善。我们认为，只要解决了概括性仲裁协议完全排除网上交易领域法院管辖权的问题，概括性仲裁协议的有效性就不存在任何法律障碍。

四、对概括性仲裁协议的修正

要解决概括性仲裁协议完全排除网上交易领域法院管辖权的问题，应当设立多种情形，关注当事人实力对比，增加当事人意思自治的内容，客观上达到尊重网络司法权的目的。

（一）单方当事人选择法院的规则设计

网上交易的当事人，通常是一方为商家，另一方是消费者。这种网上小额交易行为占整个网上交易的90%以上，而且必将是网上交易的主要形式。网上交易争议基本上都是消费争议，消费争议的可仲裁性问题一直受到各国国内法的特别约束，其主要原因在于：立法机关考虑到消费者与商家处于不平等地位，消费者的弱势地位只有法律规定才能得到平衡。②假设情形中的概括性仲裁协议未考虑商家与消费者争议解决能力的不平衡性，而是预设了双方当事人能力相同、地位相同的前

① 《中苏交货共同条件》第52条规定了强制仲裁，指定由中国国际经济贸易仲裁委员会、苏联工商会仲裁院（后由俄罗斯工商会仲裁院承继）处理外贸合同中发生的一切争议，排除了双方法院的管辖权。该文件是1990年由其时外经贸部与苏联对外经济联络部签署，至今仍然有效。由于《中苏交货共同条件》的国际条约性质，在实践中才能够直接排除法院管辖。

② See Shelley McGill, *Consumer Arbitration Clause Enforcement: A Balanced Legislative Response*, American Business Law Journal, Vol. 47, No. 3, 2010, pp. 361-413.

提。我们可以借用单边约束性仲裁条款（unilaterally binding arbitration agreement）①的制度设计，对弱势群体适当倾斜保护，完善概括性仲裁协议的内容。

在本文背景下，单边约束性仲裁条款是指商家和消费者可以达成选择性仲裁条款（optional arbitration clause），双方约定商家只能将争议提交仲裁解决，但消费者可以自由决定将争议提交仲裁或者去法院诉讼。单边约束性仲裁条款，迎合了可仲裁事项范围不断扩大的趋势，同时对处于弱势的消费者提供保护：限制处于强势地位的商家作出意思表示，消费者可以选择对自己有利的法律机构解决纠纷。从条文可以看出，在这种制度设计下，选用仲裁机制解决争议是一般状态，选择法院诉讼是特殊情形，这与概括性仲裁协议所引导的方向是一致的，可以在相同情形下直接使用。

具体到对概括性仲裁协议的补充，可以在协议中约定：如果纠纷一方当事人为商家，另一方为网上消费者，争议产生之后，消费者可以在提起仲裁之前直接向法院提起诉讼。一旦消费者选择法院诉讼，商家不能因存在仲裁协议而提出抗辩，消费者也不能再就同一争议提起仲裁。

值得注意的是，这里的“商家”是指在网上交易平台中注册字号，长期向不特定的其他用户提供商品或者服务的网上交易平台用户；“消费者”是指在网上交易过程中，向“商家”支付对价而获得其服务的网上交易平台用户。在日常生活中，这种定义可能会引起争论，即如何确定一方为真正的“消费者”。但在网上交易实践中，由于商家需要得到网上交易平台的认可并在其服务器上注册，“商家”的特征能够被准确描述，其提供的服务对象就可以界定为“消费者”。双方只是在程序权利上存在细微差别，实体权利由法律统一规定，仿冒消费者的身份无法获得额外的利益，因而在这里讨论消费者身份确定问题并不重要。

诉诸法院的时间被限定在纠纷产生之后，提起仲裁之前，原因在于：（1）如果对当事人选择法院诉讼的时间不加限制，就会减弱网上交易平台引导当事人选择网上仲裁解决纠纷的效力；（2）这种限制是为了引导当事人在纠纷产生之后合理运用自己的权利，防止当事人恶意拖延程序，造成法律资源的浪费。这样的制度设计对强势方和弱势方作出了客观的区分，在一定程度上起到了平衡仲裁与诉讼的作用。

（二）双方协商一致重新选择法院或者其他仲裁机构的规则设计

如果当事人协商一致选择法院或者其他仲裁机构，其效力当然应该得到肯定。

---

① See Hans Smit, *The Unilateral Arbitration Clause: A Comparative Analysis*, Am. Rev. Int'l Arb., Vol. 21, 2009, p. 391.

这既是对当事人意思自治的尊重与承认，又是对国家强制力的一种让步。"当前最紧要的是为电子商务寻找到一种切实可行的争议解决方式，以保证其能够获得持续的成长。从实用的角度来说，目前 ODR 机制中的某些'缺陷'也许就是我们在特定时期作出的妥协。"①

如果在概括性仲裁协议的设计中缺少当事人协商一致选择法院或其他仲裁机构的内容，将引起用户对整个协议合理性的质疑：在一般情形下，当事人选择了仲裁排除了法院的管辖权。然而，如果将这种情形推至极致，即当事人在商事领域全部选择仲裁，法院在商事领域没有管辖权，这种极端做法本身就是不合理的，容易遭到抵制。②再向前推进一步，如果只有某一固定的仲裁机构能够处理网上交易争议，当事人的意思表示就受到了更大的限制，该仲裁机构以及网上交易平台的公信力也将无从谈起。如果对概括性仲裁协议不加区分，看似对网上仲裁机制进行了推广，实际上将它推向了绝路。

因而，有必要将双方协商一致重新选择的情形在概括性仲裁协议中予以补充，即如果网上交易平台用户协商一致选择将争议提交法院，法院就享有排他的管辖权；如果选择了其他仲裁机构，则该仲裁机构也享有排他的管辖权。

仲裁协议中如果包含此种协商一致的认定，体现了当事人意思自治，也增加概括性仲裁协议的合理性，弱化了网上交易平台对当事人意思表示的影响。若当事人在概括性仲裁协议已经签订的情形下再次协商一致选择法院或者其他仲裁机构，就意味着当事人尊重之前签署的仲裁协议，为了改变其效力通过意思表示代替之前的协商一致，这将是对"网上仲裁作为网上交易纠纷争议解决的基本机制"命题的再次强调。

（三）两种规则设计与概括性仲裁协议之间的关系

可能有人会提出如下疑问：既然存在以上两种具体情形的规则设计，这两种规则设计与概括性仲裁协议之间的关系应该如何处理。是否可以这样理解：两种规则设计才符合仲裁协议的要件，才是真正的仲裁协议，而文章开篇提出的概括性仲裁协议根本就不是仲裁协议？

仲裁协议的形式从来都不是固定的，既可以合同条款的形式出现，也可以独立

① 参见牟迪：《电子商务交易纠纷解决机制的困境与出路》，载《中国国际私法与比较法年刊》2007 年第十卷，第 341 页。

② 有学者将国际商事仲裁分为三个阶段，其中压制型阶段的社会原因即王权对国家司法权的收拢，认为仲裁的发展分散了司法权的主体。参见邓瑞平、孙志煜，《论国际商事仲裁的历史演进》，载《暨南学报（哲学社会科学版）》2009 年第 6 期，第 92～99 页。

的合同形式出现。概括性仲裁协议与上面两种规则设计一起，构成了完整的仲裁协议。概括性仲裁协议所起的作用在于奠定仲裁机制在解决网上交易争议中的基础性地位，而两种具体规则设计是例外条款，对仲裁机制发挥效力的范围作出了限制。同时，两种具体规则设计并不能完全覆盖所有网上交易争议情形，还需要概括性仲裁协议发挥一般性指导作用，引导当事人选择仲裁解决争议。

五、结　　论

综上所述，概括性仲裁协议应当是一个体系，在网上交易平台提供的合同中订立这样的争议解决条款：

（1）针对商家的点选合同，其中甲方为网上注册的商家：

第　条：甲方同意将在使用网上交易平台过程中与其他用户产生的争议提交××仲裁委员会网上争议仲裁中心解决。争议产生之后，消费者有权在提起仲裁前向人民法院提起诉讼。如果消费者选择法院管辖，甲方不能因存在仲裁协议而提出抗辩，消费者也不得再就同一争议提起仲裁。

第　条：争议当事人协商一致选择人民法院或者其他仲裁机构解决争议的，以当事人的合意为准。

（2）针对消费者的点选合同，其中甲方为消费者：

第　条：甲方同意将在使用网上交易平台过程中与其他用户产生的纠纷提交××仲裁委员会网上争议仲裁中心解决。纠纷产生之后，甲方有权在提起仲裁前向人民法院提起诉讼。甲方一旦选择由法院解决争议，不得再就同一纠纷提起仲裁。

第　条：纠纷当事人协商一致选择人民法院或者其他仲裁机构解决争议的，以当事人的合意为准。

A Probe into Online Trading Platforms' Influence on the Validity of General Arbitration Agreement

Abstract: To maintain the online transition order and to grantee the safety of online commercial activity, online trading platforms have gradually transformed from the original 'market players' to 'market regulators' who recommend online arbitration in cases of any disputes. Analyzed in this context, the concept of 'general arbitration agreement' has been discussed in this paper. This paper discusses the establishment of the agreement from two aspects of the consensus and economic relationships between the parties, and the online trading platforms' influence on the effectiveness of the agreement. In the last section, the author gives the suggestions about how to better the general arbitration agreement.

Keywords: Online Arbitration Online Trading Platform General Arbitration Agreements Establishment of the agreement Effectiveness of the agreement

网络攻击与战争法的适用

□ 姜世波*

内容摘要：随着网络技术的不断普及和应用，互联网和信息通信技术已经完全融入到人类社会生活的各个方面，控制了制造业的基本流程、政府系统、公用事业、银行业、通讯业等涉及国家经济和安全的部门。在这种背景下，跨国网络攻击对国家所造成的危害日益凸显，但对现有体制的审查发现，它只能适用于解决部分网络攻击所构成的战争问题，国际社会需要从补充完善现有规则或者制定一部综合性规制网络攻击的国际法文件的方法中选择可行的道路，我国应在应对跨国网络攻击的国际立法中坚持主权和资源平等立场，共享人类文明的新成果。

关键词：网络攻击　战争法　自卫权

目　次

* 山东大学威海法学院教授，法学博士。

自电脑网络从20世纪60年代产生于军事领域以来，得到了惊人的发展，到20世纪90年代，互联网已经发展成为一个公共领域。计算机网络系统控制了国家政府系统、制造业的基本流程、政府系统、公用事业、银行业、通讯业等涉及国家和经济安全的部门。无疑，互联网的发展既给人类带来了效率、便利和经济福利。与此同时，网络也是一柄双刃剑。当今世界各国经济、政治安全方面的相互依存度日益增强，互联网技术本身所固有的缺陷，尤其是它的匿名性，使国家对网络攻击的脆弱性增加。就像任何其他媒体一样，网络空间只是一个途径，它既可以被用于和平目的，也可有被用于从事侵略活动。在众多网络不法行为中，网络攻击是具有重大危害性的行为之一。网络攻击既可以针对一国国内的他人和公共目标，亦可针对其他国家、政府及其公共系统，严重威胁他国的国家和公共安全。面对这种网络攻击他国目标的行为，现行国际法极不完善，国际社会急需一套全面的法律规则对这种国际不法行为进行规制。因此，有必要对当下国际法加以认真审视，寻找其可适用性和漏洞，从而为进一步发展网络国际法提出建议。

一、从网络攻击到网络战争：网络攻击进入战争法视野

（一）网络攻击的发展及危害

有研究者认为，最早的一个比较著名的网络攻击发生在1994年罗马实验室，这是一个军事研究和开发实验室。两名黑客侵入该实验室网络达150次，但并没有造成损害。最终结果是来自以色列的一个黑客被无罪开释，因为以色列并没有法律适用于这一情况。① 几年后，爱虫病毒感染了全球超过60万台电脑，造成像英国议会和福特汽车公司等不同类型的组织都关闭了服务器。同样，这次事件的元凶——一个菲律宾人也没有受到指控和惩罚，因为根据菲律宾的法律，创造计算机

① Steven A. Hildreth, *Cyberwarfare*, Congressional Research Service policy paper, June 19, 2001.

病毒并不构成犯罪。①

1997 年，美国军方启动了一次名为“合格接收器”（Eligible Receiver）的信息战演习行动。这次演习由一组训练有素的计算机专家组成的政府红色小组从敌方视角出发作出独立的审查和行动计划，结果渗透并控制了太平洋司令部控制中心的计算机以及美国九大城市的电网和 911 系统。演习结果表明，美国的关键军事和民用基础设施也是非常脆弱的。事实上，正是在第二年，黑客的行动就证实了这一结果。黑客攻击了美国国防部的网络，造成超过 500 台的电脑受到损害，这一事件被称为“SOLAR SUNRISE”。这次攻击的目标是后勤和会计系统，而这对当时美国正在考虑的对伊拉克的军事行动和部署美国军队至关重要。② 这些事件还只是规模较小的黑客攻击，但它们预示着更有组织、更具破坏性的攻击的到来。

从 2007 年 4 月下旬的两个星期开始，从前苏联独立出来的爱沙尼亚经历了世界上第一个威胁到整个国家安全的网络攻击。这次通过僵尸病毒所实施的持续攻击利用了超过 75 个国家的一百万台电脑，并指导他们接二连三地阻击了爱沙尼亚的目标，最终使爱沙尼亚的政府、银行、媒体和其他机构的运转陷入瘫痪。这次的攻击形式大部分属于分布式拒绝服务（DDOS）攻击，即用大规模的信息请求压垮网站，让路由器和服务器等基础网络瘫痪。尽管爱沙尼亚官员说，这次袭击的来源可能与俄罗斯政府有关，但对莫斯科的指责尚没有充分的证据。尽管经过反复调查，但最终也只有一人被判有罪，受到罚金处理。③

在爱沙尼亚遭到攻击一年后，另一从前苏联独立的国家格鲁吉亚也遭到了类似传统的武装攻击一样的网络攻击。这次网络攻击开始于俄罗斯对格实施空中打击前不久，成为俄罗斯 2008 年 8 月入侵格鲁吉亚的一部分。攻击主要集中于政府网站、媒体、通讯领域，银行业、运输公司也成为目标。这些由僵尸病毒驱动的 DDOS 攻击同时还伴随着网络封锁，这些封锁通过俄罗斯改变了所有格鲁吉亚互联网的流量

---

① Lincoln P. Bloomfield, Jr., *Cybersecurity: Ensuring the Safety and Security of Networked Information Systems*, remarks at the Southeastern European Cybersecurity Conference, Sophia, Bulgaria, September 8, 2003, U. S. DepartmentofState, http://2001-2009. state. gov/t/pm/rls/rm/23874. htm, visited on Oct. 30, 2012.

② Lincoln P. Bloomfield, Jr., *Cybersecurity: Ensuring the Safety and Security of Networked Information Systems*, remarks at the Southeastern European Cybersecurity Conference, Sophia, Bulgaria, September 8, 2003, U. S. DepartmentofState, http://2001-2009. state. gov/t/pm/rls/rm/23874. htm, visited on Oct. 30, 2012.

③ Joshua Davis, *Hackers Take Down the Most Wired Country in Europe*, Wired Magazine, Iss. 15. 09, August 21, 2007, http://www. wired. com/print/politics/security/magazine/15-09/ff_estonia, accessed Dec. 16, 2012.

走向，阻止了电子通信量进出格鲁吉亚。网络攻击对格鲁吉亚的影响虽然没有爱沙尼亚那么严重，但也十分巨大，严重限制了格鲁吉亚与世界及其人民的沟通能力，由于丧失了与国际社会的沟通能力，结果让世人的感觉就是格鲁吉亚所从事的战争已经造成了种族灭绝。① 这次攻击与对爱沙尼亚的攻击一样，尽管有证据表明俄罗斯有所参与，但也并没有确凿的证据。虽然如此，专家认为，网络攻击表明这是一次由训练有素的专业人员实施，并有领导的集中协调的攻击。

这是两次几乎造成国家基础设施运行瘫痪的臭名昭著的网络攻击。近年来，虽然未再出现达此严重后果的攻击，但对国家局部目标实施的攻击仍然屡见不鲜。

例如，2012 年 6 月 1 日，据《纽约时报》的大卫·桑格报道，美国和以色列开发了震网病毒（Stuxnet）并用它来攻击伊朗的铀浓缩设施。专家认为 Stuxnet 是一个“改变游戏规则”的网络武器。它利用 Windows 软件未知的漏洞，攻击的目标就是伊朗铀浓缩设施的工业控制系统。据报道，攻击摧毁了超过 1000 个伊朗浓缩铀离心机，破坏了其核活动的努力。攻击的复杂性和性质让很多人怀疑最有可能是美国和/或以色列创建了 Stuxnet 蠕虫病毒。据称在乔治·布什政府时期这一计划就开始了，在奥巴马总统时期该计划得以提速。②

2012 年 5 月下旬，专家们发现了一种被称为“火焰”的计算机病毒。这种病毒是作为一个间谍工具来运行的。专家们相信是某个政府或某几个政府创建了这种病毒来监视其他国家。这种大型和复杂的病毒主要在中东的电脑中被发现，伊朗尤其受其影响。伊朗猜测是美国和/或以色列创造了火焰病毒。③ 火焰病毒的危害性受到国际社会的普遍关注，包括国际电信联盟（ITU）都发出警示，认为火焰病毒构成了“比 Stuxnet 更严重的威胁”。④

大约在同期，美国对基地组织的网站也展开了攻击行动。2012 年 5 月 23 日，美国国务卿希拉里·克林顿描述了美国正在努力去改变基地组织在也门使用的网站上的信息。这一行动是由国务院领导的一次跨部门的活动，它试图败坏恐怖分子使用互联网的名声。这一行动反映了美国正在开辟一条更加开放、更具协调性和前瞻

---

① John Markoff, *Before the Gunfire, Cyberattacks*, New York Times, August 13, 2008.

② David E. Sanger, *Obama Order Sped Up Wave of Cyberattacks Against Iran*, N. Y. Times, June1, 2012, at A1.

③ See, e. g., David P. Fidler, *Tinker, Tailor, Soldier, Duqu: Why Cyberespionage is More DangerousThan You Think*, 5 (1) Int'l J. Critical Infrastructure Protection 28-29, Mar. 2012.

④ See Lance Whitney, *Flame Virus Could Attack Other Nations*, CNet. com (May 30, 2012), available at http://news.cnet.com/8301-1009_3-57443487-83/flame-virus-could-attack-other-nations/ (quoting ITU's cybersecurity coordinator).

性的网络反恐的道路。①

这些网络攻击行为日益显示，一个国家及其政府的网络管理和控制系统、一个国家的基础设施和社会公共系统正日益成为网络攻击的目标，而事关国家安全的关键基础设施尤其依赖信息通讯技术，重点是监测控制和数据采集（SCADA）系统。这些系统经常是无人照管的，由工程师电讯联结，远程采集。正如美国参谋长联席会议主席所指出的，网络攻击对关键基础设施的破坏力可以与大规模杀伤性武器相媲美。② 网络攻击甚至也日益成为国家作为信息时代新的作战武器使用，③ 其所造成的损害亦非传统武器所能比拟。根据美国的研究，仅在2003年，估计全世界由于网络攻击造成的损失达到了2260亿美元。④

在当今这个越来越信息化的时代，甚至可以说，一个国家的网络系统越普及，也同时为不法网络攻击提供了更多的可能性，正如前述爱沙尼亚所受的损害远远大于格鲁吉亚所证明的那样。⑤ 人们无法不想象，如果有一天一个国家的主要水坝的控制系统被操纵，突然释放的洪水淹没了大片附近社区，核电厂的安全系统发生了故障造成核泄漏，空中交通管制系统被破坏导致主要机场关闭，或者各大银行和证

---

① Hillary Clinton, U. S. Sec'y of State, *Remarks at the Special Operations Command Gala Dinner*, May 23, 2012, available at http: //www. state. gov/secretary/rm/2012/05/190805. htm; *Hillary Clinton Boasts of US Cyberwar Against Al-Qaeda*, Telegraph, May 24, 2012, available at http: //www. telegraph. co. uk/news/worldnews/al-qaeda/9286546/Hillary-Clinton-boasts-oUS-cyberwar-against-al-Qaeda. html; Benjamin Wittes, State Department Hackers?, Lawfare Blog, May 24, 2012, available athttp: //www. lawfareblog. com/2012/05/state-department-hackers/; Hacking Terrorist Websites Commonplace, Investigative Project on Terrorism (June3, 2011), available at http: //www. investigativeproject. org/2937/hacking-terrorist-websites-commonplace; and Adam Rawnsley, *Stop the Presses! Spooks Hacked al-Qaide Online Mag*, June 1, 2011, available at http: //www. wired. com/dangerroom/2011/06/stop-the-presses-spooks-hacked-al-qaida-online-mag/.

② General Peter Pace, Chairman of the Joint Chiefs of Staff, *National Military Strategy for Cyberspace Operations*, Washington DC: Dept. of Defense, December 2006, C-1, http: //www. dod. mil/pubs/foi/ojcs/07-F-2105doc1. pdf, accessed Nov. 30, 2012.

③ 这种武器当然不同于传统武器，传统武器一般被称之为动能武器（kinetic weaponry）。

④ Brian Cashell, William D. Jackson, Mark Jicklin, etal., *The Economic Impact of Cyber Attacks*, *CRS Report for Congress RL*32331, April1, 2004, CRS-1, http: //www. cisco. com/warp/public/779/govtaffairs/images/CRS_ Cyber_ Attacks. pdf, accessed Dec. 1, 2012.

⑤ 爱沙尼亚是欧洲网络最发达的国家之一。有超过65%的爱沙尼亚人访问互联网，他们所有的社会行政管理职能几乎都在网上运行，还包括97%的银行交易以及在线投票和纳税等。所有公民的国民身份证都嵌入了电子身份芯片。2000年，这个国家的国会甚至宣称互联网接入成为一项基本的人权。这种对信息通讯技术的高度依赖同时也使爱沙尼亚极易受到网络攻击。

券交易所被停止交易或消失，这些类似好莱坞大片的情节成为现实时，人类怎么还能对网络攻击无动于衷！网络战争完全可能在不远的将来成为现实。① 正因为如此，关注网络攻击作为战争手段应负的国家责任成为国际社会日益关注的新问题。

（二）网络攻击可能构成战争行为

虽然我们前面基于本文主题研究的需要，所描述的网络攻击主要是以危害国家及其基础设施，威胁国家安全的攻击。但实际上，网络攻击只是威胁网络安全的基本行为之一。网络安全从广义上说，只要是涉及网络上信息的保密性、完整性、可用性、真实性和可控性的相关技术和理论都是网络安全的研究领域。而网络安全的具体含义会因观察视角的不同而变化。

1. 网络攻击的含义

网络攻击是指利用网络存在的漏洞和安全缺陷对系统和资源进行的攻击。网络攻击可以从诸多不同的角度进行划分。有学者根据攻击阶段，结合攻击目的，将网络攻击划分为：探测攻击、获取权限攻击、操作攻击、拒绝服务攻击。相应的对漏洞分类为：系统信息泄漏漏洞、权限类漏洞、拒绝服务类漏洞。对攻击工具分类为：信息获取工具、权限提升工具、操作类攻击工具、拒绝服务攻击工具。② 刘欣然对计算机科学技术界关于网络攻击的分类方法进行了综述性归纳，他共基于以下几种标准归纳了网络攻击的分类：（1）基于经验术语的分类方法。这是利用网络攻击中常见的技术术语、社会术语等来对攻击进行描述的方法。（2）基于单一属性的分类方法。这是指仅从攻击某个特定的属性对攻击进行描述的方法。（3）基于多属性的分类方法。这是指同时抽取攻击的多个属性，并利用这些属性组成的序

① 例如，美军在阿富汗所缴获的基地组织的计算机中就有一个大坝模型，它能够模拟大坝控制失灵的灾难性工程软件，还有运行电厂、供水、运输和通讯网络的电子开关处理指南。此外，在2001年晚些时候，美国联邦调查局披露了多个电子监控案件，涉及应急电话系统，发电设备和传输设备，水储存和分销系统，核电厂以及全美的天然气设备等。这些案件来自沙特阿拉伯、印度尼西亚和巴基斯坦。此外，黑客经常运用恶意计算机编码如蠕虫病毒识别和探索一个网络的可攻击性、脆弱点。在其中一个案件中，"蠕虫王"计算机病毒通过互联网的一个后门侵蚀了位于俄亥俄州的一个核电厂的安全控制系统达5个小时。据报告，在2003年8月，另一个著名的被称为MSBlast的蠕虫病毒使美国东北部一个主要电站的运行中断，导致了主要侦测系统的瘫痪和关键时间反应迟延。（See Ieutenant Colonel Scott W. Beidleman, *Defining and Deterring Cyber War*, USAWC STRATEGY RESEARCH PROJECT, Carlisle Barracks, PA 17013-5050, p. 15）

② 参见许雅娟：《网络攻击分类研究》，载《硅谷》2011年第6期，第109页。

列来表示一个攻击过程，或由多个属性组成的结构来表示攻击，并对过程或结构进行分类的方法。(4) 基于应用的分类方法。这是对特定类型的应用、特定系统而发起的攻击的属性进行分类描述的方法。①

我们认为，这些分类方法皆为基于计算机科学的基本网络技术对网络攻击进行的划分，其划分的基点是网络攻击的技术手段和方式。这种划分对于国际法上追究网络攻击的责任而言没有实质意义。虽然这些技术手段都可能被用于实施针对国家而非个人的目标，但在其非代表国家或国家授权实施，损害的后果亦未达到类似战争那样的损害程度之前，这些网络攻击都还只是普通的网络攻击。即使造成较严重后果，也只能构成普通的刑事犯罪。对于这种普通的网络攻击行为主要依靠国内刑法来打击和规制。虽然这种网络攻击也具有跨国性，但其攻击目的仍然是出于满足私人利益。对这种网络攻击行为的打击虽然也涉及跨国合作，需要制定相应的国际公约来便利和促进跨国打击行为，但国家违反这种公约义务不会发生战争责任问题。目前最著名的以打击普通网络犯罪行为为目的的国际公约是欧洲理事会《网络犯罪公约》(见下文)。而严重的网络攻击通常是指威胁一国基础设施和国家安全，造成重大生命和财产损失的网络攻击。只有这种攻击才可能构成类似于常规战争所造成的后果，构成网络战争。

2. 网络战争的构成

以国家利益为攻击目标，造成类似战争后果的网络攻击，才构成网络战争行为。但在实践中要具体判明一严重网络攻击行为是否构成战争行为，这并不是一个容易确定的问题。比如，既然一个网络攻击，或者说是一系列持续的网络攻击可能让受害国受到超过传统武力攻击所造成的损失，那么我们是否可以将这种网络攻击视为一种战争行为，受害国也相应有权诉诸国际法上的自卫权？这种自卫权的行使又是否可以诉诸传统的动力武器？回答这一问题并不容易，因为就前述已经发生的比较严重的网络攻击而言，也还没有任何一个国家首先主张某一网络攻击构成了战争行为，从而诉诸武力报复。这一方面是因为“武力攻击”这一词本身还没有条约或者任何其他形式的国际协定加以界定。另一方面，互联网技术的固有缺陷令准确查明网络攻击的来源十分困难。虽然如此，实践提出的挑战恰恰激发了人们探索未知的兴趣，分析某些网络行动是否构成武力攻击的国际法框架还是在与时俱进地发展着，已经有一些国际法律原则被适用于评估网络攻击的性质。

在国际战争法中，Jean Pictet 提出的标准正在成为国际共识，它对于确定是否存在一个 1949 年的《日内瓦公约》共同第 2 条所规定的国际武装冲突是有价值的指导。它的标准是评估某一特定的武力使用是否已经上升到武装袭击的水平。根据

① 参见刘欣然：《网络攻击分类技术综述》，载《通信学报》2004 年第 7 期。

这一标准，武力使用被视为一种武装力量的攻击，具有“足够的范围、持续的时间和强度”。① 正如对所有国际法问题的本质各国和学者们都会以不同的方式来理解和解释一样，这个标准同样如此。所谓的“范围”、“时间”、“强度”都没有定量标准，不同的人会作出不同的理解。然而，近几年来，已有某些国际文件为我们适用 Pictet 的标准提供了方便。在这些文件中，联合国大会通过的《关于侵略行为的定义》这一决议尤为重要。虽然该决议并没有为武装攻击提供明确的定义，但它至少提供了一些此类国家行为的例子，被认为是适合解决这类问题的，而且，这些例子获得了广泛的国际认同。②

尽管联大决议所表明的立场有助于评估传统的武力使用，但把它们直接转换到网络攻击背景下还是难以适用。为了填补这一空白，最近人们提出了三种不同的分析模式来促进把 Pictet 的武力使用标准适用于非传统的武力使用，包括网络攻击。

第一种模式是以手段为基础（instrument-based）的方法。这种模式是评估一个网络攻击所造成的损害是否是属于传统的动能攻击方法，即它关注的是攻击手段上的独特性——非传统的动能攻击手段。例如，运用这种模式，以关闭一个电网为目的所实施的网络攻击就注定构成一个武力攻击。为什么？因为在网络能力发展之前，破坏一个电网肯定需要轰炸一个电厂或者使用其他某些动能力量来实现这一结果，而现在使用网络手段就可以做到。

例如美国参谋长联席会议解释“信息战”包括“影响、扰乱、恶化或篡改对手的人工和自动决策，同时保护自己的行动”。③ 这些行动诸如运用计算机网络操作（CNO），旨在否定对手对其计算机、信息系统和网络的有效使用，同时确保有效使用自己的电脑、信息系统和网络。这些操作包括计算机网络攻击（CNA）、计算机网络探测（CNE）和计算机网络防御（CND）。④ 美国国家研究委员会把网络攻击定义为：“故意改变、扰乱、欺骗、降低或破坏计算机系统或网络或信息和/

---

① See Walter Gary Sharp, Sr., Cyberspace and the Use of Force, Ageis Research Corp., 1999, pp. 60-61.

② Definition of Aggression, G. A. Res. 3314, U. N. GAOR, 29th Sess., U. N. Doc. A/RES/3314, Dec. 14, 1974.

③ Joshua Davis, *Hackers Take Down the Most Wired Country in Europe*, Wired Magazine, Iss. 15. 09, August 21, 2007, http://www.wired.com/print/politics/security/magazine/15-09/ff_estonia, accessed Oct. 16, 2012.

④ *Cyber warfare* 101: *Case Study of a Textbook Attack*, Stratfor, April 18, 2008, http://www.stratfor.com/analysis/cyberwarfare_101_case_study_textbook_attack, accessed Nov. 5, 2012.

或存在于或者传送这些系统或网络的程序的行为。”①

第二种分析模式是以“影响为基础”（effects-based）的方法。这种方法经常被认为是一种以结果为基础的方法。它力图评估一个网络攻击所造成的损害是否达到了只有以前动能的武力使用所能达到的后果。这里所考虑的是对受害国网络攻击的整体后果。例如，网络控制了一国整个银行业和金融机构的信息，显著中断了这个国家的商业活动；或者网络攻击造成他国关键基础设施的运行瘫痪等，都将被视为一个武力攻击。尽管这一行动与动能攻击没有太多相似性，但其所造成的整体伤害导致了受害国的经济福祉达到了一个武力攻击所能达到的程度。

例如美国陆军战争学院 Scott W. Beidleman 中尉在其战略研究报告中就认为，虽然联大决议并没有提供适用于网络空间的武力攻击的概念，但联合国大会第 3314 号决议中所提供的那些构成武力攻击的侵略的例子，如入侵或攻击、轰炸、封锁港口或海岸，袭击另一个国家的陆、海、空军等，虽然以传统的动能损害方法为背景，但这些行为的本质是侵害了一个国家的主权和安全。因此，只要网络攻击达到了国际社会和国际法所定义的一般公认的敌意性战争的阈值，就等同于武装攻击，可以看成战争的一个子类。如果没有达到传统战争的后果，诸如涂改网站、丑化个人网站、纯粹的骚扰之类的行动就很难构成一种战争行为。然而，有组织的关闭电力网络，造成大规模的物质损失和伤亡，就可以构成一个武力攻击。衡量网络战争的一个逻辑鉴别器是从其行动的效果或者它产生的后果来判断，而不是它所使用的手段。“武力攻击不应当由是否使用或释放了动能来判断，而应通过所导致的直接结果的性质来判断。”②

1999 年，迈克尔 · N. 施密特教授创建了一个框架，用来评估网络攻击是否等同于《联合国宪章》条款中规定的使用武力。该方法对于某个攻击场景，评价七个定性因素，然后生成一个累积分数，决定整体上的力度水平是高于还是低于《联合国宪章》第 2（4）款的阈值。其中的重要因素包括严重性，即该指数衡量的是人身伤害或财产损害的水平；立即性，即评估后果的发生到底有多快；直接性，即测度攻击是否是造成后果的唯一原因及其作用；侵袭力，即评估攻击进入目

---

① Comm. On of fensive Information Warfare, Et. Al., Nat'L Res. Council, *Technology, Policy Law and Ethics Regarding U. S. Acquisition and Use of Cyberattack Capabilities*, William A. Owens, Et. Al. Eds., 2009.

② Colonel Scott W. Beidleman, *Defining and Deterring Cyber War*, USA WCS TRATEGY RESEARCH PROJECT, pp. 12-13, available at https: //www. hsdl. org/? view&did = 28659, assessed Dec. 16, 2012.

标国的程度。①

一些国家和国际组织甚至不仅仅关注社会和经济后果，还将对政治和意识形态的影响包括在内。例如，上海合作组织把“信息战争”定义为“大规模心理上的洗脑，破坏社会和国家，以及迫使政府做出有利于对方的决策”。②此外，它还把传播有害于“政治、社会和经济系统以及其他国家的精神、道德和文化领域的信息定义为对信息安全的主要威胁之一”。③

第三种模式属于一种严格责任分析。它主张任何对关键国家基础设施的网络攻击都构成一种武力攻击，这是基于任何对这种基础设施的攻击都会造成严重后果来判断的。④实际上，在我看来，这种模式实际上是以“影响为基础”的方法的一种特殊形式。因为，对国家关键基础设施的攻击一般而言都会造成比较严重的后果，达到传统武力攻击的损害阈值。因此，完全可以将这种模式纳入第二种模式中去。

值得关注的是最近由 Oona A. Hathaway 等人提出的分析模式，笔者姑且称之为“目标或目的模式”。这种模式将网络攻击定义为“任何为了政治和国家安全的目的旨在破坏一个计算机网络的功能的任何活动”。⑤这一定义在笔者看来有效地结合了手段论和结果论的优势。首先这一定义把注意力集中在由网络技术所产生的独特威胁上，强调网络战争所使用的手段是以破坏计算机网络系统的功能为战争方法。这些学者指出，传统上战争限于四个场域：陆地、海洋、空中和太空，每个场域的战争都有一个全时的武装服务来解决。而随着网络战的兴起，战略家们已经确定了第五个战争场域——网络空间。而且，作为应对，美国已经成立了网络司令部，作为美国战略司令部联合服务部的分部门。由此，我们可以简单地说，网络战

---

① Michael N. Schmitt, *Computer Network Attack and the Use of Force in International Law: Thoughts on a Normative Framework*, (Colorado Springs, CO: Institute for Information Technology, 1999), pp. 18-19, http://www.dtic.mil/cgi-bin/GetTRDoc?AD=ADA471993&Location=U2&doc=GetTRDoc.pdf, accessed Nov. 3, 2012.

② Agreement between the Governments of the Member States of the Shanghai Cooperation Organization on Cooperation in the Field of International Information Security, 61st plenary meeting (Dec. 2, 2008) [hereinafter Shanghai Cooperation Agreement].

③ Shanghai Cooperation Agreement, Annex I, p. 209.

④ Sean Condron, *Getting It Right: Protecting American Critical Infrastructure in Cyberspace*, 20 HARV. J. L. & TECH. 404, 2007, pp. 415-422; Eric Talbot Jensen, *Computer Attacks on Critical National Infrastructure: A Use of Force Invoking the Right to Self-Defense*, Stanford Journal of International Law, Vol. 38, 2002, pp. 228-231.

⑤ Oona A. Hathaway, Rebecca Crootof, Philip Levitz, Haley Nix, Aileen Nowlan, William Perdue, Julia Spiegel, *The Law of Cyber-Attack*, California Law Review, 2012, p. 826.

争就是发生在网络空间的以网络攻击为手段的非传统战争。同时，这一定义特别强调网络攻击必须是出于威胁他国政治或国家安全的目的。这就将网络战争与普通的网络犯罪，如互联网欺诈、盗窃身份信息、盗版，以及纯粹的网络间谍活动和网络投机区分开来。而且，这个定义并没有区分网络攻击的主体，无论是政府或者政府代理人所实施的攻击，还是非国家行为体实施的攻击，只要目的旨在破坏受害国的政治和国家安全，就构成网络攻击。当然，并不是所有的网络攻击都构成网络战争，该定义同样要求，网络攻击要构成网络战争，也必须在攻击效果上达到传统“武装攻击”的水平，或者本身就是发生在武装冲突背景下的网络攻击。

尽管每种分析模式都有其优点，但它们的重要性在于各种方法的支持者们都同意一个重要结论：网络攻击可以达到传统的武力攻击的损害程度，因此构成一种战争行为。总结上述不同学者的理论见解，笔者认为，在网络战争的构成上，应当满足三个要件：一是损害后果的严重性。即达到传统的武力攻击所造成的损害程度。二是目的性。即网络攻击的目的是威胁受害国的政治和国家安全；三是主体的特定性，即实施攻击的主体应为国家和政府或其授权的人策划和参与的。虽然在实践中要区分攻击主体是否由政府策划、实施或参与十分困难，但如果没有这一要件，将任何人威胁和破坏政治与公共安全，造成严重后果的行为都视为网络战争，显然会无限制地扩大网络战争的范围，故此，网络攻击的主体身份就显得尤为重要。这一要件可以大大限制某些国家滥用自卫权对抗所谓的“网络战争”的可能。鉴于此，不仅“目标或目的模式”具有合理性，主体的特殊性要求也至为重要。如果一个网络攻击根据如此标准构成网络战争，那么随之而来的问题就是，根据现行国际法，受到攻击的国家享有单独或集体自卫的权利。那么自卫权在网络攻击下是否可行呢？传统的战争法规又是否可适用于网络战争情景中呢？

二、现有战争法适用于网络攻击的困境

确定一国是否能够使用武力回应一个网络攻击，行使所谓合法的自卫权，这首先需要确定攻击所属国对他国网络攻击应负的国家责任。

（一）网络攻击与国家责任

传统国际法要求受害国采取自卫措施只能针对实施武力攻击的国家。在网络攻击背景下，就是要能够针对最初的网络攻击国家或者受到那一国家直接控制的另一国家或者其代理人。然而，问题在于由于有关技术具有匿名属性，寻找网络攻击的源头可能十分困难。尽管受害国最终可能会成功地追踪到某个网络攻击是另一国家的某一特定服务器，但这可能是一个特别耗费时间的过程，甚至不可能明确地找到

攻击的实体或个人，因为攻击者可能是劫持了无辜的系统，并用它们作为攻击的“僵尸”。

由于这些原因，试图追究一个国家的法律责任就必须能够将某一网络攻击确凿地归属于这个国家或其代理人。但从目前已有的网络攻击事件来看，很少有直接证据能够证明国家参与了跨国网络攻击，通常通过调查所找到的攻击者多为非国家行为体，但又有些证据显示国家涉嫌同谋。因此，在这种情况下，是没有办法直接追究国家责任的。一国把网络攻击经常完全归于该国的个人行为，这是一种最方便的掩饰，而实际上，它要么直接指挥，要么是知道并容忍了这种攻击。

鉴于按照传统要求归因某一网络攻击的困难，国外有学者提出了“归咎责任”（imputed responsibility）概念，即将非国家行为体实施的网络攻击的责任归咎到国家身上。① 其理论根据是，按照国际法，② 一个国家有义务不使其领土成为非国家行为体从事网络攻击的基地，对于从事这种网络攻击者，国家有义务制定严厉的刑法打击，起诉那些从事网络攻击的人，或配合受害国调查并起诉那些对攻击负有责任的人。如果国家没有尽到这些义务就成为网络攻击的庇护国，那么，国家就要为此承担国际责任。

然而，正如归咎责任论的学者所指出的，要能正当地归责于国家，仍然有很多前提性问题需要解决，如由谁来决定一个或者一系列网络攻击构成了武力攻击？如果这种权力交给各个国家自行认定，无疑将会增加滥用武力的危险。另一方面，就现有的网络技术而言，如何确定攻击的来源，所谓的“庇护国”调查时限是否需要给予限制，对于网络战争是否可以诉诸常规的自卫还是仅限于网络上的反制措施，等等，这些问题显然还没有解决，目前也没有可用的法律根据。归咎责任理论所依据的现有国际法根据显然还十分薄弱、模糊，缺乏充分的实践支持。

（二）战时法规能否适用于网络攻击

网络攻击是否可由现行调整敌对行为的规则或者由武装冲突法调整？鉴于现行战争法主要源于国际公约和条约（如《海牙公约》和《日内瓦公约》），或源于习

① Matthew J. Sklerov, *Solving the Dilemma of State Responses to Cyberattacks: A Justification for the Use of Active Defenses against States Which Neglect Their Duty to Prevent*, 201 MIL. L. REV. 1, 2009.

② 得出国家负有这些义务的国际法依据包括欧洲理事会《网络犯罪公约》、1990 年 12 月 14 日联合国大会第 45/121 号决议、2001 年 1 月 22 日联合国大会第 55/63 号决议、2003 年《美国国家网络安全战略》第 49 ~ 52 页；另外还有 1984 年国际法院对尼加拉瓜军事行动和准军事行动案判决所确立的“有效控制标准”、1999 年前南斯拉夫国际刑事法庭 Prosecutor v. Tadid 案确立的“总体控制标准”以及国际法委员会通过的《国家对国际不法行为的责任草案条款》，甚至还有 9.11 恐怖袭击后对包庇塔里班基地组织的阿富汗实施的战争这一国家实践。

惯国际法，这些规则形成的时代针对的仍然是常规动能武器的攻击，而不是当今可能出现的网络攻击。因此，将传统战争法规适用于网络战争就需要重新加以审视，进行具体的分析。

传统战争法规形成了四个普遍公认的战争法原则：（1）军事必要原则；（2）区分原则；（3）比例原则；（4）中立原则。

1. 军事必要原则

军事必要原则要求使用武力只能是在采用和平手段，如政治和外交手段已经无法实现该国的整体目标时作为最后诉诸的手段。在战争中的必要性涉及对特定敌对行为能否取得具体军事优势的衡量。在传统军事行动中这种衡量都是十分困难的事情，对于网络攻击也需要决策者们设计出测度计算机网络受到损害的办法，以及相对于传统损害类型的间接损害有多大，以决定什么样的回应才是正当的。因此，必要性原则同样适用于网络战争。

2. 区分原则

区分原则要求在作战中区分平民和军事人员，限制攻击平民和民用目标。将这一原则扩及网络攻击情境下，战争法也应当禁止无法控制的、无法预测的或者不能在民用和军用目标间进行区分的网络攻击。此外，《日内瓦公约第一附加议定书》还禁止攻击那些对于平民来说必不可少的目标，如食物或水源供应地等。如攻击目标是军用空中管制系统，导致军用运输机碰撞是允许的。但破坏诸如医院、博物馆和宗教场所、民用供水系统、电力系统就是不法的。

然而，这一原则适用于网络攻击背景下面临更多的挑战。首先，军事和民用目标的区分变得越来越困难。因为可能的目标会被多样化的行动者所利用。例如随着网络通讯技术的日益普及，95%的军用通讯在某些阶段也为民用网络，① 而所谓的民用网络也会被用作军事用途，成为潜在的军事目标。美国学者 Jensen 甚至主张，鉴于民用基础设施也会用于军事，因此美国政府有义务保护民用网络不受网络攻击。② 网络空间同样也既为军用也为民用，因此，网络空间下区分原则的适用就变得更加艰难。此外，网络空间为民用成为普遍状态，从已有网络攻击来看，多数最终追踪到的攻击来源皆为非政府行动者，因此，这也产生了对谁会实施自卫的问题。比如，武装系统的平民设计者传统上不被视为直接参与敌对行动者，然而，如果网络系统的程序员调试程序编码，从事军事情报工作，执行

---

① Vida Antolin-Jenkins, *Defining the Parameters of Cyberwar Operations: Looking for Law in All the Wrong Places?* 51 NAVAL L. REV. 132, 2008, p. 133.

② Eric Talbot Jensen, *Cyber Warfare and Precautions against the Effects of Attacks*, 88 TEX. L. REV. 1533, 2010.

攻击意图，直到攻击那一刻，那么这种平民行动就可能被认为属于"持续参与行动的准备、执行或命令，等于直接参与敌对行动"，① 结果，根据战争法，参与网络攻击的平民及其网络系统可能被看作是军事人员和军用目标而成为合法的反攻击的目标。

3. 比例原则

比例原则旨在使武装行动的目标成果与造成的损害之间应保持平衡，它要求单独或集体自卫所使用武力的强度和规模必须与他方事先所使用的武力的强度及规模相称（成比例），前者不能过于高于后者。即使在常规战争情况下，评估攻击方的武力强度和规模也并非易事，在网络战争背景下可能就更加困难，因为网络攻击的典型后果往往是非致命的、临时的但却是严重的。攻击的后果可能在短时间内就会发生，而当自卫反击时攻击可能已经结束而破坏后果已经发生，是否允许事后自卫？或者发现攻击征兆以及预期可能发生的严重损害而实施先发制人的主动防御？例如，一个网络攻击有效地中断了互联网信息传输，可能只是导致了人民交流的不便，或许有医院因暂时无法交流生死攸关的信息而导致了人员伤亡，是否产生防卫权？怎样的反制措施才是适当的，成比例的？这些问题都有待未来的实践加以回答。

4. 中立原则

根据1907年《陆战时中立国及中立国人民之权利和义务公约》和《海战时中立国之权利和义务公约》的规定，中立国不得直接或间接帮助交战国的任何一方，不得提供军队、供给或担保贷款，或向交战国提供避难场所。中立国有义务防止在其领土或管辖范围内为交战国准备作战行动；防止任一交战国在其领土、领水或领空内或利用其资源以从事敌对行动……交战国有义务采取措施……防止其军队及人民侵犯中立国及其人民的财产与权利。这些规定适用于网络攻击背景下都会产生新问题。因为在网络空间中，网络攻击可以利用位于一国的僵尸电脑去损害另一国的网络，并不知道是哪个个人，更不用说是哪个政府了，政府可以通过一系列服务器和计算机掩盖其来源。这种网络攻击根据中立原则就难以分析其责任，原因有两个：第一，中立国往往不可能知道其计算机正在成为僵尸电脑而被用于一个网络攻击，因此，也不可能知道其中立地位受到了威胁。第二，由于中立原则是以来源国的身份来决定对攻击作出反应的，因此无法归属攻击的来源，也就无法进行中立原则的分析。

① Int'l Comm. of The Red Cross, *Interpretive Guidance on The Notion of Direct Participation in Hostilities under Int'l Law*, 2009, p. 34, available at http://www.icrc.org/eng/assets/files/other/icrc_002_0990.pdf, assessed Dec. 17, 2012.

5. 战争手段

除了上述四项战争法原则，对于网络攻击是否可列入禁止的作战手段问题也值得探讨。

传统战争法对于作战的武器、工具和方法规定了若干限制。按照战争法，综合有关的国际条约和惯例，禁止使用的战争手段主要有：（1）具有过分杀伤力的战争手段，即超过使战斗员丧失战斗能力的程度、造成极度痛苦、必然死亡的武器和作战方法；（2）禁用化学武器、细菌武器和大规模杀伤性武器以及可能改变环境的战争武器；（3）禁用背信弃义的战争手段，即利用对方遵守战争法或信义以达到自己目的所采用的手段。此外，虐杀俘虏、伤病员，攻击医疗队、医疗所、医疗机构的建筑物和运输工具、医院船和医务飞机以及医务人员等，也是被禁止的战争手段。

那么，这些规则能否适用于网络战争领域呢？这需要作具体分析。一般而言，网络攻击对方的计算机信息系统并不能像动能武器那样直接造成具有过分杀伤力，过度痛苦的效果，也无法直接用以虐杀俘虏、伤病员，攻击医疗队、医疗所、医疗机构的建筑物和运输工具、医院船和医务飞机以及医务人员等，但在网络普遍使用的大背景下，如果攻击了医疗机构的网络系统，如通过更改医院处方、破坏药物供应的网络系统，也有可能导致伤病员大规模死伤，在传统战争法框架内，这种行为也可能被认为构成禁止使用的作战手段。

另外，值得关注的是，近年来，从各国政府对所发生的涉及攻击国家基础设施和国防系统的网络，造成系统严重破坏甚至瘫痪的事件的表态来看，各国对于此类行为都异口同声地表示了谴责，没有哪个国家对此种行为表示认同。① 根据现代习惯国际法形成的原理，基于国际共识快速形成一般法律原则或者国际习惯规则也是可能的。②

综上不难看出，就现有的战争法框架来说，无论是包括诉诸战争权的正当性还是战时法规的适用，尽管在某些情况下可以为寻求回应网络攻击提供某些指导，但总体而言它不能调整网络攻击的大多数问题。然而，现有战争法的局限性并不意味

① 如去年以来中美两国互相指责对方实施了网络攻击；（见新华网：五角大楼猛烈攻击中国，诬中国蓄意网络攻击美国，2013 年 5 月 8 日，http：//news. xinhuanet. com/2013-05/08/c_124677771. htm，2013/5/11 访问；中国新闻网：报告称中国网络所受攻击最多来自美国，外交部回应，2012 年 3 月 21 日，http：//www. chinanews. com/gn/2012/03-21/3762255. shtml，2013/5/11 访问）今年 3 月份，韩国和朝鲜之间也相互怀疑和指责对对方的媒体和银行系统的网络攻击；（新浪网：韩国大规模网络瘫痪　疑遭朝鲜网络攻击，2013 年 03 月 22 日，http：//news. sina. com. cn/c/2013-03-22/051926606063. shtml，2013/5/11 访问）

② 姜世波：《论速成国际习惯法》，载《学习与探索》2009 年第 1 期。

着对于网络战争所导致的严重后果可以熟视无睹，不用加以规制。事实上，国际社会已经开始为此而作出一些努力。

三、国际社会规制网络攻击的努力

尽管目前还没有一个综合性的国际法框架来调整所有的网络攻击问题，但国际社会已经有一些零碎的行动在为规制网络攻击行为而努力。这些行动机制包括联合国、北约、欧洲理事会、美洲国家组织以及上海合作组织等。欧洲理事会和美洲国家组织采取的是直接规制网络犯罪的行动，其中部分与网络攻击是重叠的。总体而言，这些组织的措施表明了各国对于通过共同的法律框架来解决这一问题的兴趣越来越高。但这些努力还没有建立一个强大的法律框架来有效管制可构成网络战争的网络攻击。

（一）联合国

在联合国框架内，主要的行动是通过了几个相关决议，这些决议皆在“国际安全背景下信息和电信领域的发展”这一名义下达成。① 但这些决议原则性太强，内容模糊且对联合国成员国并没有要求任何特别的行动。另外两个相关决议，即《建立网络安全和保护关键信息基础设施的全球文化》和《建立网络安全文化和评估各国保护关键信息基础设施作出的努力》的内容也同样如此。② 2002 年的联合国大会决议进一步考虑和讨论了“信息安全”问题，要求各国充分认识到现有的以及潜在的信息安全威胁，呼吁各国将对信息安全的评价态度知会联合国秘书长，并展开多边合作。③ 但同样没有采取太多行动。2010 年 7 月联合国终于采取了进一步行动，来自 15 个国家的政府网络安全专家，包括主要的网络大国如美国、中国和俄罗斯都向联合国秘书长提交了一套建议，作为“初步走向建立这些新技术所

① 这些决议包括 G. A. Res. 58/32，U. N. Doc. A/RES/58/32（Dec. 8，2003）；G. A. Res. 59/61，U. N. Doc. A/RES/59/61（Dec. 3，2004）；G. A. Res. 60/45，U. N. Doc. A/RES/60/45（Jan. 6，2006）； G. A. Res. 61/54， U. N. Doc. A/RES/61/54 （Dec. 19，2006）；G. A. Res. 62/17，U. N. Doc. A/RES/62/17 （Jan. 8，2008）；G. A. Res. 63/37，U. N. Doc. A/RES/63/37 （Jan. 9，2009）；G. A. Res. 64/25，U. N. Doc. A/RES/64/25（Jan. 14，2010）.

② G. A. Res. 58/199，U. N. Doc. No. A/RES/58/199 （Jan. 30，2004）；G. A. Res. 64/211，U. N. Doc. No. A/RES/64/211，Mar. 17，2010.

③ G. A. Res. 57/53，U. N. Doc. A/RES/57/53（Dec. 30，2002）.

要求的安全与稳定的国际框架”。① 建议呼吁进一步开展各国间的对话，建立互信、稳定和减少风险措施……包括交换各国使用信息和通讯技术中的冲突观点；交换国内立法和国内信息和通讯技术安全战略和技术、政策以及最佳做法；找出支持不发达国家的技术能力建设的措施以及寻求阐明通用术语和定义的可能途径等。②

这些建议虽然仍然是模糊的、倡议性的，但却体现了联合国领导下的全球社会的努力，预示了未来在联合国主持下制定多边条约的可能。然而，目前联合国对于网络安全上的作用很大程度上仍然限于讨论和信息分享，只是强调加强国际合作，打击网络犯罪，保障网络安全的重要性，至于对于国家参与的网络战争的规制，还没有提上联合国的议程。

（二）北　约

作为全球最大的军事合作组织，北约近年来也开始解决网络攻击的威胁问题。2007 年在对爱沙尼亚的网络攻击上北约还没有太多反应，但接踵而至的网络攻击的到来使其意识到问题的紧迫性。2008 年的布加勒斯特峰会，正式解决网络攻击问题。这次峰会促成了两个关注网络攻击的新北约分支机构的创立：网络防御管理局和合作网络防御卓越中心（the Cooperative Cyber Defence Centre of Excellence）。网络防御管理局的目标是集中北约成员国的网络防御能力。该机构对有针对性的威胁拥有实时电子监控能力，并实时分享重要的网络情报，其最终目标是成为网络防御的行动作战室。合作网络防御卓越中心的愿望是发展北约长期的网络防御理论和战略。③ 然而，北大西洋理事会仍然控制着北约的网络政策和防御。④ 根据《北大西洋公约》，网络攻击背景下该条约的适用只能激活第 4 条，该条要求各成员在遇到网络攻击时“相互磋商”，但并不能约束各国实施第 5 条要求的相互“援助”。⑤

虽然北约建立的这两个分支机构标志着他们在应对网络战争方面取得了具体的

---

① *Report of the Group of Governmental Experts on Developments in the Field of Information and Telecommunications in the Context of International Security*, p. 4, U. N. Doc. A/65/201, July 30, 2010.

② U. N. Doc. A/65/201, July 30, 2010.

③ Rex B. Hughes, *NATO and Cyber Defense: Mission Accomplished?*, ATLANTISCH PERSPECTIEF, Apr. 2009, at 1, available at http://www.atlcom.nl/site/english/nieuws/wp-content/Hughes.pdf.

④ *Defending Against Cyber Attacks*, N. ATL. TREATY ORG. NEWS, Jan. 29, 2009, available at http://www.nato.int/issues/cyber_ defence/index.html, accessed Mar. 22, 2013.

⑤ *NATO Agrees on Common Approach to Cyber Defense*, Apr. 4, 2008, available at http://www.eura ctiv.com/en/infosociety/nato-agrees-common-approachcyber-defence/article-171377, accessed Dec. 17, 2012.

进展，承认需要一个更加融贯的网络战略，但可以看出这些有效手段还不够清晰，保障效果并不十分有力，网络政策仍在磋商发展中。可以认为，北约对网络战争的规制也还处在计划和能力建设的萌芽阶段。

（三）欧　盟

欧洲理事会是迄今为止最直接的通过国际立法方法规制网络安全部分问题，尤其是网络犯罪行为的国际组织。2001 年它通过了世界上第一个规制网络犯罪的国际条约——欧洲理事会《网络犯罪公约》，旨在保护社会，通过各国立法和国际合作打击网络犯罪。美国在 2006 年也批准了该公约，因为公约允许欧洲理事会各成员国和其他受邀国（其中就有美国）参加公约，到 2013 年 6 月 22 日，有 39 个国家核准了网络犯罪公约，另外 12 个国家签署但还没有核准公约（包括澳大利亚和南非）。① 公约就涉及计算机数据和系统的机密性、完整性和可用性，尤其是将非法访问、数据干扰和系统干扰的网络攻击规定为犯罪。要求各国采取立法和其他措施……根据其国内法将故意实施、进入了无权访问的全部的或任何部分计算机系统的行为确立为刑事犯罪。② 然而，遗憾的是这些规则似乎并不适用于政府行为。③ 公约并没有规定国家介入其中所可能涉及的国家责任。这也反而从另一方面表明，该公约的谈判人员已经意识到在网络攻击方面存在着国家利益冲突，但公约允许这样的政府行动存在，这反映了在网络空间中追究国家责任的艰难。

2003 年 1 月，欧洲理事会又通过了《网络犯罪公约附加议定书》，对涉及通过计算机系统实施具有种族主义和排外主义性质的行为予以定罪。目前已有 20 个国家核准，17 个国家签字但尚未核准。④ 种族主义和排外主义所导致的国内和地区冲突常常伴有外部政治和宗教势力的渗透，在这种情况下，不排除国家势力参与网络煽动和教唆、非法干扰、非法访问等活动。尤其是随着恐怖主义势力的发展，利用网络实施的恐怖主义行为也日益成为一种新的手段。于是，2002 年通过的《欧

① Convention on Cybercrime, COUNCILOF EUROPE, available at http: //conventions. coe. int/Treaty/Commun/ChercheSig. asp? NT = 185&CM = 8&DF = 19/10/2012&CL = ENG, accessed June 22, 2013.

② Convention on Cybercrime, COUNCILOF EUROPE, art. 2.

③ Convention on Cybercrime: Explanatory Report, COUNCILOF EUROPE, C. E. T. S. No. 185, para. 38, Nov. 8, 2001, http: //conventions. coe. int/Treaty/en/Reports/Html/185. htm, accessed Dec. 17, 2012.

④ Convention on Cybercrime, COUNCILOF EUROPE, available at http: //conventions. coe. int/Treaty/Commun/ChercheSig. asp? NT = 189&CM = 8&DF = 19/10/2012&CL = ENG, accessed June 22, 2013.

盟委员会打击恐怖主义的框架决议》已考虑了网络攻击对计算机的基础设施造成的损坏，因此这其中将攻击计算机基础设施与传播大规模的计算机病毒或 DDOS 病毒攻击计算机的行为也视为犯罪，但没有包括对私人计算机系统的病毒攻击，也没有规定国家从事此类行为时的法律责任。①

欧洲地区的上述打击网络犯罪的公约和决议被认为是直接规制网络攻击的最发达的国际框架，但它只涉及了网络攻击的部分问题，很大程度上没有约束地区成员方政府所谓基于维护公共秩序、保护国家安全和调查刑事犯罪等利益而实施或操纵的网络攻击或防御行为，相反，这倒潜在地暗示了基于这些利益在受到侵害时诉诸自卫权的正当性。总之，公约虽没有涉及网络战争，但是它至少为我们提供了一个未来综合性规制不法网络攻击的国际框架的思考起点。

（四）美洲国家组织

美洲国家组织（OAS）20 世纪初也开始了规制网络攻击的行动。2004 年 4 月，OAS 通过了一个决议，要求各成员国“评估实施欧洲理事会 2001 年《网络犯罪公约》的可取性问题”，并考虑承认那一公约的可能性。② OAS 还通过了一项《综合性美洲网络安全策略》，其目的是通过“网络犯罪政策和立法，将保护互联网用户，预防和阻止滥用计算机和计算机网络的犯罪，同时尊重互联网用户的隐私和个人权利”。③ 为此，OAS 同意部署一个专家小组，“向成员国提供技术援助，帮助它们起草和实施惩罚网络犯罪的法律，保护信息系统，防止使用电脑来助推非法活动”。④ 但这些专家只提供技术指导，OAS 并没有颁布一套统一的法律以便会员国用来打击网络犯罪和网络攻击。

在 2010 年 1 月的会议上，OAS 网络犯罪工作组建议还没有这样做的成员国建立国家机构调查和起诉网络犯罪，通过国内立法把网络攻击定为犯罪，建立国际合

① Council Framework Decision on Combating Terrorism (2002/475/ JHA of 13. 6. 2002), OJ L 164/3 of 22. 6. 2002.

② Organization of American States IV (8), AG/RES. 2040 (XXXIV- O/04), June 8, 2004, http: //www. oas. org/juridico/english/ga04/agres_ 2040. htm, accessed Dec. 18, 2012.

③ Organization of American States, *A Comprehensive Inter-American Cybersecurity Strategy: A Multi-Dimensional and Multidisciplinary Approach to Creating a Culture of Cybersecurity*, Appendix A, adopted June 8, 2004, AG/RES. 2004 (XXXIV-O/04), available at http: //www. oas. org/XXXIVGA/english/docs/approved_ documents/adoption_ strategy_ combat_ threats_ cybersecurity. htm.

④ Organization of American States, *A Comprehensive Inter-American Cybersecurity Strategy: A Multi-Dimensional and Multidisciplinary Approach to Creating a Culture of Cybersecurity*, Appendix A, adopted June 8, 2004, AG/RES. 2004 (XXXIV-O/04), Appendix A.

作调查此类罪行并起诉。工作组还承诺在下次会议上审查实施这些措施的进展情况。① 可见，OAS 已经开始了区域性的有价值的对话，通过联合起来的策略应对网络犯罪行为。但同样遗憾的是，它尚未确立一种更积极的计划更普遍地解决网络攻击问题，更没有准备将国家参与的网络攻击纳入规制的范围内。这与欧洲理事会《网络犯罪公约》一样，一方面是因为该公约的定位即是对普遍的网络犯罪加以规制，并没有考虑规制国家的网络攻击行为。另一方面，将国家及其代理人所实施的网络攻击纳入一个一般地以惩治个人为主体的地区性刑事合作条约也几乎是不可能的。

（五）上海合作组织

2009 年 6 月 16 日的叶卡捷琳堡宣言中讲到，上海合作组织指出，“本组织成员国强调信息安全是国际安全体系的重要组成部分，保障国际信息安全十分迫切”。② 该组织针对网络攻击提出了一个较为广义的网络攻击的概念，把使用网络技术来破坏政治稳定包括在内。这与欧美世界对网络攻击的界定有所不同，欧美模式则试图避免网络规制成为制约和干扰不同政见表达的手段。

综上不难看出，规制网络攻击的国际努力仍处于起步阶段，因为就直接面向网络安全问题的国际机制而言，目前所开展的活动还主要停留在全球和地区性倡议阶段，大多数国际论坛还没有超越讨论未来发展策略和政策的层次，具有有约束力的、可操作性的国际协定少之又少。对诸如如何确定网络攻击达到战争状态、采取反制（自卫）措施的条件和程度、国家责任的归属机制等重大问题还不能达成国际共识。虽然分歧众多，但各国都普遍认识到网络攻击的危害，意识到解决这一新型跨国问题需要全球合作。虽然各国对于合作打击普通犯罪类的网络攻击日益形成共识，但对于国家参与的、可构成网络战争的攻击加以规制则讳莫如深。欧洲理事会《网络犯罪公约》作为唯一一个具有法律约束力的较为全面的打击网络犯罪的地区性公约，也只涵盖一小部分网络攻击，根本没有谈及国家或其授权的人实施的攻击，相反，这一机制还为可能的政府作为私人网络攻击的同谋而逃避国际法的制裁留下了缺口。尽管如此，我们毕竟看到了国际社会对建立一套跨国法规来解决网络攻击问题越来越感兴趣，人们日益关注审视现有国际法的可适用性以及在检讨中寻找新的增长点，采取多样性的方法回应未来可能面对的网络战争。

---

① Sixth Meeting of the Working Group on Cyber-Crime, Jan. 21 -22, 2010, Washington D. C., OEA/Ser. K/XXXIV, CIBER-VI/doc. 4/10 rev. 1, available at http: //www. oas. org/juridico/english/cyb_ VIrec_ en. pdf, accessed Dec. 18, 2012.

② 《上海合作组织成员国元首叶卡捷琳堡宣言》第 7 条。

四、未来规制网络战争的国际立法模式选择

鉴于现行国际法机制不足以应对网络攻击和网络战争所带来的挑战，国际社会对于未来网络攻击行为的跨国法律治理机制展开了探讨，大致提出了两种规制方案：一是分治论；二是一体化论。

（一）分治论

所谓分治论，就是以现有的不同地区的区域性框架，不同部门、多元利益团体的多元自我规制为基础，继续分不同区域、不同领域、不同层次所涉及的网络攻击问题分别立法，或者通过修改、补充、完善既有国际法文件和民间规制渠道实现对网络攻击行为治理的方法。这一路径相对而言比较现实，因为它以现有的规制框架为基础，不用另起炉灶，在一新的机制下重新对各方利益加以整合协调，相对降低了谈判和缔约成本。例如，将欧洲理事会的《网络犯罪公约》提升为全球机制，把网络攻击置于跨国犯罪的框架内进行规制，并涵盖国家对跨国网络犯罪惩治不力的国家责任。如果国家不能对个人实施的针对他国公共目标、军事系统所造成的具有严重后果的的攻击行为进行惩治，那么，国家即应为其不作为而承担国家责任。

分治方案虽然具有较高可行性，但这种做法也有弊端：由于各类不同组织、不同部门对于网络攻击规制的紧迫性认识水平存在差异，它们的规制立法进程会存在很大差别。尤其是从前述既有国际组织立法中可以看到，迄今为止，他们基本上没有把政府参与或者授权实施的对他国网络系统的攻击列为规制对象，相反，各国际文件把政府和军方涉足的网络攻击普遍列为豁免责任的对象。这些法律机制规制的主体主要是非国家行为体，因此，试图将网络战争的国家责任纳入这类体制是不可能的。

（二）一体化论

所谓一体化论就是将网络安全问题通过制定一个专门的、综合性的国际法律文件加以规制的道路。由于目前国际社会尚并不存在任何一个综合性的规制网络攻击的条约或国际决议，甚至像互联网协会这样的民间组织旨在制定一个全面的行动守则、指南之类的努力也不存在，因此，这样的规制道路目前没有依靠的雏形和基础，只能是另辟蹊径，开拓新路。这显然比分治论需要更高的成本。

例如，国际社会已经开始试图在国际电信联盟的框架内统一解决互联网的跨国治理问题。2012 年 12 月在阿联酋迪拜召开的国际电信联盟的世界电信会议

（WCIT）上，一些国家的代表们考虑修改国际电信规则（ITR）。① 通过修改《国际电信条例》，潜在地扩大国际电信联盟在互联网治理中的作用。② 这个方向实际上意味着需要将互联网治理由多方利益相关者、非政府机制，如互联网社会，互联网工程任务组（IETF）和互联网名称和编号分配公司（ICANN）集中到政府间的国际电信联盟的“权力集中”的道路上去。这种道路为以美国为首的网络自治发达国家所担忧，他们担心把互联网的治理试图集中到一个政府间的互联网管理论坛中，可能潜在地威胁到这一领域的创新和自由。这种争议已经出现在了国际电信联盟的信息社会世界峰会上（2003—2005）。③ 就网络攻击的国家责任归属而言，更不可能在国际电信联盟的框架内解决，因为它从来没有涉足这一问题。有的条款只笼统规定了国家有义务开展国际合作确保网络安全，但并没有相应的责任机制。因此，网络攻击所致的战争责任还必须从国际法的国家责任法律机制中确立。

关于网络战争的国家责任机制的构建，美国有学者提出了一个一揽子方案，即制定一个打击网络攻击的国际公约。这个公约至少应当具有两个核心特征：第一，它必须提供一个网络攻击如何可以构成《联合国宪章》所规定的武装攻击的定义。第二，它应该在证据收集方面、起诉参与跨国网络攻击犯罪者方面提供一个更强有力的国际合作的框架。这个框架应该注意定罪的边界所面临的挑战，为个人使用互联网和相关技术从事合法的异议保留空间。这个条约将既服务于国际目标又服务于参与国的国家利益。④

在笔者看来，这种试图将网络攻击活动的法律规制置于一个单一的国际公约中加以解决的方案固然最为理想，但并不现实。且不说目前根本缺乏一个让世界各国商谈网络战争规制的法律框架基础，即使有，由于网络攻击的主体复杂多元，攻击行动具有高度的隐蔽性，各国的国际刑事合作机制存在诸多法律上和文化上的障碍等因素，要在短期内形成一部全球统一适用的打击网络犯罪国际公约的可能性不

---

① International Telecommunications Union, International Telecommunication Regulations, Dec. 9, 1988, Final Acts of the World Administrative Telegraph and Telephone Conference, WATTC-88, available at http://www.itu.int/osg/csd/wtpf/wtpf2009/documents/ITU_ITRs_88.pdf, accessed Dec. 17, 2012.

② Internet Society, World Conference on International Telecommunications [WCIT], available at http://internetsociety.org/wcit, accessed Dec. 17, 2012.

③ Wolfgang Kleinwachter, *The History of Internet Governance*, Oct. 2009, available athttp://www.intgov.net/papers/35.

④ Oona A. Hathaway, Rebecca Crootof, Philip Levitz, Haley Nix, Aileen Nowlan, William Perdue & Julia Spiegel, *The Law of Cyber-Attack*, California Law Review, Vol. 100, 2012, pp. 880-884.

大。虽然已有欧洲理事会《网络犯罪公约》为基础，而且这一公约具有一定的开放性，非欧洲成员国可以自愿参与，但这只解决了非国家行为体的跨国网络犯罪问题。对于国家政府或其授权、指使、操纵的网络攻击，仍然不在其规制范围内。我们认为，这一问题的解决，未来合适的路径还是要回归到联合国的国家责任机制框架内解决。

（三）在联合国既有国家责任立法框架下规制网络战争

目前，在联合国体制下可能形成规制国家间网络攻击的国际法律文件有两个，它们都是世界不同利益集团确定国家责任的较有影响的立法活动：一是1974年联合国第29届大会《关于侵略的定义》的决议；二是联合国国际法委员会编纂的2001年《国家责任草案条款》。这两个规范性文件目前都还没有成为正式的法律，但通过联合国大会这一国际论坛，它们的内容已经得到了充分的讨论，在相当大的程度上已经达成了共识，因此，在未来有望转变为法律文件，或者成为形成法律文件的基础框架。

虽然如此，但这两个文件皆以传统的动能武器时代为背景，条文中没有任何关于“网络攻击”或“网络战争”之类的字眼，尤其是《关于侵略的定义》这一决议中，所定义的“侵略”这一概念完全基于使用“武力”这一背景下。① 其第3条列举的侵略行为也多使用了“武装部队”实施的行为这一表述。因此，将这一定义直接适用于网络攻击是不成立的，除非是在武装冲突过程中对敌方网络空间所实施的攻击。正因为如此，如前所述，产生了以“后果”为基础的类比方法来将网络攻击纳入使用“武力”的范畴内。然而，目前这一学说还只停留在理论阶段，尚缺乏这方面的实践。我们还未见任何一例将网络攻击视为武力攻击的案例。因此，将这一决议适用于网络攻击是困难的。但它们也并非完全与网络攻击无关。因为其在第3条中列举了一些比较典型的侵略行为之后，紧接着在第4条中规定：“以上列举的行为并非详尽无遗；安全理事会得断定某些其他行力亦构成宪章规定下的侵略行为。”也就是说，联合国安理会有权进一步扩充侵略行为的范围。而且，在第3条所列举的侵略行为的最后一项中也颇有些运用了“后果”类比的意味。② 按照上文所述，如果有证据证明网络攻击人员受到一国的雇佣或支配，或者一国实际卷入了网络攻击，按照后果类推的“武力”界定，网络攻击就有可能被

---

① 第1条：侵略是指一国家使用武力侵犯另一个国家的主权、领土完整或政治独立，或以本《本定义》所宣示的与联合国宪章不符的任何其他方式使用武力。

② 第3条（g）项：一个国家或以其名义派遣武装小队、武装团体非正规军或雇佣兵，对另一国家进行武力行为，其严重性相当于上述所列各项行为；或该国实际卷入了这些行为。

认定为一种侵略行为。

《国家责任草案条款》将国家机关及其人员、他们授权的人员或实体实施的行为以及他们逾越权限或违背指示的行为、受到国际指挥和控制的行为归属于国家行为（第4~8条），这就为国家政府指使或默许越权实施的网络攻击行为归咎于国家奠定了法律基础。而对于受害国的反措施则要遵守不使用武力和武力威胁、保护基本人权和遵守人道原则、遵守强行法（第50条）、遵守相称性原则（第51条）、提前告知（第52条）等要求；第四章“一国对另一国行为的责任”中（第16~18条）不得将国家领土用作对他国攻击的基础等规定都可以适用于网络攻击的情形下。当然，《国家责任草案条款》的某些条款要适用于网络攻击情境下也存在问题，比如，反制措施的限制条件之一是要求反措施必须是在攻击尚未终止的情况下，一旦攻击停止了，就不得再实施反措施（第52条（a）款）。而网络攻击常常是可以在瞬间或较短暂的时间内就可以完成的，损害后果的发生也很快，如果按此要求，自卫措施就只能在网络攻击持续阶段或者尚未发生之前采取，而后者恰恰构成颇有争议的“预先自卫”或者“先发制人的攻击”。因此，对于网络攻击的反制措施是否可以在攻击已经停止后实施，这一问题在第52条第（2）款的注释中有所涉及，注释中指出：

根据第2款，受害国可以“采取必要的紧急反措施以维护其权利”，甚至可以在通知其意图之前这样做。在现代化通信条件下，一国际不法行为的责任国，如拒不停止该不法行为也拒不提供任何改正措施，则也可能设法规避反措施，例如从受害国的银行里撤回资产。此类步骤可能在极短时间之内施行，使得第（1）款（b）项所要求的通知无济于事。因此第2款才允许采取为维护受害国权利所必需的紧急反措施：这句话不仅包括了受害国在争端标的中的权利，也包括了它采取反措施的权利。暂时中止命令、暂时冻结财产和类似措施，根据情况都可以算在第2款范围以内。

这一解释似乎意味着，如果适用于网络攻击的情况下，受害国所采取的自卫措施也是可以根据紧急状况予以提前应对的，即预先自卫。当然，这方面的实际案例还不多，仍需要未来的国家实践提供答案。

由上述分析可见，将这两个联大文件通过扩大解释适用于网络攻击，在相当大程度范围内可以解决网络攻击的国家责任和自卫权问题，但它们也并不能解决网络攻击的所有问题。诸如网络攻击的反制措施是否只限于网络反攻而不能诉诸动能武器的攻击？最重要的是识别网络攻击的来源国在目前技术条件下比较困难，由何权威机构来确认？联合国安理会还是国际刑警组织？这也说明，像欧洲理事会《网络犯罪公约》之类的全球机制显然是必要的。因此，这两个文件并不能解决所有问题。另外，需要考虑的是，现有的这两个联大文件的通过本身就已经经历了旷日持久的讨论，如果再加入网络攻击这一范畴势必打破原有的基础和平衡，需要重新商谈。

从未来可能的路径看，首先以地区性的法律文件，如现有的欧洲理事会《网络犯罪公约》为基础制定一部《预防与惩治网络犯罪国际公约》比较可行。这部公约旨在对非国家实施的网络攻击行为进行规制，在其中加入国家怠于惩治跨国网络犯罪应负国家责任的条款，并确立争端解决机制，是“归咎责任”理论的具体运用；基于全球对网络攻击的否定性评价，也可以在联合国层面下形成关于全球应对网络攻击和网络战争的决议，由国际法委员会或其他授权机构基于既有法律和国家实践形成的惯例草拟相关案文，交由联合国大会审议；比较直接可行的方式是通过扩大《关于侵略的定义》或者在《国家责任草案条款》中增加“国家机构及其人员、他们授权的人员和实体针对另一国实施的网络攻击行为”应当承担国家责任的条款，最终形成对网络战争的规制。

五、我国政府的立场

中国的互联网事业近些年来也取得了突飞猛进的发展，2010 年 6 月 8 日国务院新闻办公室发表的《中国互联网状况》白皮书全面阐述了中国政府对于互联网发展的立场、方针、政策。其中，对于网络安全问题，白皮书明确提出了“互联网主权”的概念，指出：“互联网是国家重要基础设施，中华人民共和国境内的互联网属于中国主权管辖范围，中国的互联网主权应受到尊重和维护。中华人民共和国公民及在中华人民共和国境内的外国公民、法人和其他组织在享有使用互联网权利和自由的同时，应当遵守中国法律法规、自觉维护互联网安全。”① 这里，虽然就守法主体而言，只规定了“中国公民及在中国的外国公民、法人和其他组织”，似乎没有包括外国国家及在境外的外国人，但从“互联网主权应当受到尊重”的表述来说，自然应当包含排斥外国的干涉和攻击的内涵。而且，中国目前所颁布的一系列法律法规，如《全国人民代表大会常务委员会关于维护互联网安全的决定》、《中华人民共和国电信条例》、《互联网信息服务管理办法》都包含了以下原则性规定：任何组织或者个人不得利用互联网等电信网络制作、复制、发布、传播含有下列内容的信息：反对宪法所确定的基本原则的；危害国家安全，泄露国家秘密，颠覆国家政权，破坏国家统一的；损害国家荣誉和利益的；煽动民族仇恨、民族歧视，破坏民族团结的；破坏国家宗教政策，宣扬邪教和封建迷信的；散布谣

① 2010 年 6 月 8 日，中华人民共和国国务院新闻办公室《中国互联网状况》白皮书，第五部分：维护互联网安全。

言，扰乱社会秩序，破坏社会稳定的……白皮书宣示，上述法律法规是维护中华人民共和国境内互联网信息安全的基本法律依据，所有中国公民和在中华人民共和国境内的外国公民、法人和其他组织都必须遵守。实际上，外国政府及其工作人员，其授权的人从事上述行为的，也构成对中国国家主权的破坏和干涉，按照中国刑法规定对于上述境外犯罪行为也应当享有属物管辖权。

中国政府充分意识到网络安全的保护非一国所能成就之事，因为“各国互联网彼此相联，同时又分属不同主权范围，这决定了加强国际交流与合作的必要性。中国主张，各国在平等互利的基础上，积极开展互联网领域的交流与合作，共同承担维护全球互联网安全的责任，促进互联网健康有序发展，分享互联网发展的机遇和成果”。① 为此，中国已经先后与东盟和上合组织成员国签订了《中国—东盟电信监管理事会关于网络安全问题的合作框架》和《上合组织成员国保障国际信息安全政府间合作协定》。在打击网络犯罪领域，中国公安机关参加了国际刑警组织亚洲及南太平洋地区信息技术犯罪工作组（The Interpol Asia-South Pacific Working Party on IT Crime）、中美执法合作联合联络小组（JLG）等国际合作，并先后与美国、英国、德国、意大利、我国香港等国家或地区举行双边或多边会谈，就打击网络犯罪进行磋商。积极推动建立互联网领域的双边对话交流机制，2007 年以来先后与美国、英国举办了“中美互联网论坛”和“中英互联网圆桌会议”。为学习借鉴其他国家互联网发展与管理的有益经验，2000 年以来中国政府先后组织数十个代表团，访问了亚洲、欧洲、北美、南美、非洲等 40 多个国家，将相关国家的成功经验应用到中国互联网发展与管理的实践之中。②

在互联网安全的国际法规制方面，中国政府主张在联合国的框架下解决问题。中国支持在联合国框架下建立一个全球范围内经过民主程序产生的、权威的、公正的互联网国际管理机构，并主张互联网基础资源及其管理的国际平等共享和共管。③ 这一提法在国际互联网治理政策中可谓独树一帜，表达了对目前互联网国际治理中少数大国或西方世界垄断局面的不满，提出了建立一种平等公正的国际互联网秩序的期望。不过，从目前互联网国际规制的立法现状看，这种期望似乎并不现实。虽然目前联合国框架下也在通过会议机制力图对全球网络安全制定统一的政策，但历史证明，要在联合国框架下形成具有法律约束力的文件是比较困难的，联合国框架下更多达成的是具有倡议性质的宣言和决议，即便能够成立一个管理机构，也只能是一个全球互联网政策协调机构，各国只会是在道义和舆论上支持这样

---

① 《中国互联网状况》白皮书，第六部分：积极开展国际交流与合作。

② 参见《中国互联网状况》白皮书，第六部分。

③ 参见《中国互联网状况》白皮书，第六部分。

一个机构。实际上，目前上海合作组织和欧美国家集团间在关系互联网治理的政策上已经出现了明显分歧，后者更多地宣扬网络自治、网上言论自由和民主，限制对网络的过多管制和干预。① 2011 年 5 月底法国多维尔八国集团峰会宣言中就强调："互联网的使用必须包括对法治、人权和基本自由的尊重，保护知识产权，为了民主社会所有公民的利益点亮他们的生活。"② 几乎是同时发布的美国《网络空间国家战略：网络化世界的繁荣、安全和开放》更是直言不讳："网络空间的行为规范必须从志同道合的国家间的明确协议开始。"③

鉴于这种政治和意识形态上的分歧，未来的网络安全法律框架企望在联合国框架下短期内达成不太可能，它只可能首先在具有共同文化、共同价值观、共同政治制度的国家利益集团中形成。对于中国来说，我们一方面需要继续利用上海合作组织这样的平台集体参与联合国框架下的谈判，发表自己的主张，影响全球网络安全政策的制定。另一方面，对于普通的网络刑事犯罪，中国除了加强双边和多边的刑事合作之外，也应积极研究加入欧洲理事会《网络犯罪公约》的可行性。从这一公约所规定的网络犯罪行为看，与我国惩治网络犯罪的立法并没有本质上的区别。在我看来，中国应当加入这一国际法机制，这将有助于开展与该公约各缔约国之间打击跨国网络犯罪的多边合作，缓解目前只能针对个案和特定类型犯罪，与特定国家开展合作的局面。而对于由国家实施或其操纵、授权、暗中指使的私人网络攻击行为，应当主张通过解释或者修订《关于侵略的定义》和《国家责任草案条款》，将网络攻击行为纳入其中，以满足未来打击网络战争的要求。

War by Internet Cyber Attack and Application of Law of War

Abstract: With the growing popularity and applications of Internet technology, the IT technology has been fully integrated into all aspects of human social life and controlled

---

① White House, International Strategy for Cyberspace: Prosperity, Security, and Openness in a Networked World, http://www.whitehouse.gov/sites/default/files/rss_viewer/International_Strategy_Cyberspace_Factsheet.pdf, assessed Dec. 26, 2012.

② G8 Declaration on Renewed Commitment for Freedom and Democracy, art. II, § 10, May 27, 2011, available at http://www.g20-g8.com/g8-g20/g8/english/news/news/renewed-commitment-for-freedom-and-democracy.1314.html, assessed Dec. 26, 2012.

③ White House, International Strategy for Cyberspace: Prosperity, Security, and Openness in a Networked World, http://www.whitehouse.gov/sites/default/files/rss_viewer/International_Strategy_Cyberspace_Factsheet.pdf, p. 12, assessed Dec. 26, 2012.

the national infrastructure, government, utilities, banks and communications consist of the country's economic and security system. In this context, the damage caused by transnational network attacks can comparable to traditional war, but the review to the existing system of law of war demonstrates that it can only be applied to solve part of issues arising from the war of cyber attacks, so the international community needs to viable path either to supplement and improve the existing rules or to develop a comprehensive law to regulate network attacks.

Keywords: cyber attack　law of war　right to self-defense

科技发展与法律因应：人工固岛的国际法分析*

□ 谈中正

内容摘要：科技支持下的“人工固岛”，不仅是岛屿所属国与自然博弈的需求，同时也是争取海洋权益最大化的手段，但也可能因此与其他国家或国际社会的利益产生摩擦甚至冲突。在此方面的规则主要见于《联合国海洋法公约》第121条及其反映的习惯国际法，但该规则的模糊性使得有必要探讨“人工固岛”的法律因应。本文旨在从国际法层面分析“人工固岛”，为此对其从规则与实践层面予以溯源，从岛屿制度视角加以评判，在海洋划界背景下分析相关处理。本文认为，针对第121条规则的不同解释所导致的迥异适用效果在实践处理中被调和。通过第121条所追求的人工固岛的法律效果，在实体层面受到国际法中稳定、公平、善意等基本原则的约束与限制。但这种约束与限制的实现，有赖于国际共同体各方在程序层面的反应。

关键词：岛屿；岩礁；科技；人工固岛

目　次

---

* 本文首次提交并报告于2012年11月22日至26日在台湾新竹清华大学召开的“2012第二届两岸清华法学论坛——法学理论与科技发展”，获论文优胜奖。

清华大学法学院2011级国际法专业博士研究生。本文修改完成于2013年10月21日，所引网络链接在此日期前有效。

一、引　　言

气候变化的效应已在全球特别是岛屿区域呈现：海平面的上升正在侵蚀着岛屿的海岸线以及岛上资源，甚至会吞噬海拔较低的岛屿。① 其中，珊瑚岛礁面临的形势尤为严峻。② 更有甚者，太平洋一些岛国已濒临被淹之灾。③ 为应对气候变化引

① 相关新闻报道，可参看哥伦比亚大学法学院气候变化法律中心网站的综合信息，available at http://web.law.columbia.edu/climate-change/conferences-and-events/2011/press-and-related-resources。

② 相关研究认为，珊瑚对水温要求很高，海水温度的上升会导致珊瑚白化乃至死亡；CO_2 含量的增加会促使海水 pH 值降低，进而抑制珊瑚产生碳酸钙骨架的能力；而气候变化导致的海上风暴频发，则可能对珊瑚礁造成毁灭性的物理打击。See, e.g., *How Climate Change is Affecting the Reef*, Australian Government Great Barrier Reef Marine Park Authority, available at http://www.gbrmpa.gov.au/outlook-for-the-reef/climate-change/how-climate-change-can-affect-the-reef; *Climate Change: Rising Tides, Temperatures and Costs to Reef Communities*, Coral Reef Alliance, available at http://www.coral.org/node/126; C. Mark Eakin, Joan Kleypas, and Ove Hoegh-Guldberg, *Global Climate Change and Coral Reefs: Rising Temperatures, Acidification and the Need for Resilient Reefs*, available at http://www.icriforum.org/sites/default/files/CLIM%20Acid%20and%20temps%20FINAL%20CH1%20-%20Dec08.pdf。

③ 2011年5月23日至25日，哥伦比亚大学法学院气候变化法律中心与马绍尔群岛共和国共同举办了题为“Threatened Island Nations: Legal Implications of Rising Seas and a Changing Climate”的国际学术会议，探讨低洼岛国应对气候变化所致海平面上升的法律问题。关于该会议的资料，available at http://www.law.columbia.edu/centers/climatechange/resources/threatened-island-nations/Conference_Materials。在法律行动方面，以帕劳为代表的一些太平洋岛国正在寻求联合国大会提请国际法院就气候变化问题所涉的国家责任发表咨询意见。“Press Conference on Request for International Court of Justice Advisory Opinion on Climate Change”, United Nations Press Conference, 3 February 2012, available at http://www.un.org/News/briefings/docs/2012/120203_ICJ.doc.htm. See also, *Special report on the Regional Impacts of Climate Change: An Assessment of Vulnerability*, UNEP/WCMC Intergovernmental Panel on Climate Change (IPCC) (Nov. 1997), Chapter 9.

发的海平面上升及其他危及岛屿的问题，科技支持下的“人工固岛”（artificial consolidation of islands）① 作为“气候变化适应”（climate change adaption）② 的方式应运而生。这不仅体现在为应对海平面上升而对岛屿急需采取的物理加固，还可表现为经济、社会、生态诸方面的改善，以解决海水盐碱化、岛屿生存环境及其周边资源遭破坏等问题。

“人工固岛”不仅是岛屿所属国与自然博弈的需求，同时也是争取海洋权益最大化的手段：对于主权归属存在争议的岛屿，“人工固岛”是增强“实际控制”的有力证据，以强化主权主张；③ 对于岛礁法律地位存在争议的岛屿（高潮高地），“人工固岛”则可增强该岛礁维持人类居住或经济生活的能力，通过“变礁为岛”的方式扩大海域管辖主张。

不论是哪种背景下的“人工固岛”，均以科学技术的进步为重要依托，同时引发一系列法律问题：④ 人工固岛后的“岛”是否仍属自然岛屿，产生的海域是否会有变化，该“岛”对海洋划界会产生何种影响，由此而与国际共同体相关方的权益产生的摩擦甚至冲突如何处理？

本文尝试在国际法层面研讨人工固岛的相关问题。第二部分从规则与实践层面进行溯源考察，第三部分从岛屿制度的视角加以评判，第四部分在海洋划界背景下分析其处理，第五部分为一些观察性的结论。

---

① “人工固岛”尚非规范性的表述，本文暂采用该词描述以人工方式对岛屿进行加固、维护、改善的相关行为。

② “适应”已被认为应对气候变化的必要措施，see IPCC Third Assessment Report, *Climate Change* 2001: *Impacts, Adaptation and Vulnerability*, 2.7, available at: http://www.grida.no/publications/other/ipcc_tar/?src=/climate/ipcc_tar/wg2/010.htm. 气候变化适应方面的相关资料，可浏览联合国环境规划署网站：http://www.unep.org/climatechange/adaptation/。

③ 本文对岛屿的主权归属问题不予专门性的论述。

④ 海洋科技进步历来是海洋法发展的主要驱动力，两者间存在明显的关联。例如，领海宽度的演变、大陆架制度的产生、国际海底区域制度的兴起都是科技与海洋法密切关系的生动例证。See, e.g., R. P. Anand, Origin and Development of the Law of the Sea, Martinus Nijhoff Publishers, 1983, pp. 162-163; D. M. Johnston, The Theory and History of Ocean Boundary-Making, McGill-Queen's University Press, 1988, pp. 61-74, 251-257; Philip C. Jessup, The Law of the Territorial Waters and Maritime Jurisdiction, G. A. Jennings Co., Inc., 1927, pp. 5-7; R. R. Churchill and A. V. Lowe, The Law of the Sea, 3rd edition, Manchester University Press, 1999, pp. 77-81; US President Harry S. Truman's Proclamation No. 2667, 28 September 1945, entitled "Policy of the United States with respect to the Natural Resources of the Subsoil and Sea Bed of the Continental Shelf. Text in American Journal of International Law, Vol. 40, No. 1, 1946, Supplement of Documents, p. 45. 该宣言发表于近海石油开采技术成熟后。

二、溯源：人工固岛的规则背景与实践考察

（一）海洋法上各种地形的法律地位

在海洋法上，地形（geographic features）依其与海平面之间的关系，被界分为各具不同法律地位的如下类别：水下地形、低潮高地与岛屿。

水下地形（submerged features）的法律地位取决于其所处的位置：在海洋内水或领海范围内，构成一国的领土；在领海之外、专属经济区与大陆架范围内，则适用专属经济区与大陆架的法律制度；在公海中，则适用国际海底区域制度。低潮高地（low-tide elevations）是在低潮时四面环水并高于水面但在高潮时没入水中的自然形成的陆地。① 低潮高地只是在划定基线时有一定作用，② 在海域管辖主张方面的地位显然不如下述之岛屿。

岛屿（islands）是四面环水并在高潮时高于水面的自然形成的陆地区域。③ 岛屿有自己的领海④、毗连区⑤，乃至大陆架⑥、专属经济区⑦。如果某岛屿周围400海里范围内无其他沿海国，所能产生领海、专属经济区及大陆架权利的海域面积将达125664平方海里或431014平方公里。⑧ 若该岛屿还可主张200海里以外的大陆架，所产生的海域面积将更多。⑨ 如此广袤的海域意味着岛屿所属国管辖范围

---

① 《领海与毗连区公约》第11条第1款；《联合国海洋法公约》第13条第1款。

② 《领海与毗连区公约》第4条第3款，第11条第1款、第2款；《联合国海洋法公约》第7条第4款，第13条第1款、第2款。

③ 《领海与毗连区公约》第10条第1款；《联合国海洋法公约》第121条第1款。

④ 《领海与毗连区公约》第10条第2款；《联合国海洋法公约》第121条第2款。

⑤ 《领海与毗连区公约》第24条；《联合国海洋法公约》第121条第2款。

⑥ 《大陆架公约》第1条b项；《联合国海洋法公约》第121条第2款。

⑦ 《联合国海洋法公约》第121条第2款。

⑧ Victor Prescott and Clive Schofield, The Maritime Political Boundaries of the World, 2nd edition, Martinus Nijhoff Publishers, 2005, p. 57. 应予说明的是，该统计忽略了岛屿本身的面积。

⑨ 岛屿在此方面的重要性，从其产生海域的面积与岛屿所属国的大陆面积的对比中便一目了然。例如，在大西洋中的英属Ascension岛周围的200海里渔区达448562平方公里，是英国陆地面积244046平方公里的1.8倍。Victor Prescott and Clive Schofield, The Maritime Political Boundaries of the World, 2nd edition, Martinus Nijhoff Publishers, 2005, p. 249. 又如，日本关于冲之鸟拥有专属经济区与大陆架的主张若成立，冲之鸟所产生的海域面积将是日本全部专属经济区的十分之一，超过日本380000平方公里的陆地面积。Yann-huei Song, Okinotorishima: *A "Rock" or an "Island"? Recent Maritime Boundary Controversy between Japan and Taiwan/China*, in Seoung-Young Hong and Jon M. Van Dyke (eds.), Maritime Boundary Disputes, Settlement Process, and the Law of the Sea, Martinus Nijhoff Publishers, 2009, p. 150.

的大幅扩张，该国可在该区域享有以勘探、开发、养护和管理自然资源为目的的主权权利，对于人工岛屿、设施和结构的建造和使用、海洋科学研究以及海洋环境保护等事项也具有管辖权。① 管辖海域的扩张会对海上航行自由与安全产生一定影响；对于一些战略地位重要的岛屿而言，例如南海中的南沙群岛，其周围管辖海域的扩张甚至会引起国际社会的关注。②

与此同时，作为对一类特别岛屿的限制：不能维持人类居住或其本身的经济生活的岩礁（rocks），不应有专属经济区或大陆架。③ 但对此种“岩礁”的界定，存在较多争议，而人工固岛则直接涉及该规定的适用与否。

此外，人工固岛还可能涉及人工岛屿（artificial islands）问题。按照《联合国海洋法公约》，人工岛屿、设施和结构不具有岛屿地位，没有自己的领海，其存在也不影响领海、专属经济区或大陆架界限的划定。④ 沿海国可于必要时在这种人工岛屿、设施和结构的周围设置距离不超过500米的“合理的安全地带”，但为一般接受的国际标准所许可或主管国际组织所建议者除外。⑤ 显然，人工岛屿的法律地位不如自然岛屿。人工固岛后的“岛”与人工岛屿之间是怎样的关系，是否有转化的可能，在何种情形及程度下会转化，这些实际问题并无现成的答案而有待研究。

以上各种地形法律地位的悬殊以及第121条规范的模糊，使得人工固岛成为一些国家争取海洋权益最大化的手段。

（二）人工固岛的国家实践

为应对自然作用对岛屿的侵蚀，或是争取岛屿的法律地位，运用科技对相关岛礁进行人为加固、改善的举措已在一些国家施行。在此方面，最为著名的是日本在冲之鸟的加固行为。早在1987年，为了防止冲之鸟被风化和潮水腐蚀而淹没，日本政府便开始在其四周修筑堤防设施，并在1988年初通过高达7500万美元的预算实施救岛计划。⑥ 2005年3月，日本政府决定斥资1000万日元，架设灯塔以及气

---

① 《大陆架公约》第2条；《联合国海洋法公约》第56条、第77条。

② See, e.g., *Clinton Statement on South China Sea*, U.S. Department of State, Office of the Spokesperson, July 22, 2011, available at http://translations.state.gov/st/english/texttrans/2011/07/20110723125330su0.9067433.html#axzz25xNs3qY7

③ 《联合国海洋法公约》第121条第3款。

④ 《联合国海洋法公约》第60条第8款。

⑤ 《联合国海洋法公约》第60条第5款。

⑥ Clyde Haberman, *Japanese Fight Invading Sea For Priceless Speck of Land*, The New York Times, January 4, 1988, available at http://www.nytimes.com/1988/01/04/world/japanese-fight-invading-sea-for-priceless-speck-of-land.html.

象观测设备，并派人长期驻守。① 同年8月29日，日本海上保安厅宣布，在2006年财政年度预算概要中要求申请3400万日元在冲之鸟上设置太阳能灯塔。② 2006年，日本斥资755万美元在冲之鸟实施珊瑚养殖计划，目的是维护与加固冲之鸟，促进其周围的经济活动，使其符合《联合国海洋法公约》下的岛屿地位。③ 2008年11月12日，日本向大陆架界限委员会提交200海里以外大陆架划界案，其中以“冲之鸟岛”为基点划出200海里大陆架，并延伸SKB、MIT和KPR三处200海里以外大陆架。④ 2010年4月18日，日本众议院通过《低潮线保全和基地设施整备法案》，⑤ 要求保护包括冲之鸟在内的岛礁，以维护日本海底资源开发和专属经济区的权益。2011年5月27日，日本综合海洋政策本部召开会议，决定在冲之鸟西侧建设码头，并连接周边道路。⑥

又如，在主权归属⑦、岛礁地位⑧均受争议的南沙群岛：越南采取“军占民随”的方式，在其所占的南威岛、南子岛、敦谦沙洲、鸿庥岛、景宏岛、安波沙

---

① 《日将斥资千万在“冲之鸟”岛建灯塔抢夺海洋权益》，新华网转自《新京报》2005年3月11日，available at http://www.sd.xinhuanet.com/news/2005-03/11/content_ 3855334.htm.

② 吴谷丰：《日本海上保安厅申请冲之鸟礁石灯塔设置经费》，新华网东京2005年8月29日电，available at http://news.xinhuanet.com/mil/2005-08/30/content_ 3419990.htm。

③ *Japan plants coral around islets to bolster territorial claim*, The New York Times, June 15, 2007, http://www.nytimes.com/2007/06/15/world/asia/15iht-coral.1.6151693. html?_ r = 1; Chris Hogg, *Japan uses coral to "grow" islets*, BBC News, 15 June 2007, http://news.bbc.co.uk/2/hi/asia-pacific/6758271.stm.

④ *See Summary of Recommendations of the Commission on the Limits of the Continental Shelf in Regard to the Submission Made by Japan on 12 November* 2008, available at http://www.un.org/Depts/los/clcs_ new/submissions_ files/jpn08/com_ sumrec_ jpn_ fin.pdf.

⑤ 平成22年7月13日閣議決定「排他的経済水域及び大陸棚の保全及び利用の促進のための低潮線の保全及び拠点施設の整備等に関する基本計画」

⑥ 陈文：《日本年内将在“冲之鸟礁”修建码头 中方曾多次抗议》，载《环球时报》，2011年5月28日，available at http://world.huanqiu.com/roll/2011-05/1722618.html。

⑦ See, e.g. Marwyn S. Samuels, Contest for the South China Sea, Methuen, 1982; Mark J. Valencia, Jon M. Van Dyke, and Noel A. Ludwig, Sharing the Resources of the South China Sea, Martinus Nijhoff Publishers, 1997, pp. 17-40; Jianming Shen, *China's Sovereignty over the South China Sea Islands: A Historical Perspective*, Chinese Journal of International Law, Vol. 1, No. 1, 2002, pp. 94-157.

⑧ See, e.g., Marius Gjetnes, *The Spratlys: Are they Rocks or Islands?*, Ocean Development & International Law, Vol. 32, No. 2, 2001, p. 196; Mark J. Valencia, Jon M. Van Dyke, and Noel A. Ludwig, Sharing the Resources of the South China Sea, Martinus Nijhoff Publishers, 1997, pp. 40-48.

洲等岛礁上修建大量民用设施，包括民居、医院、文化馆、幼儿园、寺庙等，并通过政府补贴等多种方式积极引入居民乃至僧人；① 马来西亚则在弹丸礁上填海造人工岛，修建机场，将弹丸礁打造为全球潜水胜地。② 这些在科技支持下的举措不仅强化了对争议岛屿的“实际控制”，更有可能影响这些岛礁的法律地位，据此主张更广的海域管辖范围。

因此，关于科技背景下的人工固岛问题，颇有加以规范性审视的必要，以明确其法律效果。

三、评判：岛屿制度视角下的人工固岛

（一）条约法规则的审视

1. 岛屿“自然形成”要件的判定

人工固岛首先会涉及岛屿定义中“自然形成”（naturally formed）这一核心要件。③“自然形成”（naturally formed）意指自然的进程，而无人为直接干预，④ 这是区分“岛屿”与“人工岛屿”的重要标准。由人工形成的岛屿属于人工岛屿，不具有海洋法上自然岛屿的法律地位。在人工固岛实践中，值得探讨的是，如何评价“自然形成”基础上的“人工延伸”（artificially extended），亦即科技支持下的“人工延伸岛屿”是否仍属“自然岛屿”？一般认为，人工设施所依托的“自然高地的类型”（type of natural elevation）⑤ 是判断的决定因素。据此，对于人工固岛的“自然要件”的判断，有必要区别对待以下两种情形。

---

① 信息来自刘锋：《南沙考察报告》（中国南海研究院《热爱海洋，关注南海——南海主题夏令营》报告，海口，2012 年 8 月 7 日）。关于新闻报道，see，e. g.，*Vietnam to send Buddhist monks to Spratly Islands*，BBC News，12 March 2012，available at http：//www. bbc. co. uk/news/world-asia-17343596。

② 周云：《马来西亚要将弹丸礁搞成全球潜水胜地》，载《东方早报》，2009 年 4 月 28 日，available at http：//news. sina. com. cn/w/2009-04-28/021215536472s. shtml。

③ 《领海及毗连区公约》第 10 条第 1 款（“称岛屿者指四面围水、潮涨时仍露出水面之天然形成（naturally-formed）之陆地”）；《联合国海洋法公约》第 121 条第 1 款（“岛屿是四面环水并在高潮时高于水面的自然形成（naturally formed）的陆地区域”）。

④ N. Papadakis，The International Legal Regime of Artificial Islands，Sijthoff，1977，p. 93.

⑤ Barbara Kwiatkowska and Alfred H. A. Soons，*Entitlement to Maritime Areas of Rocks Which Cannot Sustain Human Habitation or Economic Life of Their Own*，Netherlands Yearbook of International Law，Vol. 21，1990，p. 173.

情形之一：使"非岛地形"（non-island features，包括水下地形与低潮高地）在高潮高出水面。学者们普遍认为，这应属于岛屿"自然形成"要件的排除范围。例如，Jessup 认为，"允许国家借助暗滩上的结构取得新的水域，是一危险的学说。"① Van Dyke 以《联合国海洋法公约》第 60 条第 8 款的目的——抑制国家以扩张管辖海域为目的而在暗礁与低潮高地上的建造行为——为依据，同样认为在暗礁上建造的结构应认定为"人工岛"。② 与此同时，对于自然进程正在使一片区域由海床转化为岛屿的情形，一些学者对运用科技手段促进该自然进程予以宽松解释：即便这可称之为"人工"，也非完全的"非自然形成"，因为这只是人为加速了自然进程而已。③

情形之二：维护"岛屿"现状，亦即，自然进程可能使某岛屿面临淹没水下的危险，相关国家运用科技手段，以人工加固的方式防止这一进程。日本在冲之鸟的加固行为在部分意义上即此写照。对此，Symmons 主张，对既有岛屿的"维护行为"与为取得岛屿地位而进行的"建造行为"是两种完全不同的行为。④ 但在实践中，这两种行为并非泾渭分明，而是可能兼而有之。例如，日本在冲之鸟的加固，既是为维护其第 121 条第 1 款下岛屿的法律地位，同时更是试图排除该条第 3 款的适用。Van Dyke 认为，日本在冲之鸟所实施的大量的加固行为应被视为将珊瑚礁转化为人工岛。⑤ 在此情形下的"自然形成"要件的判定，涉及第 121 条第 3 款的适用，亦即下述岛屿产生海域能力的评价。

2. 岛屿产生海域能力的评价

---

① Philip C. Jessup, The Law of the Territorial Waters and Maritime Jurisdiction, G. A. Jennings Co., Inc., 1927, p. 69.

② See Jon M. Van Dyke, *Disputes Over Islands and Maritime Boundaries in East Asia*, in Seoung-Young Hong and Jon M. Van Dyke (eds.), Maritime Boundary Disputes, Settlement Process, and the Law of the Sea, Martinus Nijhoff Publishers, 2009, p. 70.

③ D. P. O'Connell (I. A. Shearer ed.), The International Law of the Sea, Vol. I, Oxford University Press, 1982, p. 197.

④ Clive R. Symmons, *Some Problems Relating to the Definition of Insular Formations in International Law: Islands and Low-Tide Elevations*, IBRU Maritime Briefings, Vol. 1, No. 5, 1995, p. 3.

⑤ Jon Van Dyke, *Speck in the Ocean Meets Law of the Sea* (Letter to the Editor of the New York Times), The New York Times, January 21, 1988, available at http://www.nytimes.com/1988/01/21/opinion/l-speck-in-the-ocean-meets-law-of-the-sea-406488.html. See also Jon M. Van Dyke, *Legal Status of Islands - With Reference to Article 121 (3) of the UN Convention on the Law of the Sea*, p. 5, paper presented in Seoul, Korea, Dec. 9, 1999, available at http://www.hawaii.edu/law/faculty/publications/KoreanPaper-Islands12999.htm.

人工固岛影响到的第二个重要问题是岛屿产生海域的能力。原则上，岛屿产生海域的能力与其他陆地领土相同，① 例外情形存在于《联合国海洋法公约》第121条第3款的规定："不能维持人类居住或其本身的经济生活的岩礁，不应有专属经济区或大陆架。" 该条款以模糊性著称，为人工固岛的法律效果创设了规则空间；但不论该条款的解释何其困难，它毕竟是公约的一部分，必须给予效力。②

首先，人工固岛涉及"维持能力"的判断。第121条第3款的措辞为"不能维持"（cannot sustain），而非"不维持"（do not sustain），因此应予考察的是岩礁维持人类居住或经济生活的"能力"（capacity）而非"实情"（factual situation）。③ 一般认为，应予考察的是岩礁在当前社会经济状况下的维持能力。④ "维持能力"的考察与人类的科技能力息息相关，鉴于科技发展日新月异，岩礁的"维持能力"在很大程度上只是时间问题，⑤ 这为岩礁所属国在科技成熟之时获取此种维持能力提供了可能性。⑥

其次，与此相关的另一重要问题是，人工固岛后"维持能力"的考察范围。

---

① 《联合国海洋法公约》第121条第2款。

② James Crawford, Brownlie's Principles of Public International Law, 8th edition, Oxford University Press, 2012, p. 263.

③ Barbara Kwiatkowska and Alfred H. A. Soons, *Entitlement to Maritime Areas of Rocks Which Cannot Sustain Human Habitation or Economic Life of Their Own*, Netherlands Yearbook of International Law, Vol. 21, 1990, p. 160.

④ 曾任第三次联合国海洋法会议起草委员会秘书的Nelson即持此见解。See Comment made by L. D. M. Nelson in the discussion, in E. D. Brown and R. R. Churchill (eds.), The UN Convention on the Law of the Sea: Impact and Implementation, Proceedings of Law of the Sea Institute 19th Annual Conference 1985, Law of the Sea Institute, 1987, p. 358. Charney认为，维持能力的判断取决于提出主张时的社会经济状况，因为"'经济生活'与'人类居住'是与人类活动及进步直接相关的。" Jonathan I. Charney, *Rocks that Cannot Sustain Human Habitation*, American Journal of International Law, Vol. 93, No. 4, 1999, p. 867。

⑤ 例如，Hodgson与Smith满怀对科技的信心，认为"只要国家愿意投入足够的钱，任何岩礁都能维持人类居住"。R. D. Hodgson and R. W. Smith, *The Informal Single Negotiating Text (Committee II): A Geographical Perspective*, Ocean Development & International Law, Vol. 3, No. 3, 1976, p. 231。

⑥ 例如，委内瑞拉在第三次联合国海洋法会议上曾强调："岛屿维持人类居住的能力不仅仅指抽象的居住可能性，还涉及实际情况，因为一国的大陆或岛屿领土可加以改进，使其符合该国的利益。" UN Office for Ocean Affairs and the Law of the Sea, The Law of the Sea, Régime of Islands - Legislative History of Part VIII (Article 121) of the United Nations Convention on the Law of the Sea, United Nations, 1988, p. 97.

在第121条第3款中，“不能维持”与“其本身”一词联结，涉及地理与经济双重范围。关于地理意义上的范围，最严格的文本解释是，岩礁本身应能够维持经济生活。① 按此解释，旨在增强“维持能力”的人工固岛的作用范围只能限于岩礁本身的陆地区域。但这种限缩解释受到一些群岛国的抵制，例如在第三次联合国海洋法会议期间，斐济代表团就强调：偏远的岛礁或许缺乏适于生活的陆地经济，但却可能存在可观的、以渔业为表现形式的海洋经济。② 关于岩礁海域是否可纳入考察范围，Charney认为岩礁领海的适格性不应质疑，③ 因为领海是作为岛屿（高潮高地）一种的岩礁确定可产生的海域。循此逻辑，考察范围还可扩展至毗连区。④ 但是，假定中的大陆架与专属经济区的适格性则极具争议，广袤海域的纳入会使一块岩礁从无所价值的“不毛之地”瞬间转变为资源丰富的“富饶之地”，⑤ 而在此意义上的人工固岛将主要成为对岩礁周围海域的开发行为。显然，考察范围的扩大，有利于人工固岛可行性的递增，进而促成“维持能力”的增强。

关于经济意义上的范围，核心问题在于是否可依靠外界支持。Bowett认为，“其本身”的表述意味着，倘若基于岩礁所属国另外领土的资源而在该岩礁注入一种人工的经济生活，就应否认其产生专属经济区和大陆架的能力。⑥ Van Dyke与Brooks同样认为，判断“维持能力”的关键在于，能否在不依靠外界支持而仅凭借其自身自然资源的情形下真正维持“人类有组织的稳定共同体”。⑦ 这意味着岩礁应具备某种自力更生或自给自足的能力，基于外界支持的人工固岛效果不应获得承认。但对岛礁本身加以开发利用的人工效果，仍存疑问，亦即：倘若开发岩礁可产生某种经济效益，通过对外有偿支付的方式可获取该岩礁维持人类居住或经济生

---

① Marius Gjetnes, *The Spratlys: Are they Rocks or Islands?*, Ocean Development & International Law, Vol. 32, No. 2, 2001, p. 196.

② UNCLOS III, Official Records, Vol. II, p. 283.

③ Jonathan I. Charney, *Rocks that Cannot Sustain Human Habitation*, American Journal of International Law, Vol. 93, No. 4, 1999, p. 868.

④ 《领海及毗连区公约》第24条；《联合国海洋法公约》第121条第2款。

⑤ Clive R. Symmons, The Maritime Zones of Islands in International Law, Martinus Nijhoff Publishers, 1979, p. 52.

⑥ Derek W. Bowett, The Legal Regime of Islands in International Law, Sijthoff & Noordhoff, 1978, p. 34.

⑦ Jon. M. Van Dyke and Robert A. Brooks, *Uninhabited Islands: Their Impact on the Ownership of the Oceans' Resources*, Ocean Development & International Law, Vol. 12, Nos. 3-4, 1983, pp. 286-288.

活所必需的资源，此种情形应如何评价？① Charney 认为，条约解释规则要求赋予文本的所有词语以含义，因此“可居住性”与“经济生活”必然具有独立于岩礁自身特性的含义，只要该岩礁开发所产生的经济效益足以支持从外部渠道购买必需品，即可排除第 121 条第 3 款设置的障碍。② 按此广义解释，人工固岛的适用范围将是广泛的。“人类居住”与“经济生活”的内涵与科技发展密切相关，似不必限于传统的农耕牧渔，而可包括对岩礁资源的勘探与开发。在科技日新月异的背景下，甚至矿藏资源贫乏的岩礁都有可能顺利解决居住所需的能源、资源问题，例如对太阳能、潮汐能的有效利用，海水淡化技术的成功改进，等。③ 但似应明确的是，人工固岛背景下的“人类居住”与“经济生活”应具平民属性，军事或其他政府设施应予排除，正如土耳其代表团曾指出的：“航行权利与军事及警察设施不是建立经济区的充足理由。”④

由上述分析可知，科技因素的引入，导致了对岛屿相关的条约法规则特别是第 121 条第 3 款作出扩张、灵活解释的可能，这使得人工固岛的法律效果存在若干不确定性。同时，鉴于各国科技发展水平的参差不齐，这可能造成实际适用效果上的不平等，⑤ 一些国家作出了“潜在能力”的解释性声明以作因应。⑥ 人工固岛在条约法规则下法律效果的不明确，使得有必要进一步从习惯法层面加以考察。

---

① Charney 假设了这么一种情形：有块岩礁既无适合耕种的土地，也无适于饮用的水资源，本应属于第 121 条第 3 款下的岩礁。但在先进科技发现了该岩礁下层富含的油气资源后，开采油气资源的可观收益足以支撑资源开采所需的一切设备运作与人员生活，从外界购买在该岩礁长期居住所需的能源、食物及淡水。Jonathan I. Charney, *Rocks that Cannot Sustain Human Habitation*, American Journal of International Law, Vol. 93, No. 4, 1999, p. 870.

② 同上。

③ Charney 甚至举出了在某岩礁开设赌场而营利颇丰的情形。同上。

④ UN Office for Ocean Affairs and the Law of the Sea, The Law of the Sea, Régime of Islands - Legislative History of Part VIII (Article 121) of the United Nations Convention on the Law of the Sea, United Nations, 1988, p. 45 (Turkey).

⑤ 工业化程度高的沿海国将比发展中的沿海国取得更多优势。例如，美、日等发达国家因其领先的科技水平，可更充分地利用太平洋中的相关岛礁，而此种能力是亚非拉的许多发展中国家望尘莫及的。See Barbara Kwiatkowska and Alfred H. A. Soons, *Entitlement to Maritime Areas of Rocks Which Cannot Sustain Human Habitation or Economic Life of Their Own*, Netherlands Yearbook of International Law, Vol. 21, 1990, p. 163.

⑥ 例如，伊朗曾在签署《联合国海洋法公约》时作出声明：“位于闭海或半闭海中的岛屿，如具备维持人类居住或其本身的经济生活的潜在能力，但囿于气候条件、资源约束或其他局限而尚未获得发展，属于第 121 条第 2 款……因此在相关沿海国各种海域的划界中具有完全的效力。” See Law of the Sea Bulletin, No. 5, 1985, p. 50.

（二）习惯法规则的考察

欲考察人工固岛在习惯法规则下的法律效果，首先应确定第 121 条第 3 款这一条约法规则在习惯国际法上的地位问题。虽在早期曾有争议,① 但鉴于《联合国海洋法公约》缔约方的广泛性,② 第 121 条第 3 款已被认为反映了习惯国际法规则，从而对非缔约国也有拘束力。③ 但鉴于该条约规则表述的模糊性与适用的争议性，在评价人工固岛在习惯法上的法律效果时，有必要参考相关的国家实践与国际司法判例。

首先，在国家实践方面，大部分国家在其国内立法方面并未采纳第 121 条第 3 款的规定,④ 而是不加区分地对其拥有的相关岛礁主张大陆架与专属经济区。⑤ 除了前述日本在冲之鸟的主张外，又如：美国对其在赤道与夏威夷群岛附近的许多无人岛礁，于 1976 年主张 200 海里渔区，1983 年主张专属经济区;⑥ 法国在 Clipperton 岛以及在太平洋与印度洋中的其他各种小岛周围，均设立 200 海里专属经济区。⑦ 而像英国这样在加入《联合国海洋法公约》时，按照第 121 条第 3 款要求而主动撤回 1977 年在 Rockall 周围大陆架与专属渔区主张的，目前似乎是国家实

① Barbara Kwiatkowska and Alfred H. A. Soons, *Entitlement to Maritime Areas of Rocks Which Cannot Sustain Human Habitation or Economic Life of Their Own*, Netherlands Yearbook of International Law, Vol. 21, 1990, pp. 174-180.

② 本文写作时在联合国海洋事务与海洋法总署（United Nations Division for Ocean Affairs and the Law of the Sea）网站上可查询的数据更新至 2013 年 9 月 20 日，有 166 个缔约方（包括欧盟），available at http: //www. un. org/depts/los/reference_ files/chronological_ lists_ of_ ratifications. htm# The United Nations Convention on the Law of the Sea

③ See *Territorial and Maritime Dispute* (*Nicaragua v. Colombia*), *Judgment*, *I. C. J. Reports* 2012, p. 48, para. 138. [hereinafter cited as *Nicaragua v. Colombia* case] Also see, Jonathan I. Charney, *Rocks that Cannot Sustain Human Habitation*, American Journal of International Law, Vol. 93, No. 4, 1999, p. 872.

④ 罕见的反例之一是墨西哥, see 1986 Federal Act Relating to the Sea of Mexico, Arts. 51 and 63. 关于该法案全文, see Law of the Sea Bulletin, No. 7, 1986, pp. 53-66.

⑤ Barbara Kwiatkowska and Alfred H. A. Soons, *Entitlement to Maritime Areas of Rocks Which Cannot Sustain Human Habitation or Economic Life of Their Own*, Netherlands Yearbook of International Law, Vol. 21, 1990, p. 177.

⑥ Limits in the Seas, No. 36 - National Claims to Maritime Jurisdiction, US Department of State, 6th Revision, 1990.

⑦ Decrees Nos. 78-143, 144, 146 and 147 relating to French Polynesia, French Southern and Antarctic Territories, the Islands of the Mozambique Channel, and Clipperton Island, respectively.

践中的孤例。① 在此海洋管辖主张扩张的背景下，人工固岛可作为争取海洋权益最大化的进一步手段。

其次，在国际司法判例方面，国际法庭和仲裁庭至今未就第121条第3款作出直接解释，甚至被指“善于回避该问题”。② 例如，在“黑海划界案”中，当事国请求国际法院对蛇岛产生的海域作出裁决。然而，国际法院认为，蛇岛可能产生的任何海域“完全被乌克兰西部与东部的大陆海岸所产生的海域吸收”，并且“不延伸至大陆海岸所产生的相关海域之外”，因此在海洋划界中无需考虑蛇岛是受《联合国海洋法公约》第121条第2款还是第3款规范。③ 在“尼加拉瓜诉哥伦比亚案”中，国际法院给予了类似的处理。④

在法官或仲裁员的个人意见方面，Budislav. Vukas 法官在 Volga 案⑤中指出，保护沿海国的经济利益，尤其是沿海区域民众的利益，是建立专属经济区制度的根本原因；⑥ 无人居住的岛屿则不存在这些经济利益及关切，在岩礁与其他小岛周围建立专属经济区不但毫无意义，而且是违反国际法的。⑦ 但有必要指出的是，作为该案另一方的俄罗斯并未抗议澳大利亚在 Heard 与 McDonald 岛周围的专属经济区主张。法庭的多数意见似乎支持澳大利亚关于专属经济区主张的效力，Vukas 法官的个人意见在多大程度上有助于澄清第121条的解释，仍是不明确的。⑧

① See Fishery Limits Order 1997 (Statutory Instrument 1997 No. 1750 of 22 July 1997). Also see, D. A. Anderson, *British Accession to the UN Convention on the Law of the Sea*, International and Comparative Law Quarterly, Vol. 46, No. 4, 1997, p. 778; R. R. Churchill, *United Kingdom's Decision to Defer Accession to the UN Convention on the Law of the Sea: A Convincing Move?*, International Journal of Marine and Coastal Law, Vol. 12, No. 1, 1997, pp. 114; Clive R. Symmons, *Ireland and the Rockall Dispute: An Analysis of Recent Development*, IBRU Boundary and Security Bulletin, Vol. 6, No. 1, 1998, pp. 78-93.

② Clive Schofield, *The Trouble with Islands: The Definitions and Role of Islands and Rocks*, in Seoung-Young Hong and Jon M. Van Dyke (eds.), Maritime Boundary Disputes, Settlement Process, and the Law of the Sea, Martinus Nijhoff Publishers, 2009, p. 28.

③ *Maritime Delimitation in the Black Sea (Romania v. Ukraine)*, *Judgment*, *I. C. J. Reports* 2009, pp. 122-123, para. 187.

④ *Nicaragua v. Colombia case*, p. 68, para. 180.

⑤ *The "Volga" Case (Russian Federation v. Australia) (Prompt Release)*, *ITLOS*, *Case No. 11* (2002).

⑥ Ibid., Declaration of Vice-President Vukas, paras. 3-5.

⑦ Ibid., paras. 6, 10.

⑧ Clive Schofield, *The Trouble with Islands: The Definitions and Role of Islands and Rocks*, in Seoung-Young Hong and Jon M. Van Dyke (eds.), Maritime Boundary Disputes, Settlement Process, and the Law of the Sea, Martinus Nijhoff Publishers, 2009, p. 31.

值得注意的是，2013 年 1 月 22 日，菲律宾依据《联合国海洋法公约》第十五部分第二节与附件七的规定针对中国启动仲裁程序，其中有请求仲裁庭宣布南海个别地形为第 121 条第 3 款下的“岩礁”。① 鉴于中国政府在 2006 年 8 月 25 日已声明对于第 298 条第 1 款中 a、b、c 项各类争端不接受第二节规定的任何程序，② 而菲律宾的仲裁请求与中国所保留的争端在实质上不可分割，仲裁庭是否会行使管辖权，有待进一步观察。③

因此，现有的国际司法判例并未阐明第 121 条第 3 款的实在内涵，也无助于评价人工固岛的法律效果。

（三）权利行使与条约解释中的“善意”要求

第 121 条及其所反映的习惯法规则的模糊性，使其难以有效评价人工固岛的法律效果，从而在客观上为相关国家主张更多海洋权益创造了充足空间，但这并非“法律真空”下的不受约束。值得注意的是《联合国海洋法公约》明确规定的善意（good faith）原则，④ 主张专属经济区与大陆架是沿海国的权利，但应以善意行使为限，而不致构成滥用。与此同时，善意原则也是条约解释的要求。⑤

具体到第 121 条在人工固岛背景下的解释与适用，学者们提出了一些建议。例如，Clagett 认为，一国采取人为引入居民、靠外供给的方式，试图对第 121 条第 3 款下的“岩礁”地位予以升级，以强化其海域管辖主张，显然是对公约权利的滥用。⑥ 又如，McDougal 与 Burke 提出了“实际用途”（practical use）标准，即考察人工形成的陆地区域是否基于实际用途而建造，抑或企图以此扩张海域管辖权，而

---

① Notification and Statement of Claim, Republic of the Philippines Department of Foreign Affairs, Manila, 22 January 2013, p. 18. Full text is available at http://www.dfa.gov.ph/index.php/downloads/doc_download/523-notification-and-statement-of-claim-on-west-philippine-sea.

② China's Declaration made after ratification (25 August 2006), available at http://www.un.org/Depts/los/convention_agreements/convention_declarations.htm。

③ 对此问题，Klein 认为，某地形是第 121 条第 3 款下的“岩礁”抑或第 2 款下的“岛屿”，是与海洋划界内在关联的，在争端国行使第二节的任择性例外后，该条款的解释适用争端也应被排除出第二节规定的强制程序。See Natalie Klein, Dispute Settlement in the UN Convention on the Law of the Sea, Cambridge University Press, 2005, p. 276。

④ 《联合国海洋法公约》第 300 条“诚意和滥用权利”规定：“缔约国应诚意履行根据本公约承担的义务并应以不致构成滥用权利的方式，行使本公约所承认的权利、管辖权和自由。”

⑤ 《维也纳条约法公约》第 31 条第 1 款规定：“条约应依其用语按其上下文并参照条约之目的及宗旨所具有之通常意义，善意解释之。”

⑥ Brice M. Clagett, *Competing Claims of Vietnam and China in the Vanguard Bank and Blue Dragon Areas of the South China Sea*, Oil & Gas Law and Taxation Review, Vol. 13, Nos. 10-11, 1995, p. 386.

与当地利益无关。① Kwiatkowska 与 Soons 对此表示赞同，并认为该标准可作为判定自然岛礁在人工延伸后的法律地位的决定性因素。② 这些论述对援用善意原则评价人工固岛有一定参考意义。但正如下文的分析，善意原则在实践中要真正发挥作用，有待其他国家的反应以及国际法庭的裁决、国际机构的监督。

四、处理：海洋划界背景下的人工固岛

人工固岛的法律效果，更应在海洋划界背景下加以评价。完整意义上的海洋划界，既包括海岸相邻或相向国家之间海洋边界的划定，也包括400海里范围内没有邻国情形下某沿海国与公海及国际海底区域之间海洋边界的划定。③ 与此海洋划界的两种类型相对应，有必要区别处理以下两种不同性质的岛屿："近岸岛屿"（offshore islands）与"洋中岛屿"（mid-ocean islands）。④ 两者都涉及岛礁产生海域的问题，但前者是在海岸相邻或相向国家海洋划界的背景下处理，更多指向划界结果的公平问题；⑤ 后者则影响到公海自由与人类共同继承财产，关乎国际共同体利益的维护与国际秩序的公正。关于人工固岛问题的法律因应，也可据此分类研讨。

（一）近岸岛屿

1. 国家协议划界

协议划界是海岸相邻或相向国家之间海洋划界的主要方式。只要不损及第三国或国际共同体的权益，国家可以自由、灵活地达成任何划界协议。⑥ 这种合意基础

---

① Myres S. McDougal and William T. Burke, The Public Order of the Oceans: A Contemporary International Law of the Sea, Yale University Press, 1962, pp. 387-388.

② Barbara Kwiatkowska and Alfred H. A. Soons, *Entitlement to Maritime Areas of Rocks Which Cannot Sustain Human Habitation or Economic Life of Their Own*, Netherlands Yearbook of International Law, Vol. 21, 1990, p. 173.

③ See Victor Prescott and Clive Schofield, The Maritime Political Boundaries of the World, 2nd edition, Martinus Nijhoff Publishers, 2005, p. 41.

④ Derek W. Bowett, The Legal Regime of Islands in International Law, Sijthoff & Noordhoff, 1978, p. 142. 本文的分析暂采取这一最初步。更细致的分类，例如 Jayewardene 的九分法，see Hiran W. Jayewardene, The Regime of Islands in International Law, Martinus Nijhoff Publishers, 1990, pp. 368-371。

⑤ D. P. O'Connell（I. A. Shearer ed.）, The International Law of the Sea, Vol. II, Oxford University Press, 1982, p. 732.

⑥ Victor Prescott and Clive Schofield, The Maritime Political Boundaries of the World, 2nd edition, Martinus Nijhoff Publishers, 2005, p. 218.

上的自由与灵活，充分体现于划界过程中对岛屿的处理。例如，一些国家在协议划界实践中并不考虑第 121 条第 3 款的规定，而是一概给予所有类型的岛礁甚至低潮高地以全部效力。① 虽然如此，国际法毕竟为划界谈判提供了背景。② 国际法的这种作用也会表现在划界谈判过程中对人工固岛问题的处理。

在此值得考虑的是协议划界完成后产生的人工固岛问题，亦即在划界谈判中基于第 121 条第 3 款规定未给予专属经济区与大陆架的岩礁，之后在科技支持下产生了维持人类居住或经济生活的能力，该新事实对既定海洋边界是否会有影响。在此方面，《联合国海洋法公约》似未考虑到自然或人为导致的地形变位及相应的处理。③ 但在三角洲④与大陆架的外部界限⑤问题上，《联合国海洋法公约》的相关规定确立了维持海洋边界稳定的重要性。在实践中，边界稳定原则一般也为海洋划界协议所强调。值得注意的是，缅甸与印度关于安达曼海、科科海峡及孟加拉湾的划界协议中，双方甚至约定在出现新的岛屿的情况下也维持边界不变："双方对其海洋边界一侧的现存与任何可能产生的岛屿享有主权"。⑥ 这为科技发展下岛礁变位问题的处理提供了有参考意义的范例。另外，从条约法角度而言，国际边界稳定也是牢固确立的一项原则，⑦ 人工固岛引起的任何变化不应构成"情势变迁"（rebus sic stantibus）。

---

① See, e. g., 1980 Treaty between Cook Islands-United States (American Samoa), Report by Robert W. Smith and David A. Colson, in Jonathan I. Charney and Lewis M. Alexander, International Maritime Boundaries, Vol. I, Martinus Nijhoff Publishers, 1993, p. 987; 1982 Agreement between Australia and France (New Caledonia), Report by Choon-ho Park, in Jonathan I. Charney and Lewis M. Alexander, International Maritime Boundaries, Vol. I, Martinus Nijhoff Publishers, 1993, p. 907.

② Victor Prescott and Clive Schofield, The Maritime Political Boundaries of the World, 2nd edition, Martinus Nijhoff Publishers, 2005, p. 218.

③ Choon-ho Park, *The Changeable Legal Status of Islands and "Non-Islands" in the Law of the Sea: Some Instances in the Asia-Pacific Region*, in David D. Caron and Harry N. Scheiber, Bring New Law to Ocean Waters, Martinus Nijhoff Publishers, 2004, pp. 483-484.

④ 《联合国海洋法公约》第 7 条第 1 款规定："在因有三角洲和其他自然条件以致海岸线非常不稳定之处，可沿低潮线向海最远处选择各适当点，而且，尽管以后低潮线发生后退现象，该直线基线在沿海国按照本公约加以改变以前仍然有效。"

⑤ 第 76 条第 9 款规定："沿海国应将永久标明其大陆架外部界限的海图和有关情报，包括大地基准点，交存于联合国秘书长。秘书长应将这些情报妥为公布。"

⑥ Agreement between the Socialist Republic of the Union of Burma and the Republic of India on the Delimitation of the Maritime Boundary in the Andaman Sea, in the Coco Channel and in the Bay of Bengal (done 23 December 1986, entered into force 14 September 1987), 1484 UNTS 173. 23.

⑦ 《维也纳条约法公约》第 62 条第 2 款第 2 项。

2. 第三方划界

如前所述，国际法庭与仲裁庭在海洋划界实践中并不直接处理岛屿所生海域的问题，而是将岛屿作为“相关情形”或“特殊情形”考虑其在划界中的效力。人工固岛可能产生的问题，也将在此岛屿效力的评价过程中予以考虑。

在由第三方进行的海洋划界中，岛屿可能被赋予全效力、① 半效力、② 甚至零效力，③ 也可能以“飞地”的方式处理。④ 关于岛屿效力的赋予，正如 Brownlie 指出的，主要取决于岛屿的特定地理关系，而非对其地位的澄清。⑤ 国际法庭与仲裁庭追求的首要目标是“公平解决”，⑥ 尤其注重考察海岸线与所获区域之间的比例。换言之，岛礁在产生海域方面的“权利”（entitlement）与在划界中的“处理”（treatment），是两个相独立的问题，前者是一个抽象问题，后者则取决于岛礁对等距离线及其他因素（诸如所主张区域海岸线的对比）扭曲的程度，而非岛礁本身的法律地位。⑦ 例如，在最近的“孟加拉湾划界案”中，国际海洋法法庭承认圣·马丁岛是“该案中一个重要的特征”，⑧ 但在专属经济区与大陆架划界时却未给其任何效力，因为给其效力“将产生阻断缅甸海岸向海方向投射的后果，并导

① See, e. g., *Case Concerning the Delimitation of the Continental Shelf Between the United Kingdom of Great Britain and Northern Ireland, and the French Republic*, *Decision of* 30 *June* 1977, 18 *UNRIAA* 3 (1980), para. 248 (Island of Ushant) [hereinafter cited as *Anglo-French* case].

② See, e. g., *Continental Shelf* (*Tunisia/Libyan Arab Jamahiriya*), *Judgment*, *I. C. J. Reports* 1982, pp. 88-89. paras. 128-129 (Kerkennah Islands); *Anglo-French case*, paras. 243-251 (Scilly Isles); *Delimitation of the Maritime Boundary in the Gulf of Maine Area* (*Canada/United States of America*), *Judgment*, *I. C. J. Reports* 1984, pp. 336-337, para. 222 (Seal Island).

③ See, e. g., *Dispute Concerning Delimitation of the Maritime Boundary Between Bangladesh and Myanmar in the Bay of Bengal* (*Bangladesh/Myanmar*), *Judgment*, *ITLOS*, *No.* 16, 2012, pp. 92-97, paras. 298-319 (St. Martin's Island). [hereinafter cited as Bay of Bengal case]

④ See, e. g., *Anglo-French* case, paras. 201-202 (Channel Islands).

⑤ Ian Brownlie, Principles of Public International Law, 7th edition, Oxford University Press, 2008, p. 221.

⑥《联合国海洋法公约》第 74 条、第 83 条。

⑦ Barbara Kwiatkowska, *Resource*, *Navigational and Environmental Factors in Equitable Maritime Boundary Delimitation*, in David A. Colson and Robert W. Smith (eds.), International Maritime Boundaries, Vol. V, Martinus Nijhoff Publishers, 2005, p. 3244.

⑧ *Bay of Bengal case*, p. 96, para. 318.

致划界线的无端扭曲”。① 在此意义上，第121条第2款与第3款下岛、礁法律地位的悬殊，在划界中会被缩减，而为获得专属经济区与大陆架而进行人工固岛的努力很可能徒劳无功。②

与前述协议划界情形下相似的问题是，在海洋划界裁决作出后，科技发展使岩礁地位发生变化的，是否可以作为裁决复核（revision of a judgment）的新事实？一般而言，申请复核判决必须满足实体性要件与时间性要件：前者要求发现了“具有决定性之事实”，并且判决时不知该事实并非出于过失；③ 后者要求复核申请应在发现新事实后6个月内提出，并且在判决宣告后10年后不得提出。④ 这意味着，岩礁维持人类居住或经济生活的能力的事实必须在判决时已存在，方可提出复核申请。对于之后借助人工固岛而产生的“维持能力”，属于判决时不存在的新事实，从而不符合上述实体性要件，申请复核的请求应被驳回。⑤ 与此同时，从边界稳定的考虑出发，对此类问题宜作保守性的处理，除非科技发展引发的“新事实”确会导致划界显失公平的情形。

（二）洋中岛屿

1. 国家单方面划界与国际共同体利益的涉及

如前所述，由于不存在其他沿海国，洋中岛屿能产生十分广袤的海域，⑥ 其海洋边界主要由岛屿所属国单方面主张与划定，不会减损其他沿海国的管辖海域，但却会使整个国际共同体的利益受损。对此，现代海洋法的主要设计者、马耳他驻联

---

① *Bay of Bengal case*, p. 96, para. 318. 高之国法官在其独立意见中批评了法庭片面化的考虑：“如果认为圣马丁岛会阻断缅甸海岸向海方向的投射，同一理由也完全可以适用于孟加拉国。换言之，拒绝承认圣马丁岛的效力，将导致剥夺该重要沿海岛屿向海方向的合法投射。” *Bay of Bengal* case, Separate Opinion of Judge Gao, p. 33, para. 81. See also, Declaration of Judge Wolfrum, p. 4; Dissenting Opinion of Judge Lucky, pp. 43-44。

② Jonathan I. Charney, *Rocks that Cannot Sustain Human Habitation*, American Journal of International Law, Vol. 93, No. 4, 1999, p. 877.

③ 《国际法院规约》第61条第1款；Rules of the Tribunal (ITLOS/8, as amended on 17 March 2009), Art. 127, para. 1.

④ 《国际法院规约》第61条第4款、第5款；Rules of the Tribunal (ITLOS/8, as amended on 17 March 2009), Art. 127, para. 1.

⑤ *Application for Revision of the Judgment of* 11 *September* 1992 *in the Case concerning the Land, Island and Maritime Frontier Dispute* (*El Salvador/Honduras: Nicaragua intervening*) (*El Salvador v. Honduras*), *Judgment*, *I. C. J. Reports* 2003, pp. 398-399, paras. 19-20.

⑥ Victor Prescott and Clive Schofield, The Maritime Political Boundaries of the World, 2nd edition, Martinus Nijhoff Publishers, 2005, p. 57.

合国大使 Arvid Pardo 曾于 1971 年在联合国海底委员会上向国际共同体警告此种危险："如果以拥有无人居住的、偏远或非常狭小的岛屿为基础，可以建立 200 海里的管辖海域，那么国家管辖以外海域的国际管理的效力将严重受损。"①

在前述近岸岛屿的情形下，《联合国海洋法公约》第 121 条关于岩礁模糊规定的效应，在国家间协议或第三方划界中因公平等因素的考量而得以缩减，但在洋中岛屿的情形下，这条在妥协基础上达成的规定被指"纵容了少数国家对'人类共同继承财产'的鲸吞蚕食"。② 此种对国际共同体利益的关切并非杞人忧天，洋中岛屿背景下的人工固岛即一现实挑战。

2. 国际共同体利益的保护

（1）国际海底管理局。

在国际共同体利益的保护方面，《联合国海洋法公约》赋予国际海底管理局（International Sea-Bed Authority，以下简称"管理局"）以重要职责。③ 然而，"区域"的范围是以反向的方式规定的："国家管辖范围以外的海床和洋底及其底土"。④ 虽有观点主张管理局在"区域"的界定方面发挥作用，⑤ 但管理局的这种职权在第三次联合国海洋法会议期间曾受到宽大陆边外缘国家的强烈抵制，最后达成的妥协是确立了第 76 条大陆架界限委员会机制（以下详述）。⑥ 目前国际社会在此问题上的共识似仍停留于当初的妥协，而无任何实质性的转变，因此，管理局在相关国家采取人工固岛特别是变礁为岛的方式侵占"区域"的问题上难以发挥实质作用。

（2）大陆架界限委员会。

在国际共同体利益保护方面扮演重要角色的另一机构，是按照《联合国海洋法公约》第 76 条第 8 款与附件二设立的大陆架界限委员会（Commission on the Limits of Continental Shelf，以下简称"委员会"）。委员会应就有关划定大陆架外部界限的事项向沿海国提出建议，沿海国在这些建议的基础上划定的大陆架界限应有

---

① UN Sea-Bed Committee, Doc. A/AC. 138/SR. 57, p. 167.

② Roger O'Keefe, *Palm-Fringed Benefits*: *Island Dependencies in the New Law of the Sea*, International and Comparative Law Quarterly, Vol. 45, No. 2, 1996, p. 419.

③ 《联合国海洋法公约》第 137 条第 2 款。

④ 《联合国海洋法公约》第 1 条第 1 款第 1 项。

⑤ W. Michael Reisman and Gayl S. Westerman, Straight Baselines in International Maritime Boundary Delimitation, St. Martin's Press, 1992, pp. 209-211.

⑥ Alex G. Oude Elferink, *Clarifying Article* 121 (3) *of the Law of the Sea Convention*: *The Limits Set by the Nature of International Legal Process*, IBRU Boundary and Security Bulletin, Vol. 6, No. 2, 1998, p. 64.

确定性和拘束力。① 一国若以在他国看来的第121条第3款岩礁主张外大陆架，委员会的反应显得至为重要，但这在根本上又涉及委员会的权限问题。

首先，关于委员会的一般权限。《大陆架界限委员会科学和技术准则》规定了委员会的相关权限："委员会无权就划定测算领海宽度的基线作出任何建议。委员会的作用限于在必要时请求提供沿海国划界案所用基线的大地测量位置和定义的资料。"② 在日本向委员会提交200海里以外大陆架划界案中，针对日本以冲之鸟为基点划出大陆架范围，中国政府认为，委员会作为由地质学、地球物理学或水文学方面的专家组成的机构，"应避免其工作影响包括第121条在内的《公约》有关条款的解释和适用"，因为该条款的适用"涉及作为'人类共同继承财产'的国际海底区域的范围，涉及国际社会共同利益，是具有普遍性的重要法律问题"。③ 韩国政府同样认为："冲之鸟的法律地位并非划定大陆架外部界限的科学或技术事项，而是关于《公约》第121条解释与适用的事项，这超出了委员会的权限范围。"④ 对此，委员会认识到它在第121条的法律解释方面无法发挥作用，⑤ 决定在作好准备着手设立小组委员会的时候，考虑在中间期间可能发生的任何进一步事态发展，

---

① 《联合国海洋法公约》第76条第8款；《联合国海洋法公约附件二：大陆架界限委员会》第3条第1款。

② 《大陆架界限委员会科学和技术准则》（1999年5月13日委员会第五届会议通过），第28页，3.3.1，网络文本链接：http：//www. un. org/Depts/los/clcs_ new/commission_ documents. htm#Guidelines。

③ Note Verbale CML/59/2011 from the Permanent Mission of the People's Republic of China to the Secretary-General of the United Nations dated 3 August 2011, available at http：//www. un. org/Depts/los/clcs_ new/submissions_ files/submission_ jpn. htm [hereinafter cited as Note Verbale CML/59/2011 from China].

④ Note Verbale MUN/230/11 from the Permanent Mission of the Republic of Korea to the Secretary-General of the United Nations dated 11 August 2011, available at http：//www. un. org/Depts/los/clcs_ new/submissions_ files/submission_ jpn. htm [hereinafter cited as Note Verbale MUN/230/11 from South Korea].

⑤ 值得补充说明的是，第121条又是委员会在审议过程中无法回避的，对其在解释《联合国海洋法公约》第76条关于大陆架的定义时发挥着"上下文"（context）的作用。Michael Sheng-ti Gau, *Recent Decision by the Commission on the Limits of the Continental Shelf on Japan's Submission of Outer Continental Shelf*, Chinese Journal of International Law, Vol. 11, No. 3, 2012, pp. 500-501, paras. 41, 42. 另请参看《联合国海洋法公约》第76条第1款、《维也纳条约法公约》第31条第1款。

恢复审议这一事项。①

其次，关于委员会的管辖权限。按照《大陆架界限委员会议事规则》第46条及其附件一的规定，在存在海岸相向或相邻国家间的争端（dispute）或其他未解决的陆地或海洋争端（dispute）的情况下提出划界案时，“委员会不应审议和认定争端任一当事国提出的划界案。但在争端所有当事国事前表示同意的情况下，委员会可以审议争端区域内的一项或多项划界案”。② 对于基于冲之鸟的外大陆架主张，日本在提交时指出，可能的重叠区域存在于日本与帕劳之间；③ 而帕劳已通知日本：“在不影响划界的情况下，帕劳对委员会对该部分提交予以考虑并作出建议并无异议。”④ 显然，日本不认为在此方面与中韩两国存在“争端”。但委员会认为：“在上述来文中［主要指中国与韩国的来文——笔者注］提及的问题（matter）得到解决之前，委员会无法就建议中关于南九州帕劳洋脊区块的内容采取行动。”⑤ 委员会的这一处理与存在“争端”情形下的实际效果相同，似乎是对“争端”范围的扩张性解释，进而包括了“陆地区域产生自然延伸的法律能力的争端”。⑥ 与此同时，委员会决定中的措辞为“问题”而非“争端”，此种谨慎显示了委员会并

① Statement by the Chairman of the Commission on the Limits of the Continental Shelf on the progress of work in the Commission (CLCS/62), 23rd session, New York, 2 March-9 April 2009, para. 59, available at http: //www. un. org/depts/los/clcs_ new/commission_ documents. htm。

② 《大陆架界限委员会议事规则》附件一，第5段a项，available at http: //www. un. org/depts/los/clcs_ new/commission_ rules. htm。

③ *Japan's Submission to the Commission on the Limits of the Continental Shelf pursuant to Article 76, paragraph 8 of the United Nations Convention on the Law of the Sea, Executive Summary*, section 4, p. 8, available at http: //www. un. org/depts/los/clcs _ new/submissions _ files/jpn08/jpn _ execsummary. pdf

④ Ibid. See also Note Verbal No: 029/PMUNS/09 from the Permanent Mission of the Republic of Palau to the United Nations, 15 June 2009, available at http: //www. un. org/depts/los/clcs_ new/submissions_ files/jpn08/plw_ 15jun09. pdf

⑤ Progress of work in the Commission on the Limits of the Continental Shelf, Statement by the Chairperson (CLCS/74), 29th session, New York, 19 March-27 April 2012, para. 19, available at http: //www. un. org/depts/los/clcs_ new/commission_ documents. htm.

⑥ Michael Sheng-ti Gau, *Recent Decision by the Commission on the Limits of the Continental Shelf on Japan's Submission of Outer Continental Shelf*, Chinese Journal of International Law, Vol. 11, No. 3, 2012, p. 499, para. 38.

不适于也不愿意涉足法律争端的处理。①

由上述分析可知，委员会的权限主要是在科学或技术层面的。在委员会就日本的提交作出决定后，中日双方对处理结果也采取了不同的解释。日本方面认为，委员会认可了冲之鸟的外大陆架。② 中国政府则持相反观点，并澄清指出：在日本未被委员会认可的外大陆架主张中，包括了其依据冲之鸟礁主张的、面积约 25 万平方公里的南九州—帕劳洋脊区块；日方提及委员会认可了位于冲之鸟礁以北的四国海盆区块，"但事实上该区块是基于日本其他陆地领土的外大陆架，与冲之鸟礁无关"。③ 鉴于委员会并非处理法律争端的适格机构，从日本以冲之鸟为依据的大陆架主张未获委员会认可，并不能反推中韩关于冲之鸟属于第 121 条第 3 款下岩礁主张的成立，日本与中韩关于冲之鸟法律地位争端的结果是悬而未决。④ 与此同时，委员会未确认日本以冲之鸟依据的大陆架主张，虽源于职权所限，但恰也可说明委员会在维护国际共同体利益方面发挥着一定作用。

（3）其他国家的反应。

---

① 关于委员会的讨论概况，see Statement by the Chairman of the Commission on the Limits of the Continental Shelf on the progress of work in the Commission (CLCS/72), 28th session, New York, 1 August - 9 September 2011, paras. 37-40, available at http://www.un.org/depts/los/clcs_new/commission_documents.htm. See also, Bing Bing Jia, *Effect of Legal Issues, Actual or Implicit, upon the work of the CLCS: Suspensive or without Prejudice?*, Chinese Journal of International Law, Vol. 11, No. 1, 2012, pp. 107-126.

② 关于日本媒体的报道，see, e. g.,「沖ノ鳥島海域の大陸棚延伸　日本の申請、国際機関認める」朝日新聞 2012 年 4 月 28 日，available at http://www.asahi.com/politics/update/0428/TKY201204280012.html; U. N. *approves Japan's claim on wider seas/ Govt plans to trawl for resources*, The Yomiuri Shimbun, Apr. 29, 2012, available at http://www.yomiuri.co.jp/dy/national/T120428003634.htm.

③ 中华人民共和国外交部网站："外交部发言人洪磊就大陆架界限委员会公布涉冲之鸟礁问题处理结果答记者问", available at http://www.fmprc.gov.cn/chn/gxh/mtb/fyrbt/t932273.htm。另请参看中华人民共和国外交部网站："2012 年 6 月 8 日外交部发言人刘为民举行例行记者会", available at http://www.fmprc.gov.cn/chn/gxh/mtb/fyrbt/t939681.htm；"2012 年 6 月 12 日外交部发言人刘为民举行例行记者会", available at http://www.fmprc.gov.cn/chn/gxh/mtb/fyrbt/t940610.htm. 还可参看张海文、丘君：《日本外务省和共同社就日本大陆架延伸申请获得委员会建议的发言和报道严重失实》，中华人民共和国国家海洋局网站，2012 年 5 月 3 日，available at http://www.soa.gov.cn/soa/news/importantnews/webinfo/2012/05/1335667641985096.htm.

④ Michael Sheng-ti Gau, *Recent Decision by the Commission on the Limits of the Continental Shelf on Japan's Submission of Outer Continental Shelf*, Chinese Journal of International Law, Vol. 11, No. 3, 2012, p. 502, para. 45.

囿于目前的国际社会结构，共同体利益的保护将主要取决于利益相关国的行为。① 在此方面的一个范例仍然是日本在冲之鸟的主张以及周边国家的反应。2004 年 12 月，日本对中国海洋调查船在冲之鸟“专属经济区”内作业提出抗议，中国则表示对该海域的性质有着不同看法，认为是“在公海进行正常的科学考察活动”。② 2007 年 6 月，针对日本在冲之鸟周围种植珊瑚的举措，中国政府认为冲之鸟是岩礁，“日本以该礁为基础主张大面积地管辖该海域，并且希望通过人为的做法来支持或推动他们的主张的做法不符合公认的国际法规则，也影响了国际社会的利益”。③ 2010 年初，日本国土交通部拟在冲之鸟建码头及开发矿产资源，中国政府再次强调了冲之鸟为第 121 条第 3 款岩礁的属性，并认为“建造人工设施不能改变冲之鸟礁的法律地位。日本以该礁为基础，主张大面积管辖海域的做法不符合国际海洋法，也影响到国际社会的利益”。④ 特别是，日本在其向委员会提交的外大陆架划界案中，以冲之鸟提出主张，这引发了相关国家在大陆架界限委员会审议时的正式而全面的抗议。中国⑤和韩国⑥一致认为，冲之鸟“依其自然状况，显然是不能维持人类居住或其本身的经济生活的岩礁”，因此不具有专属经济区和大陆架。与此同时，中国政府强调了维护国际共同体利益的重要性：

---

① Alex G. Oude Elferink, *Clarifying Article* 121（3）*of the Law of the Sea Convention*: *The Limits Set by the Nature of International Legal Process*, IBRU Boundary and Security Bulletin, Vol. 6, No. 2, 1998, p. 63.

② 中华人民共和国外交部网站，“2004 年 12 月 9 日外交部发言人章启月在例行记者会上答记者问”, available at http: //www. fmprc. gov. cn/chn/gxh/wzb/fyrbt/jzhsl/t173876. htm; “外交部发言人章启月就日本交涉我考察船进入‘冲之鸟岛’附近海域事答记者问”, http: //www. fmprc. gov. cn/chn/gxh/wzb/fyrbt/t174067. htm.

③ 中华人民共和国外交部网站，“2007 年 6 月 19 日外交部发言人秦刚举行例行记者会”, available at http: //www. fmprc. gov. cn/chn/gxh/wzb/fyrbt/t331505. htm。

④ 中华人民共和国外交部网站，“2010 年 1 月 7 日外交部发言人姜瑜举行例行记者会”, available at http: //www. fmprc. gov. cn/chn/gxh/tyb/fyrbt/jzhsl/t650234. htm。

⑤ Note Verbale CML/2/2009 from the Permanent Mission of the People's Republic of China to the Secretary-General of the United Nations dated 6 February 2009, available at http: //www. un. org/Depts/los/clcs_ new/submissions_ files/submission_ jpn. htm [hereinafter cited as Note Verbale CML/2/2009 from China]. See also Note Verbale CML/59/2011 from China.

⑥ Note Verbale MUN/046/09 from the Permanent Mission of the Republic of Korea to the Secretary-General of the United Nations dated 27 February 2009, available at http: //www. un. org/Depts/los/clcs_ new/submissions_ files/submission_ jpn. htm. See also Note Verbale MUN/230/11 from South Korea.

“《公约》缔约国在行使其确定大陆架外部界限的权利的同时，也负有确保尊重作为人类共同继承财产的国际海底区域（下称‘区域’）范围的义务，不应影响国际社会的整体利益。《公约》的所有缔约国都应全面遵守《公约》，确保《公约》的完整性，特别是不使‘区域’范围受到任何不合法的侵蚀。”①

如前所述，委员会并非处理法律争端的适格机构，但中韩两国的抗议取得了效果。② 事实上，关于洋中岛礁情形下影响国际共同体利益的人工固岛，相关国家的积极反应显得不可或缺，否则可能导致国际共同体默认岩礁所属国主张的效果。

五、结　语

现代海洋法对大陆与岛屿产生广袤海域能力的承认，使国家管辖范围得以史无前例地大幅扩张，而岛礁所属国对第 121 条及其所反映的习惯国际法规则的自由解释是此种宏观趋势下无法避免的附带效应，以便从岛屿地位中充分受益。③ 科技的发展则使这种规则层面的自由解释具备了现实层面的运作可能性：人工固岛——不论此举是应对自然侵蚀作用的自保反应，还是争取海洋权益最大化的自利行动，抑或兼而有之。

在理论上，对第 121 条及其所反映的习惯国际法规则的不同解释会带来迥异的适用效果，因此成为了相关利益方的必争条款，这种竞争性的解释有助于澄清第 121 条规则。与此同时，在海洋划界的实践处理中，不论是国家间协议划界，抑或第三方裁决划界，还是外大陆架划界案的国际程序处理，针对第 121 条具体适用的各执一词均在某种程度上被调和。在此意义上，透过第 121 条所追求的人工固岛的法律效果，在实体层面会受到稳定、公平、善意等基本原则的约束与限制。与此同时，要实现这种约束与限制，有赖于国际共同体相关各方在程序层面的反应。

---

① Note Verbale CML/2/2009 from China; see also Note Verbale CML/59/2011 from China.

② 例如，中国政府对委员会的处理结果表示欢迎，参看前引“外交部发言人洪磊就大陆架界限委员会公布涉冲之鸟礁问题处理结果答记者问”。

③ Barbara Kwiatkowska and Alfred H. A. Soons, *Entitlement to Maritime Areas of Rocks Which Cannot Sustain Human Habitation or Economic Life of Their Own*, Netherlands Yearbook of International Law, Vol. 21, 1990, p. 178.

Technology Development and Legal Response: Reflections on Artificial Consolidation of Islands in International Law

Abstract: Artificial consolidation of islands has become possible thanks to the technological development. As for States owning islands, it not only meets the need of combating with the natural influence, but also serves as a means to maximize maritime rights and interests. Nevertheless, it could also clash and even conflict with the interests of other States and international community. The relevant legal framework is the rather vague rules embodied in the Article 121 of the United Nations Convention on the Law of the Sea as well as relevant general international law, which necessitates the discussion over the legal response to the artificial consolidation of islands. Aiming to explore this issue in international law, this article examines its origin in rules and practices, assesses its implication from the legal regime of islands, and analyzes its treatment in the context of maritime delimitations. It is submitted that the divergent application effects resulting from different interpretations of the Article 121 has been reconciled in the treatment during the practice. The legal effect of artificial consolidation to be achieved through the Article 121 is regulated and restrained by relevant fundamental principles in international law, inter alia, stability, equity and good faith. The materialization of such restraints and regulations, however, requires procedural responses of the concerned parties in the international community.

Keywords: Islands Rocks Technology Artificial Consolidation

论国际海洋法法庭的临时措施
——以《联合国海洋法公约》第290条适用为中心

□ 何田田*

内容摘要：1982年《联合国海洋法公约》创立了包括常设性国际司法机构——国际海洋法法庭在内的全新争端解决机制。国际海洋法法庭自1996年开始履行审理海洋争端职责以来处理了6个涉及临时措施规定的案件。《联合国海洋法公约》确立的临时措施制度有不少特别之处，在法庭的审判实践中也有诸多值得深入探讨的问题。文章以《联合国海洋法公约》第290条适用为中心，结合法庭处理临时措施的6个案件，对规定临时措施的条件、目的、遵守与效果作细致分析。文章肯定《公约》临时措施制度本身的作用、角色与价值，也提出一些思考，以期获取对整个海洋法公约更多的关注与启示。

关键词：《联合国海洋法公约》第290条 国际海洋法法庭 临时措施

目　次

---

* 何田田，中国人民大学国际法学博士研究生。

四、临时措施的遵守与效果
结语

引　言

1982年12月10日，《联合国海洋法公约》（United Nations Convention on the Law of the Sea，以下称"《公约》"）在经历长达9年的艰苦谈判和协商后终于顺利通过，并于1994年11月16日正式生效。我国也于1996年5月批准加入了《公约》。这部被称为"集大成"的"海洋法典"涵盖面非常地广，海洋活动、海洋利用和海洋资源的所有方面无所不涉，学者们称赞其历史地位是仅次于《联合国宪章》的"海洋宪章"。① 作为《公约》"一揽子协议"② 的一部分，《公约》的争端解决机制是通过第15部分（争端的解决）、附件五（调解）、附件六（国际海洋法法庭规约）、附件七（仲裁）、附件八（特别仲裁）确立的。《公约》创立了包括常设性国际司法机构——国际海洋法法庭（International Tribunal on Law of the Sea，以下简称"ITLOS"或"法庭"）在内的争端解决机制，被认为是国际法新时代到来的标志。③ 它既借鉴了国际法院、常设国际仲裁院的一些成功经验，也创造性地设立了复杂又带有强制性特征的争端解决程序，还反映了不同地理位置和经济状况国家之间的利益平衡。

这样一个争端解决机制的出现，引起了各国国际法实践界和理论界的关注。④

---

① 余民才：《中国与〈联合国海洋法公约〉》，载《现代国际关系》2012年第10期，第55页。

② "一揽子"（package deal）协议，是指缔约各方就多个领域展开谈判，应同时全盘接受谈判所达成的所有协议，不允许选择性地接受其中的部分协议而拒绝接受其他协议。在国际法领域，WTO的相关协议和UNCLOS可以看做"一揽子"协议的典范。

③ See Tommy T. B. Koh, "*A Constitution for the Oceans*" *Remarks made by the President of the Third United Nations Conference on the Law of the Sea*, in Official Text of the United Nations Convention on the Law of the Sea with Annexes and Index (1983) E 83V5, xxxiv, available at www. org/Depts/los/convention_ agreements/texts/koh_ english. pdf.

④ 关于争端解决机制，国外部分代表性研究成果有：Marianne P. Gaertner, *The Dispute Settlement Provisions of the Convention on the Law of the Sea: Critique and Alternatives to the International Tribunal for the Law of the Sea*, San Diego Law Review, Vol. 19, 1982; Natalie Klein, *Dispute Settlement in the UN Convention on the Law of the Sea*. Cambridge University Press (January 31, 2005)。国内部分的则有：吴慧：《国际海洋法法庭研究》，海洋出版社2001年版；高健军：《〈联合国海洋法公约〉争端解决机制研究》，中国政法大学出版社2010年版。

这些关注既有从理论层面进行介绍研究的,① 也有在实践层面个案考察或比较实证分析的。② 但与欣欣向荣的关于其他国际司法机构的学术研究相比，《公约》争端解决机制得到的关注相对式微。③ 一个司法机构获得的关注度与其是否发达的司法实践密不可分。近年来通过《公约》争端解决机制得到处理的案件逐渐增多，案件类型日益丰富，这些案件都是对《公约》的解释和适用，其对国际法治的贡献实则不可忽视。因此，本文从实证的角度，选择对 ITLOS 处理的临时措施案件进行分析探讨，无疑具有一定的意义。

一、临时措施的规定与实践

（一）临时措施——第 290 条

临时措施（Provisional Measures）又称临时保全（Interim Protection），其含义是指争端当事方已正式把争端提交法院或法庭，如感到其权利处于直接威胁之中，

---

① 这一部分，国外部分代表性研究成果有：GudmundurEiriksson, *The International Tribunal for the Law of the Sea*, Springer , 1 edition（July 12, 2000）; TafsirMakickNdiaye, *The Advisory Function of the International Tribunal for the Law of the Sea*, Oxford University Press, July2010 。国内部分的则有：赵理海：《国际海洋法法庭——发展中的专业化国际司法机构》，载《人民司法》2005 年第 5 期，第 85～89 页；金永明：《联合国海洋法公约组织机构特质研究》，载《东方法学》2011 年第 1 期，第 22～34 页。

② 这一部分，国外部分代表性研究成果有：Berg-Elverfeldt , *The Settlement of Disputes in Deep Seabed Mining*, NomosVerlagsgesellschaft, Baden-Baden, 1998; Anderson, David H, *The Effective Administration of International Justice - Early Practice of the International Tribunal for the Law of the Sea*, *In Negotiating for peace*: *Liber AmicorumTonoEitel*（Berlin; New York: Springer, 2003）. pp. 529-542; Bantz, Vincent P. , *Views from Hamburg*: *the Juno Trader Case or How to Make Sense of the Coastal State's Rights in the Light of Its Duty of Prompt Release*, 24 U QUEENSLAND L. J. 415-444（2005）。国内部分的则有：赵理海：《国际海洋法法庭：油轮“塞加号”案评介》，载《中外法学》1998 年第 5 期，第 114～125 页；吴慧：《从“蒙特·卡夫卡号”案析国际海洋法法庭的地位和作用》，载《国际关系学院学报》2002 年第 1 期，第 22～33 页；赵秋丹：《〈联合国海洋法公约〉附件七仲裁庭第一案的启示——南方金枪鱼案述评》，载《中国海洋法学评论》2005 年第 1 期，第 182～191 页；黄瑶、廖雪霞：《国际海洋划界司法实践的新动向——2012 年孟加拉湾划界案评析》，载《法学》2012 年第 12 期，第 80～92 页。

③ 在“中国期刊全文数据库”中分别以“国际法院”和“WTO 争端解决”为主题词的搜索结果多达 2011 项和 2409 项，而以“国际海洋法法庭”为主题词的检索只有 211 项。在“HeinOnline 法律数据库”中，同样的检索项结果分别是 10644，15381 和 649 项。可见，国内外学界对于国际法院和 WTO 争端解决机制的分析研究可谓兴旺（2013 年 6 月访问）。

可随时请求法院或法庭规定临时措施保全其权利。《国际法院规约》第41条、《国际法院规则》第73~78条，《公约》第290条，《国际海洋法庭规约》第25条和《国际海洋法法庭规则》第89~95条都对临时措施作了具体的规定。其中，《公约》第290条共有6款，规定如下：

"第290条临时措施

1. 如果争端已经正式提交法院或法庭，而该法院或法庭依据初步证明认为其根据本部分或第十一部分第五节具有管辖权，该法院或法庭可在最后裁判前，规定其根据情况认为适当的任何临时措施，以保全争端各方的各自权利或防止对海洋环境的严重损害。

2. 临时措施所根据的情况一旦改变或不复存在，即可修改或撤销。

3. 临时措施仅在争端一方提出请求并使争端各方有陈述意见的机会后，才可根据本条予以规定、修改或撤销。

4. 法院或法庭应将临时措施的规定、修改或撤销迅速通知争端各方及其认为适当的其他缔约国。

5. 在争端根据本节正向其提交的仲裁法庭组成以前，经争端各方协议的任何法院或法庭，如在请求规定临时措施之日起两周内不能达成这种协定，则为国际海洋法庭，或在关于"区域"内活动时的海底争端分庭，如果根据初步证明认为将予组成的法庭具有管辖权，而且认为情况紧急有此必要，可按照本条规定、修改或撤销临时措施。受理争端的法庭一旦组成，即可依照第1款至第4款行事，对这种临时措施予以修改，撤销或确认。

6. 争端各方应迅速遵从根据本条所规定的任何临时措施。"

值得注意的是，《公约》下的临时措施作为一种重要的附带程序，与《国际法院规约》第41条"临时措施"的规定并不完全相同，加之国际法院在这方面已经成功建立了一套先例，因此在研究《公约》的临时措施制度时，不可和国际法院的实践相混淆，应额外注意《公约》争端机制自身的实践。而且，争端解决机制除了作为常设审理机构的ITLOS外，还有依附件成立的仲裁庭。因此，审理机构的不完全统一使法庭在规定临时措施方面遇到和其他国际司法机构不一样的问题。

（二）ITLOS关于临时措施的案件

ITLOS由1996年正式运行以来至2013年5月共有21个案件，类型分为船只与船员的迅速释放、临时措施、实质问题、海洋划界以及咨询意见。案件数目比例上，法庭规定临时措施案件多6件，占29%。可见，临时措施已成为法庭的主要审理案件类型之一。（见表1）

表1

ITLOS 处理的临时措施案件

序号	案名（中文）	案名（英文）	当事方	案由	裁决日期
1	"塞加号"案（第二号案）	The M/V " SAIGA" Case	圣文森特及格林纳丁诉几内亚	临时措施	1998. 3. 11
2	"南方金枪鱼"案（第三、四号案）	Southern Bluefin Tuna Cases	新西兰、澳大利亚诉日本	临时措施	1998. 8. 27
3	混合氧化物案（第十号案）	The MOX Plant Case	爱尔兰诉英国	临时措施	2001. 12. 3
4	关于新加坡在柔佛海峡和周围地区填海造地争端案（第十二号案）	Case Concerning Land Reclamation by Singapore in and around the Straits of Johor	马来西亚诉新加坡	临时措施	2003. 10. 8
5	"路易莎号"案（第十八号案）	The M/V " Louisa" Case	圣文森特及格林纳丁诉西班牙	临时措施	2010. 10. 30
6	"ARA 利伯塔德号"案（第二十号案）	The "ARA Libertad" Case	阿根廷诉加纳	临时措施	2012. 12. 25

建立 ITLOS 的初衷即是设立一个较国际法院更完善的解决海洋法争端的专门性国际司法机构来处理有关《公约》的解释或适用的一切争端。①《公约》争端机制的设计非常独特，根据《公约》第 287 条，ITLOS 只是四种适用强制程序的法院或法庭之一。但《公约》赋予了 ITLOS 处理临时措施程序中独特的地位，使得规

① 在第三次海洋法会议上，法国、英国、意大利、日本等一些国家曾反对建立 ITLOS。反对方认为 ITLOS 的出现会削弱国际法院的作用，而且还存在新的法庭与国际法院职能完全重叠甚至冲突，削弱国际法院作用等负面影响。参见吴慧：《国际海洋法法庭研究》，海洋出版社 2001 年版，第 10 页。

定临时措施的案件更偏重于ITLOS。① 因此有必要根据《公约》的规定研究ITLOS迄今为止处理的关于临时措施的案件。

二、临时措施的条件

在任何一个案件中，法庭只有在一定的条件得到满足时，才能作出临时措施的规定，这也是程序正义之所在。ITLOS规定临时措施，根据第290条，需要首先确定对案件具有“初步管辖权”，再“根据情况”规定。这是规定临时措施的两个条件。

（一）“初步管辖权”问题

首先，ITLOS在规定临时措施案件的管辖权方面与国际法院的实践有较大的差异。引起这种差异的原因是《公约》的特别规定。国际法院的一贯做法是在行使指示临时措施的权力时要以其对案件具有初步管辖权（prina facie jurisdictions）为前提。② 根据《公约》第290条，ITLOS对临时措施的管辖权可分为两种情况，一是ITLOS对争端的实质问题有初步司法管辖权的前提下规定临时措施，二是争端的实质问题已交由附件七或附件八组成的仲裁法庭解决，ITLOS仅有规定临时措施的管辖权。两种情况的相同地方是ITLOS都必须在规定临时措施之前判定审理机构对争端有“初步管辖权”，并依“情况”确定有规定临时措施的必要。而区别的关键之处在于哪个审理机构对案件的实质问题行使管辖权。前者是ITLOS判定自身对案件实质问题有初步管辖权，在审理的任何阶段均可依当事方申请依“情况”规定临时措施（第1款），后者就是在由附件七或附件八的仲裁庭组成之前依当事

---

① 根据第290条，当争端被提交仲裁的情况下，在仲裁法庭组成之前当事方如申请临时措施，争端各方可协议由任何法院或法庭来规定，由此当事国也可以协议请求国际法院规定临时措施，但实际中这种请求似乎很难被国际法院受理，因为在国际法院的程序中，附带程序必须与主程序有明确和直接的联系。另一方面，如在请求规定临时措施之日起两周内不能达成这种协议，那么则由ITLOS（在关于区域内活动时，则由海底争端分庭）依据《公约》规定来行使规定临时措施的权利。

② 关于初步管辖权的标准最初是由国际法院1972年在“渔业管辖权案”（英国诉冰岛）中阐明的：“针对临时措施的请求，本院在规定它们前，不需要最终确信对案件的实质问题享有管辖权，”只要“源于当事双方的一个文件中的规定根据初步证明似乎为本院管辖权的确立提供了一个可能的基础”。See Fisheries Jurisdiction (UK v. Iceland), Interim measures, Order of 17 August 1972, ICJ Reports. 1972.

方申请，ITLOS 判定有“初步管辖权”并依“紧急情况”规定临时措施（第 5 款）。① 目前，在上述规定临时措施的已结案件列表中，“塞加号”案（第二号案）和“路易莎号”案（第十八号案）是情况一，“南方金枪鱼”案（第三、四号案）、“混合氧化物”案（第十号案）、“关于新加坡在柔佛海峡和周围地区填海造地争端”案（第十二号案）和“ARA 利伯塔德号”案（第二十号案）属于情况二。② 现从这两种情况中各选取一个典型案件分析 ITLOS 是怎样确定“初步管辖权”的。

法庭规定临时措施的第一案——“塞加号”案（第二号案）③ 是情况一的典型。“塞加号”案（第二号案）争端最初是 1997 年 12 月 22 日圣文森特和格林纳丁斯发出通知提交给《公约》附件七下的仲裁法庭，后于 1998 年 1 月 13 日向 ITLOS 起诉，请求 ITLOS 在仲裁法庭组成之前规定临时措施。2 月，圣文森特和格林纳丁斯与几内亚双方达成协议，将争端转交给 ITLOS。当事双方就 ITLOS 的管辖权存在争议。圣文森特和格林纳丁斯援引《公约》第 297 条第 1 款作为 ITLOS 管辖权的基础，几内亚却认为这是属于被排除出《公约》争端解决强制程序的“渔业争端”事项。④ ITLOS 在 1998 年 3 月 11 日的临时措施命令中对“初步管辖权”作出了全体一致的肯定决定，说理过程一边倒地支持了圣文森特和格林纳丁斯的请求。ITLOS 认为“根据第 290 条第 1 款，在法庭最后裁判作出前，船长、船只及其他船员等其他相关者受到的任何司法或行政措施，将使原告的权利得不到充分保全”，也考虑到“避免双方争端的扩大和恶化”，⑤ 且“第 297 条第 1 款似乎为法庭提供了初步管辖权”，⑥ 于是法庭决定规定临时措施。这样的决定明显地表现出更多地考虑到了圣文森特和格林纳丁斯的请求，而对几内亚提出的反对主张不加评

---

① 参见《公约》第 290 条第 1 款和第 5 款在此问题上的不同表述。

② “南方金枪鱼”案（第三、四号案）、“混合氧化物”案（第十号案）、“关于新加坡在柔佛海峡和周围地区填海造地争端”案（第十二号案）和“ARA 利伯塔德号”案（第二十号案）。

③ “塞加号”是一艘悬挂圣文森特和格林纳丁斯国旗的油轮。该案起因是“塞加号”于 1997 年 10 月 27 日在几内亚专属经济区内向渔船供应汽油。几内亚行使了《公约》第 111 条所规定的紧追权逮捕了“塞加号”并对其造成了损害。1997 年 12 月 4 日 ITLOS 在“塞加号”案（第一号案）中作出了“迅速释放”的命令。几内亚不但没有立即释放船只，相反，几内亚科纳克里初审法庭在同年 12 月 17 日对“塞加号”船长作出“6 个月监禁和 1500 万美元的罚金”的判决。

④ See ITLOS, The M/V “Saiga” (No. 2) Case, Request for Provisional Measures, para. 22.

⑤ See ITLOS, The M/V “Saiga” (No. 2) Case, Order of 11 March 1998, para. 41.

⑥ See ITLOS, The M/V “Saiga” (No. 2) Case, Order of 11 March 1998, para. 30.

论，甚至在说理过程中也不对其作出回应与裁定，法庭从一开始就表现出宽泛认定初步管辖权存在的意愿倾向。

值得讨论的还有根据第290条第5款规定临时措施的第二种情况，“南方金枪鱼”案因属于按照《公约》争端解决机制提交给附件七下的仲裁法庭的首个案件，从而很好地说明了这一点。“南方金枪鱼”案当事方同样存在着管辖权争议。与上述“塞加号”案不同的是，“南方金枪鱼”案的三方当事国澳大利亚、新西兰和日本就争端是否属于“有关公约的解释或适用”的争议贯穿案件始末。三方当事国澳大利亚、新西兰和日本早在1993年就签署了包括对南方金枪鱼年度总可捕获量和三国捕捞配额等内容的《养护南方金枪鱼条约》，并成立南方金枪鱼保护委员会。1998年，日本单方面实施的南方金枪鱼实验捕捞计划遭到了澳大利亚和新西兰的强烈抗议，由此三国产生了争端。1999年7月30日，澳大利亚和新西兰就与日本的争端提交《公约》附件七的仲裁法庭。在仲裁法庭组成前，澳、新两国决定按照第290条第5款请求ITLOS规定临时措施。澳大利亚和新西兰两国援引《公约》第64条和第116～119条为管辖权的依据，日本提出多项反对意见，其中两项主要的反对意见其中之一是认为该争端仅仅是关于1993年《养护南方金枪鱼条约》的科学性质的争端，既不是法律争端，也与《公约》的解释和适用无关，另一项即认为澳、新两国不同意继续进行谈判的行为使得《公约》第283条①的条件没有被满足，因而无法启动《公约》第15部分第二节的强制解决争端程序。② 对此，ITLOS在裁定中对日本的反对意见作出了回应。法庭首先援引了常设国际法院1924年的“马弗罗马提斯特许权案”中对争端的观点，指出，“争端是当事方之间有关法律或事实点的争端，法律观点或利益的冲突”，该案中当事方对争端的性质即便存在分歧，依然属于“与法律相关的争议”。③ 而且“直接或通过与适当的国际组织进行合作以保证养护并促进高度回游鱼类的最适度利用是《公约》缔约国的义务”，因而“争端不仅涉及1993年《养护南方金枪鱼条约》，而且与《公约》息息相关”。至于当事各国曾进行过谈判和磋商，考虑到“当事各方认为解决的可能性已用尽时”，《公约》第15部分第二节的程序便可启动。基于上述理由，ITLOS再次以一致同意的方式认定“初步管辖权”的存在。④

① 《公约》第283条：“交换意见的义务 1. 如果缔约国之间对本公约的解释或适用发生争端，争端各方应迅速就以谈判或其他和平方法解决争端一事交换意见。2. 如果解决这种争端的程序已经终止，而争端仍未得到解决，或如已达成解决办法，而情况要求就解决办法的实施方式进行协商时，争端各方也应迅速着手交换意见。”

② See ITLOS, Southern Bluefin Tuna Cases, Order of27 August, 1999, para. 33.

③ See ITLOS, Southern Bluefin Tuna Cases, Order of27 August, 1999, para. 44.

④ See ITLOS, Southern Bluefin Tuna Cases, Order of27 August, 1999, para. 45-62, 90.

第 290 条第 5 款是一个非常特别的规定。前文之所以作出“情况一”和“情况二”的区分，是因为案件实质管辖权和临时措施管辖权分属于两个不同机构的情况在国际司法实践中是鲜见的。第 290 条的规定正是因为《公约》的争端解决机制给缔约国提供了四种处于平行地位的机构以供选择的缘故。由附件组成的仲裁法庭是非常设的，其仲裁人员的组成及程序的指定可能耗费较长的时间，这与临时措施制度所要求的“快速有效保全双方权利”的目的不相符合。因此，由一个常设性的机构履行规定临时措施职能，填补仲裁法庭组成之前可能存在的空白是很有必要的。但是，必须注意到的是，在第 290 条第 5 款下，由于对案件实质问题行使管辖权的机构和规定临时措施的机构是相异的，ITLOS 有关“初步管辖权”存在的决定对后来组成的仲裁法庭在处理实质问题中对管辖权的决定是没有任何影响的。因此就极可能出现法庭作出了“初步管辖权”的肯定性裁决，却被后组成的法庭推翻的情况。“南方金枪鱼”案就是明证。①

在国际法著名学者马尔科姆 · N. 肖看来，在对临时措施的请求进行审查时，“没有必要最终彻底弄清楚对案件的实体问题是否具有管辖权”。“初步管辖权”就是“从表面上看来是否具有审理案件实体问题的管辖权”，“这与请求指示临时措施寻求保护的权利具有何种性质和范围是无关的”。② 从以上分别根据第 290 条第 1 款和第 5 款规定临时措施的两个典型案例可见，ITLOS 对“初步管辖权”的认定相当广泛，只需要“争端双方援引了《公约》条款”就有可能构成管辖权的根据。从 ITLOS 的判例看来，在确定初步管辖权方面，法庭着重考虑的是两个因素：一是考量争端双方或一方是否援引了《公约》条款，争端从初步意义上是否属于《公约》的解释和适用；二是根据第 283 条“交换意见的义务”是否已经履行完毕。在这个确定的过程中，“决定其是否有管辖权规定临时措施时，法庭更偏向于将疑点利益归于原告”。③

（二）“根据情况”的认定

根据第 290 条第 1 款和第 5 款的规定，法庭规定临时措施，必须“根据情况”或者“认为情况紧急有此必要”。按照条文的狭义理解，ITLOS 对自身审理的案件规定临时措施需“根据情况”认定，而对于仲裁法庭行使管辖权的案件却需要

---

① “南方金枪鱼”案在仲裁法庭组成后裁定它没有管辖权审理该争端。

② 参见马尔科姆 · N. 肖著：《国际法（第六版）（下）》，白桂梅等译，北京大学出版社 2011 年版，第 865 ~ 868 页。

③ See Rosemary Rayfuse, *The Future of Compulsory Dispute Settlement Under the Law of the Sea Convention*, 36 Victoria U. Wellington L. Rev. 683 (2005), p. 689.

“情况紧急”。也就是说，第290条第5款项下对紧急性提出了要求，而第1款项下却没有。在这里，有学者认为第5款与第1款用语不同，是考虑到两款之间规定临时措施的时间差异。根据第290条第1款被请求规定临时措施的法院或法庭可在“最后裁判前”规定适当的措施以促使争端各方的各自权利或防止对海洋环境的严重损害，而根据第290条第5款被请求规定临时措施的法院或法庭只允在“争端……向其提交的仲裁法庭组成以前”规定临时措施。学者认为最终裁判之前所要求的措施和另一机构组成之前所要求的措施，更短的时间段必须要求更大的紧急性。① 但本文认为，ITLOS至目前为止的实践中并没有对两款的适用作如此泾渭分明的不同认定。

在上述提及的“塞加号”案中，法庭在作出临时措施的命令之前，几内亚已经释放了“塞加号”及其船长与船员。但法庭依然在“初步管辖权”的基础上规定了4项临时措施，其依据是“原告的权利在船长或船员受到可能的司法或行政措施的情况下将不会得到充分保全”以及“避免争端恶化和扩大”。② 法庭判定存在“初步管辖权”，但却认为不需要规定临时措施的情况出现在新近的“路易莎号”案中。③ 法庭认为“根据第290条第1款，在本案中并没有发现确切的和紧迫的，不利于争端方保全权利的情况的存在”。④ 这是法庭对第290条第1款“根据情况”规定的实践。

从根据第290条第5款规定临时措施的4个案件中，可发现即使法庭认为“情况紧急”并不存在，依然作出临时措施的规定。在已提及的“南方金枪鱼”案中，法庭规定了诸如要求“各方非经同意或估计，不从事涉及捕捞南方金枪鱼的实验捕鱼计划”等6项临时措施。法院对被告方日本采取的试验性捕捞行为属于“情况紧急”的判定的措词是“构成威胁”、“值得关注”和“可能危害”。而临时措

① See Natalie Klein, *Dispute Settlement in the UN Convention on the Law of the Sea*, pp. 69-70. 转引自高健军:《〈联合国海洋法公约〉争端解决机制研究》，中国政法大学出版社2010年版，第192页。

② See ITLOS, The M/V “Saiga” (No. 2) Case, Order of 11 March 1998, para. 41, 43.

③ “路易莎号”案是ITLOS的“第十八号”案，法庭分别在2010年10月30日作出了关于临时措施的命令，2013年5月28日对实体问题发布了判决。“路易莎”号是悬挂圣文森特和格林纳丁斯旗帜的船舶，因船舶涉嫌违反西班牙历史遗产或海洋环境方面的法律，在2006年2月1日被西班牙当局扣押，并逮捕了其船长和船员。同一天又扣押了一艘国籍不明的“路易莎”号的补给船只“双子座III”号。2010年11月23日圣文森特和格林纳丁斯向ITLOS提出对西班牙的诉讼，并同时根据第290条第1款的规定请求法院规定释放“路易莎”和返回扣押的财产的临时措施。

④ See ITLOS, The M/V " Louisa" Case, Order of 30 November 2010, para. 72.

施发布当天的实际情况是日本1999年的捕捞计划只剩4天就结束，而下一轮计划将至2000年下半年才开始，那时仲裁法庭也已经组成了。可见，情况紧急缺乏事实基础。这样，法庭在事实上并无遵循第5款中的“情况紧急有此必要”的认定。同样是起源于海洋环境争端的“混合氧化物”案（第十号案）中，虽则原告方爱尔兰认为“情况紧急”而请求ITLOS在仲裁法庭组成前规定终止MOX Plant工厂相关运作的临时措施并没有得到法庭支持，但法庭依然规定了要求“当事双方合作和协商”以及“谨慎小心地交换信息”的临时措施。① MOX Plant是一座位于英国连接爱尔兰海的主要生产核燃料（混合氧化物）的工厂，爱尔兰因担心该厂的存在对爱尔兰海可能造成放射性污染，一直希望阻止工厂的运作。2001年11月9日，爱尔兰以该厂存在潜在的环境危害违反了《公约》为由，请求ITLOS在依照《公约》附件七的仲裁法庭组成之前规定临时措施。该案中，法庭一方面无法就MOX Plant工厂可能产生的危害在规定临时措施阶段作出适当的评估，另一方面也考虑到被诉方英国已承诺暂停在2002年夏季前对该厂放射性物质进行海上运输，②从而认为“没有发现对爱尔兰实质权利构成威胁的紧急情况的存在”。在“紧急情况”的要求没有被满足的情况下，法庭依然规定了“合作义务”这类含有鼓励性、劝说性措词的临时措施。可见，ITLOS根据第290条第5款规定临时措施中，对“情况紧急”的解释并没有显示出与第1款“根据情况”解释的明显差异。

临时措施的指示和规定在国际司法实践中都离不开“情况紧急”的认定。什么是“情况紧急”？怎样区分“依据情况”和“情况紧急”？“情况紧急”就要求法院或法庭对案件进行迅速的处理。国际法院已通过司法判例确立了“情况紧急”是指示临时措施的前提，而对于“情况紧急”这一要求，国际司法实践中一贯考量是否存在直接或间接的“无可挽回的损失”的权利损害。③《国际海洋法法庭规则》第89条第3款对临时措施的程序要求是“应以书面形式写明所请求的措施、相关理由以及如果请求不被获准时的可能后果，对保全当事各方的各自权利或防止海洋环境遭受严重损害”，该款同样没有对哪些情况产生“可能后果”作出规定，也没有要求对“各自权利或海洋环境遭受严重损害”作出明确说明。但从ITLOS目前的实践来看，“情况紧急”的认定标准相当宽泛，法庭有相当的自由裁量权。可发现，第290条第1款的“根据情况”和第5款的“情况紧急有此必要”在具体适用上并无显著差异。再者，ITLOS并无对“情况”达到何种“紧急”程度才

① See ITLOS, The MOX Plant Case, Order of 13 November 2001. para. 89.

② See ITLOS, The MOX Plant Case, Order of 13 November 2001. para. 79.

③ 可参考国际法院1974“核试验案”（澳大利亚、新西兰诉法国），1996年“陆地和海洋划界案”（喀麦隆诉尼日利亚）。

能规定临时措施在判例中作出解释和说明，也不存在“先例”的评估影响，更倾向于在个案中“根据情况”，较为宽泛地认定。

三、临时措施的目的

在研究ITLOS临时措施的相关学术著作中，有学者注意到法庭规定的措施是“超出当事方所请求的”，体现环境法中“预防原则”的“适当的任何临时措施”(第290条第1款)，并且注意到这些措施保全的是“各方的各自权利”。① 本文换一种视角，从第290条第1款和第4款探讨法庭规定临时措施的目的，以目的为指向，理解体现为手段的临时措施的“内容”，也就更顺理成章了。

根据第290条第1款，ITLOS规定临时措施是为了达到“保全争端各方的各自权利”和“防止对海洋环境的严重损害”。

(一) 保全争端各方的各自权利

保全当事国彼此的权利，且不仅包括请求国的权利是临时措施应有的题中之义。“如果当事国的权利并没有受到威胁或已遭损害，就不应该采取临时措施；如果所采取的临时措施并不适于保全当事国的权利，临时措施也不应该采取”。②

在目前规定临时措施的6个案件中，ITLOS都在临时措施的命令中无一例外地提及到“保全当事方的权利”。在这些案件中，尽管请求只来源于其中一个当事国，但规定的临时措施却是有利于当事各方的。例如，在第二十号案“ARA利伯塔德号”案中，尽管阿根廷请求ITLOS命令加纳迅速释放“ARA利伯塔德号”及其船员是出于保全自身权利的需要，但法庭在其命令中提及“任何以武力方式阻碍护卫舰执行任务的行为都可能会使冲突进一步升级，危及两国的友好关系，因而认定存在‘紧急情况’”，为“避免矛盾升级，保全双方在《公约》和一般国际法下享有的权利”而规定临时措施。“ARA利伯塔德号”案是ITLOS最新近处理的一个非常有意思的临时措施案件，因不涉及对海洋环境保护的讨论，其保全争端各方权利的目的实现就显得非常重要。阿根廷的“ARA利伯塔德号”护卫舰于2012年10月2日停靠在加纳阿克拉市附近的特马港，加纳地方法院应美国NML资本公司的债务诉求扣押了这艘

---

① See Rudiger Wolfrum, *Provisonal Measures of the International Tribunal for the Law of the Sea*, p. 183，转引自：高健军：《〈联合国海洋法公约〉争端解决机制研究》，中国政法大学出版社2010年版，第191页。

② 邵沙平、冯雅囡：《国际法院指示临时措施法律问题研究》，载《外交评论》2012年第2期，第144页。

护卫舰，并要求阿根廷支付2000万美元的保证金。阿根廷多次斡旋无果后于2012年10月30日按照《公约》附件七下的程序提起仲裁，并于11月14日要求ITLOS做出迅速释放的临时措施。① 法庭在其规定临时措施的命令中多次提及了“一般国际法”以及“豁免权”，这势必引起关于ITLOS管辖范围的新一轮讨论。但因与本文主题关联性不大，故不在此展开讨论。但从该案可进一步明确，当事方请求规定采取临时措施保护的一些权利并非一定来源于《公约》项下，有些可能是来自一般国际法或国际习惯法下的权利。法庭并无在命令中确切地界定要保护的具体权利，但可以肯定的是，这些权利被承认具有重要性和实质性。②

可见，法庭在处理临时措施的案件中，基本思路是首先考虑是否具有应保全的权利，再次是权利是否可以做出保全。在这个过程中，法庭非常着重对当事各方在实质问题阶段可能受到影响或损害的权利进行保护，即使这种权利并一定能够在实质阶段得到法庭的承认。“保全争端各方的各自权利”是国际司法实践中规定临时措施的共通目的。

（二）防止对海洋环境的严重损害

“防止对海洋环境的严重损害”是ITLOS在规定临时措施中不同于其他国际司法机构之处。第290条第1款在措词上使用“或”（or）来连接“保全争端各方的各自权利”和“防止对海洋环境的严重损害”，可见这样的措词意指法庭可以根据案情规定不同的临时措施，以同时实现这两种目的或选择实现其中之一。同时，必须注意到第290条第4款，该款认为“法院或法庭将临时措施的规定、修改或撤销迅速通知争端各方及其认为适当的其他缔约国”。也就是说，由一方申请的或法庭指定的旨在“防止对海洋环境的严重损害”的临时措施体现的并不只是“争端各方的权利或利益”，而是体现了关乎更多缔约国的“一般权利或利益”。而保护海洋环境以维护更广泛利益的其中一种比较好的方法就是国际环境法上的“预防原则”。

“南方金枪鱼”案之所以经久不衰地引起讨论，其重要原因在于这是国际司法机构第一次在案件规定临时措施的命令中直接体现了国际环境法中的“预防原则”。③ 该案中，ITLOS根据《公约》第290条第5款规定了临时措施，认为“当

---

① See ITLOS, The “ARA Libertad” Case, Order of 20 November 2012, para. 65, 94, 98.

② 在“塞加号”案和“南方金枪鱼”案中，法庭在临时措施的命令中也没有明确所要保护的原告方的具体权利内容。只是承认原告方在某些《公约》项下的权利受到了影响。See ITLOS, Southern Bluefin Tuna Cases, Order of27 August, 1999; ITLOS, The M/V “Saiga” (No. 2) Case, Order of 11 March 1998.

③ Simon Marr, *The Precautionary Principle in the Law of the Sea: modern Decision Making in International Law*, Martinus Nijhoff Publishers, 2003, p. 164.

事各方应该谨慎行事，并保证采取有效的养护措施，防止对金枪鱼种群造成‘严重的危害’”，① 并要求日本的试验性捕捞如果超过了年捕捞配额，就应该立刻停止单方试验性捕捞。这个把渔业养护和海洋环境保护联系起来的案例对认识ITLOS在海洋环境影响方面特别具有标杆性的意义。鱼类资源是海洋生物资源中最主要的资源，渔业在海洋法中有着重要的地位。

不单是海洋生物资源养护，ITLOS还接受过如“混合氧化物”案、“关于新加坡在柔佛海峡和周围地区填海造地争端案”这样处理海洋环境保护的诉请。新加坡和马来西亚是“关于新加坡在柔佛海峡和周围地区填海造地争端案”的当事方，两国隔柔佛海峡隔海相望。2000年，新加坡在柔佛海峡东部和西部海域开展填海工程以缓解其国内土地资源的紧张，却遭到马来西亚激烈的反对。2003年7月4日马来西亚将争端提交到《公约》下的仲裁程序，并要求ITLOS在仲裁庭成立之前规定临时措施。马来西亚在提交给ITLOS的请求中认为，新加坡在大士和德光岛的填海活动已经造成了严重和不可逆转的损害，不仅使得柔佛海峡航道日益变窄，更造成了马来西亚附近地区海岸侵蚀，对航运、防波堤和其他设施的稳定性产生了恶劣的影响。更为严重的是，填海造成该海域海底生物遭受破坏，相关地区生态环境受到污染。② 新加坡以马来西亚所提证据无法证明“情况紧急”的存在为由反对法庭规定临时措施。有意思的是，在双方唇枪舌剑的辩论中，都提及了“预防原则”。马来西亚认为国际法中的“预防原则”是其请求的支撑理据之一，而新加坡却反驳《公约》中没有关于“预防原则”的任何规定。10月7日，法庭并没有按马来西亚的要求作出要求新加坡暂停填海活动的临时措施，但却指出新加坡的填海活动存在对海洋环境不利影响的可能，并对“对新加坡所作的一系列承诺和保证‘记录在案’”，要求马来西亚和新加坡本着合作的目的迅速展开磋商，以求尽快授权建立一个独立的专家小组，并就“填海活动对海洋环境的可能影响，‘谨慎小心’地行事，建立机制以履行交换信息，评估风险，解决问题的义务”。③ 法庭再次巧妙地避开了在案子中对“预防原则”的明确判断。

事实上，法庭没有在任何一个临时措施命令中提及“预防原则”或“预防性方法”，也没有提及这些原则、方法在国际环境法和国际法上的地位。但第290条第1款“防止对海洋环境的严重损害”这样的措词本身就已包含了“预防原则”

---

① See ITLOS, Southern Bluefin Tuna Cases, Order of 27 August, 1999, para. 90.

② See ITLOS, Case Concerning Land Reclamation by Singapore in and around the Straits of Johor, Request for Provisional Measures Submitted by Malaysia, parat. 14 ~ 19.

③ See ITLOS, Case Concerning Land Reclamation by Singapore in and around the Straits of Johor, Order of 10 September 2003, para. 56, 96, 99.

概念中的一些特点。可以发现的是，ITLOS 在规定临时措施的命令中在不自觉地为实现“防止对海洋环境的保护”的目的，通过谨慎的用语表明了运用“预防原则”的立场。①“预防原则似乎已经包含在《公约》第 290 条临时措施的概念中。”②

有学者认为法庭所规定的临时措施必须与当事方请求的措施密切相关，而不是以第 290 条第 1 款和《法庭规则》第 89 条第 5 款为据自由地行使裁量权，任意规定临时措施。在这里，从临时措施所要实现的两个目的出发考察，法庭不可避免地要对涉及海洋资源和海洋环境案件作出与案件相关的但超出当事方请求的临时措施，并表现出倾向于在判词中载入“合作”“谨慎小心”等鼓励性措词。只要符合临时措施的两大目的，作出任何适当内容的临时措施都应该是法庭依法行使的权力。但值得注意的是，第 290 条第 4 款所涉及“其他缔约国”，是否会可能被解读为“其他缔约国”对临时措施也存在干涉和监督执行的利益呢？更复杂的情况是，若法庭出于对“一般利益”的考虑，自行（propriomotu）指定不具备相关性的临时措施，这是否未得到《公约》授权的越权之举（ultra vires），因而是无效的呢？这种无效性又应该由谁来认定呢？

四、临时措施的遵守与效果

根据第 290 条第 6 款的规定，争端各方应（shall）迅速遵从根据本条规定的任何临时措施。也就是说，争端各方对临时措施都需要遵守与执行，临时措施是有法律拘束力的。相对比国际法院和解决投资争端国际中心指示临时措施法律约束力引起的讨论，③《公约》明确的规定可以认为是对临时措施制度的一大贡献。正如前著名的法庭庭长 R. Wolfrum 法官指出，“《公约》的起草者希望通过第 290 条增进法庭对海洋争端的管辖权，从而使临时措施对争端各方都有法律约束力”。④ 此外，《法庭规则》第 95 条第 1 款还规定：“每一当事方应尽快通知法庭其遵从法庭所规定的任何临时措施的情况。特别是，每一当事方应就为确保迅速遵从所规定的措施而已经采取的或计划采取的步骤提交一份初步报告。”既然法庭规定的临时措施具

① See ITLOS, Southern Bluefin Tuna Cases. Separate Opinion of Judge ad hoc Shearer.

② See ITLOS, Southern Bluefin Tuna Cases. Separate Opinion of Judge Treves.

③ 在国际法院的司法实践中，临时措施是否有拘束力曾经是一个颇有争议的问题。《国际法院规约》第 41 条虽然规定了国际法院指示临时措施的权力，但对于国际法院指示临时措施的法律性质，国际法院规约并没有说明。直至 2001 年“拉格郎案”（德国诉美国），国际法院才明确宣布临时措施具有法律约束力。

④ See Francisco Orrego, *International Tribunal for the Law of the Sea and Provisional Measures: Settled Issues and Pending Problems*, 22 Int'l J. Marine & Coastal L. 451 (2007), p. 454.

有法律约束力，又需要当事方向法庭提交遵守措施的相关报告，那在上述提及的案件中的具体遵守情况又是如何的呢？都取得了什么样的法律效果？

ITLOS 于 1999 年 8 月 27 日对“南方金枪鱼”案规定的 6 项临时措施帮助了当事各国打破自 20 世纪 90 年代中期以来的外交僵局。2001 年 4 月，随着一个独立的科学小组报告说实验性捕捞没有保护该鱼种，三国投票终止了对南方金枪鱼的实验性捕捞。由于 ITLOS 的命令，日本被禁止在 1999 至 2000 年度捕捞超过其配额的金枪鱼吨数。后该案因组成后的仲裁庭在 2000 年 8 月 4 日裁定其对该案没有管辖权并全票撤销了 ITLOS 规定的临时措施而告终。但是，仲裁法庭认为：“撤销临时措施并不意味着各方可以对这些措施或者各方为遵守措施所采取的决定所带来的效果置之不顾。这些措施、决定和 ITLOS 的努力都已经有效地阻止日本单方实验性捕捞计划的施行，更对当事各方的观点和行为产生了影响。”① 事实上，在 ITLOS 临时措施执行的一年里，渔业的养护和管理朝着良性方向发展。“南方金枪鱼”案的三国向法庭报告执行措施的步骤，随后通过协议解决了纠纷。“南方金枪鱼养护委员会”不仅重新开始了工作而且《养护南方金枪鱼条约》成员国得以增加，②“各方都因此受益”。③

满意的效果同样出现在“关于新加坡在柔佛海峡和周围地区填海造地争端案”中。在 ITLOS 规定了临时措施后，新加坡和马来西亚组建了以 Roger Falconer 教授（马来西亚指定）和 Keesd’ Angremond 教授（新加坡指定）为主席的四人专家小组，委托一家总部设在丹麦首都哥本哈根的独立国际性咨询和研究机构 DHI 协助专家小组的工作，并在各自政府机构内部设立与专家小组沟通的联络员。④ 专家组的独立且专业的工作方式使调查过程相当顺利，并于 2004 年 11 月 5 日向两国政府提交了最终报告。⑤ 在此报告的基础上，双方于 2005 年 4 月 26 日签署了一项双边协议，新加坡将对马来西亚渔民因填海工程所遭受的损失给予一定金额的赔偿；马

---

① See Report of International Arbitral Awards, Southern Bluefin Tuna (New Zealand-Japan, Australia-Japan), 4 August 2000, para. 67.

② 2000 年，印度尼西亚和韩国表示计划加入《养护南方金枪鱼条约》。

③ David Anderson, *Modern law of the Sea: Selected essays*, Martinus Nijhoff Publishers, 2008, p. 555.

④ See Koh Tommy, Lin Jolene , *The Land Reclamation Case: Thoughts and Reflections*. 10 S. Y. B. I. L. 1 (2006) . pp. 4-5.

⑤ See Report of the Group of Independent Experts (GOE) in the matter of ITLOS Order of 8 October, 2003, available at : wikileaks-press. org: 81/file/goe-final-report-2004. pdf.

来西亚将从国际海洋法法庭撤回案件，新加坡则同意针对填海工程作出一些调整，① 并且该协定是“有关填海争端及其所有其他相关问题的全面和最终的解决”。两国随后共同请求仲裁法庭以裁决书的形式采纳该协定的条款。2005 年 9 月 1 日，仲裁法庭发布和解裁决，并决定终止仲裁程序。历时三年，此案最终获得解决。该案双方完全遵守了 ITLOS 的临时措施的命令，专家小组在命令发布一年以来就组成并发布报告，双方的协议亦考虑到独立专家小组的报告，并及时向 ITLOS 提交了履行临时措施的报告。

在新近的“ARA 利伯塔德号”案中，ITLOS 在 2012 年 12 月 15 日规定“立即无条件释放”的临时措施后，被诉方加纳在次日就表现出愿意履行法庭指示的命令的意愿。加纳外交部副部长 Chris Kpodo 在声明中表示：“加纳政府将认真考虑国际海洋法法庭的命令，并会考虑国内宪法的规定和其国际义务。”② 12 月 19 日被扣留的阿根廷“ARA 利伯塔德号”护卫舰已驶离加纳特马港。

从上述案件分析可得，ITLOS 规定的临时措施得到普遍良好的遵守得益于《公约》和《法庭规则》相对完善的规定和机制。《公约》第 290 条明确赋予了临时措施的具备法律约束力的性质，《法庭规则》还进一步规定了诸如第 95 条的监督当事方执行其所规定的临时措施的机制。而且，当临时措施由 ITLOS 简易程序分庭规定时，ITLOS 还可以对其加以审查或修改。实践中法庭在规定临时措施的同时会设定报告的义务，意在提高当事方遵从的可能性。③ 这些都是《国际法院规则》和国际法院实践所不具备的。命令和裁判的根本在于遵守与履行，有关当事方愿意采取行动遵守和履行一个司法机构作出的规定，就是对这个司法机构最大的肯定和支持，但同时也对这个司法机构合理裁量权力的运用提出了期待。当然，ITLOS 规定的临时措施并非毫无争议之处，如其在“塞加号”案中出现了“建议圣文森特和格林纳丁斯与几内亚尽力在最终裁定前达成一项可适用的安排……”的措词是值得商榷的。法庭规定的临时措施是有法律约束力的，而“建议”则没有。ITLOS 在《公约》和《法庭规则》等任何项下的规定中都没有权力作出“有拘束力”的“建议”。这将给当事方带来遵守与否的抉择空间。

再者，临时措施之所以谓之为“临时”，是因为其通常只有一段相对较短的时

① 参见“新加坡、马来西亚签订解决填海争议协议”：http：//news. xinhuanet. com/world/2005-04/26/content_ 2879750. htm。

② 参见加纳政府网站：http：//www. ghana. gov. gh/index. php/news/general-news？start=45。

③ See Natalie Klein，Dispute Settlement in the UN Convention on the Law of the Sea，p. 79. 转引自高健军：《〈联合国海洋法公约〉争端解决机制研究》，中国政法大学出版社 2010 年版，第 196 页。

间内执行。最长的一段执行时间应属第290条第1款中的直到“最后裁判前”，而且临时措施可在“情况一旦改变或不复存在，即可修改或撤销”（第290条第2款）。《法庭规则》第92条也规定，“如果提起临时措施一方的申请被法庭拒绝后，基于新的事实，仍然可以向法庭提出规定临时措施的申请”。一旦法庭作出“最终裁定”，如“塞加号”案，或者后来组成的法庭宣布其对案件没有管辖权，如“南方金枪鱼”案和“路易莎号”案，① 这些临时措施都将告一段落。但从上述列举的案件中，值得注意的是，即使这些临时措施被撤销、终止，其带来的效果是良好的，其影响力甚至已经超出了执行期间，如在“南方金枪鱼”案中，仲裁法庭在裁决中特别指出，ITLOS在其组成之前所规定的临时措施在缩小本案各方分歧方面发挥了有益的作用。②

结　　语

临时措施散见于国内和国际司法实践。从国内民商事诉讼仲裁的临时措施到国际司法或仲裁机构的临时措施、WTO诸协议项下的临时措施，临时措施制度的目的都在于保全各方权利，以保证最后裁决合理地实现。国际海洋法庭的临时措施制度是一种重要的附带程序，具体规定在《公约》第290条、《国际海洋法庭规约》第25条和《国际海洋法庭规则》第89～95条。作为一个程序事项范围内的制度，其与国内乃至国际法院等国际司法机构的临时措施相比有诸多自身显著的特点。首先，ITLOS规定临时措施，需要首先确定对案件具有“初步管辖权”，再“根据情况”规定。“初步管辖权”问题因《公约》第15部分争端解决机制的特别规定而分两种情况分别讨论，都呈现出较为宽泛的认定。而根据某些案件的某些“情况”使法庭可在规定措施中拥有一定的自由裁量权。其次，临时措施不仅保护争端各方的权利，更重要的是，还体现“防止对海洋环境的严重损害”，且赋予了国际环境法中“预防原则”开拓性的价值；再次，ITLOS有权“规定”（prescribe）临时措施，而不是像国际法院那样“指示”（indicate）临时措施。且在司法实践中如果临时措施与迅速释放请求同时处理时，更使得临时措施拥有“快速便捷高效”处理的特点。最后，ITLOS的临时措施是有法律拘束力的。并且得到了喜闻乐见的普遍

① “路易莎号”案在被ITLOS在2013年5月28日的命令中裁定它没有管辖权审理该争端。See ITLOS, *The M/V " Louisa" Case* (*Saint Vincent and the Grenadines v. Kingdom of Spain*), Judgment of 28 May 2013

② See Oxman Bernard H, *Complementary Agreements and Compulsory Jurisdiction*, 95 Am. J. Int'l L. 277 (2001), p. 300.

遵守与良好效果。

更为宽松、更为灵活、更具约束力的临时措施制度安排也使我们在肯定法庭取得的成果的同时，免不了对其自由裁量权的担忧。国际海洋法法庭，乃至整个联合国海洋法争端解决机制，从成立伊始，就受到并不充足的关注。既可选择又具备强制性的海洋法争端机制影响着当中的每一个程序，临时措施制度也不例外。以ITLOS成立以来处理的临时措施案件为依托，以《公约》第290条的适用为视角，寻找ITLOS临时措施制度本身的作用、角色与价值，以期获取对整个海洋法公约更多的关注与启示。

The Provisional Measure of the International Tribunal for the Law of the Sea

—Focusing on the Application of Article 290 of the United Nations Convention on the Law of the Sea

Abstract: The United Nations Convention on the Law of the Sea has focused its dispute settlement mechanism on the International Tribunal for the Law of the Sea. It had dealt with 6 cases on the provisional measure since the Tribunal took up its duties in 1996. It is so special that is worthy of further study. Focusing on the Application of Article 290 of United Nations Convention on the Law of the Sea, the requirement, purpose and the legal effect of the provisional measure was submitted to detailed analysis. This article confirms the roles and value of the provisional measure under UNCLOS, but also puts forward some thoughts in order to gain more attention and enlightenment.

Keywords: the United Nations Law of the Sea Convention　Article290　the International Tribunal for the Law of the Sea　provisional measure

气候变化背景下的北极熊保护

——美国哥伦比亚地区法院北极熊濒危物种表列案评析*

□ 陈 熹

内容摘要：气候变化将对北极熊的生存构成巨大风险，因此，2005 年 2 月 16 日，美国生物多样性中心向美国内政部提交请愿书，要求根据《濒危物种法》，将北极熊列为“受威胁”物种。但美国内政部鱼类和野生动物管理局直至 2008 年 5 月 5 日方作出表列北极熊为“受威胁”物种的决定。在北极熊进入表列之后，生物多样性中心起诉该局，认为北极熊应该得到更高级别的保护，而阿拉斯加州、国际狩猎俱乐部等机构也提起诉讼，认为北极熊的处境没有达到应列为“受威胁”物种的要求。2011 年纽约哥伦比亚地区法院裁决了此案，维持了鱼类与野生动物管理局的决定。原告上诉，2013 年 3 月 1 日哥伦比亚地区巡回上诉法院维持了原判。

关键词：气候变化 《濒危物种法》 美国内政部鱼类和野生动物管理局

目 次

---

* 本文系教育部哲学社会科学研究重大课题攻关项目“生态环境保护的公益诉讼机制研究”之子课题“生态环境保护公益诉讼的立案机制研究”（项目编号：12JZD037）的阶段性研究成果。

陈熹，中南林业科技大学副教授，中国政法大学比较法学院 2008 级博士生。

《联合国气候变化框架公约》（United Nations Framework Convention on Climate Change，UNFCCC）第1条将气候变化定义为“在可比时期内所观测到的在自然气候变率之外的直接或间接归因于人类活动改变全球大气成分所导致的气候变化”。① 历史上的气候变化曾使许多物种消失，② 未来的气候也将使一些地区的某些物种厄运难逃，科学家预估，如果全球平均温度增幅超过1.5～2.5℃（相对于1980—1999年），迄今为止所评估的20%～30%的物种可能面临增大的灭绝风险。如果全球平均温度升高超过约3.5℃，全球会出现大量物种灭绝（占所评估物种的40%～70%）。③ 目前，极地生物北极熊就面临着气候变暖带来的生存困境。

一、气候变化及其对北极熊的影响

根据政府间气候变化专门委员会（Intergovernmental Panel on Climate Change，IPCC）的报告，气候变化将导致极地冰盖的部分损失或海水热膨胀，同时，北极地区气候变化所产生的后果还将反作用于气候系统，引起更大的全球变化。北极冰川所储存大量的淡水注入海洋将使海平面上升，海冰的大量融化使得北极地区反射太阳光能力减弱，这也将进一步引起气温变暖。④ 北极生物将因此受到生存环境改变的巨大威胁，北极脆弱的生态系统岌岌可危。目前，已经观测到北极冰盖消融速度加快，间冰期逐渐缩短的现象，北极生物正因此受到巨大影响，北极熊是典型代表之一。

北极熊主要分布在加拿大、格林兰岛、挪威、俄罗斯和美国阿拉斯加部分地区，目前生活在世界上的北极熊大约有2万多只。北极熊在长期进化中，逐渐适应并依赖北极冰层生活。北极熊借助漂浮的海冰在北极行走并猎食。海洋冰层为它们提供休养生息的场所，影响着它们生存所必需的食物的分布，是它们躲避外来侵略的避难所。气候变化引起的海洋冰层融化对北极熊来说是一个巨大的灾难。气温的升高导致冰层融化，冰层融化导致海面日益开阔，增加了北极熊溺毙的危险，更给北极熊带来饥饿的威胁。⑤ 在过去的50年当中，北极圈内气温升高的速率是世界上其他地方的两倍。伴随这气温的升高，北冰洋的海冰正以前所未有的速度消融，海冰与陆地之间的距离由于冰的融化而不断加大，超过了北极熊游泳距离的极限，

---

① UNFCCC，art. 1，sec. 1

② 如冰期导致恐龙灭绝。

③ WGII 4.4，图 SPM. 2

④ 《美国地质勘探》杂志在一篇报道中预测，由于全球变暖、北极冰面融化，到2050年地球上北极熊数量可能减少2/3，其中阿拉斯加地区的北极熊将绝迹。见科学网 http://news.sciencenet.cn/htmlnews/20079152242842188971.html，2012年12月23日访问。

⑤ 于源：《北极熊之殇》，载《绿色中国》2011年第13期，第66～67页。

导致北极熊在游泳途中溺水身亡。北极熊依托海冰猎食，由于海冰消融，北极熊无法从一个冰盖抵达另一个冰盖，不得不在陆地上度过数月禁食生活，无法进行足够的捕猎补充身体所需。身体变弱导致它们的游泳能力变差，游泳距离更短，捕猎水准也更加下降。①

美国科罗拉多大学国家雪冰数据中心的研究显示，2006 年夏天海洋冰盖面积的缩减度打破了 2005 年的 531 万平方公里最小冰盖面积纪录，海洋冰进一步损失的面积相当于加州和得克萨斯州面积之和。2007 年 9 月，美国地质勘测局的一份报告则总结，全球 2/3 的北极熊可能在 2050 年因日益变薄的冰面而流失。目前观测到的数据显示，在 19 个北极熊的亚种群当中，已有 8 个呈现出数量减少的趋势。②

除了北极熊之外，冠海豹和独角鲸等北极海洋哺乳动物由于其对海洋冰层的依赖和特殊的摄取食物方式也面临着和北极熊相似的命运。捕食方式的改变将有可能导致动物体质的改变，潜在地影响他们的免疫系统。气候变化还可能改变病菌传播方式，导致传染病的爆发，损害海洋哺乳动物的健康，甚至威胁其生存。因气候变化而导致的外在环境的变化，包括更恶劣天气的频频袭击，大气和海水温度的提高，也不利于北极海洋哺乳动物的健康。气候变化的后果还混合着一系列的其他因素。冰层的融化将使北冰洋的轮船业、石油和天然气的开发探测、捕鱼业、旅游业和海岸开发进入一个新纪元。这一切将对海洋哺乳动物形成新的威胁，包括污染和对食物的剧烈竞争。

气候变化及其对北极熊的影响引起了环保公益组织的关注。为保护北极熊，生物多样性中心（the Center for Biological Diversity，CBD）于 2005 年向美国内政部秘书处提交请愿，要求根据《濒危物种法》，将北极熊列为“受威胁”物种，但是美国内政部鱼类与野生动物管理局（U. S Fish and Wildlife Service，FWS）一直拖延作出决定，生物多样性中心遂将其诉至法庭，要求对其行政行为进行司法审查。由此引发旷日持久的北极熊案。

二、北极熊濒危物种表列案评析

（一）案情概况

2005 年 2 月 16 日，生物多样性中心向美国内政部秘书处提交了一份请愿书，

① 于源：《北极熊之殇》，载《绿色中国》2011 年第 13 期，第 66 ~ 67 页。

② 杨娟：《北极熊的生存险境》，载《海洋世界》2010 年第 2 期，第 62 ~ 63 页。

要求将北极熊列为“受威胁”物种，以得到《濒危物种法》的保护。① 2008 年 5 月 15 日，美国内政部鱼类和野生动物管理局（U. S Fish and Wildlife Service，FWS，以下简称 FWS）作出裁决将北极熊列为“受威胁”物种。FWS 在报告中提出，全世界范围内约有 20000 到 25000 只北极熊，有 19 个种群，据估计其中有 2 个种群数量呈现出上升趋势，有 6 个种群处于稳定状态，有 5 个种群数量呈下降趋势，另外 6 个则没有充分的数据显示其状态。②

从 2005 年生物多样性中心提出申请到 2008 年 FWS 做决议经历了一段较长的时间。在这一过程中，FWS 因为拖延作出决议而被生物多样性中心起诉。根据法律，FWS 秘书处在收到生物多样性中心的请愿后应该在 90 天内回应，以说明该请愿的合理性是否有充分的科学或商业的信息支持。但是该局未能在规定的时间内及时回应，生物多样性中心在 2005 年 12 月在加州北部地区法院提起了针对 FWS 的诉讼。③ 2006 年 2 月 9 日 FWS 秘书处作出决定，同意于 2006 年 12 月 27 日做法律要求的裁决，④ 双方在法庭上达成了和解。2007 年 1 月 9 日 FWS 在《联邦登记》⑤上公布了将北极熊列为《濒危物种法》保护下的“受威胁“物种的议案。⑥ 按照《濒危物种法》（Endangerd Specis Act，ESA）规定，该局应至迟在第二年 1 月 9 日前就是否批准这项提议作出决定。然而，FWS 在 1 月把最后期限推迟至 3 月 9 日，直到 3 月 9 日仍未作决断。生物多样性中心提起了第二次诉讼，加州北部地区法院判决 FWS 在 2008 年 5 月 15 日作出最后裁决。⑦ 2008 年 5 月 15 日，FWS 终于作出最终决定，将北极熊列为“受威胁物种”。

在该决定千呼万唤终于出台后，这一决定的内容又受到质疑。各方原告挑战 FWS 的这一决定。这些原告包括阿拉斯加州、国际狩猎俱乐部和国际狩猎俱乐部基金会、美国加州养牛协会和种族平等大会、生物多样性中心、自然资源保护委员会和绿色和平组织等。这些原告又分为两类。一类是气候变化的支持者，以生物多

① See generally ARL 4040-4209. The facts in this background section are excerpted from the administrative record for the Listing Rule. Citations to the administrative record for the Listing Rule are abbreviated “ARL.

② ARL 117221.

③ Ctr. for Biological Diversity v. Norton, No. 05-5191（N. D. Cal. filed Dec. 15, 2005）

④ ARL 5597-98.

⑤《联邦登记》是公开刊载联邦行政机关的法规和其他法律文件的公报，内容涵盖了十分广泛的政府活动，周一至周五每日出版。

⑥ See generally ARL 59985-60021.

⑦ Ctr for Biological Diversity v. Kempthorne, No. 08-1339, 2008 U. S. Dist LEXIS 34753（ND. Cal. Apr 28, 2008）.

样性中心，美国自然资源保护委员会和绿色和平为代表，认为北极熊已受到全球变暖的严重威胁，根据《濒危物种法》，应该将北极熊列为“濒危”（endangered）物种，而不是“受威胁”①（threatened）物种，因为根据美国《濒危物种法》4（d）项，针对“受威胁”物种，鱼类与野生动物管理局有权对哪些行为违反第9条禁止“征收”条款，伤害受威胁物种生境进行自由裁量，而根据4（d）款，北极熊如被列为“濒危”物种（endangered specis），则第9条自动适用于所有行为，因此列为“濒危”物种可以得到更大的保护。生物多样性中心希望通过诉讼以使北极熊的保护级别提到更高水平。另一类以气候变化反对论者为代表，如阿拉斯加州政府、国际旅行俱乐部以及两个牧场主。他们认为北极熊不应该被列入被保护动物之列，FWS的决定“武断、随意，滥用了自由裁量权”。这些原告在不同的联邦地区法院就美国鱼类与野生动物管理局的行政裁决提出了起诉。由于都涉及同一个事实问题，这些案件由“多地区诉讼专门司法小组”② 移送至纽约哥伦比亚地区法院审理。

2010年4月，哥伦比亚地区法院埃米特·沙利文（Emmet G. Sullivan）法官下令FWS重新考虑其2008年的决定，并于2010年12月23日之前提交对法院裁决的回应。2011年2月23日，沙利文法官举行了听证会，研究FWS的回应及案件中的其他情况。③ 2011年6月30日，哥伦比亚地方法院法官沙利文裁决维持了FWS于2008年将北极熊列为“受威胁”物种的决定。沙利文在裁决中表示，基于事实以及2008年作出决定时的科学研究，FWS将北极熊列为“受威胁”物种的决定是“对自由裁量权的理性使用”，而不是“武断、随意，滥用了自由裁量权”。

该案原告不服上诉，2013年3月1日哥伦比亚地区巡回上诉法院维持了原判。

（二）争论焦点

该案涉及的法律问题很多，其争点亦相当复杂，兹择其要者叙述如下：

1. 北极熊是否应被列入“受威胁”物种

该案中，原告生物多样性中心（the Center for Biological Diversity，CBD），美国

① 《濒危物种法》将“濒临灭绝”物种定义为，在“可预见的未来”有灭绝危险的物种。“濒临灭绝”物种的级别仅次于“濒危”物种，后者是美国《濒危物种法》中更严峻的一个级别。

② Judicial Panel on Multidistrict Ltigation，当案件涉及一个或多个共同的事实问题的若干民事案件同时在几个不同的联邦地区法院待决时，可将这些案件移送至其中一个地区法院以便统一管理，并由一名法官来进行审理。

③ 见美国自然资源保护委员会，2013. http：//www. nrdc. cn/news_ center_ flag. php？cid=104&id=930。

自然资源保护委员会和绿色和平认为根据《濒危物种法》，应该将北极熊列为“濒危”（endangered）物种，而不是“受威胁”①（threatened）物种。原告阿拉斯加州政府、国际旅行俱乐部以及牧场主们则认为北极熊不应该被列入被保护动物之列。

鱼类与野生动物管理局（U. S Fish and Wildlife Service，FWS）认为，根据《濒危物种法》的规定，判定某一物种是否应该列入受保护名单，要求达到以下一个或几个条件：（1）物种的栖息地或其种群正在被破坏、缩减、改变或者正在受到这些问题的威胁；（2）种群因商业，娱乐，科学或教育原因而被过度开发；（3）疾病或捕食；（4）现有监管机制存在不足之处；或（5）其他自然或人为因素影响该物种的存续。②《濒危物种法》进一步规定，决定一个物种是否能列入名单必须完全根据可用的有效的科学和商业数据。③

根据相关科学数据，FWS 承认，在过去的几十年内，整个北极地区的海冰条件发生了变化。具体数据表明，在 1979 年和 2005 年之间，在夏季与秋季，北极地区冰雪融化的季节大约每十年延长两个星期。④ FWS 还援引数据显示，在 2002 年和 2007 年期间的九月，海冰范围在所有时间中面积最低。⑤ FWS 进一步指出，科学家们在冬季也观察到了显著的海洋冰面范围及其厚度的缩减趋势。⑥

依托复杂的气候模型和相关数据，FWS 将这些海冰的变化归因于温室气体排放造成北极气温增加所带来的大气和海洋环流变化。⑦ 根据 IPCC 全球气候系统在 21 世纪将持续升温的结论，⑧ FWS 指出，到本世纪中叶，海冰面积将缩减 30% 以上，⑨ 在 IPCC 模型和相关分析的基础上，FWS 得出的结论，海冰作为北极熊的栖息地，在未来 40 年至 50 年将面临着显著的下降。⑩

FWS 进一步提出，逐渐减少的海冰将显著影响北极熊的数量。⑪ FWS 描述，

---

① 《濒危物种法》将“濒临灭绝”物种定义为，在“可预见的未来”有灭绝危险的物种。“濒临灭绝”物种的级别仅次于“濒危”物种，后者是美国《濒危物种法》中更严峻的一个级别。

② 16 U. S. C § § 1533（a）（1）（A）-（E）.

③ 16 U. S. C. § 1533（b）（1）（A）.

④ ARL 117227.

⑤ ARL117224.

⑥ ARL 117226.

⑦ ARL117227-30.

⑧ ARL 117233-34.

⑨ ARL 117236-37.

⑩ ARL117279-81.

⑪ ARL 117279.

海冰的缩减将使北极熊面临困境，导致猎物减少，带来更短的狩猎季节和更长的季节性空腹。同时，减少的海冰使得冰面之间的距离不断扩大，对北极熊有更高的能量要求以进行更长距离的游泳，这样北极熊才能从一块冰面游到另一块冰面。这将可能导致北极熊的身体状况的下降、从而降低体重和幼仔存活率。① 最终将导致北极熊种群数量的下降。②

FWS 提出，长期的研究表明，这些因气候变化导致的海冰减少而给北极熊带来的影响已经在一些最南部的北极熊种群中被观察到。FWS 的监测报告表明，哈得逊湾西部的北极熊种群中的成年公熊与母熊身体状况在过去的 30 年中有明显下降，数量因此减少约 22%。③ FWS 指出，加拿大的种群也出现了母熊显著的体重下降。④ 数据表明，1971 年至 2001 年，春季海冰初融的时间在该地区平均提前了三个星期，温度每十年平均升高 0.5℃ 到 0.8℃。⑤ 海冰初融时间提前与成年雌性北极熊的身体状况之间的相关性被发现有统计学意义。⑥ 科学家在监测南博福特海北极熊数量中也观察到了类似的变化，估计在 1986 年和 2006 年间，该组北极熊数量也呈现下降趋势。⑦

在作出最终的行政裁决之前，FWS 委托美国地质调查局（United States Geological Survey，USGS）进行更多的科学分析以帮助进行有关表列北极熊的决定。USGS 预测了北极熊在 21 世纪不同时期的状态（45 年、75 年和 100 年），并根据目前北极熊种群数量密度和年度海冰情况确定了一定的概率模型，提出结论⑧。USGS 将全球北极熊种群分布的地区分成几个生态区，包括季节性冰冻生态区，发散冰生态区，收敛冰生态区和群岛生态区。⑨ 根据 IPCC 的气候变化数据和海冰变化模式，美国地质调查局预测所有四个北极熊生态区的种群在未来 100 年内都将呈现下降趋势。⑩

除参考上述研究之外，FWS 还咨询了众多的北极熊专家、气候科学家和传统

---

① ARL 117270.

② ARL 117279.

③ ARL 117271.

④ ARL 117270.

⑤ ARL 139286.

⑥ ARL139286.

⑦ ARL 139279.

⑧ 可概括为“比现在更大”，像现在一样，“较小”，“罕见”或“灭绝”等结论。

⑨ 季节性冰冻发生在南端的北极范围内，发散冰生态区主要位于阿拉斯加，是岸边形成的冰受风和洋流影响漂移远离陆地的结果，收敛冰生态区和群岛生态区也在北极地区。

⑩ ARL 161312.

生态知识专家（Traditional ecological knowledge，TEK①）、10个州和联邦机构、外国政府，阿拉斯加土著部落和部落组织，联邦委员会，当地州政府，商业和贸易组织、保护组织、非政府组织和公民个人。FWS得出的结论是：在《濒危物种法》的意义上，北极熊种群数量在未来的可以预见的时间内将遭到重大损失，这个时间FWS将其确定为45年。虽然不同的种群受影响的程度不同，但是总体而言，北极熊种群不适应这些预期的因气候变化问题所带来的栖息地的变化。②

FWS同时提出，物种目前并没有出现急剧的数量下降，目前北极熊还没有面临“灭绝”的危险，虽然到21世纪中叶该物种可能成为濒临灭绝的物种。③因此，根据《濒危物种法》，北极熊属于在未来可以预见的时期内将要面临灭绝的物种，而不是正在面临灭绝的物种，因此，FWS将北极熊列为“受威胁”物种的范围。

2. 科学不确定性是否导致FWS的决定武断

原告提出，气候科学的不确定性不足以支持FWS将北极熊列为“受危险”物种的结论，FWS的行政记录显示气候变化科学的“巨大的不确定性”，这种不确定性也体现在未来全球气候变化程度对北冰洋地区生态系统变化的预测上，基于这样的科学不确定性做出将北极熊列为“受危险”物种的决定是不适当的。具体来说，原告指出，2007年的行政记录中的“不确定性报告”指出，“预测中的北极地区的气候变化的不确定性是比较高的”，④此外，原告指出，被广泛认为是现代气候变化知识权威来源的IPCC的报告也指出，北极是“难以预料”，并有“科学上的高度不确定性”，这种不确定性源自“科学的认识不足、数据差距和相关数据的缺乏”。⑤原告提出，FWS依靠高度不确定的气候科学知识来确定北极熊在可以预见的将来“很可能”面临灭绝的危险，⑥是武断的。

被告回应时表示，原告错误地认为，科学的确定性，甚至一个“高度”的科学确定性是FWS决定表列某一物种“受威胁”的必要条件，事实上《濒危物种法》并没有这样要求。被告指出，共同原告既没有直接挑战IPCC的报告的权威性也没有发现并提供更好的气候变化数据。原告只是断言FWS所依赖的气候科学知

---

① TEK是一个得到正式认可的当地人知识机构，为保护北极熊提供意见，包括为北极熊研究提供信息，这些信息来自本地人的经验，包括如何打猎，北极熊巢穴，北极熊如何应对不同类型的海冰栖息地，以及如何行动等知识。

② ARL 117264-66.

③ ARL 117301.

④ ARL 128805.

⑤ See IPCC's Special Report on Emissions Scenarios Section 1.2，Box 1-1：Uncertainties and Scenario Analysis http：//grida.no/climate/ipcc/emission/025.htm.

⑥ FWS认为，北极熊濒临灭绝的可能性是67%～90%。

识“不确定”，而相关案例则显示，法律只要求FWS应该依靠现有的最佳科学数据，即使这些数据是“非常不确定”的。美国生物多样性中心诉巴比特案①已经确定了这一点。被告进一步表示，原告夸大了气候变化的不确定性，原告表示，在FWS作出表列北极熊的行政行为时，主流气候科学家们根据在大气中的温室气体的水平，在IPCC第四次评估报告中一致认为北极区域的气候变暖是很可能发生的②③。此外，被告指出，FWS发现气候变化模型集合可以减少气候变化预测的不确定性，通过对一系列模型的计算，可以比较贴切地反映现实的情况和趋势。被告认为，气候变化科学虽然存在不确定性，但是这并不妨碍FWS对北极熊受到影响的趋势和程度作出一个可信的评估结果。

经考虑双方的论点，法院同意被告的观点。FWS所作出的决定可以是以来当时最好的科学数据，即使该数据是不确定的，甚至是“相当不确定的”。法院还认为，根据相关先例，如Oceana的诉埃文斯案，就算缺乏足够确定的信息，行政机构也不能因此而不作为。因此，法院认为，原告未能说服法院FWS实施了“随意、武断”的行政行为。④

3. 鱼类和野生动物管理局的决定是否“武断、随意，滥用了自由裁量权”

原告认为FWS将北极熊列为“受危险”物种的行为违反了《联邦行政程序法》（administrative procedures act，APA），“武断、专横、滥用了自由裁量权”。自由裁量是指行政机关对于作出何种决定有很大的自由，可以在各种可能采取的行动方针中进行选择，根据行政机关的判断采取某种行动或不采取某种行动。也可能是执行任务的方法、时间、地点或侧重面，包括不采取行动的决定在内。⑤“自由裁量是指任何事情应在当局自由裁量权范围内去行使，而不是按照个人观点行事，应按照法律行事，而不是随心所欲。它应该是法定的和固定的，而不是独断的、模糊的、幻想的，它必须在所限制的范围内行使”。⑥美国关于行政行为司法审查范围的法律，基本上全由判例产生。这些错综复杂的判例，在当代已经法典化，规定在《联邦行政程序法》第706节。这一节的规定是司法审查范围的一般基础，除非其他法律中另有规定，联邦法院在进行司法审查时适用第706节。该节规定：“对当

① See Sw. Ctr. For Biological Diversity v. Babbitt，215 F. 3d 58，60，342 U. S. App. D. C. 58（D. C. Cir. 2000）

② ARL 152436.

③ ARL 151205.

④ In re polar bear endangered specis act listing and 4（d）rule litigation，794 F. Supp. 2d 65，（2011 U. S. Dist.）

⑤ 王名扬：《美国行政法》，中国法制出版社1995年版，第545、614页。

⑥ 威廉·韦德：《行政法》，中国大百科全书出版社1997年版，第63页。

事人所提出的主张，在判决所必要的范围内，审查法院应决定全部有关的法律问题，解释宪法和法律条文的规定，并且决定行政行为表示的意义或适用。审查法院认为出现下列情况的行政机关的行为、裁定和结论为不合法并撤销之：专横、任性、滥用自由裁量权、或其他的不符合法律的行为”。①

FWS提出，该机构过去的“濒危”物种可以被分成大约4类。第1类：物种面临灭绝的灾难性的威胁且风险已经迫在眉睫。在这个类别中，单独的灭绝威胁状态足够认定物种面临灭绝的危险。如螺镖鲈，1978年螺镖鲈在法律界引起过一场争论，该物种被列为濒危物种后，使一个水坝的建设延迟二年之久，因为水坝的建立使其有限的生存环境受到威胁。第2类：因其有限的繁衍范围或种群的稀少而容易受到灭绝的威胁。此类别适用于一个非常有限的范围内，这样的物种往往正面临着越来越大的威胁。这些物种的例子之一是魔鳉（Devil's Hole pupfish）。魔鳉生活在“死亡之谷”沙漠的叫“魔鬼洞”的地下含水层里，只有2.7厘米左右，如今，它们的数量已降至两位数。② 1976年，美国最高法院裁定，用“魔鳉”栖息地的地下水灌溉农田属非法行为。这大大改善了鳉鱼的生活环境。③ 第3类：以前分布范围较广，因受环境影响，现在数量已降到极低，存在灭绝的高风险威胁。此类别的例子包括美国加州秃鹰、高鸣鹤等，这类物种生境范围有限，容易受到已存或潜在的灭绝威胁。第4类包括分布比较广泛，但正在遭受重大的种群减少威胁的物种。这一类与“受危险”物种相似，近期正遭遇数量下跌的威胁，但此类被列为“濒危”，是因为其程度更严重。此类别一个例子是红顶啄木鸟，以前是一个常见的鸟，但在1970年经历了一个急剧下降，几乎完全丧失它的长叶松栖息地，目前只有小规模的、孤立的红顶啄木鸟种群存在。FWS争辩说，目前并没有单一的尺度来衡量某物种是否应该纳入“濒危”保护级别，但是这四种分类证明野生动物FWS对于主要濒危物种的表列采取了前后一致的做法。

FWS声称，它对于“濒临灭绝物种”的一般法定含义的理解来自该法律的文本、结构以及《濒危物种法》的立法历史文件。《濒危物种法》认为，“濒危物种”指目前即将濒临灭绝的物种。“受危险物种”是在“可以预见的将来会面临灭绝的物种”，两个不同的物种保护级别是根据目标受威胁程度的时间是否更接近灭绝危险来判断的。FWS争辩说，目前所观察到的北极熊的数量及其生态状况表明，

---

① 王名扬：《美国行政法》，中国法制出版社2005年版，第673页。

② 魔鳉被生物学家称为“进化奇迹”，美国内华达州的死亡谷以酷热和干旱闻名于世，夏季温度常高达50℃，极度干旱时湿度甚至接近零。但在冰河时代，那里水系纵横。个头不大的鳉鱼，从冰河时代起就栖息在那里，已在地球上生活了6万年。

③ Cappaert v. United States, 426 U. S. 128, 96 S. Ct. 2062, 48 L. Ed. 2d 523 (1976).

北极熊并不属于四大类的濒临灭绝物种之列，证据表明，在 FWS 行政决定之时，北极熊作为一个尚存 19 个群落的极地物种并没有被限制在一个极其小的范围之内，北极熊尚有 2 万至 2. 5 万只的数量，还不至于达到严重不足的程度，虽然其中两个群落出现了数量的减少，但也没有出现数量急剧减少的现象，北极熊目前并没有面临马上绝种的地步。因此，根据法律规定，北极熊应该属于“受危险物种”，而不是“濒临灭绝物种”。

法院认为，在美国《联邦行政程序法》规定下，联邦机构的行动如果“任意，任性，滥用自由裁量权或以其他方式与法律不一致”，那么该行政行为就是非法并将被撤销。而要确定这一判断，法院必须确定该机构是否在决定时对与决定“相关的因素”进行了考虑，其作出的选择与认定的事实之间是否有理性的连接。① 在 APA 的审查标准下，法院没有权力替行政机构作出决定。而现代高科技发展使行政机构的判断往往“需要一个高层次的技术专长”,② 法院不是化学家，也不是生物学家，只能在行政行为的最低标准的合理性上进行审查。法院对行政行为进行司法审查，审查过程的第一步是由法庭来调查国会是否对该行政行为所处理的问题有直接的准确的说明,③ 在判断法规是否有明确表达美国国会的意图时，法院应使用所有“传统的法律建设工具”,④ 包括寻找法规文本，了解其立法历史，分析其适当的结构。⑤ 假如，如果法院得出结论认为，国会的法规对于行政机构处理的这一问题是沉默或含糊不清的，法院审查程序的第二个步骤是，是否行政机构提供的解释是否“建立在法规建设所允许的基础上”,⑥ 即是否符合立法原意。机构诠释不能够“在程序上有缺陷”，也不能在实体上“任意或反复无常，或明显违背了立法意图”。⑦ 法院认为 FWS 的表列决定符合法律，没有武断、随意，滥用了自由裁量权。⑧

---

① Keating v. FERC，569 F. 3d 427，433，386 U. S. App. D. C. 270（D. C. Cir. 2009）.

② Marsh v. Or. Natural Res. Council，490 U. S. 360，375-77，109 S. Ct. 1851，104 L. Ed. 2d 377（1989）; Ethyl Corp. v. EPA，541 F. 2d 1，36，176 U. S. App. D. C. 373（D. C. Cir. 1976）.

③ Chevron，467 U. S. at 842.

④ Id，at843 n. 9.

⑤ Bell Atlantic Tel. Co. v. FCC，131 F. 3d 1044，1047，327 U. S. App. D. C. 390（D. C. Cir. 1997.

⑥ Chevron，467 U. S. at 843.

⑦ United States V Mead，533 U. S. 218，227.

⑧ In re polar bear endangered specis act listing and 4（d）rule litigation，794 F. Supp. 2d 65，(2011 U. S. Dist.）.

（三）案件结果

2011 年，哥伦比亚地区法院法官维持了联邦政府内政部鱼类与野生动物 FWS 的行政决定，判决该行政行为没有武断、任性和滥用自由裁量权。北极熊被列为“受威胁”物种。该案原告不服提出上诉，2013 年 3 月 1 日哥伦比亚地区巡回上诉法院维持了地区法院的原判。

三、北极熊案的法律解读及意义辨析

（一）北极熊案的法律解读

北极熊一直受到美国法与国际法的严格保护。早在 1972 年，美国就颁布了《海洋哺乳动物保护法案》（Marine Mammal Protection Act，MMPA），规定除非生存需要，禁止捕猎北极熊。到了 1973 年，北极圈内的国家，包括美国、加拿大、挪威、丹麦和前苏联签署了保护北极熊的国际公约，即华盛顿公约（the Convention on International Trade in Endangered Species ，CITES）。公约除了限制捕杀和贸易以外，还进一步提出了保护其栖息地以及开展合作研究的条款。而本案中涉及的是美国一部重要的保护野生动物的法律——《濒危物种法》。1973 年该法由美国国会通过，1973 年 12 月 28 日，理查德·尼克松总统签署了这部法律。该法案被设计用来保护极度濒危灭绝的物种，它将对野生动物的管理保护职责赋予两个联邦机构，即内政部下属的美国鱼类和野生动物管理局（FWS）以及商业部下属的美国国家海洋和大气管理局（NOAA）。国家海洋渔业局主要负责保护海洋类物种，鱼类和野生动物局保护除此以外的所有物种。

《濒危物种法》的主要内容包括表列制度、重要栖息地制度。具体该案涉及以下条款：

《濒危物种法》第 4 条，第 4 条授权内政部或商业部根据物种所面临的危险程度，将其列入“濒危物种”（endangered species）或“受威胁物种”（threatened species）名单，以得到《濒危物种法》的保护和规范。①《濒危物种法》第 4（1）（a）要求 FWS 确定表列某物种为濒临灭绝或受威胁的物种要达到以下一个或几个条件：（1）物种的栖息地或其种群正在被破坏、缩减、改变或者正在受到这些问题的威胁；（2）种群因商业，娱乐，科学或教育原因而被过度开发；（3）疾病或捕食；（4）现有监管机制存在不足之处；或（5）其他自然或人为因素影响该物种

① 16 U. S. C § 1522(a)(1)(2000).

的存续。在本案中，鱼类与野生动物管理局即基于此规定将北极熊表列为受威胁物种。《濒危物种法》还规定，一旦某一物种被表列，则 FWS 必须指定该物种的关键栖息地（critical habitats）①并制定发展恢复计划（recovery plans）②。“关键栖息地”是指对于该濒危物种的保护具有“最根本的自然的和生物特点的特定区域”。③

《濒危物种法》第 7 条，第 7 条规定：所有联邦机构在其执行、建立或授权某行动前应征询鱼类与野生动物管理局以避免伤害到表列物种的存续或对表列物种的栖息地带来不利的变动。④ 基于这一规定，鱼类和野生动物管理局将北极熊列为受威胁物种后，打算将阿拉斯加半岛大约 50 万平方公里区域划为北极熊关键栖息地。规划的这个北极熊“特区”面积占了楚科奇海和波弗特海面积的很大一部分。这一方案遭能源业和其他商业团体反对，因为“特区”如按原有规划建立，联邦机构每次审批近海石油钻探时，都要事先征询其行为是否侵犯北极熊“领地”。因此这些机构反对将北极熊表列为受威胁物种，阿拉斯加州政府也因此对 FWS 提起诉讼。

《濒危物种法》第 9 条，第 9 条规定了禁止“征用”条款。一旦某物种被表列，禁止任何人，包括个人、公司、合伙企业、信托、协会及任何其他私人实体，或联邦政府、地方政府，或任何外国政府、国家，城市等公共实体，以“骚扰，伤害，追捕，狩猎，射击，伤害，杀灭，陷阱，捕捉，或收集，或试图参与任何此类行为”⑤ 的方式导致该物种的“重要的生境发生改变或退化”。⑥ 这一条与第 4 条（d）项联系紧密，物种一旦被确定为“濒危”物种，则该条自动并完全适用，鱼类与野生动物管理局自由裁量的空间极小。物种一旦被确定为“受威”胁物种，则哪些行为违反第 9 条，鱼类与野生动物管理局有自由裁量权。

《濒危物种法》还规定任何人都有权向内政部和商业部提起行政请愿，请求将某种物种列入濒危物种名单和标示出其“关键栖息地”（critical habitats）。部长应本着最小心原则来具体确定物种的关键栖息地，指定关键栖息地应该与认定濒危物种同时进行，除非迅速认定濒危物种是保护物种所必需的或者指定关键栖息地是不谨慎的或关键栖息地是不能决定的。法律还规定，这些行为应建立在最科学、经济

---

① 16 U. S. C § 1533(a)(3)(2000).

② 16 U. S. C § 1533(f)(2000).

③ 16U. S. C. § 1532.

④ 16 U. S. C § 1536(a)(2)(2000).

⑤ 16U. S. C. § 1532.

⑥ 50 C. F. R § . 17. 3(2009).

的数据基础上，并且是独立地决定。① 如果内政部的决定不符合此项要求，行政请愿人有权请求法院进行司法审查。在北极熊表列案中，生物多样性中心正是基于这一法律提起了对内政部野生动物管理局的诉讼。

濒危物种的认定要遵循法定的程序。首先，由相关的利害关系人（interested person）对濒危物种或受威胁物种保护范围的增减及物种栖息地的决定提出申请，在收到申请后的90天内，商业部长将针对就申请是否得到批准的实质性的经济和科学信息作出结论。如果申请书中呈报了这些信息，部长将迅速对相关物种的地位进行复审，并迅速将信息公布在《联邦登记》上。收到申请12个月内，商业部长将作出以下决定：（1）若申请行为不被许可，部长将迅速在《联邦登记》上公开这一结果；（2）若申请行为得到许可，部长将迅速公布一个执行该行为的试行办法的原则声明和全文；（3）若申请行为得到了许可，但因为某种原因方案的履行受到妨碍，部长应公布结果，并公开原因，并组织听证。法院可以对部长指定重要栖息地的行为进行司法审查。② 在本案中，由于FWS的拖延，导致生物多样性中心（CBD）两次将FWS告上法庭。

（二）北极熊案的意义辨析

由于北极熊保护牵涉气候变化问题，该案也是美国继马萨诸塞州诉联邦环保局之后又一重要的气候变化诉讼案。在美国政府对气候变化持消极态度，美国国会迟迟不能通过气候变化立法的情况下，利用美国原有法律进行气候变化斗争成为环保人士的一个重要选择。马萨诸塞州诉联邦环保局案中，《清洁空气法》被用来督促联邦环保局出台控制温室气体排放规则并获得了成功。由于北极熊是依赖冰层生活的物种，而北极冰层的迅速消融原因在于温室气体人为排放导致的气候变化问题。根据《濒危物种法》第9条，任何人的任何导致该物种生境退化的骚扰行为都应被禁止。因此，人们期待北极熊案能使《濒危物种法》成为对抗气候变化、保护生态环境的重要法律武器③

然而，2008年5月15日，美国内政部公布其正式表列北极熊为受威胁物种时，在报告中强调了表列原因是因为北极气温上升导致冰层退化，却并没有强调人

---

① 戈华清：《美国濒危物种保护法律对策》，载《2002年中国环境资源法学研讨会论文集》，2002年。

② 张冰：《美国濒危物种法栖息地保护制度》，载《牡丹江师范学院学报（自然科学版）》2007年第3期，第43页。

③ 《因气候变化影响美维持北极熊“受威胁”地位》载“腾讯网”，浏览时间：2012-12-2。

为碳排放导致全球变暖这一事实根源。① 美国内政部秘书长德克·肯普索恩（Dirk Kempthore）公开表示，“濒危物种法”的目的不是为了应对气候变化②，肯普索恩表示表列保护北极熊并不会因此限制某些导致大量碳排放的行为。因为根据4（d）项，针对“受威胁”物种，鱼类与野生动物管理局有权对哪些行为违反第9条禁止条款，伤害受威胁物种生境问题上进行自由裁量，而根据4（d）款，北极熊如被列为“濒危”物种（endangered specis），则第9条自动适用于所有行为，留给鱼类与野生动物管理局的自由裁量空间极少。这一表示引起公众极大不满，也是导致生物多样性中心起诉鱼类与野生动物管理局的重要原因。该案维持了鱼类与野生动物管理局的行政决定后，原告不服上诉至哥伦比亚巡回上诉法院，2013年3月1日，巡回上诉法院维持了地区法院的原判。

美国的《濒危物种法》本意旨在超越政治和经济利益，保护生物多样性。然而在巨大的利益博弈中，美国濒危物种名单起草已不再单纯按照自然“濒危”程度排序。什么样的物种能入选“濒危”级或“受威胁”级，从名单上撤下哪个物种，不仅牵涉政治考量，而且触及经济利益，成为环保人士、企业和政府各方角力的焦点。在气候变化的政治博弈中，北极熊已成为气候变化危害的标志性形象。从某种意义上来说，北极熊案不仅仅在于保护一个濒危物种，而在于唤起人们对气候变化危险性的认识。内政部鱼类与野生动物管理局在为表列北极熊而开放的公众评论期间收到了超过67万的公众评论，③ 人们对气候变化与北极熊保护的关注与日俱增。从一定意义上来说，北极熊案不仅是不同利益之间的较量，也是向气候变化问题宣战的号角。

The Protection of Polar Bear under the Climate Change

—the Case Study of Polar Bear Endangered Species Act Listing and §4 (d) Rule Litigation" from the U. S District Court for the District of Columbia

Abstract: Because of the huge risk on the Polar bear caused by Climate change, the Center for Biological Diversity (CBD) submitted a petition to the Fish and Wildlife

① 50 C. F. R §. 17. 11 (2009).

② DOI Press Release (2008-05-14).

③ See U. S. Fish and Wildlife Service, Timeline of Polar Bear Actions , cited from Maggie, Kuhn, Climate Chang and the Polar Bear: is the Endangered Species Act up to the Task? _ Alaska Law Review Vol. 27: 1

Service（FWS）to list the polar bear as a threatened species under the Endangered Species Act（ESA）on February 16 2005，but it was delayed by the FWS，who listed the polar bear as a threatened species until May 15，2008，failing to timely respond to the listing petition. The fact irritated several lawsuits by the CBD who filed a suit against FWS pursuing the higher level protection for polar bear. In the same time，the State of Alaska，Safari Club International and Safari Club International Foundation as well as other institutions also sue the FWS for not listing the polar bear. In 2011，the case was argued in the District court of Columbia，and the motion of the FWS was granted. Furthermore，the case was upheld by the D. C. Circuit On March 1，2013.

Keywords：climate change　Endangered Species Act Endangered Species Act Fish and Wildlife Service

单边主义的回归？ WTO 体制下动物福利措施的合法性分析

——以加拿大诉欧盟《海豹禁令》案为视角*

□张磊 □王燕

内容摘要：2012 年 WTO 争端解决机构就加拿大、挪威诉欧盟海豹禁令措施一案成立专家组。欧盟海豹案为 WTO 下首例成员方援引公共道德例外条款抗辩其动物福利措施的争端。申诉方加拿大等认为《海豹禁令》的“土著民族豁免条款”和“海洋资源管理豁免条款”对丹麦和欧盟授予更优惠的待遇，违反了 GATT 第 1.1 条、第 3.4 条及 TBT 协定第 2.1 条的“非歧视”要求。另外，加拿大认为《海豹禁令》为避免对海豹的非人道方式猎捕，禁止海豹产品的进口和销售对国际贸易构成不必要的障碍，违反 GATT 第 20 条（a）款、（b）款和 TBT 协定第 2.2 条的“必要性”要求。WTO 体制下成员方推进动物福利措施将因动物福利措施的“单边主义”和“道德价值输出”的特征为争端解决机构严格审查。

关键词：动物福利措施　非歧视　必要性　单边主义

目　次

---

* 本文为教育部区域与国别研究基地加拿大中心招标项目成果。

张磊，广东外语外贸大学国际商务英语学院法学讲师，博士。

王燕，广东外语外贸大学国际商务英语学院法学讲师，博士。

2012年WTO争端解决机构就加拿大、挪威诉欧盟海豹禁令措施一案成立专家组。欧盟《海豹禁令》旨在制止以非人道方式捕猎海豹，从而禁止欧盟各成员方销售和进口海豹产品，为欧盟近年来动物福利保护的重要举措，但损害了海豹产品出口国的利益，其中加拿大沿海居民及土著居民受到的影响最大。海豹贸易每年为加拿大大西洋沿岸、魁北克省和北部渔民提供25%到35%的年收入。2008年，即禁令实施前一年，加拿大向欧盟出口的海豹产品约为250万加币。①海豹捕猎亦是土著居民因纽特人维持生计和从事贸易的重要手段。加拿大渔业和海洋常设委员会提交的报告指出2006年有超过6000张海豹皮来自于土著居民聚居的怒拉努特地区，海豹经济每年为当地土著居民提供了100万美元的经济收入，海豹捕猎已形成土著居民的文化遗产。②为保护土著民族利益和确保成员方管理海洋资源，避免海豹过度繁殖的需求，《海豹禁令》特设“土著民族豁免条款”和“海洋资源管理豁免条款”。但加拿大、挪威认为两豁免条款使格陵兰和欧盟受益违反GATT第1.1条、3.4条和TBT第2.1条的非歧视条款，且未采取贸易限制性较低的猎捕方式标志措施违反GATT第20条（a）款、（b）款和TBT协定第2.2条的“必要性”要求，另措施在执行方式上在“情形相同的国家之间构成任意的或不合理的歧视”，从而违反GATT第20条引言和TBT序言的要求。

一、加拿大对《海豹禁令》的“非歧视”质疑

（一）《海豹禁令》与GATT第1.1条和第3.4条的相符性

加拿大等认为《海豹禁令》的“土著民族豁免条款”授予格陵兰海豹产品更

---

① See European Commission, Directorate General-Environment, Assessment of Potential Impact of a Ban of Products Derived from Seal Species, p. 25. available at http://ec. europa. eu/environment/biodiversity/animal_ welfare/seals/seal_ hunting. htm, visited on December 20, 2012.

② Ibid, p. 26.

优惠待遇，而该优惠待遇并没有立即且无条件地授予给加拿大的同类产品，因而违反 GATT 第 1.1 条。并且，《海豹禁令》作为影响国内销售、许可销售、购买或产品使用的法律、法规或要求，其“海洋资源管理豁免条款”使欧盟多数成员方产品均可在市场上销售，但加拿大等产品则被拒之门外，改变了加拿大等海豹产品在欧盟市场上的竞争条件，违反第 3.4 条。①欧盟则认为，符合例外条款的海豹产品与被禁止准入的加拿大海豹产品并非同类产品；并且两例外条款并没有授予加拿大等较低的待遇。

首先需要注意的是，格陵兰作为丹麦的岛屿，并非 WTO 下的单独关税区，但格陵兰所属国家丹麦为欧盟成员方，亦为 WTO 单独成员方，因而倘若《海豹禁令》授予格陵兰（丹麦）更优惠的待遇，仍可能违反最惠国待遇的要求。

欧盟认为《海豹禁令》将海豹产品根据是否符合豁免条款分为两类，一类是符合禁令要求的海豹产品，另一类则为不符合禁令要求的产品，故符合豁免条款的海豹产品与加拿大商业渔队猎捕的海豹产品并非同类产品。②在涉嫌违反 GATT 第 1 条最惠国待遇和第 3 条国民待遇条款的争端中，专家组和上诉机构除在美国麦芽酒案和美国汽车案中适用过“目的和效果”标准外，一贯以边境税调整标准来确定两产品是否为同类产品，即根据产品的性质、品质、质量等物理特性、产品的最终用途、消费者偏好进行及关税分类作为产品区分四项标准。

从而欧盟以国内法规的规定作为不同类产品的认定标准恐难以为争端解决机构所认同。同类产品的分析主要集中于最终产品的物理性质和特点，以及他们的竞争相关性。③欧盟在向专家组提交的报告中承认无论是来自于因纽特人的海豹制成品还是加拿大商业渔队的海豹制成品，均以海豹制成，在物理性质上是一样的，④其最终用途和关税分类也与商业渔队猎捕的海豹制成品无异。虽然欧盟市场消费者可能对加拿大商业渔队猎捕的海豹产品和禁令例外条款所豁免进口的海豹产品的消费习惯和偏好不同，但在 WTO 此前的争端中尚未有仅依据消费者偏好而区分同类产品的先例，且欧盟也未提交相应的证据。因而符合例外条款豁免进口的海豹产品与

---

① See Canada's first written submission, paras. 325-347. Norway's first written submission, paras. 405-451.

② See EC-Measures Prohibiting the Importation and Marketing of Seal Products, first written submission of EU, para. 260.

③ See Peter L. Fitzgerald, *Morality" May Not Be Enough to Justify the EU Seal Products Ban: Animal Welfare Meets International Trade Law*, Journal of International Wildlife Law & Policy, Vol. 14, No. 1, 2011, p. 100.

④ See EC-Measures Prohibiting the Importation and Marketing of Seal Products, first written submission of EU, para. 259.

被禁止进口的加拿大海豹产品应属同类产品。

加拿大进而认为《海豹禁令》虽形式上对各成员方“一视同仁”，但欧盟授予土著民族聚居地区和国家的优惠待遇并未无条件授予给加拿大等成员方，并且“土著民族豁免条款”和“海洋资源管理豁免条款”的豁免条件针对欧盟成员方“量身定做”，构成“事实上的歧视”。

欧盟是否应将授予土著民族聚居国家的优惠待遇无条件授予给其他国家实为伪命题。例外条款本身便是对特殊情形的区别对待，差别待遇为其应有之意。“土著民族豁免条款”因保护土著民族渔猎权导致土著民族聚居国家享有优于非土著民族聚居的国家的待遇不应视为非歧视原准则的违反，否则便会导致成员方的动物福利措施不得设置例外条款的不符逻辑的效果。并且如海虾-海龟案和巴西翻新轮胎案所示，成员方依据 GATT 第 20 条一般例外条款实施贸易限制措施时，其例外条款是否公平合理应依据 GATT 第20 条引言来检测。“土著民族豁免条款”导致的差别待遇产生于不同情形的国家之间，并不违反 GATT 第 20 条引言的要求。①

尽管在动物福利措施中制定例外条款并不违反非歧视原则，但例外条款设定的条件如针对欧盟或特定成员方授予优惠待遇，便可构成“事实上”的歧视。在加拿大汽车案中，争端解决机构曾认为成员方表面上来源中立的进出口要求，倘若其满足条件仅对特定 WTO 成员方适用，则为“封闭清单”（closed list）条件，构成事实上的歧视。②“土著民族豁免条款”旨在回应欧盟各成员方在国内法和国际法下所承担的保护土著民族权利的义务。欧盟作为《联合国土著民族权利宣言》成员方，豁免条款符合《宣言》保护土著民族传统生计的要求，亦在欧盟其他动物保护法规如《捕猎夹法规》中体现，并不体现其主观歧视的意图。而“土著民族豁免条款”只适用于具有海豹猎捕传统的土著民族，要求猎捕的海豹产品起码部分为土著民族根据其传统方式使用、消费或加工，并有助于其生计，该规定意在将土著民族的猎捕控制在小规模范围内，避免该豁免条款被滥用而实质性减损《海豹禁令》的宗旨，并可回应动物保护主义者的诉求。③豁免条件不仅对格陵兰（丹麦）适用，亦适用于加拿大、乌克兰的因纽特人，挪威的萨米人等，加拿大也承认本国约有 5% 的海豹猎捕可满足豁免条款要求，因此该例外条款的设置应不构成

① See Robert Howse and Joanna Langille, *Permitting Pluralism: The Seal Products Dispute and Why the WTO Should Accept Trade Restrictions Justified by Noninstrumental Moral Values*, Yale J. Int'l L., Vol. 37, No. 2, 2012, p. 398.

② See Canada - Certain Measures Affecting the Automotive Industry, WT/DS139/AB/R (2000).

③ 近年来，动物保护主义者质疑土著民族采用现代渔猎方式，且猎捕的动物用以商业目的，而非维持生计，背离了土著民族权利的本质。

"封闭清单"条件。

同样，"海洋资源管理豁免条款"旨在防范海豹的过度繁殖对其他海洋资源和渔业设施构成损害，允许成员方适当猎捕并在市场上销售其制成品。①但要符合豁免条件，猎捕当局应先制定全国或区域性的自然资源管理计划，并根据科学数量管理模型确定猎捕的数额，猎捕的海豹产品只能为非盈利目的销售。前述要求旨在与禁令宗旨一致，即反对为商业利益的目的以非人道方式猎捕海豹。加拿大认为其每年规定的商业海豹猎捕配额便包含了管理海洋资源，防止海豹过度繁殖的考量，但因不符非盈利要求无法获得认证，而欧盟成员方芬兰、瑞典、英国等国家的海豹产品大多可符合条件在市场上销售。②但实际上，基于"海洋资源管理豁免条款"的严格认证要求，当前只有瑞典向欧盟提交了确认其产品认证机构的申请并获欧盟批准，而芬兰、英国等尚未向欧盟提交确认产品认证机关的申请，因而其产品并未获准进入欧盟市场。③"海洋资源管理豁免条款"的其豁免条件并未对欧盟和非欧盟成员方区别对待，亦未产生欧盟所有成员或多数成员获益的效果，应不违反 GATT 第 3.4 条的要求。

（二）《海豹禁令》与 TBT 协定第 2.1 条的相符性

《海豹禁令》若构成欧盟为实现保护公共道德而采取的技术法规、标准和合格评定程序等，还需符合 TBT 协定。在石棉案中，上诉机构认为"如有以产品特性或产品的生产和加工方法作为市场准入和差别待遇的标准则为技术法规"。④欧盟认为《海豹禁令》虽禁止含有海豹成分的产品进口，但禁令的例外条款使得产品能否进口并非取决于产品是否含有海豹成分的特性，而是是否符合例外条款的规定，因而禁令并不构成技术法规。这种观点也为 Robert Howse 教授所支持。笔者认为，"海豹禁令"及其例外条款应作为一个整体来看，其总体上禁止含有海豹成分产品进口的，仅在特殊情形下豁免符合特定要求的海豹产品进口。禁令总体上是为保护动物福利、公共道德的合法目标，禁止含有海豹成分的产品进口，应构成 TBT 协定下的技术措施，否则根据欧盟的逻辑，成员方便可在技术法规中通过设置例外条

---

① See EC-Measures Prohibiting the Importation and Marketing of Seal Products, first written submission of EU, para. 41.

② See EC-Measures Prohibiting the Importation and Marketing of Seal Products, Canada's first written submission, paras. 339-345.

③ See EC-Measures Prohibiting the Importation and Marketing of Seal Products, first written submission of EU, para. 519.

④ See EC – Measures Affecting Asbestos and Asbestos Products, WT/DS135/AB/R (2001), paras. 66-70.

款的方式而规避 TBT 协定的约束。

TBT 协定第 2.1 条与 GATT 协定下第 1.1 条和第 3.4 条类似，要求成员方的技术法规，授予任一成员方产品的待遇不低于其给予本国同类产品或任何其他国家同类产品的待遇。但与 GATT 协定的非歧视要求所不同的是，GATT 协定下非歧视原则应与 GATT 第 20 条一般例外条款分离，禁止对成员方的同类产品施以任何形式的不同待遇；TBT 协定并不禁止成员方的技术法规基于合理管制原因在成员方之间产生差别待遇，但禁止成员方制定以国别为标准的，产生“法律上”歧视效果的技术法规，以及表面上来源中立，在措施的制定和实施过程中产生“事实上”歧视效果的措施。从而前者注重同类产品分析，后者则注重管制手段和管制效果的分析。其二，GATT 协定下的最惠国待遇和国民待遇的审查是彼此独立的，而 TBT 协定第 2.1 条的审查则将两者结合。①

1.《海豹禁令》是否构成“法律上”的歧视

加拿大首先质疑“土著民族豁免条款”构成法律上的歧视，因为该例外条款恰是基于产品的来源而进行的区别对待。正如上诉机构在金枪鱼 III 案中所述，一项技术法规的“管制区别”仅基于国别或地域而产生，则构成法律上的歧视。②但加拿大的主张存在两点瑕疵。其一，“土著民族豁免条款”并非纯粹基于“民族区别”的例外条款，只有当海豹产品由土著民族依据传统方式加工、消费，并用以维持生计方可进口，并非来自于土著民族的海豹产品均可进入欧盟销售。其二，“民族区别”不等于“国别区别”或“地域区别”。尽管当前格陵兰（丹麦）因“土著民族豁免条款”，绝大多数的海豹产品均得以出口欧盟，但猎捕海豹的土著人民因纽特人、萨米人除居住在格陵兰（丹麦）外，也居住于加拿大、乌克兰、挪威等国家。在中国电子支付案中，专家组认为中国要求所有发卡行在信用卡上印刷银联标记，该措施只授予了银联更优惠的待遇，而并不等于向中国所有快速支付网络授予更优惠的待遇，即便当前中国除银联外并没有其他快速支付网络。③这意味着格陵兰乃至丹麦其他潜在的海豹商业猎捕渔队和加拿大商业猎捕渔队一样，均未获得该优惠待遇。

---

① 这点区别在本文的分析中很关键。前文认为“海洋资源管理豁免条款”不违反第 3.4 条是因为欧盟多数成员方并没有相比加拿大获得优惠待遇；而后文认为该豁免条款可能违反 TBT 协定第 2.1 条是基于加拿大如允许北部渔民在配额内商业猎捕，则相比获准适用豁免条款的瑞典而言处于不利市场竞争地位。

② See US- Measures Concerning the Importation and Marketing of Tuna Products, WT/DS381/AB/R (2012), para. 209.

③ See China- Certain Measures Affecting Electronic Payment Services, WT/DS413/R (2012), para. 7. 687.

2.《海豹禁令》是否构成“事实上”的歧视

加拿大另认为“土著民族豁免条款”和“海洋资源管理豁免条款”的认证要求使得来自于格陵兰和挪威的海豹产品相比加拿大的海豹产品获得更优惠待遇，构成TBT协定第2.1条所禁止的“事实上”的歧视。① TBT协定第2.1条的“事实上的歧视”分析通常分为两步，首先争议的技术法规是否改变了相关市场的竞争条件，对进口产品不利。进而再审查对进口产品的不利影响是否纯粹源于合法管制导致的区别（stem exclusively from a legitimate regulatory distinction）。②

（1）《海豹禁令》的例外条款是否改变竞争条件。

基于“土著民族豁免条款”和“海洋资源管理豁免条款”的实施，格陵兰（丹麦）绝大多数的海豹产品均可进入欧盟市场销售，瑞典的认证机关已为欧盟所确认，其海豹产品也可通过认证进入欧盟市场。加拿大则因出口欧盟的海豹产品主要为商业渔队猎捕，仅有5%的海豹产品可能符合“土著民族豁免条款”，其他均因不符豁免条件无法进入欧盟市场。显然，《海豹禁令》豁免条款的实施改变了加拿大和其他成员方如丹麦、瑞典等在欧盟市场上的竞争条件，对加拿大不利。

（2）加拿大不利的竞争条件是否源于纯粹合法管制导致的区别。

加拿大尽管因《海豹禁令》的例外条款承受了不利的竞争条件，只有该例外条款并非“纯粹源于合法管制导致的区别”，或对加拿大施加了较重的管制负担，方违反TBT协定第2.1条的规定。在金枪鱼III案中，专家组和上诉机构强调TBT协定第2.1条的审查应从一项技术法规的“设计、框架及结构”上判断一项措施是否带有歧视性的色彩，即从措施的制定、运作和实施的过程中是否存在“歧视”来判断。③

2012年肉类原产地标志案中，上诉机构认为美国原产地标志措施并没有将要求肉类供应商追踪和保存的信息全部提供给消费者，为向消费者提供少量的信息，不合理地对上游肉类供应商施加了不相称的信息追踪要求，对进口肉类不利，构成

---

① See EC-Measures Prohibiting the Importation and Marketing of Seal Products, Canada's first written submission, para. 323.

② See US - Measure Affecting Production and Marketing of Clove Cigarettes, WT/DS406/AB/R (2012), para. 182.

③ See US- Measures Concerning the Importation and Marketing of Tuna Products, WT/DS381/AB/R (2012), para. 322.

歧视性措施。①在金枪鱼 III 案中，墨西哥和美国采取了不同的海豚保护措施，对于东太平洋海域捕捞的金枪鱼，无论是墨西哥采取的 AIDCP 措施，还是美国和其他国家的禁止围网捕捞措施，均不能保证海豚未因金枪鱼捕捞受伤和死亡的结果，但美国和其他国家可获得“无害于海豚”的认证较墨西哥取得竞争优势，被上诉机构裁定违反第 2.1 条的非歧视规定。② 两案上诉机构均对美国的管制目标的正当性和管制手段的必要性予以认可，但认为制度制定不尽合理，对进口产品施加了较高的管制负担。这种较高的管制负担在肉类标志案中体现为对进口产品的管制手段超出管制目标所需，在金枪鱼 III 案中体现为进口产品与国内或其他国家产品相比，在同等程度实现或未实现正当目标情势下，处于不利市场竞争地位。

在海豹禁令案中，禁令本身对所有成员方一视同仁，不存在管制区别。争端解决机构在审查加拿大不利竞争机会“是否纯粹源于合法管制导致的区别”主要是审查豁免条款是否导致加拿大相比其他成员方或欧盟承受了较高的不合理的管制负担或执法成本。“土著民族豁免条款”如前文所述，其对猎捕方式、数量等限制有合理依据，且未在情形相同的成员方之间产生管制区别。但“海洋资源管理豁免条款”的豁免条件则值得推敲，该豁免条件中根据科学数量管理模型确定海豹应予猎捕的数额为关键，非盈利销售要求则是为了和禁令总体禁止商业猎捕的立场一致，但并非确保海豹猎捕为实施海洋资源管理所需的必要条件。倘若加拿大已制定适当的海洋资源管理政策，并据此确定海豹猎捕的配额，欧盟只要将允许进口的数量限制在配额以内即可基本满足管制目标所需。如前文所述，海豹猎捕是加拿大北部沿海非土著居民维持生计的重要手段，允许商业猎捕可解决北部渔民的生计和就业等问题。正如肉类原产地标志案和金枪鱼 III 案所示，如能同等实现管制目标，加拿大因允许北部渔民进行商业猎捕而不能适用豁免条款，则其在欧盟市场上相对于瑞典等国家的不利竞争地位可能被认为不符 TBT 协定第 2.1 条的要求。

另外，《海豹禁令》在起草过程中，最初的草案不仅禁止海豹产品的进口和销售，还禁止海豹产品的过境加工，但最终生效的《海豹禁令》删除了对海豹产品过境加工的禁止。如此，最终实施的禁令在客观效果上对德国、芬兰物流业及丹麦、意大利海豹加工业起到了保护作用，使非人道猎捕的海豹得以在欧盟境内免税

---

① See US-Certain Country of Origin Labeling Requirements, WT/DS384/AB/R（2012）, paras. 341-347. 该案中美国肉类批发商因境外饲养、屠宰、加工的肉类制品的信息提供和追踪成本要高，不愿供应该种肉类制品，导致境外饲养、屠宰、加工肉类制品相比纯粹国内饲养和加工的制品处于竞争劣势。

② See US- Measures Concerning the Importation and Marketing of Tuna Products, WT/DS381/AB/R（2012）, para. 298.

区加工，然后出口至其他国家。①在美国丁香味香烟中，美国基于在香烟中添加香味会起到鼓励国民尤其是青少年吸烟的效果因而禁止丁香味香烟进口，但并不禁止薄荷味香烟的进口，被上诉机构认为构成了事实上的歧视。②倘若如此，欧盟只禁止海豹进口和销售，而不禁止海豹产品加工，与其所高度保护海豹福利相比，这种选择性保护亦可能被上诉机构认为违反 TBT 协定第 2.1 条。

二、加拿大对《海豹禁令》措施的“必要性”质疑

《海豹禁令》除需符合 GATT 和 TBT 协定下的非歧视条款，还应根据 GATT 第 20 条（a）款、（b）款及 TBT 协定第 2.2 条的要求，为保护公共道德和动物生命健康所必要的措施。GATT 第 20 条和 TBT 协定第 2.2 条的必要性分析类似，均考察措施旨在实现正当目标的重要性，措施对该目标的实现程度，及措施贸易限制性，是否存在合理替代措施等因素。措施所意图实现的目标越重要，措施对该目标的实现程度越高，且措施的贸易限制性越低，越容易被争端解决机构接受为“必要的”措施。③

（一）《海豹禁令》目标的正当性

GATT 第 20 条（a）款和（b）款允许成员方为保护公共道德或动植物生命健康和安全采取必要的贸易限制性措施。TBT 协定第 2.2 条也允许成员方为实现正当的管制目标而在技术法规中采取必要的条款。并且，成员方可自行决定其正当目标所保护的程度。欧盟主张《海豹禁令》的目的主要为两点：（1）基于海豹猎捕的非人道性，海豹产品在市场上的销售为公众厌恶，是非道德的，禁止海豹产品销售避免人民接触到民众认为非人道方式猎捕的产品；（2）欧盟如禁止海豹产品的销售，则可降低海豹产品的全球需求，减少海豹因非人道猎捕而死伤的可能性。

在安提瓜诉美国网上博彩案和中美出版物案中，上诉机构将“公共道德”解释为一个国家和社会对正确错误行为持有的一种标准，并允许对公共道德的认定采

① See Peter L. Fitzgerald, “*Morality*” *May Not Be Enough to Justify the EU Seal Products Ban*: *Animal Welfare Meets International Trade Law*, Journal of International Wildlife Law & Policy, Vol. 14, No. 1, 2011, p. 128.

② See US - Measure Affecting Production and Marketing of Clove Cigarettes, WT/DS406/AB/R (2012), para. 236.

③ See US- Measures Affecting Cross-border Supply of Gambling and Betting Services, WT/DS285/AB/R (2005), para. 308.

用“国别主义”立场。①在金枪鱼 III 案中，美国为保护海豚，以金枪鱼的捕捞方法是否有害于海豚实施产品标志制度，以引导消费者的消费行为，这种旨在保护海洋生物生命和健康的目的也为专家组和上诉机构所认可。②反残酷、善待动物的道德理念一直为欧盟所倡导，并反映在欧盟条约及欧洲各国国内法中。《欧盟运行条约》第 13 条认为动物是“能够感知的生物（sentient beings）”，要求在制定和执行农业、渔业、运输、内部市场、研究和技术发展、空间政策时对它们的福利给予充分的考虑。③欧盟第一个保护海豹的法规为 1983 年禁止进口竖琴海豹及冠海豹幼仔皮的指令。1992 年为实施《欧洲野生动物和自然环境保护公约》又颁布指令保护竖琴海豹、灰海豹等成年海豹。随后欧盟境内要求全面禁止海豹贸易的呼声越来越高，2006 年在国内各利益团体和非政府组织的积极推动下，425 位来自各成员国的欧洲议会成员联名发表了一项要求欧洲议会禁止所有竖琴海豹和冠海豹产品进出口的宣言。2007 年比利时、荷兰率先颁布全面的海豹产品禁令，德国、奥地利亦在国内投票禁止海豹产品的销售和进口。④欧盟最终于 2009 年颁布《海豹禁令》回应了区域内民众长期一致的提高海豹福利的诉求，并统一了区域内各成员方的海豹立法。从欧盟一贯的动物保护乃至海豹保护政策来看，动物待遇的反残酷思想植根于欧洲社会文化和法哲学中，《海豹禁令》意图保护的公共道德目标是应是真实的，符合 GATT 第 20 条及 TBT 第 2. 2 条正当目标的要求。

进而，对《海豹禁令》目标的重要性评价将影响措施手段相称性的认定。GATT 第 20 条例外条款所保护的各项目标的重要性为专家组和上诉机构在不同争端中评价过。如在欧共体石棉案、美国丁香味香烟案和巴西翻新轮胎案中，上诉机构认为“保护人类生命和健康为最关键的价值，没有什么比保护人类生命和健康更为重要”，由此，三案即便是采取禁令的措施，在上诉机构看来均可符合 TBT 第 2. 2 条或 GATT 第 20 条（b）款“必要性”要求。在网上博彩案中，防止犯罪分子

① See US- Measures Affecting Cross-border Supply of Gambling and Betting Services, WT/DS285/AB/R (2005), para. 296.

② See US- Measures Concerning the Importation and Marketing of Tuna Products, WT/DS381/AB/R (2012), para. 313.

③ See Consolidated Version of the Treaty on the Functioning of the European Union.《欧共体条约》由若干条约、议定书及其修订案组成，《欧盟运行条约》为其中之一。

④ See Canada Goes to WTO over Belgian, Dutch Seal-Product Ban, CBC NEWS (Sept. 26, 2007), available at http://www.cbc.ca/news/canada/north/story/2007/09/26/sealwto.html, visited on October 20, 2012. See also Austria Votes To Ban Seal Products, Int' L und For Animal Welfare (Apr. 25, 2007), available at http://www.ifaw.org/united-states/node/1502, visited on October 20, 2012.

借助网络洗钱、赌博和开展组织性犯罪的公共道德价值被上诉机构评价为与石棉案所保护人类生命和健康一样，具有关键的，最高程度重要性的价值。①在中美出版物案中，专家组认为中国所主张的“防止书籍和视听出版物中特定成分对公众不良影响的公共道德”在成员方所保护的公共政策中也为最重要的价值。②但公共道德内涵广泛，基于此前涉及公共道德保护的争端有限，《海豹禁令》意图保护的“动物福利”公共道德主张与反洗钱、反赌博或反淫秽等公共道德价值相比，是否具有同等程度的重要性仍有不确定性。此外，对于《海豹禁令》保护海豹生命和健康的目标，在同类型争端金枪鱼 I 案和海虾-海龟案中，专家组认同成员方保护海洋生物资源的正当目标，但并未强调其价值的重要性。由此可见，禁令保护非濒临灭绝动物的第二重目标的重要性并不可与“保护人类生命和健康”及“公共道德”的重要性相比拟。

（二）海豹禁令措施是否有助于实现其正当目标

根据 GATT 第 20 条必要性测试标准，措施对意图保护的目标实现程度越大，越容易被确定为必要的措施。在巴西翻新轮胎案中，上诉机构认为一项必要的措施，尽管并不需要是不可或缺的，但须对所意图实现的目标产生实质性贡献，而不是边缘的或无关紧要的作用，尤其当措施采取禁令这类的贸易限制措施时。③欧盟禁止海豹产品的进口和销售减少海豹产品全球的消费，可从根源上减少海豹猎杀，有助于保护海豹的生命和健康，且欧盟强调其目标是“避免非人道方式猎捕的海豹进入欧盟公众视野”，唯有禁令才能满足其目标。

但禁令并没有完全禁止海豹产品在欧盟市场上的销售，在学者看来，“土著民族豁免条款”和“海洋资源管理条款”所允许进口和销售的海豹产品并不要求为人道方式猎捕的，进入欧盟公众的视野后，必然减损《海豹禁令》的目标。④笔者认为，豁免条款是否减损禁令措施对正当目标的实现将取决于欧盟公众对被豁免的

① See US- Measures Affecting Cross-border Supply of Gambling and Betting Services, WT/DS285/AB/R (2005), para. 6. 492.

② See China- Measures Affecting Trading Rights and Distribution Services for Certain Publications, WT/DS363/R (2009), para. 7817.

③ See Brazil- Measures Affecting Imports of Retreaded Tyres, WT/DS332/AB/R (2007), para. 210.

④ See Terence P. Stewart, Elizabeth J. Drake and Stephanie Manaker, *Is a Balance Between Trade Liberalization and Animal Welfare Achievable: The Role of WTO EC-Seal Product Case in the Debate*, available at http://www.stewartlaw.com/Article/ViewArticle/848, visited on March 28, 2013.

海豹产品的态度。首先，两豁免条款将获准进入欧盟市场的海豹产品限制在小规模范围之内。其次，依据两豁免条款进入欧盟市场的海豹产品均进行了土著民族来源和海洋资源管理的认证，并贴附了相应的标签。如消费者对非人道猎捕海豹方式的“厌恶”因保护土著民族权利和维持海洋生态平衡的事实而缓解，并不会对禁令所意图保护的公共道德和动物生命和健康目标构成实质性减损。

（三）海豹禁令措施是否构成不必要的贸易限制

《海豹禁令》为避免海豹承受不必要的痛苦而禁止海豹产品的进口和销售，是否满足 GATT 第 20 条（a）款、（b）款及 TBT 协定第 2.2 条的“必要性”要求将面临争端方更激烈的争论。因为一旦存在同等程度实现目标且贸易限制性较低的替代措施，禁令则不符必要性的要求。

《海豹禁令》所保护的公共道德本意在于禁止残忍的海豹猎捕方式，但禁令则禁止了所有海豹产品，无论是否为人道方式猎捕的。这种“因噎废食”的立法和执法模式素来难以为追求“最低贸易限制性”的 WTO 体制所认同。在近期涉及 GATT 第 20 条（a）款或 TBT 协定第 2.2 条的几个争端中，产品标志制度均被认为是禁令的合理替代措施，如在中美出版物案中，上诉机构认为政府审查出版物内容对出版物分类标志不失为合理替代措施，除非成员方提供充足数据证明该替代措施成本过高而不切实际。①金枪鱼 III 案和美国肉类原产地标志案的上诉机构亦认为产品标志制度符合 TBT 协定第 2.2 条“必要性”的要求。欧盟在制定《海豹禁令》时，其欧洲议会成员 Diana Wallis 曾建议使用海豹待遇认证和标志制度，并强调标志制度相对于禁令不仅具有事实上还具有法律上的可行性。②产品标志制度在多个争端中为 WTO 所认同的主要原因不仅在于其贸易限制性较低，并且，标明动物制品生产和加工方法，令消费者作出知情购买决定的同时，③更重要的是，制定合理的产品标志制度下，产品竞争力取决于消费者的选择，而不是政府的行政干预。Charnovitz 教授与动物保护主义者 Stevenson 教授均赞同一个国家不同强迫另外一个

---

① See China- Measures Affecting Trading Rights and Distribution Services for Certain Publications, WT/DS363/R (2009), para. 325.

② See *Trade in Seal Products: Label or Ban?*, available at http://www.europarl.europa.eu/sides/getDoc.do?language=de&type=IM-PRESS&reference=20090120IPR46690, visited on January 22, 2012.

③ See Jeff Leslie and Cass R. Sunstein, *Animal Rights Without Controversy*, Law & Contemp. Prob., Vol. 70, No. 4, 2007, pp. 119-124.

国家购买损害其市民情感的产品，① 但 Charnovitz 教授和 Cooper 等认为进口的存在是因为需求的存在，市民并不会被强制购买损害其情感的产品，除非这些产品与那些他们并不反感的产品发生了混淆。② 2007 年国际毛皮贸易联合会实行的国际毛皮来源标志制度便是通过告知消费者其购买的毛皮产品来源于哪个国家，实施了何种毛皮生产的管制标准来引导消费者的选择。

欧盟食品安全局在调查中认为虽然海豹有可能以人道的方式猎杀，但基于捕猎海豹的自然环境，以及捕猎方式的监控需捕猎国有效的协作，从而不具有可行性。③支持禁令的学者另指出即便产品标志制度可行，亦非欧盟公众的选择。④首先，欧盟担心其他成员方不能有效协作或学者认为欧盟无法境外有效监控海豹猎捕方式不应作为拒绝适用产品标志制度的理由。WTO 作为多边贸易组织，在海虾-海龟案中便强调成员方在实施单边贸易限制措施时，应寻求和贸易伙伴的多边协商和合作。动物福利法规的实效取决于执行和监督，即便是欧盟本身，亦不能保障区域内各成员方均能以同样严格的标准去实施，更不能以其他成员方可能无法达到欧盟所期待的保护标准或无法境外监控而直接禁止产品的进口。金枪鱼 I 案和 III 案即为实例，在金枪鱼 I 案中，美国对“以海豚为目标”的围网捕捞一律禁止被裁决为超出必要性的措施，在 III 案中，美国采取自愿性产品标志制度，不符合美国海豚保护法规要求的金枪鱼产品只是不能获得“无害于海豚”的认证则符合了必要性的要求。

其二，海豹猎捕恶劣的自然环境是否构成标志制度不可行的理由也值得商榷。根据上诉机构在以往争端中的解释，替代措施的不可行意指技术上或财务上不可行。欧盟食品安全局在调查中亦证实了存在人道猎捕海豹的手段。欧盟认为恶劣的自然环境增加了该方法适用的难度及认证难度，使得仍有海豹可能被以非人道方式

---

① See Steve Charnovitz, *The Moral Exception in Trade Policy*, VA. J. Int'L. 1, Vol. 38, No. 1, 1998, p. 732; Peter Stevenson, *The World Trade Organisation Rules: A Legal Analysis of Their Adverse Impact on Animal Welfare*, ANIMAL L., Vol. 8, No. 1, 2002, p. 126.

② See Richard N. Cooper, Environment And Resource Policies For The World Economy, Brookings Institution Press, 1994, p. 30.

③ See European Commission. Assessment of Potential Impact of a Ban of Products Derived from Seal Species. April of 2008. p. 49.

④ See Xinjie Luan & Julien Chaisse, *Preliminary Comments on the WTO Seals Products Dispute: Traditional Hunting, Public Morals and Technical Barriers to Trade*, CoLo. J. Int'L Envtl. L. & Pol'y, Vol. 22, No. 4, 2011, p. 110. 作者基于非政府组织“国际人道主义协会”2009 年 5 月 4 日的调查，认为即便欧洲人民反对的是非人道主义的海豹猎捕方式，但欧洲人民、欧盟议会成员及多数欧盟成员国均同意反残酷的唯一途径是禁止在欧盟市场上销售海豹产品。

进行猎捕，最终《海豹禁令》采取了“失误零容忍”的保护手段。提高动物福利待遇，如前文所述是否为最重要的价值具有不确定性，对该类价值目标的实现采取如采取这种“失误零容忍”的保护手段，难以符合手段和目标相称的比例原则。倘若欧盟海豹立法如采取标志制度，即便效率次于销售和进口禁令，如能有效实现海豹保护的目标并减少争议，不失为合理替代措施。①

其三，以产品标志制度并非欧洲人民选择作为否定该替代措施的理由更无法得到 WTO 涵盖协定的支持，否则成员方便可以任何贸易限制措施为本国人民所支持而回避 WTO 涵盖协定下的非歧视或必要性条款。并且如前文所述，《海豹禁令》的例外条款使以残忍方法猎捕的海豹产品依然可进入欧洲市场。

三、《海豹禁令》与 TBT 协定序言及 GATT 第 20 条引言的相符性

贸易限制措施不得在“情形相同的国家之间构成任意的或不合理的限制，或对国际贸易变相限制”为 GATT 第 20 条引言的要求，也出现在 TBT 协定序言的第 6 句中。在成员方援引 GATT 第 20 条例外条款的争端中，成员方的贸易限制措施倘若符合第 20 条特定例外条款所设定的要求，专家组和上诉机构则会进一步根据第 20 条引言考察措施的实施方式或手段。尽管 TBT 协定下，序言并不对成员方施加独立义务，但构成 TBT 协定下各条款如第 2.1 条和第 2.2 条解释的上下文。如在金枪鱼 III 案中，上诉机构明确说明 TBT 协定第 6 句为第 2.2 条的上下文，WTO 成员方不应被阻止采取其认为合适标准的正当目标实现所必要的措施，但该措施不得在情形相同的国家之间造成任意的或不合理歧视的方式执行。②因而措施是否在情形相同的国家之间构成任意的或不合理的歧视，亦会影响专家组和上诉机构对措施是否符合 TBT 协定的判断。

在海虾-海龟案中，上诉机构主要根据“任意的”及“不合理”两词的字面含义，对美国海虾捕捞政策进行了审查。在巴西翻新轮胎案，上诉机构在审查例外规定或差别待遇的合理性时，则是以差别待遇与巴西保护人类和动物生命健康的总体目标是否一致来判断其合理性。该案巴西法院基于 MERCOUSR 仲裁庭裁决，允许

---

① See Peter L. Fitzgerald, “*Morality*” *May Not Be Enough to Justify the EU Seal Products Ban*: *Animal Welfare Meets International Trade Law*, Journal of International Wildlife Law & Policy, Vol. 14, No. 1, 2011, p. 99.

② See US- Measures Concerning the Importation and Marketing of Tuna Products, WT/DS381/AB/R (2012), para. 316.

向MERCOSUR成员方进口翻新轮胎。上诉机构认为该例外做法虽非任意的措施，但对措施所意图保护的正当目标无关，甚至减损其目标，因而不具有合理性。①海豹禁令案与其类似的一点是，被质疑的亦为例外条款“土著民族豁免条款”和“海洋资源管理条款”。有学者认为，两例外条款使以非人道方式猎捕的海豹得以进入欧盟市场，与禁令总体目标不一致，可能被争端解决机构认为减损了禁令的主旨而不具有合理性。②

但应注意的是，巴西翻新轮胎案与欧盟海豹案下的例外条款存在两点区别。第一，在情形相同的国家之间造成差别待遇为解释差别待遇是否合理的前提，而巴西翻新轮胎案允许MERCOSUR成员方翻新轮胎进口正是在情形相同的国家之间造成了差别待遇。欧盟海豹案的“土著民族豁免条款”倘若因土著民族的地域分布不均在成员方之间造成差别待遇，显然是在情形不同的国家之间造成差别待遇，而无需进一步审查该差别待遇是否为任意的或不合理。海洋资源管理为各海豹贸易国共同的需要，“海洋资源管理豁免条款”因制定了严格的资源管理、非盈利等认证要求，加拿大倘若无法满足豁免条款，相比其他可以满足豁免条款的成员方而言承受了差别待遇。上诉机构在海虾-海龟案中认为，被申诉方措施在执行中要求出口国实施与本国相同的措施，以及采取的措施不问出口国具体情况为措施不合理或任意的体现。③倘若如此，欧盟海豹禁令案，“海洋资源管理豁免条款”不顾加拿大北部渔民生计问题而设定的非盈利等要求则可能被认为是不合理或任意的措施。

其二，在巴西翻新轮胎案中，成员方措施意图保护的目标为单一的，其例外条款不仅无助于其措施意图保护的价值，也不具有任何WTO涵盖协定所认可的其他价值，因而产生的差别待遇不具有任何形式的合理性。包含“土著民族豁免条款”、“海洋资源管理豁免条款”的《海豹禁令》则追求多重目标，其主旨为保护动物福利和人类公共道德，但禁令中也明确表明其保护土著民族权利和海洋资源可持续发展的目标。禁令是在平衡动物福利和土著人权，兼顾效率的基础上形成的。实际上，动物福利保护以保障人类基本的生存和发展权为前提。即便在动物福利运动最为激进的欧洲国家，亦不否认人的基本生存和发展权优先于动物的福利保护。

---

① See Brazil- Measures Affecting Imports of Retreated Tyre, WT/DS332/AB/R (2007), para. 246.

② See Terence P. Stewart, Elizabeth J. Drake and Stephanie Manaker, *Is a Balance Between Trade Liberalization and Animal Welfare Achievable: The Role of the WTO EC – Seal Products Case in the Debate*, available at http://www.stewartlaw.com/Article/ViewArticle/848, visited on April 25, 2013.

③ See US-Import Prohibition of Certain Shrimp and Shrimp Products, WT/DS58/AB/R (1998), paras. 161-178.

因而，动物福利法规并不限制人类的食物和药物获得，不以牺牲人类生存权为代价促进动物福利保护。①倘若禁令不豁免土著民族为维持生计所需所猎捕的海豹产品的进口，或不允许成员方为避免海豹过度繁殖而猎捕海豹产品的进口，反而超出了限制贸易的必要，更为各成员方质疑。

四、WTO 体制下成员方动物福利措施“单边主义”和“道德价值输出”的反思

如上文所述，《海豹禁令》是否违反 WTO 涵盖协定将取决于其能否满足“非歧视”、“必要性”、“合理性”等要求。GATT 第 20 条及 TBT 协定一定程度的保留了成员方管制贸易的权力，允许其保护公共道德而采取贸易限制措施。但令笔者深思的是，在当前反残酷的动物福利理念并不具有普世性，成员方以本国道德标准对域外动物猎捕行为进行评价具有明显的单边主义和道德价值输出的特征，这种特征会否影响 WTO 专家组和上诉机构对动物福利措施非歧视性和必要性的判断？

（一）动物福利措施“单边主义”的反思

WTO 为多边贸易合作的产物。在 1995 年《建立世界贸易组织的马拉喀什协定》的序言中，明确了 WTO 的设立目的是“建立一个完整的、更有活力的和持久的多边贸易体系，以包括关税与贸易总协定、以往贸易自由化努力的成果和乌拉圭回合多边贸易谈判的所有成果”，强调应在成员方之间“通过达成互惠互利的安排，切实降低关税和其他贸易壁垒”。《马拉喀什协定》第 3 条 WTO 的宗旨包括“促进本协议和多边贸易协议的执行、管理、运作”。WTO 涵盖协定作为多边贸易协定的性质使其对任何形式的单边主义不得不更加留心，因为单边主义减损体制的多边合作性和可预见性，与体制所禁止的贸易歧视性一样均为有害的。

在 WTO 的争端解决中，也处处可见专家组和上诉机构对多边主义的亲睐。以公共道德的解释为例，尽管在网上博彩案中，专家组认同基于成员方主流的社会、文化、伦理、宗教价值，以动态的方式去解释“公共道德”，但该案的专家组不仅考察了被诉成员方是否存在争议的公共道德，还强调了该公共道德存在于其他成员方国内法下的证据，如另有两个成员方对于赌博有关的服务和产品实施了贸易限制，而另外 16 个成员则已限制或禁止了网上赌博。笔者认为 GATT 第 20 条、

① See Richard L. Cupp, Jr., *Moving Beyond Animal Rights: A Legal/ Contractualist Critique*, San Diego L. Rev., Vol. 46, No. 4, 2009, p. 31.

GATS 第 14 条和 TBT 协定第 2.2 条下公共道德虽为国别公共道德，①但认为基于 WTO 作为贸易协定在成员方之间的“协议性”和“多边合作性”，专家组和上诉机构在肯定公共道德的国别区别时，亦强调其公共道德所实现价值和功用的普遍认同性。比如在中美出版物案，中国审查出版物及视听资料中不道德内容如色情、暴力内容仅为本国公共道德的体现，在该出版物出口国家并不视为公共道德范畴，反而受到言论自由原则保护，但该措施对国民精神健康保护的价值和功用则具有普遍认同性。尤其是当成员方主张保护具有明显民族和地域特色的宗教习惯时，即便其主张保护的公共道德为特定国家的公共道德，但措施维护本国人民信仰自由的价值在 WTO 成员方下仍是被普遍认同的。在成员方援引“保护可用竭自然资源”例外条款的争端中，专家组和上诉机构也会考察该措施保护价值是否为争议方及其他成员方所追求。譬如海虾-海龟案的上诉机构便以美国未与申诉方就海龟保护开展严肃的双边或多边合作作为其违反第 20 条引言重要依据。②专家组和上诉机构审查争议方及其他成员方国内法乃至于国际协定、宣言等规定以证明公共道德的存在，一方面是为了以确凿的证据证明成员方措施与公共道德之间的客观实质性联系，另一方面则是对 WTO 作为多边贸易组织和协定及其“契约性”品格的呼应。截止 2013 年 4 月 30 日，WTO 是 159 个成员方之间达成的一揽子契约，那么对于涵盖协定任何术语和条文的解释均应体现出契约的协议性。对公共道德、可用竭自然资源等术语的解释最恰当地体现其契约性和协议性的方式便是在这类术语的解释中挖掘成员方所共同认同的价值。

以《海豹禁令》为例的动物福利措施是人类反残酷，对动物人道主义关爱价值观的折射。这种价值观在 WTO 体制下发展为不平衡和阶段性的，具有明显的南北差异性和国别差异性。首先，动物福利措施主要为发达国家所实施，欧盟更是处于动物福利运动乃至动物权利运动的世界前沿。近年来，随着动物福利运动的发展，越来越多的发达国家制定动物保护的法规，保护内容涉及特定饲养、运输、屠宰方法的禁止，而发展中国家的产品往往成为其动物福利法规限制交易的对象。国际经济交往应当实现全球各国的共同发展，但现实中的国际经济交往是以富国为引领的国际经济活动以及推进的国际经济法律规范，在塑造全球化的同时，也扩大了

① 这点专家组和上诉机构已在博彩案和出版物案中明确声明。但也有学者认为根据专家组和上诉机构的司法解释，WTO 协定下的公共秩序实为国际公共秩序。参见陈儒丹：《国家公共秩序还是国际公共秩序——服务贸易总协定中公共秩序的定位》，载《国际经贸探索》2012 年第 10 期，第 91 页。

② See US-Import Prohibition of Certain Shrimp and Shrimp Products, WT/DS58/AB/R (1998), para. 166.

贫富国家的差距。① WTO 体制因对关税规则高度纪律化，发达国家转而可借助本国非关税壁垒，如动物福利政策，在满足本国政治利益的同时，又可削弱发展中国家在动物产品出口领域享有的微弱优势，保护本国的动物制品产品。动物福利政策的单边性愈强，愈是引发其正当性的质疑。当前在贸易体制下以人权、动物福利、资源、气候变化等为由推进的议题均体现对发展中国家的结构性歧视。因此我国学者陈安教授认为秉承"南北矛盾视角"，在推进贸易自由化和保留发展国家的经济自主权和优先发展权之间寻求平衡点和交汇点，是当下要解决的问题。②

其二，动物福利政策即便是发达国家发展的程度亦不同，各国所选择保护的对象、范围、程度也存在国别差异。例如欧盟 20 世纪 90 年代的两个主要动物福利法规《欧盟捕猎夹法规》和《欧盟化妆品动物测试禁令》的最初草案禁止使用捕猎夹猎捕动物和以动物作为实验对象化妆品的销售和进口。两法规受到美国、俄罗斯、加拿大的反对，最后淡化其要求，将动物福利保护限制在区域内实施。③美国 2000 年通过的《猫狗毛皮保护法》禁止进口和销售猫狗的毛皮用于成衣，却不禁止其他主要用于成衣制造的动物毛皮进口。新西兰禁止层架式鸡笼饲养，要求进口和所售鸡蛋应为自由放养鸡的鸡蛋等，可见发达国家即便对动物福利保护达成一定共识，其保护的对象和范围仍有较大区别。④

WTO 虽允许成员方基于正当的管制目标而要求进口产品符合本国的相应法规，但总体上禁止成员方以产品的生产和加工方法来区分产品，这促使 WTO 在审查成员方动物福利措施时不得不审慎地考虑，成员方保护公共道德的目标是否为真实的，成员方是否变相地以产品的生产和加工方法区分同类产品？动物福利在各社会均广泛地享有财富和稳定前，尚不可能成为合法普遍的社会价值观。⑤在未达成普

① 何志鹏：《国际经济法治：内涵、标准与路径》，载《国际经济法学刊》第 19 卷第 4 期，北京大学出版社 2013 年版，第 59 页。

② 陈安、谷婀娜：《南北矛盾视角应当摒弃吗?》，载《国际经济法学刊》第 19 卷第 4 期，北京大学出版社 2013 年版，第 103 页。

③ 1994 年《争端解决谅解》通过，欧盟因担心引发争端，修订了《欧盟捕猎夹法规》，不对其三个主要贸易国美国、俄罗斯、加拿大适用，转而与这三个国家单独谈判，最后形成了鼓励这三个国家不使用捕猎夹的"温和"协定。而《化妆品动物测试禁令》也修订为仅禁止在欧盟境内以动物做化妆品实验的化妆品销售，使得跨国公司得以将实验转到欧盟境外，然后将生产的产品进口至欧盟境内销售。

④ See David Favre, *An International Treaty For Animal Welfare*, Animal L., Vol. 18, No. 1, 2012, p. 250.

⑤ See Gary Miller, *Exporting Morality With Trade Restrictions: The Wrong Path to Animal Rights*, Brooklyn J. Int'l L., Vol. 34, No. 1, 2009, p. 1038.

遍有效的多边合作前，成员方动物福利措施的单边性愈强，愈会增大南北差异和国家纷争，愈是与 WTO 多边合作价值格格不入。

（二）动物福利措施“道德价值输出”的反思

以《海豹禁令》为代表的动物福利措施不但具有单边主义的特征，其明显的“本国道德价值输出”的域外性特点更是其被诟病的深层原因。《海豹禁令》以欧盟的人道主义标准和情感评价域外（加拿大、挪威等国）猎捕行为的道德性，并用以保护境外海豹的生命和健康。因为禁令实施前，欧盟并非海豹产品的主要生产国，禁令实则意在禁止海豹产品的进口。博彩案及出版物案进口方仅制定措施保护本国国民的公共道德价值，主要评价境外产品和服务在入境时是否符合本国公共道德，并不评价争议产品和服务在境外的道德性，而同在保护海洋生物的争端海虾-海龟案、金枪鱼 III 案中，上诉机构虽肯定成员方可以出口方符合特定技术标准作为市场准入的条件，并以本国措施保护境外的海洋生物，并声明“倘若据此认定单方进口限制是不合理的，则会对导致即便不是全部也是大多数的第 20 条特定例外无法适用”。①但该标准并非“道德”这类的“精神信仰”，并详细审查了国际公约和争端方各自的国内法，强调海龟、海豚保护的价值目标为争端方的共识。在涉及动物福利措施的域外执行时，波斯纳认为当 A 试图“改进”C 的道德观时，A 不过是希望 C 采取与自己类似的道德观。②当该道德观以贸易措施的方式强制性地对其他成员方发生效力时，便为学者批判存在域外管辖、不具有客观性及无视道德功用评价的地域性问题。

其一，动物福利措施由主张较高动物福利标准的国家实施，多针对出口国动物产品的待遇，从而必然涉及域外管辖的问题。学者对单边贸易措施域外适用合法性的观点以海虾-海龟案的上诉机构报告为分水岭，在该案之前，多数学者认为单边贸易措施因域外适用而不具有合法性。Steve Charnovitz 教授认为成员方基于道德的单边认定所实施的用以保护本国价值的“内向型”措施可能是适当的，但对旨在保护境外价值或对境外行为实施的“外向型”措施却存在不确定性，允许每个政府基于自己对道德的解释而限制贸易可能会扰乱贸易，并使成员方借助市场力量推

---

① See US-Import Prohibition of Certain Shrimp and Shrimp Products, WT/DS58/AB/R (1998), para. 121.

② See Richard A. Posner, The Problematics Of Moral And Legal Theory, Harvard: Harvard University Press, 1999, p. 21.

行帝国主义。①波斯纳法官认为，从社会契约论的角度来看，一项法规只应对那些同意受其约束的人发生效力，国内动物保护法规的域外效力使得未曾同意该“契约”的外国人也受其约束，不尽合理。②在海虾-海龟案后，由于上诉机构明确表示成员方可域外适用其单边贸易措施，学者们不再一概排斥具有域外效力的贸易措施，而是根据其是否符合 WTO 涵盖协定确定其合法性。但仍有不少学者从价值评价的角度指出倘若成员方均以本国的人权、环保等政策区分产品，诱导出口商甚至出口国遵从本国法规，会使传统上推行贸易帝国主义的国家进而得以推行环保帝国主义。③因为成员方国内政策域外影响力并非平等的，而是根据其贸易能力的大小。只有贸易大国才得以凭借自己的市场力量在国际间划一地推行对环境、资源，乃至公共健康的认知。④因此，WTO 在针对成员方保护域外价值或评价域外行为的措施中均会严格地审查其非歧视性、合理性和必要性。金枪鱼 III 案即为实例，尽管该案受争议的措施仅为贸易限制性较低的非强制性产品标志措施，上诉机构仍审慎地比较了不同海域美国政策的区别，并据此“挖掘”政策对墨西哥的不公平之处。表面上，上诉机构并不干涉成员方本国价值和标准的域外渗透，但当申诉方美国排斥被申诉方墨西哥的海豚保护方法时，上诉机构则会严格地审查美国政策在不同海域的执行能否确保达到同等公平有效的结果。

其二，动物福利措施本质上是一种道德标准。在涉及动物福利措施的理论研究中，核心理论道德功利主义以人类行为对动物造成“痛苦”还是“愉悦”评价行为是否道德。动物福利运动的先驱者普林斯顿 Peter Signer 教授认为道德具有普世性，人类行为如增加了动物的“痛苦”，则该行为为非道德的。⑤但波斯纳法官则持道德相对主义观念，认为道德的功利主义评价具有国别性，在一个国家被视为损害动物福利的皮衣买卖行为在毛皮的出口国可能是维持当地穷人生计

---

① See Steve Charnovitz, *The Moral Exception in Trade Policy*, Va. J. Int'l L., Vol. 38, No. 2, 1998, p. 742.

② See Richard A. Posner & Peter Singer, *Email Debates of Noteworthy Topics: Animal Rights*, SLATE, Jun. 12, 2001, available at http://www.slate.com/id/110101/entry/110109/, visited on October 20, 2012.

③ See Sampson Gary, The World Trade Organization and Sustainable Development, United Nations University Press, 2005, p 115.

④ 王燕：《GATT 第 20 条引言在环境贸易争端中的司法寓意和最新发展》，载《世界贸易组织动态与研究》2012 年第 4 期，第 56 页。

⑤ See Peter Singer, Animal Liberation, ed. 1, Harper Collins, 1975, p. 5.

的主要途径。①笔者认为动物福利的提高应以人类生存权的保障为前提，在当前经济发展地域不均衡的情势下，动物福利措施如导致落后地区人民的生存和发展权受制于发达地区动物福利的保护，则与 WTO 体制所倡导的减少贫穷，促进经济发展和就业的宗旨不符。加拿大当前反对《海豹禁令》的主要原因也是因为禁令严重影响了本国北部沿海和魁北克省居民的生计。

其三，另有学者认为道德和法律价值为不同的社会规范，其目的和手段均不同，道德观的宣扬不宜以强制性的法律而实现，而应采取劝说（persuasion）的方式。②经济学家 Jagdish Bhagwati 和 T. N. Srinivasan 亦反对政府采取单边限制市场准入的措施除非一成员方道德选择为其他成员方所接受。他们列出三点理由，一是价值区别会导致成员方制裁对方；二是市场力量的不对称授予大国更多强制力量；三是价值观应通过劝说及私人行动来传播。③动物福利作为道德标准其主观性更强。当前发达国家很多动物福利法规在保护对象和保护程度方面的选择，实为本国人民喜好、政治票选利益和贸易影响力的综合考量，并非 Singer 教授所主张的减少动物痛苦的迫切需要。譬如美国 2000 年颁布的《猫狗皮毛保护法》主要为获取本国宠物饲养者选票的产物，法规禁用猫狗皮毛制作成衣，无视发展中国家农民人工饲养猫狗以维持生计，且采取了无痛屠宰方法。然而传统上大量用于服装业的狐狸皮、貂皮等的毛皮并未得到同等程度的保护。④ 当欧盟《捕猎夹法规》通过时，美国曾因本国贸易利益强烈反对该保护动物猎捕方式法规的实施。欧盟《海豹禁令》在基本不生产海豹产品的区域保护海豹，而不保护狐狸、貂类，亦为 Perisin 教授等质疑，认为巩固了欧盟成员方服装业的贸易地位。⑤

但也有学者对动物福利措施的域外执行持肯定和支持的态度。Robert Howse

---

① See Richard A. Posner & Peter Singer, *Email Debates of Noteworthy Topics: Animal Rights*, SLATE, Jun. 12, 2001, available at http://www.slate.com/id/110101/entry/110109/, visited on October 20, 2012.

② See Richard A. Posner, The Problematics Of Moral And Legal Theory, Harvard University Press, 1999, p. 23.

③ See Jagdish Bhagwati & T. N. Srinivasan, *Trade and the Environment: Does Environmental Diversity Detract from the Case for Free Trade?*, in Jagdish Bhagwati & Robert E. Hudec, Fair Trade and Harmonization, MIT Press, 1996, p. 80.

④ See Gary Miller, *Exporting Morality With Trade Restrictions: The Wrong Path To Animal Rights*, Brooklyn J. Int'l L., Vol. 34, No. 1, 2009, p. 1039.

⑤ See Robert Howse and Joanna Langille, *Howse and Langille Respond to Comments on Permitting Pluralism*, available at http://opiniojuris.org/2012/06/28/yjil-symposium-howse-and-langille-respond-to-comments-on-permitting-pluralism/, visited on October 20, 2012.

教授将 WTO 涵盖协定下的公共道德价值区分为“工具性价值”（instrumental value）和“非工具性价值”（non-instrumental value）。前者如网上博彩案所示具有禁止组织犯罪、青少年犯罪等功用，后者如海豹禁令案所示体现为当地人民群众情感和喜好。一个民族的动物福利标准因具有“非工具性”的价值，正如伊斯兰宗教国禁止进口猪肉，犹太教产品进口必须获得特定认证一样，WTO 协定的条文并不适宜对其进行评价。①因为对一个民族的情感和喜好无法审查其正当性和必要性，唯有工具性价值争端解决机构可评价该功用是否为正当的，措施对于实现该功用是否是必要的。豪斯教授所举之范例的确令人信服，但为教授所忽略的是，宗教教义对进口产品的限制仅是“内向型”措施，并不保护境外价值或评价境外非教徒食用习惯的道德性，且此类标准的存在具有历史性和延续性，可为其他成员方所预见。

五、结　语

继欧盟《海豹禁令》后，2012 年 7 月 1 日，美国加利福尼亚州基于为获取鹅肝而采取的非人道的喂养方式而颁布《鹅肝禁令》，禁止鹅肝在加利福尼亚州的进口和销售。②成员方制定单边动物福利措施并域外适用有愈演愈烈之势。但正如上文所述，在当前动物福利标准并未被成员方普遍认同的情势下，成员方动物福利措施往往只反映本民族的情感，并基于本国的贸易利益而具有选择性，必然在国内法和 WTO 争端解决机制下频频引发贸易摩擦。尽管在注重文本分析的 WTO 争端解决机制下，动物福利措施并不因其具有单边性或道德输出性而必然丧失合法性。但值得我们反思的是，贸易自由化和多边合作是 WTO 体制的根本，允许单边主义和道德价值输出必然减损 WTO 宗旨的实现，深化南北矛盾。这样的考虑或会潜移默化地影响专家组和上诉机构对《海豹禁令》的非歧视、必要性和合理性的审查。因为一旦允许基于欧盟消费者的道德观评价境外的海豹捕猎行为，意味着成员方也可以基于本国消费者的道德观禁止劳工权益未受充分保护国家产品的进口，③而在

---

① See Robert Howse and Joanna Langille, *Permitting Plurism: The Seal Product Dispute and Why WTO Should Accept Trade Restrictions by Noninstrumental Moral Values*, Yale J. Int'l L., Vol. 37, No. 2, 2012, p. 368.

② 针对《鹅肝禁令》，已有鹅肝贸易商根据美国《宪法》及其他国内法提起国内诉讼，法国对此提出在 WTO 技术贸易壁垒委员会下商讨，保加利亚和匈牙利正在国内评估将争端提交 WTO 的可行性。

③ See Simon Lester, *The WTO Seal Products Dispute: A Preview of the Key Legal Issues*, available at http://www.asil.org/insights100113.cfm, visited on January 13, 2013.

此类破坏多边合作的单边外向型措施尚未形成多边制度之前，争端解决机构更可能保持相对保守的态度。

The Return of Unilateralism? The Legitimacy of Unilateral Animal Welfare Measures under the WTO

—The Case of Canada-EU Seal Ban Dispute

Abstract: The Dispute Settlement Body established a panel to solve the dispute of EU's Seal Ban in 2012, which was brought by Canada. The EU Seal ban dispute was the first dispute in which the Member defended herself by the moral exception clause of WTO. Canada claimed that the Indigenous People Exemption and Marine Animal Administration Exemption of the Seal Ban treated Denmark and EU more favorably, which violated Article 1.1 and 3.4 of GATT and Article 2.1 of TBT. Furthermore, Canada claimed that the Seal Ban forbade the imports and sales of seal products regardless the seal was harvested humanly or inhumanly, which constituted unnecessary obstacles and violated Article 20 (a), 20 (b) of GATT and Article 2.2 of TBT. The Member's animal welfare measures will be reviewed by DSB more seriously due to the "unilateralism" and "export of moral value" natures of the measures.

Keywords: Animal Welfare Measure   Non-discrimination   Necessity   Unilateralism

试论食品添加剂的国际规制及对我国的启示*

□乔雄兵　□ 连俊雅

内容摘要：食品添加剂的使用与食品安全有着密不可分的联系，也会直接影响到人们的身体健康。在食品添加剂的国际规制方面，目前已有一些国际组织和区域性组织，如国际食品法典委员会（CAC）、世界贸易组织（WTO）以及欧盟等，对食品添加剂制定了较为完善的法规和标准体系。CAC 就食品添加剂标准制定了相关法典并颁布了包含标准、导则和指南以及规格目录在内的完整的规制体系。WTO 通过的有关协议也会对缔约国有关食品添加剂的规制产生影响。而作为地区性的组织，欧盟已构建了食品安全综合性立法和对食品添加剂的专项立法相结合的体系。在食品添加剂的规制方面，我国现有立法虽然有初步的规制，但是依然存在很大不足。为完善有关立法，我国应完善食品添加剂种类、统一食品添加剂的制定和修改程序、协调相关法律法规和标准以及积极参与国际食品添加剂标准的制定。

关键词：食品添加剂　国际规制　CAC 标准　欧盟条例

目　　次

---

* 本文为 2013 年湖北省法学会课题《食品安全的法律规制比较研究》（课题编号：SFXH13304）的阶段性成果。本文受武大“国际法 70 后团队”资助。

乔雄兵，武汉大学法学院副教授，法学博士。

连俊雅，武汉大学法学院国际私法硕士研究生。

近年来，因食品添加剂质量问题或违规使用而引起的重大食品安全事故已频见报端。如全国关注的“红心鸭蛋”、“三聚氰胺”、“瘦肉精”等事件。食品添加剂使用问题不仅关乎人们的生命健康，还对我国的对外贸易产生重大影响。据调查，虽然我国已成为世界贸易规模最大的国家，但是在2013年第一季度我国出口农食产品被扣留/召回的数据统计中，因食品添加剂超标而被召回的有6次，占总被召回批次的1.1%。①另外，在2013年第一季度美国食品和药品管理局所扣留我国不合格农食产品的270批次中，因含有非食用添加物而被扣留的农食产品高达106批次，占总批次的39.3%。② 为了规范食品添加剂，保证食品安全，目前已有国际食品法典委员会（Codex Alimentarius Commission，简称CAC）、世界贸易组织（WTO）及欧盟等国际性和区域性组织在食品添加剂方面制定了较为完善的规制体系。因此，对上述组织、机构制定的食品添加剂规制进行分析研究，对推动我国食品添加剂规制体系的发展与完善，以及应对国外技术性贸易壁垒方面具有重大的现实意义。

一、食品添加剂的界定

虽然食品添加剂直接关系到食品安全和人们的身体健康，但是目前世界各国就食品添加剂的界定尚未达成一致意见。联合国粮农组织（Food and Agriculture Organization of the United Nations，简称FAO）和世界卫生组织（World Health Organization，简称WHO）将食品添加剂界定为：在食品加工或存储过程中添加到

① 参见《国外扣留（召回）我国出口产品情况分析报告》，资料来源于：http://www.tbt-sps.gov.cn/data/，访问日期2013年10月10日。

② 同上。

食品或饲料中的物质，包括抗氧化剂、防腐剂、色素和调味剂以及抗感染剂等。① 而国际食品法典委员会（CAC）指出，食品添加剂是指其本身通常不作为食品消费，不用作食品中常见的配料物质，无论其是否具有营养价值。在食品中添加该物质的原因是出于生产、加工、制备、处理、包装、装箱、运输或储藏等食品的工艺需求（包括感官），或者期望它或其副产品（直接或间接地）成为食品的一个成分，或影响食品的特性。该术语不包括污染物，或为了保持或提高营养质量而添加的物质。② 因此，按照 FAO/WHO 以及 CAC 的定义，以增强食品营养成分为目的的食品强化剂不应该包括在食品添加剂范围内。③根据欧盟（EC）No. 1333/2008 号条例，食品添加剂是指通常自身不作为食品，而是为了食品工艺的需求，例如保存食物，特意添加到食物中的物质。④此外，欧盟的食品添加剂不包括中国的营养强化剂、食品香料、胶基糖果中基础剂和加工助剂。⑤根据美国《食品和药品管理法》第 201 条的规定，食品添加剂是指有意使用的，导致或者期望导致它们直接

---

① See WHO Health Topics, available at http://www.who.int/topics/food_additives/en/, visited on October 28, 2013.

② Food additive means any substance not normally consumed as a food by itself and not normally used as a typical ingredient of the food, whether or not it has nutritive value, the intentional addition of which to food for a technological (including organoleptic) purpose in the manufacture, processing, preparation, treatment, packing, packaging, transport or holding of such food results, or may be reasonably expected to result (directly or indirectly, in it or its byproducts becoming a component of or otherwise affecting the characteristics of such foods. The term does not include contaminants or substances added to food for maintaining or improving nutritional qualities, See *Definitions for the Purposes of the Codex Alimentarius*, available at http://www.fao.org/docrep/005/y2200e/y2200e07.htm, visited on October 19, 2013.

③ 参见《食品添加剂》，资料来源于：http://foodadd.lingdi.net/article-5324962-1.html，访问日期 2013 年 10 月 9 日。

④ Food additives are substances that are not normally consumed as food itself but are added to food intentionally for a technological purpose described in this Regulation, such as the preservation of food, See *REGULATION (EC) No. 1333/2008 OF THE EUROPEAN PARLIAMENT AND OF THE COUNCIL of 16 December 2008 on food additives*, Official Journal of the European Union, available at https://webgate.ec.europa.eu/sanco_foods/main/?event=document.view&identifier=2583&documentCrossTable=legislation&documentType=legislation&documentTypeIdentifier=-1, visited on October 10, 2013.

⑤ 姚斯洁、代汉慧、李杏等：《欧盟与中国食品添加剂法规标准的对比分析》，载《职业与健康》2011 年第 12 期，第 1332 页。

或者间接地成为食品成分或影响食品特征的物质。① 依据该定义，食品配料也是食品添加剂的一部分，这是美国与大多数国家对食品添加剂定义的不同之处。日本对食品添加剂的定义为：为改善食品品色和色、香、味以及为防腐和加工工艺的需要加入食品中的化学合成或天然物质。其中，营养强化剂包含在一般的食品添加剂中。②

根据中国有关立法③和《食品安全国家标准食品添加剂使用标准》（GB2760-2011）规定，食品添加剂是指为改善食品品质和色、香、味以及为防腐、保鲜和加工工艺的需要而加入食品中的人工合成或者天然物质。营养强化剂、食品用香料、胶基糖果中基础剂物质、食品工业用加工助剂也包括在内。④可以看出，我国的食品添加剂的定义与日本的基本一致，但是我国的食品添加剂的定义是属于更为广泛意义上的，既包括食品营养强化剂，⑤ 又包括食品用香料、胶基糖果中基础剂物质和食品工业用加工助剂等。⑥

二、WHO/FAO 及 CAC 对食品添加剂的规制

（一）WHO/FAO 对食品添加剂的规制

1955 年，WHO 和 FAO 在日内瓦联合召开第一次国际食品添加剂会议，建议建立一个或多个专家委员会从事食品中化学添加剂的技术和管理及安全性等方面工

① A food additive is defined in Section 201 (s) of the FD&C Act as any substance the intended use of which results or may reasonably be expected to result, directly or indirectly, in its becoming a component or otherwise affecting the characteristic of any food, See *Food Ingredients and Packaging Terms*, available at http://www.fda.gov/Food/IngredientsPackagingLabeling/Definitions/default.htm, visited on October 15, 2013.

② See Ministry of Health, Labour and Welfare of Japan, available at http://www.mhlw.go.jp/english/topics/foodsafety/foodadditives/, visited on October 14, 2013.

③ 《中华人民共和国食品卫生法》（该法已于 2009 年 6 月 1 日起废止）第 54 条、《食品添加剂卫生管理办法》第 28 条、《食品营养强化剂卫生管理办法》第 2 条和《中华人民共和国食品安全法》第 99 条。

④ 姚斯洁、代汉慧、李杏等：《欧盟与中国食品添加剂法规标准的对比分析》，载《职业与健康》2011 年第 12 期，第 1332 页。

⑤ 指为增加营养成分而加入食品中的天然或人工合成的属于天然营养素范围的食品添加剂。

⑥ 指使食品加工能顺利进行的各种物质或材料，但不包括仪器和用具。如助滤、澄清、吸附、润滑、脱模、脱色、脱皮、提取溶剂、发酵用营养物质等。

作。1956年，在罗马成立了隶属于WHO/FAO的咨询机构——联合食品添加剂专家委员会（Joint FAO/WHO Expert Committee on Food Additive，简称JECFA）。该专家组织由15个国家的35名专家组成，以纯科学的立场对各类食品添加剂的安全性进行评价并对规格标准予以制定和修订。JECFA不仅评估了2600余种食品添加剂的安全性，还评估了食品中近50种污染物和天然毒素以及约95种的兽药残留。① JECFA每两年召开一次会议，每次会议只涉及（i）食品添加剂、污染物、天然毒素或（ii）食品中的兽药残留中的一个议题。② JECFA的规定虽然没有法规的效力，但其数据具有权威性，会对一国的进出口贸易产生重大影响。JECFA对食品添加剂的评估包括以下几个方面：在可获得的毒理学和其他相关信息的基础上制定ADIs；③ 制定食品添加剂特性和纯度的规格；对食品添加剂的安全性进行审查，制定出相关的ADI值后向各国政府进行建议。此外，JECFA建议将食品添加剂分四类进行管理：第一类一般被认为是安全的物质，不需要建立ADI值；第二类又细分为两小类包括毒理学性质已经清楚、具有正式ADI值的食品添加剂以及虽然毒理学资料不完善但已经暂时制定了ADI值并暂时允许使用的食品添加剂；第三类是由于毒理学资料不足而未建立ADI值的食品添加剂；第四类则是由于被认为是不安全的或者只严格限定于某些特殊用途食品，而原则上禁止使用的食品添加剂。④这些分类标准有助于各国在使用食品添加剂品种上趋于一致，以减少贸易争端，促进国际贸易。

总之，JECFA在确保食品添加剂安全性上取得了巨大成效。一方面，鉴于对食品中化学物质的鉴定需要极为专业的技术和雄厚的资金，很少有国家能够开展这样的鉴定工作，而JECFA能为这些国家提供可靠的专家意见，从而推动其国内相关食品添加剂规制的制定。另一方面，JECFA的评估具有严格的科学性，不仅仅评价食品添加剂的安全性，还评估食品中的污染物以及天然毒素和兽药残留，这样最大限度地保证了食品添加剂的使用安全和保障人们的生命安全。但是，JECFA不足之处在于对属于天然的动植物提取物的食品添加剂危险性评估不够。因为这类食品添加剂相关的质量规格资料较为贫乏，纯度不高或者质量不够稳定，安全性毒

---

① See *Joint FAO/WHO Expert Committee on Food Additive* (*JECFA*), available at http://www.who.int/foodsafety/chem/jecfa/en/, visited on October 19, 2013.

② See *About the Joint FAO/WHO Expert Committee on Food Additive* (*JECFA*), available at http://www.who.int/foodsafety/chem/jecfa/about/en/index.html, visited on October 19, 2013.

③ 是经JECFA评估提出的，在不产生明显健康风险的情况下，以体重为基础表示的人一生中每日可能摄入的食品添加剂的量，以mg/kg.d标准计算。

④ 参见《食品添加剂国际法规的制定》，资料来源于：http://jiance.renzheng.com/project/shipin/tianjiaji/7097.html，访问日期2013年10月9日。

理学评价不够系统规范，所以其危险性评估很难被 GSFA 所认可。这样也就导致一些国家，尤其是发展中国家，在出口产品贸易中受到不利影响。

（二）CAC 的食品添加剂标准体系

国际食品法典委员会（CAC）① 下设的食品添加剂法典委员会（Codex Committee on Food Additives，简称 CCFA），每年定期召开会议，对食品添加剂制定统一的规格和标准，并确定统一的试验方法和评价方法等。CCFA 对 JECFA 所通过的各种食品添加剂标准、安全性评价方法等进行审议和认可，在提交 CAC 复审后公布，清单列于 CAC/MISC 6，以确保食品添加剂的使用安全。CCFA 的任务主要包括：为食品添加剂建立或认可所允许的最高量；为食品添加剂准备优先评价表，供 JECFA 作毒理学评价；为食品添加剂指定功能类别；向 CAC 大会提交有关食品添加剂特性和纯度技术规格以供大会讨论通过，并制定出食品添加剂的法规通用标准供各国参考；审议确定食品中存在添加剂的分析方法。②虽然 CCFA 制定的关于食品添加剂的规格和标准对于其成员是非强制性的，但是随着食品安全事故的频发，这些规格和标准逐渐被 WTO 所采纳，从非强制性的“软法”性质逐渐发展到作为贸易纠纷解决依据的“硬法”地位。③

CAC 对食品添加剂的规制体系包括标准、导则和指南以及规格目录。该规制体系既对食品添加剂标识、标准、检测方法、摄入量评估、编码系统和规格目录进行了统一规制，又专门针对加工助剂和香料进行了专门规制。具体来讲，CAC 对食品添加剂的一般规制主要包括：关于食品添加剂标签的 Codex Stan 107-1981、统一各类食品中添加剂标准的《食品添加剂通用法典标准》（GSFA，Codex Stan 192-1995）、有关食品添加剂检测分析方法的 Codex Stan 239-2003、关于食品添加剂摄入量评估的 CAC/GL 03-1989、关于食品添加剂编码系统的《食品添加剂法典分类名称和国际编码系统》（CAC/GL 36-1989）和食品添加剂规格目录 CAC/MISC 6。而对食品添加剂的专门规制主要有《加工助剂物质使用指

① 国际食品法典委员会（CAC）是由联合国粮农组织（FAO）和世界卫生组织（WHO）于 1963 年共同建立，以保障消费者的健康和确保食品贸易公平为宗旨的一个制定国际食品标准的政府间组织。

② See *Codex Committee on Food Additive*（*CCFA*），available at http：//www. codexalimentarius. org/，visited on October 19，2013.

③ 如 1978 年，CAC 就听装沙丁鱼及其产品制定了 94 号标准（Codex Stan 94），该案涉及的是 1999 年新增加的有关沙丁鱼名称的特殊条款（即 6. 1. 1（i）和（ii））。资料转引自：曾文革、田路：《WTO 框架下 CAC 标准的适用析论》，载《重庆大学学报（社会科学版）》2013 年第 3 期，第 102 页。

南》（CAC/GL75-2010）和《香料使用导则》（CAC/GL 66-2008）。此外，CAC的食品添加剂编码系统是INS，以E-number为基础建立的，并在1989年7月CAC第18次会议上通过的。该编码系统大部分与E编号相同，并对E编号中未细分的同类物作了补充。INS编码系统包括3或4位数字，其编号是从100号至1521号，并在一些数字后面加字母标注，或在数码后或字母后面再加（i）、（ii）、（iii）可细分为亚类。但是，有INS编码系统的物质只是作为参考，并不表示CCFA批准其作为食品添加剂使用。

（三）《食品添加剂通用法典标准》（GSFA）

早在1992年食品添加剂和污染物法典分委会①第24次会议上，丹麦和荷兰就提出制定《食品添加剂通用法典标准》（GSFA）以规范食品添加剂使用的要求。历经三年，GSFA于1995年才被完整制定出并被采纳。至2013年，GSFA已经被修订过14次，目前最新的版本是2013年新修订的版本。② GSFA将食品添加剂分为26类③，列入INS编码系统的有625种。GSFA汇总了各食品标准中涉及的添加剂条款，将这些条款按照新的格式要求列入GSFA。GSFA包括3大部分7小部分：前言；附件（附件A、附件B和附件C）；食品添加剂的规定（食品添加剂表1、表2和表3）。④ GSFA在对食品添加剂和食物类别标准化编码处理的基础上，建立了两套编排格式，一种是编排了不同食品添加剂所允许使用的食物类别和使用量，而另一种编排了不同食品品种所允许使用的食品添加剂品种及其使用量。具体而言，食品添加剂列表1按照食品添加剂的第一个英文字母排序，限定了每一种或者一组食品添加剂允许使用的食品以及允许的最大使用量，并在每种添加剂的名称后

---

① 1988年名为CCFAC，2006年更名为CCFA，即食品添加剂法典委员会。

② See *Codex General Standard For Food Additive*（*Codex Stan 192-1995*），p. 1，available at http：//www. codexalimentarius. net/gsfaonline/docs/CXS_ 192e. pdf，visited on October 10，2013.

③ 主要包括酸度调节剂、抗结剂、消泡剂、抗氧化剂、漂白剂、疏松剂、碳酸化剂、载体、着色剂、护色剂、乳化剂、固化剂、增味剂、面粉处理剂、发泡剂、胶凝剂、抛光剂、水分保持剂等。

④ 附件A（制定有数值型JECFA ADIs的添加剂最大使用量的指南）、附件B（食品分类系统列表和每一食品类别和亚类的解释说明）、附件C（食品分类系统和Codex产品标准的对照资料）；食品添加剂的规定：食品添加剂表1（以添加剂类别为序，列出了允许使用该添加剂的食品类别和每种食品或食品类别的最大允许使用量，表2（以食品类别为序，信息与表1相同，即某类或某种食品中使用的添加剂及其使用的特殊规定），表3（可在各类食品中依照良好生产规范使用的添加剂）See *Codex General Standard For Food Additive*（*Codex Stan 192-1995*），p. 5，available at http：//www. codexalimentarius. net/gsfaonline/docs/CXS_ 192e. pdf，visited on October 10，2013.

标注国际代码编号和功能类别；表2与表1的资料内容相同，按照食品类别排序，便于查找。这一纵向与横向的查询系统极大地方便了使用者进行食品添加剂标准查阅，并尽最大可能地保证查阅结果的准确性。表3列出了“未规定ADI”的添加剂，当这些添加剂按照该标准前言中的良好生产规范（GMP）适量使用时，原则上允许在所有食品中使用。此外，表3的附件列出了该表所不能适用的食品类别或个别食品，这些食品类别的添加剂的使用应遵循表1和表2中的规定。①

总体而言，50年来，CAC一直致力于保护消费者健康和维护公平食品贸易有关的工作，并推动国际社会对食品安全的认知达到历史最高。CAC已建立较为完善的食品添加剂规制体系，包括标准、导则和指南以及规格目录，尤其是GSFA。CAC制定的GSFA应当之无愧地成为最为重要的国际标准。GSFA不仅内容完善，还有特别的编排系统以节省查阅时间和确保查阅结果的准确性，这些都值得我国借鉴。不过，CAC的工作也存在不足之处，如CAC食品安全标准的制定大部分由发达国家控制。具体来讲，虽然CAC成员中发展中国家的数量超过了发达国家，但是国际食品法典中大部分标准则反映了发达国家的意志，有些标准甚至远超过国际标准。这些高标准在实践中很可能会被一些发达国家用来作为设置技术贸易壁垒的一种手段，这对发展中国家的对外贸易会产生极为不利的影响。

三、国际食用香料工业组织的食品添加剂标准

由于食用香料具有其独有的特点，其安全评价方法与其他大宗食品添加剂并不同。正因为如此，1969年8月11日，国际食用香料工业组织（International Organization of the Flavor Industry，简称IOFI）成立，现有成员国22个②，绝大多数为发达国家。IOFI是由国家以及区域香料组织以及主要的业内公司共同发起成立的全球性香料组织，是国际食品法典委员会大会中唯一的香料行业代表。③IOFI一直遵从严格的实践规范，支持食品香料的安全使用，已经成为香料公司、食品公

---

① 参见《国内外食品添加剂法规介绍》，资料来源于：http：//www.docin.com/p-9313360.html，访问日期2013年10月17日。

② 澳大利亚、巴西、加拿大、哥伦比亚、印度尼西亚、日本、墨西哥、新加坡、南非、美国、奥地利、比利时、丹麦、法国、德国、意大利、荷兰、西班牙、瑞典、瑞士、土耳其和英国。目前，我国还不是IOFI的成员国。

③ See Introduction of IOFI *Organization*，available at http：//www.iofi.org/Home/Teaser-IOFI-Organization/IOFI-rganization/page.aspx/135，visited on October 10，2013.

司以及全球监管部门赖以信任的信息来源。① IOFI 不仅协助成员国起草或修订食品香料相关规制，还针对出现的食品安全问题进行研究并从科学角度提出见解。例如，IOFI 出版了关于减少原材料以及香精中邻苯二甲酸酯（PAE，俗称塑化剂）的指导建议。1978 年，IOFI 制定了《实践法规》（Code of Practice），以英、法、德等多种文字发行，欧洲大多数国家实际上采用 IOFI 的规范。《实践法规》（Code of Practice）几乎涵盖了关于香料行业的所有方面，包括定义、香料香精在食品中的必要性和技术功能、基本生产规范、标签、质量控制、天然的概念、热加工和烟熏香味料的工艺要求以及香料名单等内容，是香料香精行业很重要的“白皮书”。② IOFI 的食品香料法规为混合体系，即对于已知毒性的天然香料规定其在食品香精或最终食品中的最高限量；对于天然和天然等同香料采用“否定式”（Negative List）形式加以限制，而对人造香料则用“肯定表”（Positive List）来规定。目前，列入“肯定表”的约有 400 种人造香料。③ IOFI 全球参考清单（GRL）还通过一个或多个国际认可的评估机构确认指定成分的使用安全性，并将这一名单公示于 IOFI 官方网站。目前，IOFI 数据库包含关于 4000 种以上的天然复合物和化学物质的更加全面的信息，不但涵盖 GRL 列出的所有成分，还包括其他相关物质。鉴于食品香料的独特特点，其安全评价方法要求更专业并且需要更大的资金和专门人才的投入，IOFI 对促进成员国食品香料规制的制定作出重大贡献，也对非成员国食品香料相关规制的发展和完善起巨大推动作用。

四、WTO 相关协定对食品添加剂的规制

WTO 虽然没有直接调整食品安全的协定，但是也有相关协定对食品添加剂进行了间接的规制。WTO 框架下的《实施动植物卫生检疫措施的协议》（Agreement on the Application of Sanitary and Phytosanitary Measures，简称《SPS 协定》）和《技术性贸易壁垒协定》（Agreement on Technical Barriers to Trade，简称《TBT 协

① 国际食用香料工业组织：《香料的世界》，资料来源于：http：//www. google. com. hk/url? sa = t&rct = j&q = IOFI&source = web&cd = 9&ved = 0CGAQFjAI&url = http% 3a% 2f% 2fwww% 2eiofi% 2eorg% 2fdatastream% 2easpx% 3ftype% 3ddoc% 2fiofi_ brochure_ 8_ 13_ final_ chinese_ FOR _ PREVIEW% 2epdf% 2fdownload&ei = hENiUr-mF8WFiQe _ qYDoDg&usg = AFQjCNHsK5gL9IPR1HuC-T0K6MBpSqnt6A，访问日期 2013 年 10 月 19 日。

② 杜世祥、宁岳雄：《将食品用香料从 GB2760 中单列以区别管理的建议》，资料来源于：http：//www. fqs. net. cn/dynamicDetail. aspx? id=2647，访问日期 2013 年 10 月 19 日。

③ 邹志飞、席静、奚星林等：《国外食品添加剂法规标准介绍》，载《中国食品卫生杂志》2012 年第 24 卷第 3 期，第 284 页。

定》)，对食品安全标准问题进行了一般规制，为成员国制定本国的食品添加剂标准提供法律指导，也极大地提高了食品添加剂标准在国际食品安全法律规制中的地位。《TBT 协定》在附件 3 第 2 款中认定的食品安全标准制定机构的范围十分广泛，既包括中央政府机构、地方政府机构或非政府机构，也包括有一个或多个世界贸易组织成员参加的任何政府性区域标准化机构，还包括有一个或多个机构参加的任何非政府性区域标准化机构。《SPS 协定》在第 3 条第 1 款中鼓励成员国采取 SPS 措施时以国际标准、指南或建议为依据。《SPS 协定》第 3 条第 4 款对制定食品安全标准的组织和机构作出了更为具体的规定，包括食品法典委员会、国际兽疫局，以及在《国际植物保护公约》框架下运行的有关国际和区域性组织。① 此外，《SPS 协定》第 3 条第 3 款还特别强调，若成员国制定与上述国际和区域性组织不同的食品安全标准，则必须在充分的科学依据基础上制定比国际和区域性组织更高水平的标准。但是实际上，对于要制定与国际或区域标准不同的食品安全标准的成员国而言，“充分的科学依据”这一标准要求过高。另外，在发生贸易争端时，他们采取自己制定的 SPS 措施往往无法达到专家小组或上诉机构在理解协定规则时所认定的一些客观标准而被判决违反了协定规定。因而，成员国更倾向于适用国际和区域性组织制定的食品添加剂安全标准。

在食品添加剂规制方面，《TBT 协定》与《SPS 协定》都是明确承认一些国际组织，如国际食品法典委员会、国际兽疫组织等制定的标准的法律约束力，从而间接地推动各国食品安全规制的完善和发展。以 20 世纪 90 年代美国和欧盟之间的荷尔蒙牛肉案为例。1996 年，欧盟以牛肉中残留的荷尔蒙具有致癌性为由，在第 96/22 号理事会指令修正案中禁止成员国内销售和进口荷尔蒙的牛肉。②美国、加拿大等国认为该项禁令没有科学依据，并主张牛肉中残留的荷尔蒙不会对人类健康造成危害，便向 WTO 提出申诉。WTO 争端解决专家组认定欧盟的该项禁令既没有以风险评估作为基础，也没有以现行的国际标准为依据，因而违反《SPS 协定》。③最终，WTO 上诉机关同意了争端解决专家组的认定，认为欧盟的禁令没有以适当的风险评估为依据，但是否认其违背国际标准。④ 从上述案例中可知，WTO 框架下

---

① See *the WTO Agreement on the Application of Sanitary and Phytosanitary Measures* (*SPS Agreement*), available at http://www.wto.org/english/tratop_e/sps_e/spsagr_e.htm, visited on October 14, 2013.

② Layla Hughes, *Limiting the Jurisdiction of Dispute Settlement Panels: The WTO Appellate Body Beef Hormone Decision*, 10 Geo. Int'l Envtl. L. Rev. 915, 1997, p. 917.

③ Dale E. McNiel, *The First Case Under the WTO's Sanitary and Phytosanitary Agreement: The European Union's Hormone Ban*, 39 Va. J. Int'l L. 89, 1998, p. 91.

④ Ibid, p. 92.

对食品添加剂的规制增强了国际和区域性组织制定的食品安全标准的实际效用。

五、欧盟对食品添加剂的规制

（一）欧盟食品添加剂规制体系

随着食品安全问题日益突出，欧盟从20世纪末开始构建新的食品安全管理体系。2000年，欧盟发布《食品安全白皮书》，规划了从“农田到餐桌”的全方位食品安全控制和管理体系，其中特别强调了食品添加剂使用问题，同时提出了对其立法进行升级的建议。①之后，欧洲议会和欧盟理事会对食品添加剂进行了专项立法。目前，欧盟将食品添加剂分为24类，且允许使用的食品添加剂有378种。②欧盟对食品添加剂的规制包括三类：第一类是使用规定，包括《欧盟食品添加剂通用要求指令》（89/107/EC）及其修正案③《着色剂指令》（94/36/EC），《甜味剂指令》（94/35/EC）及其修正案，④和《除着色剂和甜味剂外的食品添加剂指令》（95/2/EC）及其修正案⑤；第二类是关于食品添加剂的产品规格要求，包括《着色剂纯度指令》（95/45/EC）及其修正案，⑥《甜味剂纯度指令》（94/31/EC）及其修正案⑦和《除着色剂和甜味剂外的食品添加剂纯度指令》（96/77/EC）及其修正案；⑧ 第三类是《通用标签指令》（2000/13/EC）。⑨但是，值得注意的是，随着（EU）No. 1129/2011号条例的生效，《着色剂指令》94/36/EC，《甜味剂指令》（94/35/EC）和《除着色剂和甜味剂外的食品添加剂指令》（95/2/EC）中的有关条款和附件均已失效。另外，于2010年1月20日实施的《欧盟关于食品添加剂的

---

① 曾文革、罗燕：《欧盟食品添加剂使用的法律规制及其启示》，载《山东科技大学学报（社会科学版）》2013年第1~2期，第35~36页。

② See *Food Additives Categories*, available at https: //webgate. ec. europa. eu/sanco _ foods/main/? event=categories. search, visited on October 19, 2013.

③ 94/34/EC、292/97/EC、1333/2008、238/2010、2003/1882/EC

④ 96/83/EC、1882/2003、2003/114/EC、2006/52/EC

⑤ 96/85/EC、98/72/EC、2001/5/EC、2003/52/EC、1882/2003、2003/114/EC、2006/52/EC

⑥ 99/75/EC、2001/50/EC、2004/47/EC、2006/33/EC、2008/128/EC

⑦ 98/66/EC、2000/51/EC、2001/52/EC、2004/46/EC、2006/128/EC

⑧ 98/86/EC、2000/63/EC、2001/30/EC、2002/82/EC、2003/95/EC、2004/45/EC、2006/129/EC

⑨ 姚斯洁、代汉慧、李杏等：《欧盟与中国食品添加剂法规标准的对比分析》，载《职业与健康》2011年第12期，第132页。

1333 号条例》((EU) No. 1333/ 2008 号条例),是目前欧盟最新的关于食品添加剂的综合条例。欧盟已于 2012 年建立一个完整涵盖(EC) No. 1333/2008 号条例附件 2 和 3 中所有食品添加剂的规格标准。在此之后,欧盟针对《着色剂纯度指令》(95/45/EC)、《甜味剂纯度指令》(94/31/EC)和《除甜味剂和着色剂以外的其他食品添加剂纯度指令》(96/77/EC)均已失效。①

欧盟在食品添加剂领域最早采用的编号系统是 E No.(European Union Inventory Number, e-code, E-numbers)E100 至 E999,采用三位数字,并已被 CAC 所采用。由于该编码系统容量有限,对同类物有时会用 E×××a ~ 等形式表示,②对改性淀粉单独采用四位的"E14××"编号,但是,没有将香精香料和营养强化剂予以收编。目前,欧盟 E-number 编号系统收编的食品添加剂 300 多种,其中合成色素约有 25 种。③ 值得注意的是,有 E-numbers 并不意味着该添加剂可以使用到任何产品,也不能说明该添加剂在所有场合应用都安全以及能够表明某些特殊添加剂的明确来源。

(二)(EC) No. 1333/ 2008 号条例

欧盟(EU) No. 1333/ 2008 号条例于 2010 年 1 月 20 日实行,是目前欧盟最新的关于食品添加剂的综合条例。该条例规定了食品添加剂主题、范围和定义,明确了 11 类物质不属于食品添加剂,并规定了欧盟食品添加剂清单内容、使用原则、食品添加剂的功能类型、食品中食品添加剂的使用规定和食品添加剂的标识等。④关于食品添加剂的使用原则,该条例规定,只有经批准列入食品添加剂清单才可使用,并且必须严格遵照使用标准。其具体原则包括不威胁消费者健康、使用的必需性、不误导消费者以及对消费者有益四项原则。⑤在(EC) No. 1333/ 2008 号条例

① 邹志飞、席静、奚星林等:《国外食品添加剂法规标准介绍》,载《中国食品卫生杂志》2012 年第 3 期,第 286 页。

② 在编号的右方以 a、b、c、d 等括注加以区别。

③ 参见《国内外食品添加剂法规介绍》,资料来源于:http://www.docin.com/p-9313360.html,访问日期 2013 年 10 月 17 日。

④ See *REGULATION (EC) No.* 1333/2008 *of The European Parliament and of The Council of 16 December 2008 on food additive*, Official Journal of the European Union, available at https://webgate.ec.europa.eu/sanco_foods/main/?event=document.view&identifier=2583&documentCrossTable=legislation&documentType=legislation&documentTypeIdentifier=-1, visited on October 10, 2013.

⑤ 曾文革、罗燕:《欧盟食品添加剂使用的法律规制及其启示》,载《山东科技大学学报(社会科学版)》2013 年第 1 ~ 2 期,第 35 ~ 36 页。

的附件中，附件1总体上列举了食品中使用食品添加剂以及食品添加剂、食品酶中使用食品添加剂的种类。而附件2和附件3具体列出了欧盟批准使用的食品添加剂，主要分为在食品中使用的食品添加剂和在食品添加剂、食品酶和香料中使用的食品添加剂两种。根据（EC）No. 1333/ 2008号条例，食品添加剂必须满足诸多条件才能列入附件2和附件3。此外，附件2和附件3详细列出了批准使用的食品添加的名称和E编码，允许添加该食品添加剂的食品、使用条件，以及在必要时须指出是否对直接销售给最终消费者食品添加剂的行为予以限制等内容。①附件4列出了部分成员国可能继续禁止使用某些食品添加剂的传统食品清单。附件5是根据其第24条规定食品标签中应包含附加信息的食品色素清单。2011年11月，欧盟颁布了（EU）No. 1129/2011号条例及（EU）No. 1130/2011号条例。前者规定了在食品中使用的食品添加剂清单及使用条件。后者规定了在食品添加剂、食品用酶、食品用香料及营养物中的食品添加剂清单和使用条件。这两个条例分别是对（EC）No. 1333/2008号条例的附件2和3的修订，已分别自2013年6月1日和2011年12月1日起开始实施。值得注意的是，在(EU) No. 1129/2011号条例生效后，《着色剂指令》（94/36/EC），《甜味剂指令》（94/35/EC）和《除着色剂和甜味剂外的食品添加剂指令》（95/2/EC）中的有关条款和附件均已失效。此外，欧盟计划建立一个完整涵盖（EC）No. 1333/2008号条例附件2和3中所有食品添加剂的规格标准，并已于2012年12月1日开始应用。在该新规定出台和生效后，欧盟针对《着色剂纯度指令》（95/45/EC）、《甜味剂纯度指令》（94/31/EC）和《除甜味剂和着色剂以外的其他食品添加剂纯度指令》（96/77/EC）均已失效。②

总之，欧盟食品添加剂规制的体系相当完善，既有食品安全的综合性立法又有对食品添加剂的专项立法，这对我国食品添加剂立法体系的统一和完善具有重大现实意义。另外，欧盟在食品添加剂的使用原则、使用范围、规定内容、添加剂的最大使用量及残留量等方面都较为科学和合理，都值得我国借鉴。例如，在使用原则方面，欧盟要求对食品添加剂进行持续监测和评估，还要求对可能存在危害的食品添加剂及其衍生物必须进行适当的毒理学测试和评价。而这些食品添加剂的规定在我国食品添加剂法规和标准体系中都较少规定，因而值得我国借鉴。③

---

① 徐立青、王金红、徐晓梅：《从欧盟与我国有关法规的对比看有效防止食品非法添加的途径》，载《江南大学学报（人文社会科学版）》2011年第5期，第122页。

② 邹志飞、席静、奚星林等：《国外食品添加剂法规标准介绍》，载《中国食品卫生杂志》2012年第3期，第286页。

③ 崔媛媛、张立实：《欧盟与我国食品添加剂使用标准的差异与对策研究》，载《现代预防医学》2009年第9期，第1623页。

六、我国对食品添加剂的法律规制及完善

（一）我国有关食品添加剂的规制体系

在食品添加剂的规制方面，经过 50 多年的发展，目前我国已形成了一个较为完整的规制体系。早在 1954 年，我国首次作出了关于食品中使用糖精剂量的规定，标志着我国开始着手食品添加剂安全管理工作。1973 年，我国成立食品添加剂卫生标准科研协作组，全面研究食品添加剂有关问题并开展全国性食品添加剂标准制定工作。1977 年，我国首次内部试行《食品添加剂使用卫生标准》（GBn50-1977），但该标准只列出了几十种食品添加剂。1979 年，卫生部颁布《食品卫生管理条例》，并于 1993 年和 2002 年两次进行完善，制定出《食品添加剂卫生管理办法》，从此我国的食品添加剂受部门规章的管理与规制。1981 年，国家标准总局、卫生部联合颁布了《食品添加剂使用卫生标准》（GB2760-81），随后卫生部又颁布了 GB2760-86、GB2760-1996、GB2760-2007、GB2760-2010 和 GB2760-2011，使得我国关于食品添加剂使用的国家标准体系趋于完善。我国于 1990 年制定《食品添加剂分类和代码》（GB12493-90），确立了我国的食品添加剂编码系统（Chinese Number System，简称 CNS）。1993 年，国家技术监督局制定《食品用香料分类与编码》（GB14156-93），对食品用香料进行了专门规制。1994 年，卫生部颁布《食品营养强化剂使用卫生标准》及其实施细则，并于同年颁布《食品安全性毒理学评价程序和方法》（GB15193）为制定食品卫生标准以及新产品上市前的安全性评价提供了科学依据。1995 年，《中华人民共和国食品卫生法》（简称《食品卫生法》）正式公布实施，该法有 20 余项条款与食品添加剂生产经营和使用的卫生要求及其监督管理有关，其中 9 个条款直接对食品添加剂进行了规定。2009 年 6 月 1 日，《中华人民共和国食品安全法》（简称《食品安全法》）正式实施，取代了《食品卫生法》，并对食品添加剂作了更为全面的规定。此外，为了加强食品添加剂新品种的管理，卫生部还于 2010 年专门制定了《食品添加剂新品种管理办法》。

除了上述相关的法律法规、规章之外，我国还有一些产品标准，虽然没有冠以“食品添加剂”的前缀，但也与食品添加剂标准所起的作用类似。例如，《食品加工用酵母》（GB/T 20886- 2007）、《蛋白酶制剂》（GB/T 23527-2009）、《固定化葡萄糖异构酶制剂》（GB/T 23533-2009）等。① 另外，我国于 1990 年制定《食品添

① 姚斯洁、代汉慧、李杏等：《欧盟与中国食品添加剂法规标准的对比分析》，载《职业与健康》2011 年第 12 期，第 1336 页。

加剂分类和代码》（GB12493-90），确立了我国的食品添加剂编码系统（Chinese number system，简称 CNS）。该代码是参照 FAO/WHO 食品法典委员会 CAC/Vol XIV（1983）文件编制的，采用 5 位数字表示法。许可使用的食品添加剂按其功能特征分类，并以英文名称第一个字母的顺序列出。各食品添加剂则按其所属主要功能类别任意排列，形式为×××，×××。我国的食品添加剂编码虽然具有更大的容量，但是与 INS 编码不同，只对食品添加剂的某一种功能赋码，没有反映食品添加剂的多种功能。此外，我国采用的 CNS 编码系统由于没有得到国际上的认可而且在国际上不通用，因而不利于国际交流和进行有关的比较研究。①

（二）我国相关法规对食品添加剂的主要规制

1.《食品安全法》对食品添加剂的规制

由于近年来因食品添加剂引发的食品安全事故频发，尤其是三聚氰胺导致的三鹿婴幼儿奶粉事件，引起国家的高度重视。自此，我国在立法上对食品添加剂提出了更为严格的要求，于 2009 年制定了《食品安全法》。《食品安全法》共 10 章 104 条，涉及食品添加剂的就有 8 章 25 条，体现出我国对食品添加剂问题在立法上的重视。与原来的《食品卫生法》相比，《食品安全法》将对食品添加剂的规制范围扩大至食品添加剂的经营者及其经营行为，不仅要求食品生产经营者使用食品添加剂要遵守本法，还要求食品添加剂的生产经营者的生产经营行为也要严格遵守本法。除了将食品添加剂适用范围扩大外，《食品安全法》对食品添加剂的规制主要体现在如下几个方面：

第一，确立了较为完善的风险评估制度。《食品安全法》第 13 条和第 45 条规定国务院卫生行政部门建立食品安全风险评估制度，对食品、食品添加剂中生物性、化学性和物理性危害进行风险评估。并且只有当食品添加剂在技术上确有必要且经过风险评估证明安全可靠时，国务院卫生行政部门方可将其列入允许使用的范围。对于从事尚无国家标准或新品种的食品添加剂生产活动的单位和个人，第 44 条和第 63 条规定了有关单位和个人，包括进口商，均应当向国务院卫生行政部门提交相关产品的安全性评估材料。《食品安全法》确立的食品添加剂风险评估制度将极大地保障我国食品添加剂使用安全，防止未经风险评估的新品种食品添加剂被非法使用。

第二，设立了强制性的食品添加剂国家标准制度。《食品安全法》第 19 条规定食品安全标准是强制执行的标准，且除食品安全标准外，不得制定其他的食品强

① 崔媛媛、张立实：《欧盟与我国食品添加剂使用标准的差异与对策研究》，载《现代预防医学》2009 年第 9 期，第 1622 页。

制性标准。第20条和第21条分别规定了食品添加剂标准的具体内容以及国家标准制定主体。第23条规定食品添加剂国家标准的制定也应当依据食品安全风险评估结果，并参照相关的国际标准和国际食品安全风险评估结果以及听取食品生产经营者和消费者的意见。这样可以尽可能地保证食品添加剂国家标准制定的科学性和合理性。第24条和第25条严格限制了食品添加剂地方标准和行业标准制定，从而促进我国在食品添加剂标准制定上不统一的问题的解决。

第三，建立了双向食品添加剂查验记录和许可管理制度。第36条分别要求食品生产者采购食品原料、食品添加剂、食品相关产品，应查验供货者的许可证和产品合格证明文件，和食品生产企业应当建立食品原料、食品添加剂、食品相关产品进货查验记录制度。第43条明确规定国家对食品添加剂的生产实行许可制度。申请食品添加剂生产许可的条件、程序，按照国家有关工业产品生产许可证管理的规定执行。因此，双向食品添加剂查验记录和许可管理制度的实施将促进对食品添加剂的全面和溯源性审查，保障食品安全。

第四，规定了食品添加剂标签制度。《食品安全法》制定了较为全面和完善的食品添加剂标签制度，其第47至49条规定了食品添加剂应当有标签、说明书和包装，载明《食品安全法》中要求规定的事项，以及食品添加剂的使用范围、用量、使用方法，并在标签上载明“食品添加剂”字样等内容。食品添加剂标签制度一方面保证消费者的知情权，另一方面也将有助于保障食品安全。

2.《食品添加剂使用卫生标准》对食品添加剂的规制

《食品添加剂使用卫生标准》（GB2760）规定了我国食品添加剂的定义、范畴、允许使用的食品添加剂品种、使用范围、使用量和使用原则等。GB2760要求食品添加剂的使用不应掩盖食品本身或者加工过程中的质量缺陷，或以掺杂、掺假、伪造为目的使用食品添加剂。1977年，我国首次内部试行《食品添加剂使用卫生标准》（GBn50-1977），只列出了几十种食品添加剂。《食品添加剂使用卫生标准》（GB2760-1981）进行第一次修订，包括食品添加剂种类、名称、使用范围、最大使用量方面。该标准共列入食品添加剂213种，允许和暂时允许使用的食品香料207种，其中食用香料中允许使用的天然食用香料（包括传统使用的）73种，合成（包括单离）的食用香料110种，暂时允许使用的香料24种。《食品添加剂使用卫生标准》（GB2760-1986）第二次修订中共列入食品添加剂21类883种，其中香料693种。《食品添加剂使用卫生标准》（GB2760-1996）进行第三次修订时，采用了GB12493-1990及GB/T 14156-1993的分类及代码、编码，并增加FEMA编号，按英文字母次序排列，按照食品添加剂的功能分为22类。在《食品添加剂使用卫生标准》（GB2760-2007）中，在我国直接批准使用的食品添加剂有396种，香料1528种和食品用加工助剂104种。《食品添加剂使用卫生标准》（GB2760-

2010）中将食品添加剂种类增补到 2010 年 8 月 31 日，共有食品添加剂约 2418 种。①

根据国务院食品安全整顿工作方案中“解决标准缺失、重复和矛盾问题，在风险评估的基础上，建立健全科学、统一的食品安全标准体系”的要求，2011 年我国对 GB2760 进行了新修订，将名称改为《食品安全国家标准食品添加剂使用标准》（GB2760-2011）。这充分体现了我国对食品安全问题的高度重视，尤其是对错用和滥用食品添加剂问题的关注。新修订的内容包括食品添加剂、食品用加工助剂、胶母糖基础剂和食品用香料共 2314 种，并规定了使用范围、用量和使用原则。这次修订的主要内容为对现行 GB2760－2007 和卫生部公告批准的食品添加剂使用规定清理整合，重点解决标准实施过程中出现的急需解决的问题。具体来讲，在标准名称及格式上，《食品添加剂使用卫生标准》修改为《食品安全国家标准食品添加剂使用标准》；依据食品安全国家标准的格式对标准格式进行修改；依据食品添加剂在技术上却有必要和经过风险评估证明安全可靠的原则，将 2007 年至 2010 年卫生部批准的食品添加剂规定纳入该标准。在食品添加剂使用规定方面，将共享 ADI 值的食品添加剂磷酸盐的使用规定进行了合并；将碳酸钠、抗坏血酸钠列入可在各类食品中按生产需要适量使用的食品添加剂清单；一些果冻的食品添加剂使用规定，在增加了“如用于果冻粉，按冲调倍数增加使用量”；麦芽糖醇和麦芽糖醇液以及山梨糖醇（液）的名称进行了规范，修改为“麦芽糖醇和麦芽糖醇液”和“山梨糖醇和山梨糖醇液”；明确了脱氢乙酸及其钠盐的使用量以脱氢乙酸剂等主要内容。②

（三）我国对食品添加剂规制的进步与不足

在食品添加剂的规制方面，经过几十年的发展，我国目前已经形成了初步完备的体系，取得了较大进步。

首先，在食品添加剂的范围方面，我国对食品添加剂的界定较为广泛。我国的食品添加剂不仅包括一般的食品添加剂，还包括食品营养强化剂、食品用香料、胶基糖果中基础剂物质、食品用加工助剂。因而，我国的食品添加剂规制的内容也是最为广泛的，这可以有效保证我国的食品安全。

其次，我国的食品添加剂规制体系较为完善，既包括法律法规和规章，有包括

---

① 姚斯洁、代汉慧、李杏等：《欧盟与中国食品添加剂法规标准的对比分析》，载《职业与健康》2011 年第 12 期，第 1335 页。

② 参见《GB 2760-2011 食品添加剂使用标准查询系统，资料来源于：http：//down. foodmate. net/standard/sort/3/28220. html，访问日期 2013 年 10 月 19 日。

国家标准、企业标准和行业标准。特别自2009年我国颁布《国务院办公厅关于印发食品安全整顿工作方案的通知》以来，我国在食品添加剂规制问题上取得重大成效。目前，我国现有的2314种食品添加剂均有相应的检测方法，且对食品中添加剂残留量的检测管理达到发达国家水平。对食品中食品添加剂残留的检测而言，我国也与CAC和发达国家的检测方法标准相接近。例如，我国对于有具体使用限量和范围的食品添加剂，像防腐剂、着色剂、甜味剂等，都制定了相应的检测方法的标准，而对于来自天然植物或按生产工艺需要适量使用的食品添加剂，像天然色素、增稠剂等，由于食品安全风险较低或无需区别添加，一般就不制定检测方法。①

第三，我国在很多食品添加剂的规制方面，做到了与国际接轨。我国卫生部新修订的GB2760-2011中包括食品添加剂、食品用加工助剂、胶母糖基础剂和食品用香料均经过了JECFA安全性评估。在对GB2760-2011中带入原则的修订中，我国主要参考了GSFA、欧盟、澳大利亚和新西兰的相关规定。具体而言，我国主要参考了GSFA第4条第2款关于带入原则的规定，即如果一种食品原料或成分专门用于生产某食品，那么这种原料或成分可以按照本标准中所生产食品的规定使用或添加食品添加剂，包括不能超过适用于该食品的最大用量，②以及欧盟（EC）No. 1333/2008号条例、澳大利亚和新西兰的Standard 1. 3. 1中关于带入原则的规定，这可以说是我国在食品添加剂标准原则上的一大进步。③

但是，我国食品添加剂规制体系也存在诸多问题，主要包括：

（1）在食品添加剂种类方面，我国与国际食品添加剂分类还存在差异，部分作为天然的动植物提取物的食品添加剂没有得到GSFA所认可，并且我国GB2760标准尚未将一些国际通用且在GSFA之列的食品添加剂纳入。此外，我国新修订的GB 2760-2011只提供一种检索方式，与国际通用的横向与纵向检索方式相差较落后。

（2）在食品添加剂规制的制定和修改程序方面，我国食品添加剂规制的制定

---

① 参见《卫生部：中国现有2314种食品添加剂均有检测方法》，资料来源于：http：//www. chinanews. com/jk/2011/06-20/3121940. shtml，访问日期2013年10月20日。

② An additive may be used in or added to a raw material or other ingredient if the raw material or ingredient is used exclusively in the preparation of a food that is in conformity with the provisions of this standard，including that any maximum level applying to the food is not exceeded. See *Codex General Standard For Food Additives*（*Codex Stan 1992—1995*），p. 4，available at http：//www. codexalimentarius. net/gsfaonline/docs/CXS_ 192e. pdf，visited on October 10，2013.

③ 参见《食品安全国家标准　食品添加剂使用标准》（GB2760-XXXX）（征求意见稿）编制说明，资料来源于：http：//www. moh. gov. cn/，访问日期2013年11月1日。

程序则显得不够严谨，法律规定较为抽象，不利于实施。再者，我国还没有专门统一的食品国家标准制定机构。

（3）在食品添加剂法律法规和标准的相协调方面，我国尚未实现食品安全标准的法典化，且存在新旧法以及法规和标准之间的不协调等问题，因而我国的食品添加剂规制框架体系显得尤为混乱，对添加剂的管理和法律的实施造成极大不便。

（4）在国际食品添加剂标准的参与制定方面，我国存在的问题有：对食品法典委员会的程序与规则不熟悉；相关行业力量未能充分发动；专家队伍不稳定；深入持续地跟踪研究不充足；相关部门之间协调和沟通能力不足等。

（四）相关国际规则对完善我国食品添加剂规制的启示

1. 食品添加剂种类方面

在食品添加剂种类方面，到目前为止，列入 GSFA 的食品添加剂有 379 种，我国批准允许使用的食品添加剂有约 400 种。虽然两者在数目上相接近，但在具体品种上有相当部分的差异。我国允许使用的一部分食品添加剂属于天然的动植物提取物，虽然已经过较长时间的使用，但是相关的质量规格资料较为贫乏，纯度不高或者质量不够稳定，安全性毒理学评价不够系统规范，危险性评估欠缺，因而很难被 GSFA 所认可。①之前，我国经过努力将红曲红和栀子黄列入 JECFA 评价的优先清单，但是由于在提交资料上存在问题而没有被纳入 GSFA 清单。又由于 JECFA 在国际食品添加剂领域的权威性影响，使得我国的食品添加剂行业遭受不利影响。此外，我国还有一些在其他国家或国际上使用多年并在 GSFA 之列的食品添加剂，但由于我国一直没有食品添加剂生产者或使用者提出申请，未能进行暴露评估而未被列入 GB2760，这也对我国的食品添加剂行业带来极大的负面影响。

GB 2760-2007 新增了食品分类系统，但是仍以一个食品类别对象规定食品添加剂的最大使用量，对食品涵盖范围的限定不够清晰，没有给予必要的解释说明，为标准的实施执行带来一定的困难。②而 GB 2760-2011 修订后仅提供以食品添加剂名称汉语拼音排序的检索方式，更不利于食品添加剂使用者的查阅。GSFA 在对食品添加剂和食物类别标准化编码处理的基础上，建立了两套编排格式，规定了不同食品添加剂允许使用的食物类别和使用量以及不同食品品种允许使用的食品添加剂品种及其使用量。这一纵向与横向的查询系统为使用者提供了最大可能的准确和便

① 李晓瑜：《我国食品添加剂使用标准与国际标准的差异分析》，载《中国食品添加剂》2004 年第 3 期，第 2 页。

② 崔媛媛、张立实：《欧盟与我国食品添加剂使用标准的差异与对策研究》，载《现代预防医学》2009 年第 9 期，第 1623 页。

捷。所以，我国很有必要参照 GSFA 的编排系统进行修订，以完善我国食品添加剂和食物类别标准化编码体系。

2. 食品添加剂标准的制定和修改程序方面

在食品添加剂标准的制定和修订程序方面，有关食品安全的国际组织都有比较成熟的经验，如 CAC。CAC 食品添加剂规制程序有如下几个特点：第一，原则性和灵活性相结合。第二，标准的制定程序体现了对科学的充分尊重。第三，注重 CAC 框架外有关组织机构，尤其是利益相关方的参与。相比之下，我国食品添加剂标准的制定程序则显得不够严谨和科学，法律规定呈现原则性和抽象性。在食品安全国家标准的制定和修订程序上，《食品安全法》、《中华人民共和国标准化法实施条例》及其实施条例都只进行简单的规定，并没有包含具体和详细的修订步骤，不利于实施。此外，我国《标准化法实施条例》仅规定了食品卫生标准的制定，而食品国家标准仍由国务院标准化行政管理部门制定。《食品安全法》又规定食品安全标准是唯一的强制性食品标准，其他的食品标准以食品安全标准为依据，导致标准重复和不统一，给食品添加剂标准的整合与实施带来极大的困难。因此，在食品国家标准的制定主体方面，应在卫生部综合协调食品安全标准的制定和修订前提下，借鉴 CAC 的做法，设置专门统一的食品国家标准制定机构。①

3. 食品添加剂法律法规和标准的相协调方面

近些年来，随着我国对食品安全问题的重视，尤其是食品添加剂的安全使用问题，我国不断修订和完善关于食品添加剂使用的规制，逐步实现与国际标准接轨。但是，我国在法律形式和体系上并未像欧盟那样进行整合统一，关于食品添加剂的使用标准及其他制度规定还是散见于《食品安全法》、《食品添加剂使用卫生标准》等法规规章之中。又由于法律和标准之间的较大区别，以及新旧法之间的不当衔接等问题的存在，我国的食品添加剂法律框架体系显得尤为混乱，对添加剂的管理和法律的实施造成极大不便。②因此，我国迫切要实现的目标就是食品安全标准的法典化，这就尤其需要借鉴 CAC 以及欧盟的先进立法经验。当然，食品安全标准的法典化也要结合我国的国情，不能急于求成，可根据重要性来逐步实现我国食品安全标准的规范化、法律化、法典化。③

---

① 汪江连、苗奇龙：《论 CAC 及其法典编纂对完善我国食品安全标准体系的借鉴》，载《北京工商大学学报（社会科学版）》2010 年第 2 期，第 87 页。

② 曾文革、罗燕：《欧盟食品添加剂使用的法律规制及其启示》，载《山东科技大学学报（社会科学版）》2013 年第 1 ~2 期，第 40 页。

③ 汪江连、苗奇龙：《论 CAC 及其法典编纂对完善我国食品安全标准体系的借鉴》，载《北京工商大学学报（社会科学版）》2010 年第 2 期，第 87 页。

4. 国际食品添加剂标准的参与制定方面

在国际食品添加剂标准的制定方面，目前发达国家几乎垄断了 CAC 食品安全标准的制定。虽然 CAC 成员中发展中国家的数量超过了发达国家，但是国际食品法典中大部分标准则反映了发达国家的意志，有些标准甚至远超过国际标准，这对发展中国家的对外贸易产生极为不利的影响。我国作为最大的发展中国家和最大规模的对外贸易国家，曾因缺乏经费保障、专门人才不足等原因，较少参加国际食品安全标准的制定活动，也很少参加食品添加剂限量等国际标准的制定和修订工作。这些情况都不利于维护包括我国在内的广大发展中国家的利益。现在，我国已成为 CAC 农药残留法典委员会和食品添加剂法典委员会的主持国，并分别举办过会议。此外，我国也积极参与 CAC 的活动，包括对 CAC 工作原则提出建议、提供重要草案的调查或研究资料、参与食品法典标准草案审议讨论、牵头或参加食品法典标准起草工作组以及主持或协办法典会议等，并取得重大成效。但是，我国在参与 CAC 活动中也显示出一些不足之处，例如在非发酵豆制品标准的主持起草中出现的问题有：对食品法典委员会的程序与规则不熟悉；相关行业力量未能充分发动；专家队伍不稳定；深入持续地跟踪研究不充足；相关部门之间协调和沟通能力不足。①所以，我国应重视专业人才的培养并更加积极参与国际食品添加剂标准的制定活动，一方面要宣传我国食品添加剂的标准，使国际食品添加剂标准的制定更多地体现我国的利益；另一方面加强对食品法典标准的跟踪研究，建立与其相配套的食品法典工作机构。此外，我国是欧盟的第二大贸易伙伴，欧盟是中国第一大贸易伙伴，而我国出口欧盟的农食产品由于添加剂超标问题而屡被召回。因此，我国也非常有必要对欧盟的食品添加剂法律法规以及相关标准进行研究，尽可能使我国的相关规制与欧盟的规制接近，以减少贸易摩擦。

Study on International Regulation and Standards of Food Additives and Recommendations for China

Abstract: The use of food additives is not just closely connected with food safety, and but exerting immediate effects on people's health. In terms of international regulations and standards of food additives, many international and original organizations have established rather comprehensive legal systems and standards, like CAC, WTO and

① 参见樊永祥：《中国参与国际食品法典工作概况》，资料来源于：http://wenku.baidu.com/view/f9d10a47336c1eb91a375dad.html，访问日期 2013 年 10 月 17 日。

EU. Specifically, CAC formulated a sophisticated system on food additives, including standards, guidelines and codes. Those agreements approved by WTO have also influenced on the relevant regulations and standards of its member states. And the influential organization, EU has established a system combing comprehensive legislation on food safety and specific legislation food additives. Considering China's related regulations and standards, although China has some legislations in this respect, there is much room for China to improve. In order to better China's legal system on food additives, China should complete the categories of food additives, unifying the formulation and modification procedures, coordinating related regulations and standards and actively participating in making international standards.

Keywords: Food Additives International Regulations and Standards CAC Standards EU Regulations and Directives

论国际体育法规则的识别
——以CAS仲裁裁决为视角

□ 乔一涓*

内容摘要：2012年伦敦奥运会召开前，国际体育仲裁院（CAS）在前后两个仲裁裁决中，首次提出国际体育法适用的识别问题。针对这一国际体育法理论与实践的基本问题，本文借助法律识别理论和仲裁庭裁决，结合体育的特殊性，概括了国际体育法规则识别过程中的重点与难点，归纳出国际体育法的识别方法：其一，明确识别主体的权限。其二，坚持实质重于形式的识别原则。其三，在识别中运用法律解释方法。以期高效解决体育法规则之冲突，为国际体育法规则的适用提供有效指引。

关键词：国际体育法　法律适用　识别　国际体育仲裁院

目　次

* 武汉大学法学院2011级法学博士研究生。

在国际私法的理论和实践中，由识别引起的法律冲突常常造成法律选择无法进行。在处理国内法律问题时，识别也是法律适用过程的重要环节。纵观国际体育法的新近发展，“识别”贯穿于整个国际体育仲裁院（CAS）仲裁裁决过程的始终，对其规则识别的结果也不断丰富了国际体育法的内涵。本文试图通过 CAS 两个典型的案例来揭示“识别”在国际体育仲裁过程中的难点和重点，进而找到适用于国际体育法规则的识别方法。

一、国际体育法规则识别问题的产生

目前，从国际体育仲裁实践来看，国际体育法规则广义上包括各个体育组织的自治规则、国内外法律规则和一般法律原则。而这些规则相互之间规定不一致的情形，进而造成国际体育活动中各个主体（如国际体育管理机构、各个国家单项体育联合会等）适用规则过程中的法律冲突。这些涉及各方权利的争议在很大程度上取决于如何识别国际体育法规则及其识别结果是否正当合理来实现。

（一）梅里特“IOC 规则”案

2008 年北京奥运会 400 米冠军梅里特（LaShawn Merrit）为美国著名田径运动员。2009 年，他的赛外兴奋剂检测样本中含有禁用物质 DHEA，结果呈阳性，随后受到了 21 个月的禁赛处罚。① 根据“IOC 规则”，梅里特同时还被剥夺 2012 年伦敦奥运会选拔赛的参赛资格，从而将无缘伦敦奥运会。“IOC 规则”是国际奥委会执行委员会于 2008 年 6 月 27 日在日本大阪召开会议，并根据《奥林匹克宪章》第 45 条“奥运会参赛资格”所制定的规则，规定如下：“……任何因违反反兴奋剂条例而受到反兴奋剂组织禁赛 6 个月以上处罚的运动员，不得以任何身份参加下一届奥林匹克运动会的相应比赛，也不得参加禁赛期间届满后的下一届冬奥会。这一规则与其他违反兴奋剂的法律法规同时适用，于 2008 年 7 月 1 日生效。”梅里特对“IOC 规则”的禁赛决定不服，向美国仲裁协会（AAA）提请仲裁。② AAA 仲裁庭经过审理后，认定“IOC 规则”无效，裁定美国奥委会（USOC）不能阻止梅

① LaShawn Merrit could be eligible, available at http：//sports. espn. go. com/oly/trackand-field/news/story？id=5702412, visited on April 20, 2013.

② 有关美国体育仲裁协会（AAA）对体育争议的管辖权可参见：American Arbitration Association. Guides：Using Alternative Dispute Resolution to Settle Sports Disputes, available at http：www. adr. org, visited on December 1, 2012；Marcia B. Nelson. Stuck Between Interlocking Rings：Efforts to Resolve the Conflicting Demands Placed on Olympic National Governing Bodies. Van. J. Int'l. L., Vol. 25, No. 5, 1993, p. 907.

里特参加奥运会选拔赛。该裁决使USOC处于尴尬境地，经过AAA与国际奥委会（IOC）协商，双方同意将该争议提交国际体育仲裁院（CAS）。2011年8月，CAS作出裁决，认定“IOC规则”无效而不再适用。①

（二）英国奥委会“BOA附则”案

此后不久，世界反兴奋剂机构（WADA）据CAS对“IOC规则”的裁决，对英国、加拿大、丹麦、新西兰等国家奥委会作出决定：各国家奥委会中类似于“IOC规则”性质的规则不合法，应及时作出修改，并提交至WADA再次审查，新规则即时适用于2012年伦敦奥运会之前的一系列资格赛中。然而，英国国家奥委会（BOA）拒绝WADA的修改要求，诉诸于CAS，请求驳回WADA对BOA的决定，最终CAS也裁定“BOA附则”无效，不予适用。②

以上两个案件承前启后，均涉及规则适用问题，也突出了体育规则适用中的识别问题。首先，这两项规则的适用都涉及运动员的参赛资格，可以视为参赛资格条款。在“IOC规则”实施期间，美国很多具有奖牌实力的运动员都未获得2008年北京奥运会和2012年伦敦奥运会参赛资格，“BOA附则”在英国实施了20多年，已经有数量众多的高水平运动员因此不能入选国家队，获得奥运会参赛资格③。其次，两项规则的前提条件又均涉及了对运动员兴奋剂违规情况的审查，也可视为兴奋剂处罚条款。“IOC规定”——任何运动员如果因为违反反兴奋剂规定而被该组织禁赛6个月以上，都不能参加在禁赛期届满前的所有奥运会比赛，包括冬奥会。“BOA附则”——任何运动员若被以下组织（国内所属的体育管理机构，被WADA所承认具有处罚决定的国际体育组织）发现存在兴奋剂违规情况，绝不可能被考虑参加国家队，也不能被BOA提名继续享受国家队成员的待遇，更加不能代表国家队参加夏季奥运会、冬季奥运会和任何欧洲奥运会青年节等赛事。

具体说来，上述案件中对两项规则识别的结果不同，会带来截然相反的法律后果。如果被识别为具有准入性的参赛资格规则，那么IOC和BOA确有权限制定其规则且毫无争议。④ 反之，如果被识别为处罚性的兴奋剂处罚规则，那么，仲裁庭就需要考虑IOC和NOC制定兴奋剂处罚规则的权限，以及其作出的处罚是否符合

---

① CAS 2011/O/2422 USOC V. IOC.

② CAS 2011/A/2658 BOA V. WADA.

③ 英国已有报道称，自从CAS裁决“BOA附则”无效后，曾因服用兴奋剂被禁赛的英国骑单车选手大卫米勒和短跑选手韦恩钱伯斯将获得参加伦敦奥运会的参赛资格。

④ 在奥运会选拔机制中，国际奥委会和国家奥委会有权依据《奥林匹克宪章》等其他法律文件制定有关参赛资格的规定，这是属于其自治范围内的事项。

《条例》① 和《宪章》等法律问题，进而考虑规则的合法有效性等法律适用问题。

二、国际体育法规则识别的实践

如前所述，与传统国际私法中识别制度的实践主要围绕着“识别冲突”该如何解决及其解决方法。从性质上讲，识别冲突仍然属于不同国家之间法律冲突的范畴。然而，在国际体育法实践中，国际体育法规则的识别较少涉及“不同国家之间的法律”，但其冲突性主要体现在“内部法”与“外部法”之间。② 例如在以上两个案例的裁决中，“IOC 规则”和“BOA 附则”识别为处罚性规则的一方都认为它们违反了《条例》;③ 相反的一方则认为这两规则只是在《宪章》授权下制定的参赛资格的准入性规则，而不涉及《条例》中兴奋剂违规的处罚性规则适用的问题。因此，结合上述关识别的仲裁裁决书，笔者在该部分从以下两方面详细归纳和总结。

（一）IOC 和 BOA 制定的规则属于 WADA 的审查范围

首先，IOC 和 BOA 享有制定参赛资格规则自治权。IOC 是依据瑞士法注册成立的民间团体，应当遵循瑞士法及其法律基本原则和社团自己的规章制度。该自治原则不仅被《瑞士联邦宪法》所承认，还是《瑞士民法典》中对民间社团身份进行确认的基本原则，不但为社团提供了广泛的自主性和独立性，其调整和决定内部事务的权利还成为社团自治的核心。因此，IOC 有权制定和调整内部管理、成员之间、竞争者之间的任何规则。同样地，BOA 作为一个被国内法所承认的自治组织，对其内部事务享有高度自治权。并且依据《宪章》，BOA 作为国家奥委会有权选拔运动员代表本国参加奥运会。④ 比如制定国内参赛资格细则：选择符合哪些条件的

① 在此需要说明的是，《世界反兴奋剂条例》在全世界反兴奋剂运动中具有示范性作用，其示范性规则的意义。参见肖永平、孙玉超：《奥运会裁判执法争议解决机制的完善与展望》，载《华东政法大学学报》2008 年第 3 期，第 103 页。

② 以奥运会为例，内部法：主要指国际体育组织的宪章、章程、规则和相关国家的国内体育组织的宪章、章程和规则；外部法：主要指调整体育运动的国际法和各国国内法。具体内容参加乔一涓：《奥运会运动员参赛资格的法律问题研究——以 CAS 特别仲裁庭判例为视角》，2011 年湘潭大学硕士学位论文。

③ 因为一旦国际单项体育联合会（IFS）或者 NOC 同意加入 WADA 后，其兴奋剂处罚裁量权限必须符合《条例》第 23. 2. 2 条：“WADA 成员国不能对以下条款作出实质性改变：……”。

④《宪章》第 27. 7. 2 条规定：国家奥委会（NOC）有权依据《宪章》选派运动员、政府官员或者其他个人参加奥运会。

运动员能更好地代表国家参加奥运会，或基于某一运动员先前的行为（如兴奋剂违规、其他行为如刑事犯罪、性骚扰等）而取消不适合代表国家比赛的运动员的参赛资格。

其次，IOC 和 BOA 应当依据《条例》履行强制性义务。世界反兴奋剂机构（WADA）作为一个非政府间组织，《条例》对各成员具有合同效力，WADA 成员应当遵守《条例》所规定的职责和责任。① 《条例》第 23.1.1 条指明：IOC，NOC，IFS 等体育组织作为成员方，应该遵守本《条例》。因此作为 WADA 成员，IOC 和 BOA 应当履行《条例》所规定的义务。此外，《条例》第 23.2.2 条强调：WADA 成员在《条例》指导下制定自己的反兴奋剂规则时，不能对第 10 条作出任何实质性变更，这被认为是《条例》内容中十分重要的强制性规定。②

再次，IOC 和 BOA 应当严格恪守自治权的例外规定。该自治权的例外情形规定在《宪章》第 40 条（参赛资格规定）和第 43 条（反兴奋剂规定）中已反复强调：《条例》在奥运会中强制适用的情形。即 IOC、BOA 在自治权范围内制定的所有规则（包括参赛资格规定）都必须遵守《条例》的所有规定。

鉴于此，IOC 和 BOA 所制定的两项与奥运会有关的规则必须符合《条例》的强制性规定，因此无论如何定性“IOC 规则”、“BOA 附则”都属于 WADA 的审核范围。

（二）“IOC 规则”和“BOA 附则”具有处罚特性

在案件的仲裁过程中，判断两项规则是否具有处罚特性，具有以下三步骤：

第一，当事人主张该规则的性质。BOA 在答辩中声称：“BOA 附则”曾作为英国国家奥委会参赛资格选拔条款的一部分，其目的是为了选择更加适合代表本国比赛的运动员参加，属于 NOC 自治权范围。即使在选拔过程中适用附则而排除某些运动员不能参加奥运会，也只能被看做是参赛资格准入性规则的“否定条件”（non-selection），并不是一种惩罚或处分。

第二，仲裁庭对该规则的识别。仲裁庭在裁决书中认为两项规则的内容实施结果都表明其处罚作用明显。虽然两条规则在文字表述上，不具有处罚的性质（并没有出现 impose、ineligibility 等词汇），但规则背后的处罚目的十分明显。《条例》第 10 条中规定：“禁赛（ineligibility）指运动员在一段时间内禁止参加任何比赛。”“IOC 规则”和“BOA 附则”的文字措辞也明示运动员不能以任何方式参加下届奥

---

① 该规定在《WADA 条例》第三部分。

② 第 10 条（对个人的处罚）：……并且说明任何有可能对以上条款效力作出改变的规定，都不能被纳入成员所制定的规则中。

运会，其目的就是取消兴奋剂违规的运动员参与任何与奥运会有关赛事的资格，这显然已经违反了《条例》第10条而作出了实质性的变更。在审查过程中，仲裁庭还专门就《条例》中“赛事”（event）一词进行了仔细分析，认为“赛事”在《条例》中的含义是：在同一个规制机构下规定的一系列的个人比赛，如是，IOC组织的“奥运会”完全属于WADA中“比赛”的范畴，两规则实际上都具有惩罚目的。

第三，仲裁庭对该规则的查明。一方面，仲裁庭追溯到“RFEC、Alejandro Valverde V. UCI”的先例裁决指明：“参赛资格规则并不以处罚运动员的不正当行为为目的，而只是规定一些运动员参加到比赛之中的心理要素以及为比赛需要所满足的形式要件。① 还有一些规则与准入性规则相反，它们会因为运动员之前的一些不良行为而禁止出席和参加某项竞赛。这种规则主要是施加制裁，目的是通过禁止运动员参加某项活动而惩罚其之前在该活动中的不良行为。对于违反了某些行为规则的运动员，禁止其参加体育竞赛是一种可行的惩戒措施……”另一方面，仲裁庭明确BOA主张的观点难以自圆其说。首先，所谓“否定条件”，只是一种规则表述方式，是一种文字游戏，其实施的结果是导致运动员无法参赛。其次，结合“BOA附则”其他的文字表述和内容来看，也并不仅仅局限于参赛资格的准入性规定。如“BOA附则”规定：“如果运动员对服食兴奋剂情节轻微，并且毫无过错，疏忽大意或者有任何可以减轻处罚的情形，都可诉诸于上诉仲裁庭（Appeal Penal），通过裁决可以再认定运动员是否符合选拔规则的资格要求……”在再认定过程时，一般参照《条例》，适用“情节轻微、故意过错或疏忽大意”等情况，在《条例》规定的情形下，评估运动员过错程度。仲裁庭也是在《条例》的授权下，发挥自由裁量权，并在《条例》的允许下，进行宽大处理。显然，“BOA附则”覆盖了整个兴奋剂处罚从实体到程序的规定，并以“比例原则”为基本的审查原则。一般来说，比例原则的适用通常是衡量其个人的行为，以此判断处罚是否与过错一致，其惩罚性不言自明。此外，仲裁庭还注意到在这两个案例中，运动员确因《条例》中兴奋剂违规行为（也就是先行行为），被间接剥夺了其奥运会参赛资格，② 这种规则的适用结果恰与《条例》中“禁赛”的处罚后果一致。

由此可见，仲裁实践的识别过程从识别主体延伸至规则本身——确定各个主体

① 还有仲裁员曾在仲裁意见中指出：参赛资格的准入性规则是为某活动的顺利组织而设定的、为确保运动员达到该竞赛要求的标准，不具惩罚性。无论哪项体育运动，其准入规则的一个共同点就是不会对运动员的不良行为进行惩罚。

② 依“IOC规则”运动员没有资格参加下一届奥运会；依“BOA附则”运动员没有资格入选国家队代表国家参加奥运会。

在《宪章》或《条例》中的权限，及其自治权的例外；对规则本身的审查不应局限于规则的形式（标题或出处）审查，尤其要加强规则实质内容的分析，仔细辨别规则制定的目的与内容是否保持一致。

三、国际体育法规则识别的重点与难点

（一）识别的对象

在国际私法理论与实践中，识别对象可能是一个问题、一个事实还是一条法律规则，为了便利，法院可以自由认定识别的对象，甚至不去准确认定而导致裁决的不公。①因此，界定识别对象是找到识别方法的逻辑前提，若是识别对象不同，很可能导致识别的结论和方法不尽相同。相比较而言，CAS 仲裁实践的识别问题并不存在事实或者规则之争，但受限于“国际体育法学独立性”这一问题的严重影响，国际体育法规则的识别对象问题集中在国际体育法的范围，以及对特定范围内规则的定性和分类。

一直以来，对“是否存在国际体育法”这一基本问题，存有争议，由此，国际体育法体系或制度下的法律规则也呈现出纷繁复杂的现实情形。一方面，已有的 CAS 实践和理论成果已经确定存在保障各类体育关系的法律规则体系，由“外部法”和“内部法”构成。“外部法”主要指调整世界体育运动的全球性法律规则，如《奥林匹克宪章》、《世界反兴奋剂条例》等，以及与此相关的国内立法。“内部法”主要是国际体育组织内部的宪章、章程、规则和与此相关的各国的体育组织的章程和规则。虽然这些规范性文件不是由专门立法机构颁布，也不以国家强制力保证实施，却已成为司法和仲裁裁判的重要依据，具有与法律类似的效力。欧洲体育法学者卡西尼（Casini）认为：由于体育规则在世界范围内得到普遍公认（国际体育仲裁院仲裁规则明确，体育规则、体育组织章程等都被纳入仲裁中“可适用的法律”），它拥有与生俱来的“全球性”，并且，它们还受到“国家”和“国际”双重标准的规范，容易直接影响运动员的权利。② 这也进一步佐证了体育规则具备类似法律规则的效力。在以上案件中“IOC 规则”和“BOA 附则”的争议就要考察两项规则的宗旨与目的是否与《宪章》和《条例》相符合或适应，该如何解决

---

① 宋晓：《识别的对象与识别理论的展开》，载《法学研究》2009 年第 6 期，第 196 页。

② Lorenzo Casini, *The Making of a Lex Sportiva: The Court of Arbitration for Sport the Provider*, German Law Journal, Vol. 12, No. 05, 2011, pp. 1317-1340. 该文原为参加 2010 年德国海德堡马普所举行“超越争议：作为造法者的国际司法机构”的国际会议而作。

相互之间的冲突与协调。这同时也受到规则外部运行环境和组织的差异，目前世界上已有50多个国家拥有单行体育立法，还有一些国家在《宪法》中包含体育法的条款。① 除了国家一般性体育法规之外，同样还存在一些指向特定领域的特殊立法。最有名的例子是荷兰针对足球流氓的特别法令，欧洲或其他地区的反兴奋剂的特别立法等。另一方面，体育司法实践发展至今已有近30年②的历史，国际体育法内部的法律制度已有学理的分类和探讨，但并未上升至实践中区别对待的程度。如，CAS对其裁决的判例分类包括：转会争议（Transfer）、体育合同争议（Contractual Disputes）、兴奋剂争议（Doping）、纪律处罚争议（Discipline except doping）、国籍争议（Nationality）、参赛资格争议（Eligibility）③ 等。据此，学者们已经把具有体育特殊性的问题分门别类地划分成为国际体育法中的各个制度去展开研究，如反兴奋剂制度、体育仲裁制度、纪律处罚制度、参赛资格制度等。这里加一点，什么原因，比如各单项组织的不协调等，造成制度间冲突。

因此，国际体育法中发展过程中逐渐产生不同制度，而在不同制度下的规则适用就会伴随有相互冲突与矛盾的情形出现，如以上两个CAS仲裁实践就是参赛资格制度和反兴奋剂制度竞合的冲突情况，进而涉及对参赛资格规则和兴奋剂处罚规则的定性和分类的问题。

（二）识别的主体

无论在国际私法的识别问题的理论研究还是司法实践中，识别主体是从事司法实践活动的法官。其实当事人作为识别主体通常都被我们忽略了，法院在受理原告提出的诉讼时，会依照法律规定对当事人的诉因进行审查，当起诉证据可以证明其诉因成立时，法院即根据原告的诉因确定案由及其诉讼请求，当事人在此基础上还可以提出反诉等行为。另外，在有的情况下（如违约与侵权竞合），可以由当事人选择诉因，法院必须按照当事人选择的诉因进行识别，这也是一种识别。不仅如此，国际私法实践中甚至出现的识别错误（又称为定性错误），依据其主体分类也包括了“当事人识别错误”，将此区别开来的意义就在于，识别错误不只是法官的

① See Janwillem Soek, Sport in National Sports Laws and Consititution: Definition, Ratio Legis and Objectives, The International Sports Law Journal (ISLJ), No. 3-4, 2006, pp. 28-31 and pp. 33-35.

② 世界范围内的国际体育仲裁院（CAS）设立于1985年，欧美各地区、各个国家的体育纠纷解决实践也始于20世纪六七十年代。

③ 参见CAS官方网址：http://jurisprudence.tas-cas.org/sites/caselaw/help/home.aspx 访问于2013-04-20.

"专利"，即使是当事人的识别错误，司法实践也应给予充分尊重。①

在CAS体育仲裁实践中，识别主体除仲裁庭外，还包括提起申请方和被申请方（包括体育组织、运动员个人等）。"IOC规则"一案中，美国国家奥委会（USOC）首先把"IOC规则"识别为处罚性规则而不是准入性的参赛资格规则，且认定其不合法。USOC指出："IOC规定"违反了《条例》的第23.2.2条，② 对WADA中处罚作出了"实质性变更"，违反了CAS仲裁程序中准据法《瑞士法》中的比例原则和一事不再罚原则，适用其会导致运动员之间的不平等，与奥林匹克基本原则相背离，应视为对《宪章》的违反。但IOC却认为"IOC规则"是依据《宪章》制定的有关奥运会参赛资格的规定，并不是一个兴奋剂处罚条款，IOC对尚未参加到奥运会中运动员享有纪律处罚的管辖权。③ 在"BOA附则"案中，申请人与被申请人也持类似主张。

特别值得注意的是，当体育组织为当事人时，体育组织通常具有"双重性"，既是规则的制定者，又是规则的适用者。此时，他们在仲裁程序中提出申请或答辩时进行的"规则识别"，已经是"一种法律的再认识过程"，这种情形在国际私法学研究和实践中亦存在。比如：立法者通常在制定冲突规则时，根据实践中积累的经验和形成的法律观念，已经对各种事实和问题都做了分类，并在此基础上制定出各种内容不同、调整范围不同的冲突规范，这是第一次法律认识过程。④ 由此可见，体育组织IOC和BOA在制定规则或附则时，就已伴随着第一次对规则识别的过程。他们皆以参赛资格的目的而制定规则，且主张这些规则都作为参赛资格的规定被适用，尤其是在"BOA附则"的全称中，还标有显著的"参赛资格"字样。⑤ 此外，在体育仲裁中，仲裁庭还要求规则适用对象的运动员也要对规则进行识别，因为识别是人类思维活动的一个普遍现象，而且运动员作为规则最大的"受众"，每时每刻都在关注着规则变化，并主动询问，期待回复或答复，这恰是适用规则中"程序正义"的重要体现。仲裁庭顺理成章地要求运动员们以自己的常识和专业背景来为"IOC规则"和"BOA附则"定性，且他们都一致把这两个规则识别为处罚性的规则。其实，在仲裁

① 肖永平、谢新胜：《我国国际私法实践中的定性错误》，载《法商研究》2005年第6期，第80页。

② 该条规定：签署该《条例》的成员方在反兴奋剂活动中必须遵守以下条款的内容，并且不能从语言上作出任何实质性变更。

③ 只有在运动员被其所属的国家奥委会提名参加奥运会之后，通过IOC对其报名表的审核之后才会享有纪律处罚的管辖权，如剥夺运动员的参赛资格。

④ 肖永平：《肖永平论冲突法》，武汉大学出版社2002年版，第62页。

⑤ "By-law of the National Olympic Committee: Eligibility for Team GB"中文译为："国家奥委会对入选国家队参赛资格的附则规定。"

程序中，各个主体识别的结论和方法也会为仲裁庭的识别提供依据，从而使仲裁庭的识别更为客观有力，以实现裁决结果的公平正义。

四、国际体育法规则识别的方法

迄今为止，国际私法中识别理论的重心大多放在识别方法上，最重要的在于解决识别冲突的方法。尽管在本文前述已经阐明在国际体育法规则的适用中也可能因为其中纵横交错的制度规则而产生冲突，但是这种冲突与此不同：其一，识别问题并不会涉及管辖权阶段，在递交到 CAS 仲裁庭的案件根据《与体育仲裁有关的规则》中就已经有了关于管辖权和准据法的明确规定；其二，国际体育法中规则的识别主体之间通常存在“错综复杂”的关系，比如国家奥委会（NOC）和国际单项体育联合会（IFS）与 IOC 和 WADA 之间的关系，进而影响到它们各自在国际体育活动中的权限分配，而国际私法实践中，双方当事人仅仅因为案件事实被牵连在一起，并不存在权限划分或交叉的重叠问题；其三，国际体育法学仍是一个处于萌芽期的学科，在其发展期间，许多体育法律概念、体育法律制度等不成熟或存在较大争议，也是国际体育法规则识别的主要阻碍。因此，CAS 仲裁庭此次对规则识别的实践，既为体育活动中从制定规则到适用规则提供良好的指引，同时也丰富了国际体育法规则适用的法理基础。通过上文的分析，并坚持体育行业的特殊性分析，提炼出了在国际体育法规则识别中需注意的三方面：

1. 明确识别主体的权限

如上所述，国际体育法规则的识别主体不仅包括仲裁庭和各申请人（通常是体育组织），还包括适用规则的制定者（通常也是体育组织）和规则的相对人（运动员）。值得注意的是，各体育组织都有权制定自己的规章制度，但是各组织又会加入其他组织中承担成员组织的义务。正如 CAS 裁决书中所示，BOA、USOC 既是 IOC 的成员方，又是 WADA 的成员组织，尽管 BOA 等体育组织在《宪章》下对运动员参赛资格的选拔享有自治权，但也不能违反《条例》的强制性义务：即如果各组织要制定其内部适用的反兴奋剂规则，则不能对《条例》的“处罚”作出实质性变更。因此，明确各组织在国际体育活动中的权限是最重要的第一步，不论是识别规则的主体还是规则制定的主体，尤其要查明它们之间是否存在隶属关系或其他成员的权利义务关系。在明确的方法上，可以从体育组织的“章程”内容进行考察。例如：WADA（世界反兴奋剂组织），依据国际组织“特殊性原则”来看，也就是说，其创设都是为了一定的特殊目的，各成员方也正是基于这一目的来履行各项职能,[1] 在《条例》中首先申明其创设是为了全世界反兴奋剂的目的，因此，各成员方必须恪守《条例》中的各项规定。虽然 BOA 曾指出自己是不同于 IOC 的国内体育组织机构，BOA 所选拔的运动员只是作为国家队队员，并处理和管理比赛期间自己国家队的事务。但是，BOA 的这种认识显然是对《宪章》断章取义，没有正确认识 WADA 组织的职能和目的。过分强调了自己享有选拔运动员的自治权，却忽略了《条例》在《宪章》中的强制性适用。因此，在国际体育法规则的识别过程中，首先要明确各主体的权限范围，全面正确认识到各自的权利和义务，尤其在制定自己的规则时，应该特别注意其承担的义务。

2. 在规则识别中坚持实质重于形式的原则

坚持实质重于形式的识别原则（Substance over Form），应注意以下问题：首先，不要盲目迷信规则写的是什么，不仅要看文件规则的标题，还要看文件的具体内容。在仲裁程序中，体现为对规则进行实质审查和形式审查两个方面。形式审查主要对规则中的表述、字词句逐一分析，判断是否包含有“处罚性”的词语或者用法。实质审查则主要从规则的制定目的和适用效果分析其是否具有处罚性。在“BOA 附则”中，尽管“BOA 附则”的标题中出现了“参赛资格”的字样，但仲裁庭通过列举有关“BOA 附则”适用的判例，以及兴奋剂处罚中适用“比例原则”等事例，确定该规则确实和兴奋剂违规“处罚”具有相同的处罚性的法律后果。

其次，厘清识别主体的权限范围是对规则“实质”审查的重要铺垫，因为规则制定者的身份，标明了制定者所处的权力位置，从制定者所处的权力位置出发，就可以反向理解法的效力层次问题。[2] 在法律体系中，法律的效力是存在层次和效力等级，通常由于其制定主体、程序、时间等不同，导致其效力有差别而形成，因此在我国出现了以“宪法”为最高效力且逐次下降的“金字塔形”法律效力位阶。然而在国际法学研究中，曾有学者提出过是否存在“上位法”的讨论，但至今并没有形成普遍认识，随后 20 世纪中期“强行法”概念盛行，国际法院的咨询案件中也曾指出，国际强行法规范取决于该规范的法律性质，但是哪些规则或者原则是强行法还是一个不确定的问题，但可以明确的是，强行法规范的特点在于其所保护的特殊价值。[3] 相比之下，在国际体育法体系中，尽管该体系尚不成熟，但是仍有普遍观点认为：反兴奋剂规定是体育法规则中的强行规范。因为反兴奋剂规范是为了保持体育运动清洁、干净、平等、积极向上的发展。这点在国际奥林匹克运动中

---

① 贾兵兵：《国际公法：理论与实践》，清华大学出版社 2008 年版，第 115 页。
② 刘星：《法理学导论》，法律出版社 2006 年版，第 106 页。
③ 贾兵兵：《国际公法：理论与实践》，清华大学出版社 2008 年版，第 37 页。

表现得尤为明显。纵使 BOA 和 IOC 都把规则定性为参赛资格的准入性规则，但是依据《宪章》规定，其成员方在制定参赛资格规则时也要符合《条例》的强制规定。这无形中在国际体育法律体系下就形成了“规则效力的位阶”，也就是说，《宪章》和《条例》具有宪法性的最高效力，而 NOC、IFS 等体育组织所制定的规则处于次级规范，不能违反上位阶规则的规定，这也是 CAS 最终裁决“BOA 附则”和“IOC 规则”无效的重要依据所在。

3. 在规则识别中运用法律解释方法

规则识别中运用法律解释的方法，是国际私法识别制度的重要步骤。从法理学的角度来看，“法律的实施以解释过程为前提”，既能克服抽象的立法，弥补漏洞，又能连接立法规则的意图和司法目的纽带。法律解释一般包括文义解释、体系解释、目的解释，等等。① 在前述英国奥委会“BOA 附则”案裁决过程中，所有参与主体都适当地运用了不同的法律解释方法。其中，重点问题在于如何识别法律解释的依据。BOA 曾在仲裁申请中指出：对“BOA 附则”的识别定性，应该首先选择适当的法律解释方法和原则，以解读《条例》和《宪章》，最适当的方法应是《维也纳条约法公约》中对条约的解释方法。然而，CAS 仲裁庭当即否认了 BOA 这一说法，指出：仲裁庭的准据法不应该全盘适用《维也纳条约法公约》中法律解释的方法，因为只有属于《条约法公约》范围内的条约规则才能适用该方法。在国际体育法体系中，许多国际体育组织属于国际法上“非政府间国际组织”，并不属于《维也纳条约法公约》中条约的“制定主体”（主权国家和政府间国际组织）。一般来说，这些体育组织都是依据某国国内法登记注册，其组织章程仅仅对内具有最高效力，对其进行解释时，应采各自国内法的规定。在“BOA 附则”案之前，CAS 在裁决时都会运用不同的法律解释方法来适用规则，却从未提及其法律解释的依据。在“BOA 附则”案中，CAS 首次明确了法律解释的依据：依各自国内法的法律解释方法。因此，“BOA 附则”应该适用英国法的法律解释方法，因为英美判例法系特有的传统解释方法，如字义规则、黄金规则和除弊规则。② 此外，对《条例》中“实质性变更”的解释，除了条款中本身列举的“实质性”内容外，还要依据《瑞士法》寻求更恰当的法律解释方法。

---

① 张文显主编：《法理学》，法律出版社 2007 年版，第 250 ~ 257 页。

② 魏伟：《英国法律解释三大规则之应用》，载《法律适用》2002 年第 2 期，第 42 ~ 43 页。

五、结　语

这两次仲裁实践是 CAS 在废除“咨询程序”① 后第一次在整个上诉程序中只涉及对规则的识别和认定，而没有涉及对事实争议的解决，属于国际体育法适用的新议题。尽管已有的学术成果中不乏国际体育法适用的研究，但通常仅仅局限于 CAS 仲裁规则的实体规则和程序规则的适用问题，很少涉及对具体国际体育法规则的分类、定性。笔者选取了颇具特色的法律识别制度和理论，与国际体育法的特殊性、多样性和复杂性充分结合，明确了国际体育法中识别的对象是国际体育法内部各个法律制度下的规则，识别的主体不但包括传统的仲裁机关和仲裁申请当事人，还强调了体育法规则的“受众”，诸如运动员和教练等；国际体育法的识别方法既考虑到识别主体和对象的特点，还吸取了 CAS 仲裁实践中识别规则的两点：其一，厘清国际体育运动中各个体育组织的规则及其范围，其二，对规则本身的实质和形式双重审查。最后，国际体育法识别方法的探寻建立在识别特点和识别实践之上，在识别主体上清楚划分其权限，明确规则效力的位阶；在识别对象上采用“实质大于形式”原则，坚持规则文字表达和内容目的保持一致，并强调对规则目的的解释；识别的过程离不开对规则的解释，国际体育法中分布在不同范围内的规则适用要认清其法律解释方法的依据，而不能笼统盲目地套用。由此看来，国际体育法的识别问题实际上贯穿于整个国际体育法始终，进而影响到国际体育法内部各个法律制度的构建，尤其涉及运动员参赛资格、兴奋剂处罚等与权利保护或权利冲突息息相关的根本问题。因此，国际体育法识别问题的提出与解决，不但有利于国际体育法基础理论的构建，还促进了 CAS 判例发展，以及对各体育组织适用规则都具有深刻的指导意义。

The Characterization of International Sports Law
—In the View of Cases of CAS

Abstract: CAS had ruled two cases about the characterization in International Sports Law at first time before 2012 London Olympic Games, which is the fundamental issue in

---

① 国际体育仲裁院于 2012 年 1 月 1 日生效的最新修改《与体育仲裁有关的规则》中废除了原“咨询程序”的规定。若按照以前“咨询规则”的规定，这两起案件均可以由国际体育组织（USOC、BOA 等）向 CAS 提起咨询程序。

theories and practices of International Sports law. The research is from the point of the theory of Characterization, analyzing awards of CAS with the specificity of Sports, concluding features and difficulties of Characterization, and proposing the characterization of the scope of subjects' authority, the principle of 'substance over form', and the application of legal interpretation. It could settle down conflicts among rules effectively and provide efficient guide to apply the International Sports Law.

Keywords: International Sports Law Application of Law Characterization CAS

论区域经济一体化对多边贸易体制的碎片化作用

□ 车路遥*

内容摘要：区域经济一体化对多边贸易体制作为整体的作用可以被归结为“碎片化”。多边贸易体制碎片化最重要的体现是大量贸易规则的不一致和矛盾，其主要成因是各国经济状况和交往情况的不统一和不均衡。多边贸易规则的碎片化给多边体制带来了负面影响，但这些负面影响可以通过一定的途径得以缓解。同时，碎片化也对建构多边贸易体制起到积极作用，并且这些积极影响有被逐渐深化的趋势。因此，碎片化应当被理解为建构多边贸易体制的一个必要环节。

关键词：区域经济一体化　区域贸易协定　碎片化　多边贸易体制

目　次

* 中国人民大学法学硕士，英国诺丁汉大学（The University of Nottingham）博士（Ph. D.）研究生。

20世纪90年代中期以来，随着各国间的经济往来日益频繁、经济合作逐年深化，特定区域内各国之间的相互依存也逐步加强，区域一体化现象亦愈发显著。由于区域经济体主要由区域贸易协定所构建和规制，区域经济一体化的趋势也就可以表现为区域经济贸易协定（Regional Trade Agreements，RTAs）数量的迅速增长。① 根据WTO官方提供的数据，截止到2013年7月21日，共有575个区域贸易协定被提交至WTO，其中379个协定已经生效。② 现今，绝大多数WTO的成员方都至少是一个区域贸易协定的缔约方。③ 在区域贸易体蓬勃发展的同时，由《关税与贸易总协定（General Agreement on Tariffs and Trade，GATT）》和WTO所建构和规制的多边贸易体制却因多哈回合受挫而止步不前。

在这一情况下，很多人将注意力投向了区域经济一体化，使之成为一个极具争议性的话题。有学者认为区域经济一体化构成了多边贸易体制的挑战，其崛起阻碍了多边贸易体制的完善和发展。但同时也有学者对区域经济体抱以期待，认为在多边贸易体制无法顺利进行时，它们可以作为多边贸易体制的替代，以区域为单位不断地推动国际贸易法律规则的进步，最终建构出多边贸易体制的新框架。④ 虽然学者对于区域经济一体化和多边贸易体制的关系持有不同观点，但有一点共识是，区域经济一体化已对多边贸易体制造成了重大影响。因此，我们有必要认真分析区域经济一体化对多边贸易体制究竟带来何种影响，以及这些影响在何种程度上有利或有害于多边贸易体制。本文将区域经济一体化对多边贸易体制的整体影响概括为“碎片化”作用，试图对这种碎片化作用作出评价，并讨论我们该以何种态度看待该问题。

一、区域经济一体化究竟带来了什么

“区域经济一体化”（regional economic integration）一词在广义上可用以指代多个国家之间合作加强、相互之间的依存不断加深，以及经济制度不断整合或趋同的

① See L. Alan Winters, *Preferential Trading Agreements: Friend of Foe?*, in Preferential Trade Agreements: A Law and Economics Analysis, ed. by Kyle W. Bagwell & Petros C. Mavroidis, Cambridge University Press, 2011, p. 7.

② See World Trade Organization, *Regional Trade Agreements*, available at http://www.wto.org/english/tratop_e/region_e/region_e.htm, visited on Oct. 16. 2013.

③ See Kornkarun Cheewatrakoolpong, *Are Preferential Trade Agreements Stumbling Blocks?* The Singapore Economic Review, Vol. 57, 2012, p. 1.

④ See Petra L. Emerson, *An Economic Integration Agreement on Services: A Possible Solution to the Doha Development Round Impasse*, Trade, Law and Development, Vol. 2, 2010, p. 252.

过程。① 而狭义上的区域经济一体化是指两个或两个以上国家或地区，通过缔结经济性协议的方式，促进彼此之间的贸易、投资等其他经济活动的进行，以推动彼此的经济发展的活动。② 在传统上，这些国家和地区是属于同一地理区域或地理区域相近的国家和地区。本文仅对狭义的区域一体化进行探讨。

狭义的区域经济一体化建立在国家或地区间的经济性协议基础之上。这种区域经济体赖以成立的基础性法律文件，即是区域贸易协定（regional trade agreements，RTAs）。区域贸易协定是指若干个国家或地区之间缔结的旨在削减成员方之间的贸易壁垒、推动区域贸易自由化的国际条约。③ 区域贸易协定具有极为宽泛的外延，根据缔约方之间的合作紧密程度的不同，这些协定可以被划分为如下几种类型：优惠贸易安排（preferential trade arrangements，PTAs）、自由贸易区（free-trade areas，FTAs）、关税同盟（customs unions，CUs）、共同市场（common markets，CMs）、经济和金融联盟（economics and monetary unions）以及政治和经济联盟（economic and political unions）。④ 上述类别是根据合作程度由浅及深排列的，从最初步的给予其他缔约方的贸易优惠，到完全消除关税和其他贸易壁垒的安排。⑤ 目前，区域贸易协定的最普遍的形式是关税同盟和自由贸易区。WTO 体系中的区域贸易协定，即是特指自由贸易区和关税同盟这两种贸易安排。⑥ 区域贸易协定的主旨是削弱各成员方之间的贸易壁垒，推进成员方之间的贸易自由化，以促进该范围内的经济发展。根据这一主旨，其内容一般涵盖市场准入、待遇、关税、征收、原产地规则、

---

① 参见郑明慧：《区域经济一体化与经济全球化》，载《经济论坛》2004 年第 15 期，第 112 页。

② 参见李颖：《试论区域经济一体化和经济全球化的关系》，载《时代金融》2011 年第 4 期下旬刊，第 46 页。

③ See Ildikó Virág-Neumann, *Regional Trade Agreements and the WTO*, the International Conference on Management, Enterprise and Benchmarking, Vol. 7, 2009, p. 382.

④ See Rolf Mirus & Nataliya Rylska, *Economic Integration: Free Trade Areas vs. Customs Unions*, available at http://www.international.alberta.ca/documents/International/WCER-FTA_custom_unions_shortversion_Aug01.pdf visited on Oct. 16, 2013, p. 2. See also, Government of Canada Publications, *Stages of Economic Integration: From Autarky to Economic Union*, available at http://publications.gc.ca/site/eng/289482/publication.html visited on Oct. 16, 2013.

⑤ See Kornkarun Cheewatrakoolpong, *Are Preferential Trade Agreements Stumbling Blocks?*, The Singapore Economic Review, Vol. 57, 2012, p. 1.

⑥ See James H. Mathis, Regional Trade Agreements in the GATT/WTO: Article XXIV and the Internal Trade Requirement, T. M. C. Asser Press, 2002, p. V.

反倾销、反补贴、保障措施、例外条款、争端解决等。① 20 世纪 90 年代至今，区域经济一体化显现出蓬勃发展之势，区域贸易协定不仅数量猛增，其内容也产生了新特点。首先，传统上，区域贸易协定容易产生于地域上邻近的国家，其“区域”一词指代的正是完全的地理含义；而现今，区域贸易协定受地理因素束缚逐渐减弱，更多地重视其他的区位要素，如科学技术、劳动力等。② 其次，区域贸易协定的合作程度加深：最早的区域贸易协定仅规定一些关税事由，而现今产生了共同市场，甚至政治上的联合体。再次，当今的区域贸易协定所调整的社会关系已不再局限于贸易，而开始向其他经济和非经济领域渗透，如投资、知识产权、环境、人权、劳工利益等。③

区域经济一体化具有强烈的两面性：一方面，它体现出自由化的性质。区域经济体极大程度上削减了其成员方之间的贸易壁垒，使得商品能够极自由地在各成员方之间流动。但另一方面，由于区域贸易一体化仅由特定的少数国家参与，它又自然地持有的“区域性（regional）”这种特性。“区域性”有两个层次上的含义。对单个的非成员方而言，“区域性”体现为歧视性。当区域经济体对内削减了各成员方的贸易壁垒时，就不可避免地使得各成员方对非成员方的待遇低于成员方相互之间的待遇，致使成员方和非成员方的交易大大地流向成员方内部，造成非成员方的经济损失。④ 对多边贸易体制作为整体而言，“区域性”则体现为不同区域贸易协定之间的无法整合和统一，即“不一致性”。调整同样的贸易行为或解决同样问题的规则被零碎地涵盖在不同的区域贸易协定之中，这使得规则之间具有发生适用上的冲突的可能性，也使得多边贸易法律规则缺乏系统性。

当前的国际经济法对区域经济一体化的规制正是被这种两面性所决定的。WTO 允许其成员方通过区域贸易协定建立区域经济体，但对这些区域贸易协定施

---

① 根据 WTO 官方网站中的 RTA 数据库总结。See World Trade Organization, *Regional Trade Agreements Information System*, available at http://rtais.wto.org/ui/PublicMaintainRTAHome.aspx, visited on Oct. 16, 2013.

② See World Trade Organization, *World Trade Report* 2011: *The WTO and preferential trade agreements: From co-existence to coherence*, 2011, p. 61.

③ See World Trade Organization, *World Trade Report* 2011: *The WTO and preferential trade agreements: From co-existence to coherence*, 2011, p. 61.

④ See Richard Baldwin & Caroline Freund, *Preferential Trade Agreements and Multilateral Liberalization*, *in Preferential Trade Agreement Policies for Development*, by Jean-Pierre Chauffour & Jean-Christophe Maur ed., The International Bank for Reconstruction and Development/ The World Bank, 2011, p. 212.

以了必要限制。① 构成 WTO 对区域经济一体化的规制体系中最重要的法律渊源是 GATT 第 24 条。该条款规定了区域贸易协定的两个最基本要素：第一，区域贸易协定必须旨在促进区域内部的自由化；第二，该协定必须不能提高对外的歧视。② 可见，该条款允许 WTO 的成员方给予一些特定国家更多的贸易优惠，其本质与最惠国待遇原则——WTO 最重要的原则之一——是相悖的。因此，GATT 第 24 条构成了最惠国待遇原则的例外。《服务贸易总协定（General Agreement on Trade in Service，GATS）》在其第 5 条中也作出了几乎与 GATT 第 24 条非常近似的规定。③ 除 GATT 第 24 条和 GATS 第 5 条以外，WTO 还制定了《关于 1994 关贸总协定第 24 条解释的谅解》以及一系列关于区域贸易协定的议定书，从而形成了一系列配套机制，如透明度机制，和缔结区域贸易协定的报告机制。WTO 对区域经济一体化的规制在对削弱区域经济对外部国家的歧视上起到了重要的作用，但是，由于近二十年的区域经济一体化的迅速扩张之势，人们对于 WTO 体制能否继续控制住区域经济一体化的负面作用产生了质疑。④ 为改善这一局面，我们有必要对区域经济一体化的现实的影响进行认真的考察，以便采取正确的应对态度。

那么，区域经济一体化究竟带来了何种影响？本文将区域经济一体化的影响归结为两大类：其一是区域经济一体化给区域外的特定国家带来的影响，而其二是这种一体化给多边贸易体制作为整体带来的影响。下文将结合学界对这一问题的探讨，对这两类影响分别加以分析。

一方面，区域经济一体化对其外部的单个国家造成了重大影响，这些影响主要体现为“贸易转移（trade diversion）”。贸易转移是经济学上的术语，它是指商品交易因一国的歧视性待遇而从该国与原本的一贸易伙伴国家之间大量地转向该国与另一个国家之间。⑤ 早期人们对区域经济一体化的研究即集中在这一问题上。1950 年，加拿大经济学家雅各布·维纳在他的《关税同盟问题》一书中呼吁各界重视起区域经济一体化的问题，并首次提出区域经济一体化必然会带来“贸易转移”

① See World Trade Organization, *Regionalism: Friends or Rivals?*, available at http://www.wto.org/english/thewto_e/whatis_e/tif_e/bey1_e.htm, visited on Oct. 15, 2013.

② See Article XXIV of the General Agreement on Tariffs and Trade (1994).

③ 参见廖诗评：《GATT 第 24 条的法律理论与实践》，武汉大学 2004 年硕士学位论文，第 1 页。

④ See Peter Van den Bossche & Werner Zdouc, The Law and Policy of the World Trade Organization, 3rd ed, Cambridge University Press, 2013, p. 318.

⑤ See Caroline Freund, *Third-Country Effects of Regional Trade Agreements*, *in Preferential Trade Agreements: A Law and Economics Analysis*, ed. by Kyle W. Bagwell & Petros C. Mavroidis, Cambridge University Press, 2011, p. 40.

从而对外部国家造成损失。① 其后，区域经济一体化的问题马上被法学领域的学者跟进。学者争论的焦点在于区域经济一体化的出现是给经济体内部的国家“创造（creating）”了贸易，还是将经济体外部国家的贸易“转移（diverting）”到了经济体内部，即区域经济一体化究竟是推进贸易自由以促进经济发展，还是因其歧视的本质而阻碍了经济发展。②上述关于区域贸易一体化究竟是“创造”还是“转移”了贸易的讨论在现今已形成了基本共识，即区域经济一体化可以有效地在区域经济体内创造效益，但同时会由于对其他国家的歧视而损害其他国家的经济利益。当今国际经济法对区域经济一体化的规制就是建立在这一共识的基础之上的：区域经济一体化通过 GATT 第 24 条被多边贸易体制认可，但同时被施加了一系列约束和限制。

另一方面，区域经济一体化也对多边贸易体制整体造成了影响。多边贸易体制是由 GATT 建立起来的一套国际经济秩序，在 WTO 建立后，继续为 WTO 框架所规制。20 世纪 90 年代中期以来，几乎所有国家和地区都被卷入区域经济一体化的过程当中，区域经济一体化即开始对多边贸易体制造成整体性的影响。在关于区域经济一体化对多边贸易体制的作用的探讨中，学者们的观点也可以分成对立的两个阵营：一些学者认为，区域经济一体化趋势是对多边贸易体制的威胁，而区域经济体是多边贸易体制的“破坏者（stumbling blocks）”。依照巴格瓦蒂③、莱维④等学者的观点，区域贸易协定推进区域贸易自由化的过程，就是在给外部国家树立更多贸易壁垒、使得国际贸易更为无序的过程。这些学者主张控制和减少区域贸易协定的数量，致力于恢复多边贸易谈判以促成 WTO 框架下国际性贸易条约的缔结。同时，一派学者对其持有不同观点，他们认为，区域经济体可以扮演多边贸易体制“创造者（building blocks）”的角色。⑤ 虽然区域贸易协定中的各规则仅适用于其

---

① See Richard G. Lipsey, *The Theory of Customs Unions: Trade Diversion and Welfare*, Economica, Vol. 24, 1957, p. 40.

② See Richard G. Lipsey, *The Theory of Customs Unions: Trade Diversion and Welfare*, Economica, Vol. 24, 1957, p. 40.

③ See Jagdish N. Bhagwati & Arvind Panagariya, *Preferential Trading Areas and Multilateralism: Strangers, Friends or Foes?*, *in Trading Blocs: Alternative Approaches to Analyzing Preferential Trade Agreements*, ed. by Jagdish N. Bhagwati & Pravin Krishna & Arvind Panagariya, MIT Press, 1999, p. 77.

④ See Philip I. Levy, *A political-economic analysis of free-trade agreements*, The American Economic Review, Vol. 87, 1997, p. 518.

⑤ See Petros c. Mavroidis, *Always look at the bright side of non-delivery: WTO and Preferential Trade Agreements*, yesterday and today, World Trade Review, Vol. 10, 2011, p. 375.

成员方，但其创制的规则可以逐渐推广到他国，直至成为多边贸易体制通行的规则。与关于区域经济一体化对个别国家的作用的讨论不同，关于对多边贸易体制的作用的讨论至今并没有形成统一的意见或任何明显的主流意见。尽管当前人们就区域经济一体化对多边贸易体制的作用的看法是零碎的，但基于学者们的研究结果，我们可以得出，区域经济一体化的兴起造成了多边贸易体制中的规则的不一致、缺乏系统性的状态。本文将使用“碎片化（fragmentation）”这一概念来描述这种状态，而该状态的本质成因及其损益将在后文着重论述。

如前文所述，区域经济体在积极推行自由化的同时，也体现出了明显的“区域性”特征，而区域性又体现为歧视性和在多边体系中的不一致性。我们可以看到，区域经济一体化所带来的两个最重要的影响，即对个别国家的影响和对多边贸易体制的影响，正对应着区域经济一体化的歧视性和不一致性这两个特性。关于前者的探讨基本已形成了定论，且该定论业已被 WTO 规则所确认；而后者仍处于十分有争议的状态中。这是由于区域经济一体化对多边贸易体制的整体作用在近年才被凸显出来，该议题的研究对象还处在迅速发展的阶段。这一问题尚没有进入成熟阶段，还有待被扩展和逐步系统化。

二、区域经济一体化何以造成多边贸易体制的碎片化

上一节中，笔者提出区域经济一体化对多边贸易体制作为整体的作用体现为“碎片化”作用。那么，区域经济一体化对多边贸易体制的“碎片化”又有何具体体现？区域经济一体化又何以使得多边贸易体制被“碎片化”？本节将对这两个问题进行解答。

（一）区域经济一体化对多边贸易体制的碎片化作用的含义

“碎片化”一词可以指代一个法律体系内部的法律规则增多，并且这些规则之间产生矛盾和冲突的现象。该法律术语首先被使用在国际公法领域中。20 世纪末，国际条约的缔结频繁，条约之间出现大量重叠，使得人们担忧起国际公法体系将会变得混乱和缺乏系统性，从而该“碎片化”问题引起了各国官方和法学界的广泛注意。① 关于碎片化的较为重要的研究成果是联合国国际法委员会关于该问题的专门性报告。2002 年，联合国国际法委员会决定以“国际法的碎片化：国际法的多样化和扩展引起的困难（Fragmentation of International Law：Difficulties Arising from

① 参见古祖雪：《现代国际法的多样化——碎片化与有序化》，载《法学研究》2007 年第 1 期，第 135 页。

the Diversification and Expansion of International Law)" 为题进行了一项长期的专门研究工作，较为深入而系统地阐述了国际法的碎片化问题。①

区域经济一体化对多边贸易体制的碎片化作用，是指区域贸易协定的不断发展使得规制国际贸易关系的多边贸易规则无法被规定在单个国际条约中，而是被分别规定在不同的法律文件中，且这些法律文件的内容存在冲突和矛盾。区域经济一体化对多边贸易体制的这种碎片化作用，其实就是学者探讨的"破坏者"和"创造者"之间的争论。其有待回答的问题都是：区域经济一体化造成的贸易规则之间有所冲突的局面，究竟对多边贸易体制产生了何种程度上的损害，以及区域经济一体化能否被看做构建多边贸易的一个环节。

根据《国际法的碎片化：国际法的多样化和扩展引起的困难》这份报告，国际法的碎片化至少需要两个要素，其一是作为"碎片"的法律规则达到相当的数量，且这些规则之间存有差异；其二是这些零碎的规则之间相互冲突，彼此间缺乏系统性和统一性。和国际公法相似，当前的多边贸易体系也由于区域一体化的发展而逐渐凸显出了这两点：

第一，旨在规制同样贸易活动或解决相同的贸易问题的规则被同时规定在多个不同的区域贸易协定之中。一方面，如导言中所述，近年的区域贸易协定数量呈几何级增长，现已达到一个可观的总数。在 1990 年，仅有约 50 个区域贸易协定,②而现今，已有 575 个区域贸易协定被报告至 WTO，比 1990 年增长了 10 倍的数量。另一方面，不同的区域贸易协定的内容也各不相同。如前文所述，区域贸易协定的合作程度各自不同，这意味着不同的协定的缔约国具有不同程度的削减贸易壁垒的义务。此外，不同的区域贸易协定所涵盖的领域也有所不同。③ 早期的区域贸易协定仅规定一些有关削减商品关税的事由，所以内容较为统一；而现今很多区域贸易协定已涉及了服务贸易、知识产权、投资等领域，不同的协定正根据缔约国的实际情况分别向着不同的方向扩张。④

---

① See the Study Group of the International Law Commission, *United Nation*, *Fragmentation of International Law: Difficulties Arising from the Diversification and Expansion of International Law*, International Law Commission Fifty-eighth Session, 2006, pp. 3-4.

② See Parthapratim Pal, *Regional Trade Agreements in a Multilateral Trade Regime: An Overview*, May 8, 2004, www. networkideas. org/feathm/may2004/survey_ paper_ rta. pdf, accessed Oct. 17, 2013.

③ 参见李艳：《WTO 框架下中国区域性安排发展趋势研究》，黑龙江大学 2006 年法律硕士学位论文，第 17 页。

④ 参见代中现：《WTO 框架下中国区域贸易一体化若干法律问题研究》，华东政法大学 2005 年博士学位论文，第 27 页。

第二，各个区域贸易协定中的具体规则间存在矛盾和冲突。如前文所述，区域贸易规则几乎涵盖贸易领域的各个问题。这些规则可以被划分为实体规则和程序规则从而被进一步探讨。实体性规则是指那些规定了成员国的实体性权利义务的具体规则，其不一致最明显的体现是原产地规则的不一致。为确保优惠待遇仅给予特定国家的商品交易，区域经济一体化必然要求确立一种规则来识别各种商品的国籍，由此确立的原产地规则。① 原产地规则的不统一即会导致适用的矛盾，同一产品可能会被不同的原产地规则分别识别为来自不同的国家，从而受到不同的待遇。除了原产地规则以外，还有一些其他的实体规范，也可能会导致不一致。区域贸易协定中的程序性规则也可能存在矛盾，这主要体现在争端解决制度的冲突上。在与贸易有关的争端发生时，如果多个争端解决机构同时拥有管辖权，就可能导致管辖权冲突的产生。如今，多数区域贸易协定规定了争端解决条款。多数区域性贸易协定选择成立临时仲裁庭的方法来解决成员之间有关贸易的纠纷，而有些协定设立了常设仲裁机构。② 由于大多数区域贸易协定的成员国同时都是 WTO 的成员国，管辖权冲突可能发生在区域贸易协定和 WTO 之间。并且，很多国家同时具有多个区域贸易协定的成员方身份，所以管辖权冲突也可能发生在不同的区域贸易协定之间。③

（二）区域经济一体化对多边贸易体制的碎片化作用的成因

现代国家努力寻求缔结区域贸易协定，促成区域经济一体化，主要是出于两个理由。一方面，各国倾向于寻求特定的贸易伙伴而与其进行贸易往来。国家加入一个区域贸易协定，主要是为了将其和特定的贸易伙伴之间的关系用法律确认，并予以恰当保护。造成这一现象的原因是各国经济发展水平和发展模式的不一致。④ 经济学家业已证明，一国削弱对不同国家的贸易壁垒，所付出的成本和获得的收益是不同的，因此国家倾向于选择特定的贸易伙伴进行贸易往来。⑤ 一般国家在选择贸易伙伴时所考虑的主要是地理位置、经济发达程度、产业规模、法规和政策等区位

---

① See Heribert Dieter, *The Multilateral Trading System and Preferential Trade Agreements: Can the Negative Effects Be Minimized?*, Global Governance, Vol. 15, 2009, p. 397.

② See Felicity Hammond, *A Balancing Act: Using WTO Dispute Settlement to Resolve Regional Trade Agreement Disputes*, Trade, Law and Development, Vol. 4, 2012, p. 429.

③ See Felicity Hammond, *A Balancing Act: Using WTO Dispute Settlement to Resolve Regional Trade Agreement Disputes*, Trade, Law and Development, Vol. 4, 2012, p. 429.

④ 参见李双元、李赞：《从 WTO 和 EU 法律制度谈全球经济一体化与区域经济一体化的关系》，载《湖南师范大学学报（社会科学版）》2005 年第 6 期，第 77 页。

⑤ See Scott L. Baier & Jeffrey H. Bergstrand, *Economic Determinants of Free Trade Agreements*, Journal of International Economics, Vol. 64, 2004, p. 51.

因素。①

另一方面，在多边回合谈判未果的情况下，很多国家只得选择与个别的国家缔结贸易条约这一次佳方案。与缔结一个全球性的国际条约相比，缔结区域贸易条约较为容易，这是因为当谈判方的数量较少时，谈判方之间的不一致也较少，从而谈判更容易达成共识。这点也以乌拉圭回合为一例证。20 世纪 90 年代初，乌拉圭回合进度缓慢，许多国家一度对谈判无法持有乐观态度，因此选择了和少数国家缔结了区域贸易协定，导致了一些区域经济体的产生。② 此外，当若干个谈判方属于前述的贸易伙伴关系、相互之间有长期的贸易联系时，条约的谈判和缔结就会更加容易。③

三、碎片化的消极影响及其缓解

在上一节中，我们分析了碎片化的本质成因，而本节将对碎片化进行实证考察，考察其究竟在何种程度上对当前的多边贸易体制造成负面影响，这些影响又可以以何种方式、在何种程度上被消除或缓解。

（一）碎片化对多边贸易体制的消极影响

我们可以将区域经济一体化对多边贸易体制的碎片化影响作普遍和特殊之区分：各种贸易规则的碎片化会普遍造成的影响，以及特定规则碎片化所具体产生的影响。本小节将首先讨论碎片化的一般影响，继而将具体规则分为实体性规则和程序性规则两类，分别讨论这两种规则碎片化给多边贸易体制带来的消极后果。

有些多边贸易体制的碎片化的消极影响，无论是实体还是程序性贸易规则的碎片化都会产生的普遍影响。首先，碎片化会导致法律规则适用上的困难。当不同的规定可以适用于同一个贸易行为时，将会出现不知适用哪一个规则的混乱局面。有时，最终适用的规则并不是当事人从事该行为时所预期的，从而导致法律规则的可预见性被削弱，经济行为也会趋于无序。同时，贸易规则的碎片化阻碍多边谈判以及完善多边贸易体制的进程。当一国缔结或加入贸易协定之后，必然会根据该协定

① See Scott L. Baier & Jeffrey H. Bergstrand, *Economic Determinants of Free Trade Agreements*, Journal of International Economics, Vol. 64, 2004, p. 51.

② 参见廉晓梅：《论区域经济一体化对经济全球化的促进作用》，载《东北亚论坛》2003 年第 5 期，第 17 页。

③ 参见李力：《WTO 时代的区域经济一体化》，载《辽宁税务高等专科学校学报》2004 年第 6 期，第 18 页。

调整国内的贸易结构和法律制度及政策。① 如果该国长期实践这一系列协定，这些制度会成为定势，从而使这个特定区域形成难以改善的传统，这一区域将更难以在未来的多边谈判中妥协。

具体到实体性规则，其碎片化的消极影响主要是它会导致国际贸易成本增加。在上一节中，本文提到不同区域贸易协定中的原产地规则时常因其规定的不一致而导致矛盾和冲突。在这种情况下，进出口商需要在交易中应对不同贸易协定的原产地规则，从而增加了成本。② 除原产地规则的不一致以外，其他实体规则的不一致也会导致成本的提高，如逐渐削弱关税的日程安排、例外条款、救济方式等。

程序性规则碎片化的消极影响主要体现在管辖冲突上。如前文所述，目前多数区域性贸易协定都规定了争端解决条款，使得其争端解决规则的不一致可能会造成管辖权冲突。③ 管辖权冲突至少会产生以下几点潜在的威胁：首先，管辖权冲突最直接的结果就是双方需要商谈解决管辖权问题，为此耗费大量的精力和财力。其次，管辖权冲突可能会导致争端解决的结果缺乏可预见性。如果争端解决并非由当事国所预料的争端解决机构进行，其裁判的结果也可能因此偏离当事国的预期。最后，判决结果的执行力可能会被削弱。WTO 成功地建立了一个完善的、具有相当的强制执行力的争端解决机制。当争端各方都同时是 WTO 和某一区域贸易协定的成员方时，应诉方可能会主张区域贸易协定的仲裁庭的管辖权，以避免进入 WTO 的争端程序。这样，该案件的裁判结果将不及在 WTO 进行争端解决的裁判结果的效力。同时，WTO 的权威也被间接地削弱了。

（二）碎片化对多边贸易体制的消极影响的缓解

虽然如前文所述，碎片化对多边贸易体制的各个不同层面皆可能造成不良影响，但是，我们可以期待这些不良影响通过各方努力而得以缓解。本小节试图分析消除碎片化的这些不良影响的方法和路径。

在前文中，我们将碎片化的消极影响分为普遍的消极影响和特殊的消极影响，前者可以存在于各种贸易规则和制度之中，而后者仅为一些具体的贸易规则

---

① See Won-Mog Choi, *Defragmenting Fragmented Rules of Origin of RTAs: A Building Block to Global Free Trade*, Journal of International Economic Law, Vol. 13, 2010, p. 4.

② See Won-Mog Choi, *Defragmenting Fragmented RTAs: A Benefit and Cost Approach*, Asian International Economic Law Network Inaugural Conference, 2009, p. 1.

③ See World Trade Organization, World Trade Report 2011: *The WTO and preferential trade agreements: From co-existence to coherence*, 2011, p. 172.

所特有。与之相一致，碎片化的负面作用的消除途径也可以被作为普遍和特殊之分。解决普遍性的碎片化的消极影响的方法，即是针对各种多边贸易规则的碎片化均可适用的方法。由于碎片化的结果是条约间的差异以及这些差异之间存有冲突这两个因素共同导致的，消除碎片化的方法也可以相应地被分为两种。第一，减少区域贸易协定的数量和削减区域贸易协定的具体规则之间的差异显然可以避免碎片化的消极结果。削减区域贸易协定的数量从目前的实践上来看是不现实的。近年来的区域贸易协定的蓬勃发展正反映了当今各区域之间促进贸易和发展经济的客观需求，区域贸易协定的数量仍体现出不断增长的趋势。但是，缩小各区域贸易协定之间的差异，却具有现实性和可能性。第二，在无法避免各协定之间产生差异时，我们可以努力减少这些规则之间的冲突和矛盾。即使不同的条约之间所规定的具体内容存在差异，但也可以规定一些避免产生冲突的规则。比如，规定在条约间的内容不一致时，自动地适用其中一个条约中的规定，而不适用其他与之相斥的条约的规定。

具体而言，针对缓解实体性规则碎片化的消极影响，存在两种基本解决思路。其一是针对于各区域贸易协定而言的，即建立新的区域协定缔结时，可以借鉴和参考现有的区域贸易协定的具体实体性规则。建立区域贸易协定的各谈判方也可以将目前该国已缔结或参加的协定中的规则提及谈判日程，以促使新的贸易协定同现有的一些贸易协定保持一致性。这一参考现有区域贸易协定的方式已经被证实是可行的。目前有很多国家在缔结区域贸易协定时，主动参考现存的较为成功的协定。例如，北美自由贸易区（North American Free Trade Agreement，NAFTA）、东南亚国家联盟（Association of Southeast Asian Nations，ASEAN）等就经常成为被参考的对象。① 第二种路径主要是提供给 WTO 或其他国际组织的。如前文所述，实体性规则的碎片化的一个突出的问题是原产地规则的不一致和矛盾。针对原产地规则的碎片化，WTO 可以制定原产地规则的范本，或“最佳实践（best practice）”方案，以供各国在缔结区域贸易协定时参考使用。② 对于其他实体性规范，WTO 或其他的国际组织可以起草制定区域贸易协定范本，供其他国家在缔结区域贸易协定时参考。③ 同时，WTO 也应确保各区域贸易协定内部保持相当的透明度，因为建立区

---

① See Won-Mog Choi, *Defragmenting Fragmented RTAs*: *A Benefit and Cost Approach*, 2009, Asian International Economic Law Network Inaugural Conference, p. 5.

② See Won-Mog Choi, *Defragmenting Fragmented RTAs*: *A Benefit and Cost Approach*, 2009, Asian International Economic Law Network Inaugural Conference, p. 12.

③ See Heribert Dieter, *The Multilateral Trading System and Preferential Trade Agreements*: *Can the Negative Effects Be Minimized*?, Global Governance, Vol. 15, 2009, p. 402.

域贸易协定时参考和借鉴其他的协定的前提即是可以充分获悉这些协定的各种情况。①

缓解程序性规则碎片化的消极影响，亟待解决的是管辖权冲突的问题。根据各国的实践和学者的主张，减少和消除管辖权冲突主要有两种基本方法。第一种方法是当管辖权冲突发生时，该争端由首先受理争端的争端解决机构来管辖。② 也就是说，当一个机构受理了争端以后，其他机构将自动丧失管辖权。这种方法被许多区域贸易协定采纳，比如 NAFTA。③ 第二种方法是当管辖权冲突发生时，无论该冲突发生在两个区域贸易协定的仲裁庭之间还是发生在区域贸易协定的仲裁庭和 WTO 争端解决机构之间，一律把该争端提交至 WTO 争端解决机构进行争端解决程序。④ 欧盟和墨西哥⑤之间以及欧盟和智利⑥之间所建立的自由贸易区就采取了这种方法。这种方法实质上建立了各个不同的争端解决实体间的管辖权的等级，并把 WTO 争端解决机构的管辖权置于管辖权等级的顶端，使其高于区域贸易协定建立起的仲裁庭。⑦

可见，虽然碎片化确实给多边贸易体系带来了诸多消极影响，但是在现实中可以找到削弱消极影响的方法，并且有很多区域贸易协定的实践已经呈现出了这些不良影响得以缓解的趋势。国际公法中的碎片化问题一经提出后，学者们提出了整体整合原则、效力等级原则等主张，致力于化解碎片化所造成的种种矛盾。其后通过

---

① See World Trade Organization, *World Trade Report 2011: The WTO and preferential trade agreements: From co-existence to coherence*, 2011, p. 189.

② See World Trade Organization, *World Trade Report 2011: The WTO and preferential trade agreements: From co-existence to coherence*, 2011, p. 173.

③ See World Trade Organization, *World Trade Report 2011: The WTO and preferential trade agreements: From co-existence to coherence*, 2011, p. 173.

④ See World Trade Organization, *World Trade Report 2011: The WTO and preferential trade agreements: From co-existence to coherence*, 2011, p. 173.

⑤ See Economic Partnership, Political Coordination and Cooperation Agreement between the European Community and its Member States, of the one part, and the United Mexican States, of the other part (entered into force in October 2000 for the part related to trade in goods and in 2001 for that related to trade in services) (1997).

⑥ See Agreement establishing an association between the European Community and its Member States, of the one part, and the Republic of Chile, of the other part (entered into force in February 2003) (2002).

⑦ See Felicity Hammond, *A Balancing Act: Using WTO Dispute Settlement to Resolve Regional Trade Agreement Disputes*, Trade, Law and Development, Vol. 4, 2012, p. 447.

各国家和国际组织的有效的协调合作，碎片化的消极作用也在现实上逐步被削弱。① 多边贸易体制与传统的国际公领域中的碎片化问题存在诸多差异，但其解决方法和途径具有一定的共性。因此，我们也可以从国际公法的实践中找到缓解碎片化的消极影响的信心。总而言之，我们有理由相信多边贸易体制中的碎片化问题正在向一个乐观的方向发展。

四、碎片化在建构多边贸易体制中的积极作用

"碎片化" 这种现象往往被理解为是完全消极的。基于上节的分析，我们可以看到它实际上也的确产生了不同方面的消极影响。但是，有些规制引导国际贸易的任务很难在多边贸易体制中完成，却能在 "碎片" 中完成。这是因为多边贸易体制的发展需要整个国际社会达成基本的共识，而 "碎片" 的进步却只需几个国家协商一致。把多边贸易体系 "碎片化" 以后，可能会产生更积极地发展贸易规制的效果。因此，碎片化并非只有消极的一面，在很大程度上，它可以发挥建构多边贸易体制的积极作用。

(一) 碎片化在建构多边贸易体制中的积极作用的体现

区域经济一体化可以对多边贸易体制起到建构性的作用，这种建构作用正是通过 "碎片化" 实现的。碎片化在构建多边体制中所发挥的作用可以在如下几个层面得以体现：

第一，以 "碎片" 的形式，区域经济体可以比多边贸易体制领先一步削弱贸易壁垒、建立促进贸易自由的机制，并针对跨国贸易中的新问题建立新的贸易规则，从而使多边贸易体制借鉴和吸取这些新的规则和制度。② 区域贸易协定往往规定其成员需履行比 WTO 成员方的义务更多的削减贸易壁垒、促进贸易自由化的义务。这是因为多数区域贸易协定的成员方都同时具有 WTO 的成员方身份，它们原本就必须达到 WTO 所要求的开放其市场的标准，如果这些国家安于当前市场开放的程度，就不会再去寻求区域性的贸易安排。有学者提出了 "WTO+" 协定和 "WTO-" 协定的概念，用 "WTO+" 来形容那些给其成员方施以比 WTO 义务更多的义务的区域贸易协定，而用 "WTO-" 来形容那些对自由化的要求没有 WTO 严

---

① 参见古祖雪：《现代国际法的多样化、碎片化与有序化》，载《法学研究》2007 年第 1 期，第 135 页。

② See Petros c. Mavroidis, *Always look at the bright side of non-delivery: WTO and Preferential Trade Agreements, yesterday and today*, World Trade Review, Vol. 10, 2011, p. 385.

格的区域贸易协定。① 依照这些学者的分析，“WTO+”协定已经成为了当代的区域贸易协定的主流。为了确保其成员切实地削减了贸易壁垒，区域贸易也形成了一些相应的机制。这些在“碎片”中完成的进展，有可能在其后被多边贸易体制所借鉴和吸收，从而成为新的多边贸易规则。以“信息技术协议（Information Technology Agreement，ITA）”为例，该协议原本为亚太经济合作组织（Asia-Pacific Economic Cooperation，APEC）所制定，其后被 WTO 采纳，成为了推动多边信息贸易自由化的重要国际条约。②

第二，区域经济一体化这种“碎片”促进和保护了多方面、各个社会群体的利益，其为此建立的规则和制度可以帮助多边贸易体制在这一问题上的完善。③ WTO 对推动贸易自由、促进各国经济发展起到极其重要的作用，而经济以外的利益，如环境、劳工权益、人权等，则无法被 WTO 体制充分考虑和保护。当前 WTO 中涉及各种社会利益的规则非常有限，主要是 GATT 和 GATS 中的一般例外条款，这些条款实质上只赋予了各国以保护这些利益为由不履行其承诺的权利，并没有对其成员施加保护这些社会利益的义务。④ 诚然，WTO 是一个经济性组织，其功能主要是实践其促进贸易发展的主旨，但是，现今的贸易活动已和各种社会公共利益紧密联系在一起，片面地保护贸易，就难免会威胁到这些利益。为此，针对 WTO 体制的批评层出不穷。仅凭 WTO 本身是难以全面考察各种社会利益，并合理平衡这些利益的，这是因为各国在该问题上的差异巨大，难以统一。而在区域经济体中，特别是由发达国家组成的经济体中，这些社会利益往往得到了更高程度的保护。很多区域贸易协定直接规定了保护环境、劳工权益、人权的义务等内容。NAFTA 即是一个例证。除直接规定了保护各方面利益以外，区域经济体还提供了如何平衡各种利益的实践经验，也可以供多边贸易体制借鉴和参考。

第三，区域经济一体化为多边贸易谈判提供了基础。这是因为很多国家间就贸易安排上的不一致可以在区域经济体中解决，而不必再被提上多边谈判日程。区域贸易协定中的规则虽然相对多边贸易体制来说是“碎片”，但相对各国的国内法而

---

① See Nuno Limão, *Comments on "Beyond the WTO? Coverage and Legal Inflation in EU and U. S. Preferential Trade Agreements"*, in Preferential Trade Agreements: A Law and Economics Analysis, ed. by Kyle W. Bagwell & Petros C. Mavroidis, Cambridge University Press, 2011, p. 175.

② 参见廉晓梅：《论区域经济一体化对经济全球化的促进作用》，载《东北亚论坛》2003 年第 5 期，第 19 页。

③ See Emilie M. Hafner-Burton, *Trading Human Rights: How Preferential Trade Agreements Influence Government Repression*, International Organization, Vol. 59, 2005, p. 595.

④ 参见赖正均：《表面的全球一体化实质的区域一体化——评 WTO 对区域经济一体化的安排》，载《法制与社会》2007 年第 12 期，第 391 页。

言却是“一体”的。这些规则本身是若干个国家合意的结果。

(二) 碎片化在建构多边贸易体制中的积极作用加强的趋势

区域经济一体化通过“碎片化”而对多边贸易体制施加的上述建构作用正体现出加强的趋势。当前的区域经济体呈现出两点发展趋势，能够让我们相信“碎片”对多边体制的积极影响可以被深化。

第一，多数国家在缔结了区域贸易协定后，仍不断追求多边贸易安排的达成。很多人担忧区域经济一体化的成员国在享受到区域中的优惠贸易安排后，会安于这些优惠，从而对构建多边贸易体系失去兴趣。但事实证明，在成功建立区域经济体以后，国家更愿意将区域经济体所建立的制度推广到多边体制中去。① 例如，目前美国已经是 15 个区域贸易协定的签订国，但它本身仍是多边贸易谈判的最积极的推动者之一。②

第二，成功的区域贸易协定时常成为其他条约谈判和起草时所借鉴的对象，致使各区域贸易协定之间的差异不断缩小。比如，如前文所述，NAFTA 中的规则经常被各种条约模仿，甚至直接借用。这些协定被借鉴的原因是，它们通常是规定详细具体、经过充分的实践检验的条约，借鉴这些条约可以有效保证这些规则的合理性。③ 同时，这些“成功的协定”的缔约国多是市场开放、经济发展水平相对先进的国家，这些条约也就具有更强的影响力。

第三，成功的区域贸易协定也会吸引更多的国家加入到其中，成为协定的参加国。由此，协定中的规则的适用范围也被扩大，其普遍性也会增强。缔结区域贸易协定的积极程度往往与一国经济的发达程度成正比，这也从侧面说明，当各国的经济逐渐发展，它们就更有望参与到更多的区域贸易一体化实践当中。

结　论

区域经济一体化的迅速发展已引起了世界范围内的重视。由于区域一体化的歧视性和不一致性，现有的多边贸易体制受到了冲击。本文提出了区域经济一体化给

---

① 参见廉晓梅：《论区域经济一体化对经济全球化的促进作用》，载《东北亚论坛》2003 年第 5 期，第 19 页。

② See World Trade Organization, *RTA Database*, available at http://rtais.wto.org/UI/PublicSearchByMemberResult.aspx? MemberCode = 840&lang = 1&redirect = 1, visited on Oct 18, 2013.

③ See Won-Mog Choi, *Defragmenting Fragmented RTAs: A Benefit and Cost Approach*, Asian International Economic Law Network Inaugural Conference, 2009, p. 5.

多边贸易体制带来的碎片化作用这一概念，对碎片化的内涵和成因进行了剖析，对其消极作用给予了评述，并提出了碎片化对多边贸易体制的建构意义。本文认为，虽然碎片化确实带来了一系列消极后果，但它本身却是多边贸易体制正在积极发展的反映。具体而言，我们可以得出以下三项结论：

（1）碎片化反映了多边贸易关系的客观上的碎片状态。它并不是一个曾经“完整”的多边贸易体制被打碎，也不是一种退步。通过第二节的分析我们可以得出，多边贸易规则的碎片化是当前多边贸易状况的客观反映，其所反映的实质是各国、各区域、各集团之间的实际经济状况的不一致和不均衡。一方面，由于各国在经济条件、法律制度等客观情况上存在显著差异，仅靠多边贸易规则无法完成规制国际贸易活动的任务。各国在一些基本的贸易规制问题上可以达成共识，在一定程度上能够确定统一的削弱贸易壁垒的标准。但是，这种共识和统一是有限度的，超过一定限度，各国就无法达成一致，多边贸易也就无法形成统一的普遍的贸易规则。另一方面，在就一些贸易活动的问题上无法形成统一多边规则的情况下，各国仍需要国际条约来规制国家间的贸易活动，因此将这些问题付诸区域贸易安排来解决。因此，我们可以说，多边贸易体制并不是被区域经济体的发展“碎片化”了。原本并没有“整体”的多边贸易关系的存在，“碎片化”只是把当前的不均衡、存有普遍差异的国际贸易关系更客观地展现了出来。在多边经济一体化迅猛发展之前，多边贸易体制也并不是“完整”的，而是各国在一定程度上达到了共识，那些各国差异显著的贸易问题尚没有被国际法规制。碎片化的状态是受制于当前的多边贸易关系而形成的，它是各国、各区域之间贸易状况不平衡的结果，无法因各国的主观意志改变或国际社会的合意而被改变。法律制度的发展受制于其所规制的社会关系，多边贸易体制也并不例外。

（2）碎片化对多边贸易体制的消极影响可以通过一些途径有效地得以缓解。本文第三节的实证分析表明，当前区域贸易一体化发展对多边贸易体制带来的碎片化确实带来了负面影响，譬如提高跨国交易的成本、造成管辖权冲突等。但是，针对这些当前已显现出的或有可能在未来显现的碎片化的消极影响，各国政府和学者已对如何改善现状提出了可行的方法。这些消极作用的缓解依赖于各国的经济发展和国家之间的协调。目前，已经有很多区域贸易协定在试图缓解负面作用，这使得我们可以相信通过 WTO 和各区域经济体的努力，碎片化的消极影响是可以在很大程度上被消除的。

（3）碎片化是建构多边贸易体制的必要环节，从多边贸易体制的宏观发展上来看，碎片化应被更多地看做一种积极的趋势。基于第四节的分析，我们可以说，区域经济一体化对多边贸易体制是具有建构作用的，而且这种建构需要通过“碎片”的形式来进行。这些贸易规则的“碎片”创制了新的削弱贸易壁垒、促进贸易自由的规则和制度，新的保障各种社会利益的机制以供多边体制吸取，并推进了多边贸易谈判的进程。碎片化的本质并不是现有的体制被瓦解，而恰恰是新的体制正在产生。“碎片”正是建构新的多边贸易体制的重要因素。不仅如此，碎片化应当被理解成多边贸易规则一体化的一个必经阶段。正是因为各国、各区域的经济体现出了特殊性，无法用统一的法律来规制，各区域才派生出新的规则来调整个别的经济关系。碎片化在多边贸易体制的规则外缔结了更多的条约，而不是把多边贸易体制的规则的本身化为碎片。碎片化所反映的其实是多边体制中出现的新变化。当区域贸易协定继续发展，逐步趋同、逐步扩大范围后，就会形成新的多边贸易规则，促进多边贸易一体化的深化。因此，我们甚至可以说，碎片化的实质就是一体化，是一体化的一个不可缺少的过程。

综上所述，多边贸易体制的“碎片化”是其发展中的必要过程，虽然在特定阶段下碎片化显现出了其消极的一面，但它在总体上却是一种积极的变化。因此，我们不应简单地臆断碎片化有害于多边贸易体制，从而急于改变碎片化的局面，急于寻求多边贸易体制的一体化，而是应当积极地通过经济一体化的实践来建构一个更加完善的多边贸易体制。但同时，我们也应该努力消除碎片化的消极影响，促成区域贸易协定向着与多边贸易体制更一致的方向发展。

我国近年来一直在努力促进 WTO 回合的进展，积极推动多边贸易体制的发展进程。但同时，我国也应当积极与各贸易伙伴国家缔结区域贸易协定，参与到区域经济一体化当中去。在这些区域贸易中，我国扮演着越来越重要的角色；参与区域贸易协定，是用国际法确认和维护我国的贸易地位的方式。积极缔结和参加区域贸易协定也是将我国纳入到多边体制中去的重要方式，在积极推动区域贸易一体化的同时，我国会逐渐在多边贸易体制内扮演更加主动的角色。

The Fragmentation of the Multilateral Trading System Caused by Regional Economic Integration

Abstract: The impacts of regional economic integration on the multilateral trading system can be concluded as ‘fragmentation’. Fragmentation embodies both inconsistencies and conflicts between different trading rules. The main factors contributing to fragmentation are the disparities of economy among countries. Fragmentation of the trading rules actually imposes negative effects on the multilateral trading system, but there are ways that can appropriately alleviate those effects. Meanwhile, fragmentation can also positively affect the multilateral trading system by building a new framework, and those positive influences are becoming increasingly significant. Therefore, fragmentation should be understood as an indispensable step of building the multilateral trading system.

Keywords: regional economic integration　regional trade agreements　fragmentation　the multilateral trading system

欧盟金融消费者合同法律适用规则研究*

□ 范晓亮

内容摘要：基于金融消费的特殊性，欧盟金融消费者合同法律适用规则的立法原理在于：(1) 对在合同中处于弱势地位的一方当事人，应通过适用较一般规则更有利的法律适用规则予以保护；(2) 法律适用规则应尽可能降低那些标的额通常较低的消费者合同争议的解决成本，并应顾及远程销售技术的发展。虽然服务提供者所在地法作为主要适用法律，但需要适用消费者惯常居所地法以平衡服务提供者与消费者之间的谈判能力，保护消费者的合理权益。消费者惯常居所地法与服务提供者所在地法之间适用的选择受到多重因素的影响，如金融消费者身份的界定、金融服务的性质、强制性规则的适用，以及特殊合同排除消费者保护规则等。

关键词：金融服务合同　消费者保护　法律适用

目　次

* 本文受安徽大学博士科研启动经费项目资助。
范晓亮，安徽大学法学院暨安徽省经济法制研究中心讲师，法学博士。

一、金融消费者合同关系法律冲突的特殊性

（一）金融消费者身份的特殊性

消费者是与具备专业知识和技术水平的公司、专业客户等相对的概念，消费者身份的认定和对其进行特殊保护的原理是基于公平原则与弱者保护。金融机构的客户包括自然人、法人及其他组织；以个人生活或家庭需要为目的购买金融服务的自然人通常被视为金融消费者而受到特殊保护。金融机构与客户间缔结的合同通称金融服务合同，其中金融机构与消费者缔结的合同特指金融消费者合同。金融消费有其特殊性，主要体现在购买金融服务的性质常常是投资行为，而非严格意义上的生活消费。此外，相对于跨国金融机构和高度复杂的金融产品，具有不对称谈判能力和专业水平的小公司法人可否基于弱者保护原则以适用消费者保护？对金融消费者身份进行界定是一个值得讨论的问题。

公司法人作为同金融机构在交易中的平等主体，若其可以基于缺乏专业金融知识而主张消费者法的特别保护，则片面地给金融机构加重了责任，且增加了法律适用的不确定性，不符合消费者权益保护法的立法原意。法人的内控机制使其具有对金融产品的交易进行审慎审查的能力和义务，发生纠纷时，应当作为平等主体适用民法、合同法、竞争法等进行处理，由法官根据事实情况对于弱势一方法人进行保护，而不可一概适用消费者法。

（二）网络平台上远程消费的普遍性

随着网络科技的发展，远程消费已经成为司空见惯的商业现象，而基于金融产品和服务的非实体性，其更易于通过网络平台进行跨国营销。在一个内国法制尚未达到相互完全承认的国际或区域市场内，以及母国控制原则尚未得到完全贯彻的情况下，网络平台上金融服务的高流动性和复杂性，以及各国立法的差异很容易引起

法律冲突，造成法律适用不确定、提高信息成本、监管过度等阻碍贸易发展的后果。① 在跨国金融消费者合同关系中，法律冲突主要出现在服务提供者所在地法与消费者惯常居所地法之间。鉴于远程金融消费的普遍性，为避免使金融机构在同一起纠纷中，因不同外国消费者惯常居所地法的适用而造成法律成本不合理的增加，消费者惯常居所地法的适用需满足两个限制性条件：（1）该合同履行的目的是提供金融服务或信贷；（2）该合同与消费者惯常居所地具有密切的联系。服务提供者所在地法应作为主要适用法律，但基于金融机构与消费者之间谈判能力的差别，需要在特定条件下适用消费者惯常居所地法进行平衡。

（三）科技发展与金融工具的复杂性

在科技发展的影响下，金融工具的构成愈加复杂，国外银行在中国申请的金融专利中，具有科技含量的金融工具交易与操作系统占到主流。如花旗银行申请的专利内容包括“用于往来账户之间传递资金的面向用户的自动系统”、“集成视频、音频和移动无线电话技术的系统和方法”、“执行信贷与负债申请的联机审批系统与方法”、“提供例如家庭银行的金融服务和方法”等。大通银行申请的有“全球投资者客户访问系统”、“投资组合原则遵从和金融基金管理系统”、“利用电子资金传送网络处理互联网付款的方法和系统”② 等。

科技发展促进了金融工具的创新，有利于促进高质量和多样化融资。但同时也使金融工具的权利义务关系构成越加复杂，常常牵涉多个消费者，若一概适用消费者惯常居所地法，那么有可能对于售出的同一个金融工具却适用不同国家的法律，造成金融机构法律成本不合理的增加，甚至权利义务关系构成的差异造成金融工具性质的不同。而且在集体投资等合同中，金融机构的客户经常既包括自然人消费者，又包括商务客户和专业人士，这样在同一个合同中，对不同的客户适用不同的法律会造成权利义务上的不公平。基于金融工具和股份转让合同的特殊性，在实践中为了合理便利金融交易和免于使金融机构经营受到缠讼的影响，在该类合同关系中排除了消费者保护规则的适用。③

---

① *See* Zheng Sophia Tang, *Private International Law in Consumer Contracts-A European Prospective*, Journal of Private International Law, Vol. 6, No. 1, 2010, pp. 225 – 248.

② 参见余翔、张玉蓉：《金融专利新战略：“专利钓饵”及其防范》，载《研究与发展管理》2008 年第 3 期，第 104 页；吴璐璐、李良：《从花旗银行的金融专利谈中资银行的金融专利现状及对策》，载《重庆工商大学学报》2004 年第 4 期，第 108 页。

③ 《罗马条例 I》第 6 条第 4 款。

（四）金融管制对法律适用的影响

金融市场运行牵涉一国的经济命脉和安全，各国大多对金融市场进行特别的监管，而这些监管法律通常具有强制性规则的效力。① 《中华人民共和国涉外民事关系法律适用法》（以下简称《法律适用法》）司法解释第10条规定，涉及外汇管制等金融安全的规定属于强制性规则而直接适用。与反垄断、文物保护等具有稳定性的长期政策不同，外汇管制等领域的政策在社会经济转型期可能会作出相对频繁的调整。② 金融自由与创新的程度将影响强制性规则的范围、内容和合同法律关系的复杂性。在跨国金融服务合同纠纷的审理实践中，依当事人意思自治和《罗马条例I》第4条中所列特殊类型合同所确定的准据法，常常会让位于法院地法中强制性规则的适用，以及与合同履行有关联的第三国法中强制性规则的适用。③ 为避免法律适用受强制性规则的影响所造成的不确定性，《罗马条例I》中特别规定了强制性规则的限制性适用条件，即须具有"至关重要的程度"（crucial）。但即使这样，内国金融管制对于跨国金融服务合同的法律适用仍然造成了很大的不确定性。构成欧洲统一市场支柱之一的服务自由原则要求法律适用具有确定性和可预期性，以降低跨国金融贸易的法律成本，从而促进金融服务的自由流动和社会利益的最大化，这就要求法院地强制性规则的谦抑适用。

二、消费者惯常居所地法在金融消费者合同中的适用

（一）消费者惯常居所地法适用的范围

《罗马条例I》关于消费者惯常居所地法的特别条款包含在第6条中，该条规定了适用范围：（1）仅适用于消费者合同，但对于消费者合同作了相对宽泛的定义：自然人非出于商业或职业活动目的（消费者）而与从事商业或职业活动的另一方（专业营销人员）订立的合同。④ 该定义取自《布鲁塞尔条例I》第15条第1

① See Francisco J Garcimartin Alferez, *The Rome I Regulation: Exceptions to the Rule on Consumer Contracts and Financial Instruments*, Journal of Private International Law, Vol. 5, No. 1, 2009, p. 85.

② 参见肖永平、龙威狄：《论中国国际私法中的强制性规范》，载《中国社会科学》2012年第10期，第110~111页。

③ 《罗马条例I》第9条。

④ 《罗马条例I》第6条第1款。

款。① 基于《罗马条例I》序言第7段，《罗马条例I》中的相关定义和实体适用范围应与《布鲁塞尔条例I》和《罗马条例II》保持一致；（2）仅保护“消极消费者”（passive consumers），即那些仅在其惯常居所地市场消费的自然人。② 合同应订立于消费者的本国市场，即合同的要约与承诺应在消费者惯常居所地作出，实质上要求经营者须在消费者惯常居所地开展营销活动，这既包括经营者本身出现在消费者惯常居所地，也包括通过网络等其他手段进行远程营销（远程营销目的国可以包括但不限于消费者惯常居所地），且有关产品和服务的要约必须在消费者惯常居所地向其作出。

（二）消费者惯常居所地法适用的条件

金融机构的义务主要包括向客户提供金融产品与服务，二者之间主要是服务提供关系，首先应适用《罗马条例I》第4条第1款第2项的规定：“服务提供合同，依服务提供者的惯常居所地法。”③ 只有在满足特定条件的情况下，消费者惯常居所地法才得以适用。

1. “提供服务或信贷为目的”标准

首先，经营者履行合同的目的应是向消费者提供其专业领域以外的货物、商品或服务，或者为了该目的而提供信贷。④ 但在欧盟境内，在成员国法与《罗马公约》，以及后来的《罗马条例I》之间仍然有关于金融服务定义不一致的情况，例如以定期贷款和透支贷款为外在形式的消费信贷是否包含于金融服务范畴的争议曾经久不息。⑤ 英国高等法院曾在Rothschild Limited v. Equitable Life⑥ 一案中提出，基于银行贷款合同不属于服务合同的范畴，因而直接贷款不在消费者保护规则的适

① 《布鲁塞尔条例I》第15条第1款规定：“In matters relating to a contract concluded by a person, the consumer, for a purpose which can be regarded as being outside his trade or profession...”

② See Francisco J Garcimartin Alferez, *The Rome I Regulation: Much Do about Nothing*, European Legal Forum, Vol. 8, 2001, p. 61.

③ 《罗马条例I》第4条第1款规定：“(a) a contract for the sale of goods shall be governed by the law of the country where the seller has his habitual residence; (b) a contract for the provision of services shall be governed by the law of the country where the service provider has his habitual residence...”

④ 《罗马条约》第5条第1款。

⑤ See Apostolos A. Gkoutzinis, Internet Banking and the Law in Europe: regulation, financial integration and electronic commerce, 1st ed., Cambridge University Press, 2006, p. 298.

⑥ See N. M. Rothschild Limited v. Equitable Life Assurance Society, [2002] EWHC 1022.

用范围之内。但不久之后，在对英国《不正当竞争指令》① 作出解释的 Director General of Fair Trading v. First National Bank plc 案②中，英国上议院③作出了相反的判决，认为消费信贷合同属于服务合同。在法国，曾经出现基层法院认为贷款合同不属于消费者保护规则适用的范畴，④ 但其他很多基层法院对于该问题却持相反意见的情况。⑤ 而在德国，联邦法院也曾将直接贷款排除出消费者保护规则的适用范围之外。⑥

欧盟消费者合同法律适用规则包括三个层面，第一层面是《罗马条例 I》，第二层面是某些指令中涉及消费者合同的专门法律适用条款，第三层面是成员国的特殊规定，复杂交错的规则增加了法律适用的困难与歧义。⑦ 欧盟立法者们意识到了协调法律适用规则相互之间关系的重要性，在《罗马条例 I》序言第 40 段中规定："应避免出现法律冲突规则分散于各种法律文件以及这些规则之间存在歧义的情况……" 序言第 23 段规定了条例与其他共同体法律条款的关系："除第 7 条外，在特定领域就合同之债制定了法律选择规则的共同体法律条款，其适用不受本条例影响。"

《布鲁塞尔条例 I》中将消费者保护适用于"商业和专业活动"的合同中，包

① See Council Directive 93/13/EEC of 5 April 1993 on unfair terms in consumer contracts, 1993 OJ No. L95/29, 2 April, 1994.

② See Director General of Fair Trading v. First National Bank plc, [2002] 1 AC 481 (HL).

③ 上议院（House of Lords 直译贵族院），是英国国会的上院（upper house）。英国国会同时也由英国君主与下议院（British House of Commons，直译庶民院）组成。除了立法功能以外，上议院昔日尚拥有司法权，对联合王国内所有民事案件及除苏格兰以外的刑事案件拥有终审权。历史上，上议院的司法职能并不由全院共同行使，而是交由院内具有法律经验的议员们，即人称"上议院高等法官"（Law Lords）者。至于对于英联邦地区案件的终审权，则基本上由联合王国枢密院行使之。不过，按《2005 年宪制改革法案》（Constitutional Reform Act 2005）规定，于 2009 年 10 月成立的联合王国最高法院已接收上议院司法职能。

④ See TGI Strasburg, 02. 04. 2001, *Recueil Dalloz Sirey*, Cahier Droit des Affaires [2002] at p. 2935.

⑤ See CA Colmar, 24. 02. 1999, 1999 ZIP 1210-1211; J. Calais Auloy and F. Steinmetz, *Droit de la Consommation*, 6th ed., Dalloz Publishing, 2003, p. 8.

⑥ See BGH NJW 1997, 1697.

⑦ 欧盟关于消费者合同的法律适用规则不仅包括《罗马条例 I》，还有各种指令中的冲突法条款。比如《消费者合同不公平条款指令》、《消费品销售及担保指令》、《远程销售合同指令》、《消费信贷指令》等。这些指令中包含的法律适用条款，目的就是在涉及选择第三国法律时保护欧盟消费者。《消费者合同不公平条款指令》第 6 条第 2 款规定：各成员国应采取必要的措施，确保消费者在选择非成员国法律作为合同准据法时不丧失指令给予其的保护。《消费品买卖指令》第 7 条第 2 款也有这样的规定，并要求和成员国有领土联系。

括信贷服务。① 而《罗马条例 I》的序言第 26 段明确规定："为本条例之目的，《金融市场指令》附录 I 第 A 和 B 部分所指的专业营销人员为消费者提供的诸如证券服务、投资服务和从属服务等各种金融服务，以及有关出让共同投资企业股份的合同……仍受本条例第 6 条调整。"② 该条明确规定《罗马条例 I》消费者保护条款适用于金融服务，包括信贷合同。

此外，欧洲法院在 Societé Bertrand v. Paul Ott KG 案③中特别指出：消费者保护规则适用于进行买卖货物或提供服务的合同，包括延期付款信贷合同、分期付款信贷合同或直接融资信贷合同等。该判例旨在进一步扩展消费者保护规则的适用范围，不局限于传统定义上的货物买卖与服务提供合同，而延伸到融资合同、信贷合同等主要由金融机构所提供服务的领域。④

"服务合同"的范畴应当包括信贷合同，这样消费者能够得到《罗马条例 I》中消费者保护条款更为全面的保护。首先，从消费者的角度来看，若将服务合同的定义狭窄化，将导致消费者保护措施的适用受到局限。⑤ 其次，从整个欧盟的角度来看，《罗马条例 I》的目的是实现合同适用法律的一致，若不同成员国对于服务合同的定义差异过大，则难以实现《罗马条例 I》促进跨境民商事交流的益处，实际上限制了信贷服务的自由流动，⑥ 最终将使欧盟市场一体化的目标难以实现。

2. "特定与实质的联系"标准

第二个适用消费者惯常居所地法的要求，是合同必须与消费者惯常居所地具有严格的地域性联系。⑦ 对比《罗马公约》和《罗马条例 I》，不难发现后者明显扩大了消费者惯常居所地法的适用范围，⑧ 不要求必须由经营者提起要约邀请，而代

---

① 《布鲁塞尔条例 I》第 15 条第 1 款 c 项。

② 《罗马条例 I》序言第 26 段。

③ See Case C-150/77 Societé Bertrand v. Paul Ott KG，[1978] ECR 1431，para. 20.

④ See Apostolos A. Gkoutzinis，Internet Banking and the Law in Europe：regulation，financial integration and electronic commerce，1st ed.，Cambridge University Press，2006，p. 299.

⑤ See Case C-203/99 Veedfald v. Aarhus Regional Authority，[2001] ECR 1-3569，para. 15.

⑥ See Case C-484/93 Svensson and Gustavasson v. Ministre du Logement er de l' Urbanisme，[1995] ECR I-3955.

⑦ See Case C-96/00 Rudolf Gabriel v. Schlank & Schlick GmbH， [2002] ECR I-6367，para. 41.

⑧ 《罗马公约》第 5 条规定，消费者保护适用的前提是经营者须在订立合同前曾经对消费者发出专门的邀请或者登过广告，而且消费者在该国，为了订立合同已采取一切必要的步骤；或者如果另一方当事人或其代理人在该国接受了消费者订货单时；或者如果合同是关于货物销售的，而消费者是从该国来到另一国并在该地送出其订货单的，但消费者此项旅程是由卖方为了吸引消费者购买货物的目的而安排。

以“在消费者惯常居所地从事商业或职业活动，以及通过某种手段，将此种活动指向该国或者包括该国在内的多个国家，并且合同处于该活动范围之列。”① 金融机构向国外消费者主动发出的，内容为要约邀请的电子邮件可以满足“通过某种手段，将此种活动指向消费者所在地”的要求，但消费者主动向国外金融机构发出要约邀请的电子邮件则不能达到这个效果。②

在网站上公布的产品和服务销售广告能否构成向特定外国消费者的要约邀请，也是有争议的问题之一。要约邀请只是希望别人向自己发出要约的意思表示，因此，要约邀请可以向不特定的任何人发出，也不需要在要约邀请中详细表示权利义务条款，因此无论对于发出邀请一方还是接受邀请一方都没有约束力。由金融机构在网站上发布的信息常常仅包含产品介绍、价目表、广告等，面向不特定的受众，但并不包含交易条件，即不包含合同的条款，不能因当事人意志内容产生法律关系，本质上属于要约邀请。③

网站上公布的金融产品和服务销售广告成立要约邀请当无疑问，但其是否构成向特定的外国消费者提出要约邀请呢？《罗马条例 I》中对此没有明确的说明，基于《罗马公约》和《罗马条例 I》之间的传承性，我们可以借鉴 Giuliano-Lagarde Report 中有关的论述，即消费者惯常居所地法适用的条件是金融机构必须就其产品与服务“在特定的消费者惯常居所地的诸如新闻、广播、电视等大众媒体上，或者以在该地电影院进行广告和发布商业手册等方式开展宣传活动”。④ 金融机构与外国消费者必须有特定和实质上的联系，在网络上向全世界发布的要约邀请，或者

① 《罗马条例 I》第 6 条第 1 款。

② See Andrew Rayner v. Richard Davis, [2002] EWCA Civ 1880 (CA), para. 26.

③ 《联合国国际货物销售合同公约》是关于国际商事合同领域最重要的国际公约之一，截至 2012 年 12 月其缔约方共 78 个，涵盖了主要的国际贸易国家和地区，在国际贸易领域具有重要的影响，该公约关于要约邀请的规定可资借鉴。按照《公约》第 14 条规定，向一个或一个以上特定的人提出的订立合同的建议，如果十分确定并且表明要约人在得到接受时承受约束的意旨，即构成要约。一个建议如果写明货物并且明示或暗示地规定数量和价格或规定如何确定数量和价格，即为十分确定。非向一个或一个以上特定的人提出的建议，仅应视为邀请作出要约，除非提出建议的人明确地表示相反的意向。《国际商事合同通则》第 2 条借鉴了 CISG 的规定：“订立合同的建议如果十分确定，并且表明要约人在得到承诺时承受约束的意旨，即构成要约。而且，本规定所用的语言完全是广义的，涵盖了所谓自动化订立合同的情况，适用于电子商务合同的订立。”

④ See Mario Giuliano and Paul Lagarde, *Report on the Convention on the law applicable to contractual obligations*, *Official Journal of the European Communities*, 1980, Commentary to Article 5: "... done certain acts such as advertising in the press, or on radio or television, or in the cinema or by catalogues aimed specifically at that country".

全世界刊行的印刷品不能满足“特定和实质的联系”的要求。① 在 Giuliano-Lagarde Report 中举了个例子：一位德国消费者向在一本美国杂志上登载的广告作出了回应，虽然在德国能够买到这本杂志，但是由此缔结的合同仍不能适用消费者保护条款，除非在该美国杂志中明确表明其面向欧洲读者发行。

“特定与实质的联系”标准要求金融机构必须在消费者惯常居所地开展销售活动，在这里由哪一方提出要约是关键。若由金融机构向消费者提出要约，则合同可以适用消费者惯常居所地法，反之则否。② 有学者认为，如果网站上的信息清楚地表明了金融机构有与某些特定国家的消费者缔结合同的意向，则可认定金融机构通过网络将经营活动指向特定国家的消费者，应适用消费者惯常居所地法。③ 在现代技术条件下，金融机构可以在其网站上注明其产品和服务所面向的国家，并能够分辨和拒绝在网络上来自其注明特定国家以外消费者的要约。④ 此外，可以通过金融机构网站上所使用的语言、指明交易应使用的货币，以及特定的法律条款等方面来推断其业务所指向的国家。可以得出结论，金融机构通过网站或其他电子商务手段向位于国外的特定消费者发布的要约邀请，满足“通过某种手段，将此种活动指向该国或者包括该国在内的多个国家”的行为要件。

根据弱者保护原则，合同的法律选择不能剥夺消费者惯常居所地法的特别保护已成共识，但也有限制，即仅保护所谓的“消极消费者”，到另一国家主动购买商品或服务的“移动消费者”就不在适用之列。⑤《罗马公约》第 5 条保护的是消极消费者，怎样使这些“移动消费者”的权利也受到保护？《罗马公约》曾试图进行改革，在其草案中增加保护“移动消费者”的条款，但受到来自商业

---

① 欧盟理事会和委员会在有关《第 44/2001 号（欧共体）条例》第 15 条的联合声明中指出，“企业在消费者的住所地所在的成员国或者在包括该成员国在内的多个成员国境内开展活动并不足以满足适用第 15 条第 1 款 c 项的条件，而且合同还必须系在该活动范围内订立”。该声明还指出，“尽管网址能提供订立远程合同的可能性，并且事实上也订立了远程合同，采用何种方式在所不论，但仅仅基于网址的可访问性并不足以成为适用第 15 条的依据。这时，网址使用何种语言或者货币并不重要。”参见《罗马条例 I》序言第 24 段。

② See Andrew Rayner v. Richard Davis, [2002] EWCA Civ 1880 (CA), para. 43.

③ See Richard Plender & Michael Wilderspin, The European Contracts Convention: The Rome Convention of the Choice of Contracts, 2nd ed., Sweet & Maxwell, 2001, p. 146.

④ See Peter Mankowski, *Das Internet im Internationalen Vertrags und Deliktsrecht*, ed. by Jürgen Basedow etc., Rabel Journal of Comparative and International Private Law, Bd. 63, H. 2, 1999, pp. 242-252.

⑤ 参见许军珂：《论消费者保护的法律选择模式》，载《法学家》2011 年第 5 期，第 136 页。

利益集团的反对，最终没有成功。① 因为如果把积极的主动消费者合同也纳入“消费者惯常居所地法”的适用范围，经营者在其本国经营时，也会面对许多难以预料到的、不同的消费者惯常居所地法适用的可能性，过于增加经营者的负担。

（三）消费者惯常居所地法适用的例外

1. 特定类型合同准据法的直接适用

《罗马条例 I》第 4 条第 1 款中规定了一系列在未选择法律情况下，排除消费者惯常居所地法的特定类型合同的法律适用，包括货物销售合同、服务合同、有关不动产物权或租赁的合同、特许销售合同、分销合同、通过拍卖方式订立的合同、在多边交易系统下订立的合同等。②

上述合同分为三类，第一类包括专门在消费者惯常居所地之外的其他国家向消费者提供服务的合同，以及与不动产物权有关的合同。与服务合同关系联系更密切的是服务提供地，与不动产物权合同关系联系更密切的是不动产所在地，而非消费者的惯常居所地，消费者很难期望其惯常居所地法律适用的效力可以超越最密切联系这一普遍原则。第二类是除欧共体理事会《关于一揽子旅游的第 90/314 号指令》③ 所规定的旅游合同之外的其他运输合同，该类合同直接适用《罗马条例 I》第 5 条（运输合同）的规定。第三类规定与以融资为目的的金融工具合同排除消费者惯常居所地法，这是在《罗马公约》中没有，而在《罗马条例 I》中出现的新规定。

2. 特定金融服务合同中的排除适用

在以融资为目的的金融工具或国际股票交易市场中的消费者可能来自不同的国家，从而造成某一个交易可能适用数个外国消费者惯常居所地法的情况，给法律适用带来过度的复杂性，不合理地提升了经营者的法律成本，同时发行和发售条件的统一性难以得到保证。此外，金融工具的本质是一系列以融资为目的的协议的集合，由复杂的权利义务关系构成。应确保构成金融工具的各种权利与义务不受适用于消费者合同的一般规则支配，因为这会导致对所发行的每种金融工具因适用不同法律而改变其特性，妨碍交易和发行。④ 因而，有必要对消费者合同的法律适用作

---

① See Norbert Reich, *Cross-Border Consumer Protection*, in *Understanding EU Consumer Law*, ed. by Hans W. Micklitz etc., Intersentia Publishing, 2009, p. 274.

② 《罗马条例 I》第 4 条第 1 款。

③ Council Directive 90/314/EEC of 13 June 1990 on package travel, package holidays and package tours.

④ 《罗马条例 I》第 28 条。

出例外规定，排除金融工具和股份转让合同。

《罗马条例Ⅰ》第4条规定，在多边交易系统下以金融工具为融资手段以满足客户包括投资、消费等不同的需求而订立的合同，如果依照非由当事人自主选择的法律，能有助于集中保护在《欧洲议会与欧盟理事会关于金融工具市场的第2004/39/EC号指令》（以下简称《金融工具市场指令》）① 所特指的融资手段②下众多第三人的买卖利益，该法律应得以适用。该条特别规定，在多边交易系统下消费者惯常居所地法不得适用于该条中所列的合同，③ 目的在于确保与发行者或发售者据此对消费者负有义务相关的所有合同方面均由唯一的法律支配。

三、强制性规则对金融消费者合同法律适用的影响

（一）强制性规则对合同准据法的限制

根据《罗马条例Ⅰ》第9条，法院在审理涉外合同案件时，若适用准据法为外国法，则不得与内国或与合同履行有密切联系的第三国法律中的强制性规则相抵触，否则后者有优先适用的效力。冲突规则的适用旨在达到跨国案件中判决的一致性和可预见性，而强制性规则的适用对其有所减损。金融机构通过网络向位于外国的消费者提供服务，在满足特定条件的情况下，不论在消费者惯常居所地法院还是金融机构所在地法院受诉，均应适用消费者惯常居所地法。但在不同国家法院，法律适用要受到其本国和与合同履行有密切联系的第三国法律中的强制性规则的损益，这样就造成了同一案件在不同法院起诉，即使在存在国际统一法律适用规则的情况下，其法律适用仍有所不同的情况。

（二）适用于金融消费者合同的强制性规则

《罗马条例Ⅰ》对于强制性规则的性质、范围与内容语焉不详，究竟何种规则如此重要，以至于可以排除准据法而直接适用，不同的国家有不同的规定。强制性规则体现了对法院地公共利益的考量，适用特定的国内法规则对于法院地国的重要性大于

---

① Directive 2004/39/EC of the European Parliament and of the Council of 21 April 2004 on markets in financial instruments.

② 该《金融工具市场指令》附录一第C节所列之金融工具。

③ 《罗马条例Ⅰ》第6条第4款e项规定："...（consumer protection shall not apply on）a contract concluded within the type of system falling within the scope of Article 4（1）（h）."

适用冲突规则，而不论该国内法规则是属于私法还是公法范畴。① 《罗马条例 I》没有对强制性规则的具体范围进行划分和确定统一的标准，而是让各国自主规定哪些公共利益具有强制性的效力，这样就要对适用国内法所要实现目的进行分析。

欧洲学者普遍认为，如果法院地法中的强制性规则体现了更强的公共秩序和政策利益要求，那么可以优先于《罗马条例 I》适用。② 而且欧盟成员国对相关指令的转化适用，以及更严格的国内法，在特定情况下比统一规则更适合于个案的裁决。③ 依国内法规制本国的经济运行，保护正当竞争、本国货币以及维护金融系统的稳定是强制性规则的重要作用之一。④ 优先适用于跨国金融服务合同的强制性规则集中体现在金融监管法规、竞争法和消费者权益保护法等法规之中，属于广义上的公法范畴，体现了内国对于规制金融交易的单边利益要求，同时如英国的《消费信贷法》等符合“共同利益”的国内法也可能优先适用。⑤ 针对跨国金融服务的限制措施可能是歧视性的，也可能是非歧视性的；可能表现为实体规则，也可能表现为冲突规则。强制性规则大多属于合理的非歧视性限制措施。⑥ 这样即使金融机构在国际业务中已遵循其母国的监管标准，也仍有可能要受到服务提供目的国更严格的国内法规制。⑦

---

① 本文所讨论的强制性规则与“强行法”（ius cogens）又称“一般国际法强制性规范”的概念不同，其中拉丁文“法”（ius）是指本源意义上的“法”，而不是具体意义上的“法律”。“强行法”是源于罗马法的一个术语，指那些不能为合同当事人变更的规则，它与可以变更的任意法相对应，在现代社会的习惯中，这个术语更多的与国际公法联系起来，指依据自身利益、公共意识或相互善意对待的愿望而确定的对一国行动自由的限制。参见张乃根：《西方法哲学史纲》（增补本），中国政法大学出版社 2002 年版，第 29 ~ 30 页；［英］戴维 M. 沃克：《牛津法律大辞典》，李双元等译，法律出版社 2003 年版，第 597 页。

② See BGHZ 135, 124; BGH WM 1994, 14, 1; Richard Plender & Michael Wilderspin, The European Contracts Convention: The Rome Convention on the Choice of Law for Contracts, 2nd ed., Sweet & Maxwell, 1999, p. 195.

③ See Ingmar GB Ltd v. Eaton Leonard Technologies Inc, [2002] ECR I-9305.

④ See Apostolos A. Gkoutzinis, Internet Banking and the Law in Europe: regulation, financial integration and electronic commerce, 1st ed., Cambridge University Press, 2006, p. 306.

⑤ See Huntpast Ltd v. Leadbeater, [1993] CCLR 15.

⑥ 参见刘轶：《论欧盟金融服务法中的服务自由原则》，载《暨南学报》（哲学社会科学版）2008 年第 2 期，第 17 ~ 24 页。

⑦ See Case C-382/87 Buet and EBS, [1989] ECR 1235.

根据欧共体《第二号银行指令》,① 凡在欧共体一成员国内取得许可证的信用机构，有权在其他成员国内自由设立分行并提供经许可的服务，而无须经东道国的另行许可或授权。单一银行许可是欧共体银行业一体化的集中体现，也是《第二号银行指令》的一项核心内容。这一原则的适用例外是很有限的，只受到公共利益条款的限制，欧共体信用机构行使单一许可项下的权利，不得与东道成员国为保护公共利益的法律规定相冲突。② 法国银行监管机构曾规定，限制银行向活期存款的储户支付利息。③ 该监管措施体现了当时法国保守的货币与经济财政政策，适用于：（1） 法国银行开立的活期存款账户，不考虑储户的国籍和住所地；（2） 国外银行为居住在法国的储户开立的账户，即使国外银行符合其母国监管法律。④ 在这种情况下，外国银行以支付优惠利息以吸引客户的营销策略受到限制，从而难以与具有缜密本地营销网点的法国国内银行相竞争。该措施影响了外国银行，尤其是主要通过网络经营电子银行业务、没有实际网点的银行进入法国市场。后经欧洲法院裁定，法国监管机构无法证明该措施具有维护当地公共秩序的必要性，其对于活期存款账户的这种限制措施违反了欧共体《第二号银行指令》，造成了对金融服务自由流动的严重阻碍。⑤ 从冲突法的角度来看，法国法院的上述限制是基于当时《罗马公约》的第 7 条有关强制性规则的规定，该案反映了国内政策可能优先于准据法适用的现实。

（三） 强制性规则限制适用的必要性

一国强制性规则的效力只及于其领域内，但法院有权裁量涉外合同关系与法院地是否有最密切联系。消费者在法院地国的惯常居所通常可以作为充分的联系因素，但同时也需要附加考虑其他因素，如在法院地接到国外金融机构的

① The Second Council Directive (89/646/EEC) of 15 December 1989 on the co-ordination of laws, regulations and administrative provisions relating to the taking up and pursuit of the business of credit institutions and amending Directive 77/780/EEC (Second Banking Directive).

② 参见李仁真：《论欧共体银行法的特有原则》，载《法学评论》1999 年第 3 期，第 75 ~ 82 页。

③ See Regulation No. 86-13 of the Comité de la Réglementation Bancaire et Financière (Committee for Banking and Financial Regulation).

④ See Article L312 (3) of the Code Monétaire et Financier (Monetary and Financial Code).

⑤ See Case C-442/02 Caixa-Bank France v. Ministère de l'Economie, de Fiances et de l' Industrie, [2004] ECR I-8961, paras. 13-16. 在欧洲法院对 Caixa-Bank 案作出判决之后，法国活期存款利息禁止令被取消。See Règlement No. 86-13 du 14 mai 1986 relatif á la rémunération des fonds reçus par les établissements de crédit, as amended.

要约邀请、在法院地缔结或履行合同等。① 在对消费者权益的保护方面，强制性规则的适用并不必然对消费者的权益不利，只有将强制性规则的具体内容与合同的准据法进行对比分析，才能够客观评价其实际影响。强制性规则主要是在非歧视的基础上实施的，不会限制外国经营者进入消费者惯常居所地市场。② 但从欧盟金融一体化的角度来看，强制性规则对于金融服务的自由流动产生了限制。

强制性规则对于跨国金融服务自由流动的影响需要从个案分析，包括实体规则内容以及法院裁量的不同都会对适用结果造成极大的影响，而这对于当事人来说在缔结合同的过程中是很难预见到的。金融机构在其固定的营业地通过网络向位处不同国家的消费者提供服务时，经常会面临这个问题。在法律适用上的单边主义会造成对跨国金融服务业的不利影响，因而内国法院应当基于鼓励国际贸易的原则慎重权衡，除非在确有必要或在符合"共同利益"③ 的前提下才适用强制性规则。若允许内国法院不受限制地将有关货币及经济财政政策作为强制性规则优先适用于合同纠纷，金融服务的自由流动和市场一体化将受到消极的影响。主要体现在金融机构不得不去对产品与服务进行调整，以适应目标市场国的法律，这样就增加了其成本，并且减损了产品的国际竞争力，最终会造成对金融服务跨国流动的阻碍和消费者选择的减少。而那些本国管制较严格的金融机构却会在相对更加自由和管制宽松的外国市场中受益，这种情况

---

① See Roy Goode, Consumer Credit Law and Practice, 1st ed., LexisNexis Butterworths, 1999, p. 49.

② See Apostolos A. Gkoutzinis, *Free Movement of Services in the EC Treaty and the Law of Contractual Obligations Relating to Banking and Financial Services*, Vol. 41, Common Market Law Review, 2004, pp. 119-175.

③ 在欧洲一体化的早期阶段，服务自由原则主要适用于歧视性的贸易限制措施。后来，司法实践的发展使这一原则也适用于那些不符合"共同利益"（general good）的非歧视性限制措施，而合理的非歧视性限制措施则通过金融服务指令来协调。在欧盟金融服务法中，共同利益是一个纯粹的司法概念，泛指极为重要的公共利益要求（imperative public interest requirements）。20 世纪 70 年代，欧洲法院为了通过判例法补充《罗马条约》第 30 条关于数量限制例外的规定，在有关货物自由流动案件的判决中创设了这一概念。后来，这一概念在有关金融服务的案件和金融服务指令中也得到了推广。在欧盟金融服务法中，共同利益标准被用来判断成员国国内法中限制设立和服务自由的非歧视性措施是否合理。从司法实践来看，限制了服务贸易的国内法措施如果具备了"必要性"（necessity）、"比例性"（proportionality）和"相称性"（suitability）等要素，就会被认为是符合共同利益的。See Susanne K. Schmidt, *The Impact of Mutual Recognition: Inbuilt Limits and Domestic Response to the Single Market*, Journal of European Public Policy, Vol. 9, No. 6, 2002, pp. 937-938.

会导致各国金融监管机构进一步地加强监管，最终将妨碍国际市场壁垒的降低和跨国金融服务的自由流动。

四、可资中国借鉴的欧盟金融消费者合同法律适用模式

（一）欧盟与美国模式的区别

欧盟金融消费者合同的法律适用模式，是以适用消费者惯常居所地法为核心，分为四个层面：（1）适用主体：包括自然人非出于商业或职业活动目的（消费者）而与从事商业或职业活动的另一方（专业营销者）订立的合同，且仅包括"消极消费者"；（2）适用条件：合同旨在提供金融服务和信贷，并与消费者惯常居所地有严格的地域性联系（"特定与实质的联系"）；（3）适用例外：仅适用于消极消费者，不适用于主动（移动）消费者，不适用于以融资为目的的金融工具、可转让证券与企业股份转让合同；（4）特殊保护：当事人可根据意思自治选择合同准据法，但此种选择的结果，不得剥夺未选择法律时依照《罗马条例Ⅰ》本应适用法律中的强制性规则给予消费者提供的保护。

在美国立法中，没有像欧盟立法那样把消费者合同作为特殊合同形式，而仅把它视为普通的合同，当事人可以自由选择法律适用，法院通过"公共秩序"、"当事人或交易与所选择法律所在地有实质联系"等来达到保护消费者的目的。① 在实践中，由于"公共秩序"与"最密切联系"等概念缺乏统一的认定标准，出现了一些相矛盾的判决。② 美国与欧盟立法的歧义，一方面是由英美法系的个案处理与大陆法系的执行制定法的法律传统造成；另一方面也是基于不同的政策取向，美国各州早期多通过竞争法来实现消费者保护，而欧盟一直以来将消费者保护视为一项独立的政策。美国曾经尝试在《统一商法典》的修订中引进欧盟模式，但最终没有成功，反对意见多来自大公司经营集团，它们不愿承担适用消费者惯常居所地法而带来的法律成本和风险。③ 还有一个重要的原因就是美国的宪法体系对合同冲突

① 参见许军珂：《论消费者保护的法律选择模式》，载《法学家》2011年第5期，第146页。

② See James J. Healy, *Consumer Protection Choice of Law: European Lessons for the United States*, Duke Journal of Comparative and International Law, Vol. 19, 2008, pp. 537-538.

③ See Jack M. Graves, *Party Autonomy in Choice of Commercial Law: The Failure of Revised U. C. C. §1-301 and a Proposal for Broader Reform*, Seton Hall Law Review, Vol. 36, 2005, p. 68.

法的限制，如果强制适用消费者惯常居所地法，会违反宪法的“充分信任条款”。①

（二）中国有关立法规定

《法律适用法》已于2011年4月1日起施行，第42条规定：“消费者合同，适用消费者经常居所地法律；消费者选择适用商品、服务提供地法律或者经营者在消费者经常居所地没有从事相关经营活动的，适用商品、服务提供地法律。”显然，立法者首先采用了“惯常居所”这一国际社会普遍适用的连结点，并以“经常居所”作为表达；②然后采用限制性意思自治原则，即仅允许消费者选择商品、服务提供地法律；同时如果经营者在消费者经常居所地没有从事相关经营活动，那么适用商品、服务提供地法律。本条体现了弱者保护原则，立法规范符合国际发展的趋势，但仍有值得改进的余地。在《法律适用法》出台以后，国内业已有关于对其中消费者保护规则的评价和改良建议的公开发表成果，③在此不再赘述，而仅以对在金融消费者合同法律适用这个特殊方面提出欧盟立法模式的可资借鉴之处。

（三）欧盟立法模式的可资借鉴之处

首先，金融消费者身份的确定。基于金融消费的独特性，自然人客户利用投资获利大多并非是终端行为，而更多地是为了增加资本进行再生产或进行终端消费。个人投资是否可以作为金融消费的一种类型在中国的学术和实践中仍存在不同意见，建议在司法解释中对其进行确定，以促进司法审判实践的确定性和规范化。投资人拥有金融专业知识的程度和范围比较主观，难以作为其消费者身份的客观考量

---

① 美国宪法第4条第1节规定：“每一州对其他各州的公务文书，公记录和司法程序，必须给予充分的忠实和信任。国会可以制定普遍性的法律，规定该文书，该记录和程序必须证明方式及其效果”。就是说，每一个州对其他州合法成立的法律、行政决定和法院判决，必须充分信任，承认他的效力。如果说，联邦法律效力最高原则，是解决不同等级之间的法律冲突，那么充分忠实和信任原则，旨在解决同级各州之间的法律冲突。他们都是联邦制度的向心力量。信任原则要求每一州对于依照其他州的法律或者司法程序所创造的权利和责任，不能任意忽视，必须把它们作为全国的构成部分，不论其产生之州为谁，在任何州都可以得到救济。See William J. Woodward Jr. , *Contractual Choice of Law: Legislative Choice in an Era of Party Autonomy*, Vol. 54, SMU Law Review, 2001, p. 697.

② 参见高晓力：《最高人民法院〈关于适用中华人民共和国涉外民事关系法律适用法若干问题的解释（一）〉解读》，载《法律适用》2013年第3期，第44页。

③ 参见于颖：《〈涉外民事关系法律适用法〉第42条评析》，载《法学评论》2011年第2期，第65～70页；许军珂：《论消费者保护的法律选择模式》，载《法学家》2011年第5期，第134～179页。

因素，不应自动排除具有金融专业知识的客户。可以授权法官根据实际情况，包括投资的目的、投资人的工作性质等方面进行考量，或者在法律解释中规定从事金融行业等职业的专业人员不具有金融消费者的身份。

其次，《法律适用法》要求在没有法律选择的情况下直接适用消费者惯常居所地法，没有明确规定消费者在纠纷发生后是否有权选择经营者所在地法，这显然不符合当今国际社会消费者合同法律适用中“最有利原则”的理论和实践。①《法律适用法》第42条第1款规定，消费者合同适用消费者经常居所地法律；但很有可能发生的事实是，在消费者受损害的涉外合同纠纷中，消费者经常居所地法律对该消费者的保护水平没有经营者所在地国法律提供的保护水平高。② 在我国，1994年起施行的《中华人民共和国消费者权益保护法》已经渐渐不能符合时代发展的需要，对其的修改业已提上人大常委会工作日程。为了切实保护消费者的利益，应规定消费者在纠纷发生后有权选择适用对其更有利的法律。同时，在群体诉讼中，适用经营者所在地法也可以避免适用多个消费者惯常居所地法所带来的不便和对经营者的额外诉讼负担。

再次，《法律适用法》第42条规定了消费者经常居所地法的适用，但没有明确规定以融资为目的的金融工具和股份转让合同是否排除适用。由于金融工具和股份转让交易一般会涉及多个客户，在金融交易电子商务化的影响下这种状况更加明显，服务提供者常会面对众多来自不同国家的消费者。中国金融机构在进行跨国金融工具和股份转让交易的时候，有可能适用不同国家金融消费者的惯常居所地法，将面对不同国家法律查明的复杂性与应诉所耗费的巨大人力物力。《罗马条例Ⅰ》第6条明确规定了消费者保护规则不适用于金融工具交易，值得《法律适用法》借鉴。

---

① 各国为了实现国际私法的实质正义价值，大都在法律适用领域规定了最有利原则。如1982年南斯拉夫《法律冲突法》第28条规定，除个别情况另有规定外，民事侵权责任依行为实施地法或结果发生地法，其适用视何种法律对受害人最为有利。1999年12月9日OECD理事会通过的《电子商务中消费者保护指南》规定，政府应该努力保证为消费者和商人提供公平，使消费者的保护水平不低于在其他商业形式中给予的保护水平，并给消费者提供有益的公平程序，以及时解决争端和赔偿问题，并没有过度代价或负担。美国巡回法院在Hyatt v. Boone案中也认为：关于产品质量的书面说明之表达，虽然当事人各自所在的州执行两种不同的标准，而且必须承认的是，这两种标准在实践中存在较大差距，但法院应当从最有利于保护消费者利益的角度，选择其中一种标准来进行判决。参见刘益灯：《涉外网络消费中的法律难点问题研究》，载《政治与法律》2011年第9期，第89～91页。

② 参见许军珂：《论消费者保护的法律选择模式》，载《法学家》2011年第5期，第144页。

全国人大常委会已经将1994年起施行的《消费者权益保护法》提上修改日程，充分体现了对于消费者保护的重视。国际语境下的消费者保护更需要实体法与冲突法的结合，《法律适用法》的规定符合国际发展的趋势，但仍有值得改进的余地，尤其是金融消费者合同的特殊性决定了有必要在一般规则的基础上加以特别规定。相较于授权法官进行自由裁量以保护消费者权益的美国模式，以2008年《罗马条例Ⅰ》为基础的，对于金融消费者法律适用规则进行特别规定的欧盟模式更值得中国立法者借鉴。

The Applicable Laws to EU Financial Consumer Contracts

Abstract: The philosophy of EU applicable law rules on financial consumer contracts includes: (i) favorable rules should be applied to protect the weaker party in the contract; (ii) the cost of dispute settlement should be lower down in consumer contracts which always has a small amount in dispute, and the long distance sales technologies shall be considered. The place where the service provider located should be regarded the default applicable law of the contract, and the application of the law of consumer's habitual residence be regarded as the balance of negotiation power between the two. The choice of the law has always been affected by factors including the classification of characterization of financial consumer, the nature of financial services and the exclusion of consumer protection rules in special contracts, etc.

Keywords: Financial Contract　Consumer Protection　Application of Laws

三、国际私法中的强制性规范

国际法视角下金融包容的理论研究*

□ 马诗琪

内容摘要：金融包容是后危机时代国际金融领域重要的新理念，需要从含义、主体、原则三个方面全面剖析金融包容及相关的法律问题。首先，金融包容是一个发展的理念，可以归纳得出金融服务的使用、金融服务的获得以及金融服务的质量等三个基本含义。其次，20国集团是最重要的发起主体；新建立的金融包容全球合作伙伴、金融包容联盟与现有的国际金融标准制定机构相互配合，是金融包容的实践主体。再次，综合分析金融包容的基本含义和国际组织的重要实践，总结了以国家为基础着重于合作与共享、以创新为手段着重于金融多样性发展、以普惠为目标着重于金融能力提高、以比例平衡为标准的风险控制等基本原则。对国际层面金融包容理念的探索，有益于我国金融改革实践，对提高全社会金融包容程度具有重要的指导意义。

关键词：金融包容　G20　标准制定机构

目　次

---

* 教育部人文社会科学基地重大研究项目“国际金融法律秩序变革研究”（项目批准号：11JJD820009）。

武汉大学国际法研究所博士研究生。

导　言

尽管世界各国的金融市场蓬勃发展，但是全球仍然有超过 25 亿人被排除在金融服务之外，这限制了他们的储蓄和借贷的权利和保护自己和家人免受饥饿、犯罪和自然灾害侵害的能力。① 国际经济合作与发展原则是各国普遍接受的一项国际法原则，正如联合国宪章的规定，联合国的宗旨之一是促成国际合作，以解决国际间属于经济、社会、文化及人类福利性质之国际问题，且不分种族、性别、语言或宗教，增进并激励对于全体人类之人权及基本自由之尊重。国际合作是现代社会发展的必然趋势。而 G20 作为当今最重要的国际经济合作平台之一，已经把发展金融包容作为其中的一个首要目标。金融包容正式被列入 G20 的政策体系是在 2010 年 11 月的首尔峰会上，会议通过了《首尔发展共识（the Seoul Development Consensus）》，其中正式通过把金融包容作为发展的 9 个关键支柱之一。② 金融包

① AFI, G20 Principles For Innovative Financial Inclusion, p. 1, available at http://www.afi-global.org/library/publications/g20-principles-innovative-financial-inclusion, visited on May 1, 2013.

② GPFI, GPFI Report to the G20 Leader, p. 5, available at http://www.gpfi.org/knowledge-bank/publications/gpfi-report-g-20-leaders, visited on May 1, 2013.

容是一个发展中的概念；包容意味着多元性，无论不同的金融市场、不同的金融工具，还是不同的国家，不同的政治体制，从国际法的高度分析金融包容，更能透彻地分析金融包容的本质和未来的发展方向。作为一个新的理念，理论界对于金融包容的探索还是刚刚起步，且尚未对金融包容有一致的定义。本文试图从分析金融包容的含义入手，进而分析金融包容的发起主体和实践主体，从而对国际层面落实金融包容的原则进行归纳分析这对于我国金融体制改革，尤其是对如何扩大金融的适用地区和适用人群，如何使民间金融正规化，如何提高全社会金融包容程度等问题具有重要的指导意义。

一、金融包容的含义

（一）金融包容的产生与发展

金融包容的含义是随着实践发展而逐步被提出来的。2006 年 10 月，在世界银行扶贫协商小组（Consultative Group to Assist the Poor，CGAP）公布的第 39 期《焦点》报告中，提出了与金融包容类似的概念小额信贷（microcredit）和微型金融（microfinance）。随着时间的推移，首先由小额信贷的概念扩展到微型金融，再到发展成涵盖整个金融体系的含义，为穷人和低收入群体的金融系统的建设，从而实现金融系统的包容性。①随后，CGAP 进一步明确了金融包容的定义。2011 年 10 月，其代表金融包容全球合作伙伴（GPFI）向 G20 提交了一份白皮书，《全球标准制定机构与关于贫穷问题的金融包容：比例标准和指南（Global Standard-Setting Bodies and Financial Inclusion for the Poor：Toward Proportionate Standards and Guidance)》。在白皮书中，金融包容被定义为是指所有工作年龄的成年人，包括那些目前被金融系统排斥在外的，都能通过有效途径获得正式的机构提供的信贷、储蓄（广义的定义，包括活期账户）、支付和保险等金融服务。其中，这个有效途径要求方便的、负责的服务交付形式，成本要求消费者负担得起和对供应商是可持续的，其结果是目前被金融系统排斥在外的消费者选择使用正规的金融服务，而不是

① Elizabeth Littlefield，Brigit Helms，David Porteous，*Financial Inclusion 2015：Four Scenarios for the Future of Microfinance*，Focus Note No. 39，available at http：//www. cgap. org/publications/financial-inclusion-2015，visited on May 1，2013.

现有的非正式机构。①相比较而言，我国国内并没有相关文献对金融包容的理念进行详细阐述和总结。

从发展历程分析，金融包容与微型金融是息息相关的两个概念。其中一个很重要的共同点是，金融包容和微型金融所强调的金融服务主要是指经政府注册或有执照认可的服务供应者提供的金融服务，换言之也就是正规的金融服务。金融包容和微型金融也有一些不同点，主要体现在主体方面，微型金融主要针对的是贫穷和低收入群体，金融包容针对的主体更加广泛，扩展向一般被金融排斥的群体而不限于贫穷和低收入群体，甚至也包括更多的中小型企业。② 笔者认为，金融包容的含义是在总结现存的相关概念基础上，适应现实需求而产生的更为全面的概念。更进一步说，鉴于我国作为发展中国家的国情，金融包容能更为全面地体现社会的需求，尤其是提高扩大社会享受金融服务主体，惠及更广泛不同层次的社会人群方面，因此金融包容这一概念显得更为适合和全面。

（二）金融包容的基本含义

新一轮金融体制改革中，金融包容的理念得到相关国际组织和国家的重视，这是因为金融包容的理念不仅旨在消除贫困，也着眼于实现包容性经济增长的目标。探索金融包容的基本含义，不仅需要在理论层面深入分析，更重要的是还原到实践当中，以具体的指标反映金融包容的基本含义。相关的国际组织对金融包容在实践中的应用，制定了一些具体的指导标准，这对于明确金融包容的含义具有一定的参考价值。2011 年的 G20 戛纳峰会，G20 各国同意支持 GPFI 关于全球和国家金融包容数据的工作；2012 年的 G20 洛斯卡布斯峰会上，G20 进而签署了金融包容的基本指标（the G20 Basic Set）。关于金融包容的基本指标的最新发展体现在 2013 年 9 月召开的 G20 圣彼得堡峰会的文件中，GPFI 完成了较为完整

① "Financial inclusion", as the term is used in this white paper, refers to a state in which all working age adults, including those currently excluded by the financial system, have effective access to the following financial services provided by formal institutions: credit, savings (defined broadly to include current accounts), payments, and insurance. "Effective access" involves convenient and responsible service delivery, at a cost affordable to the customer and sustainable for the provider, with the result that financially excluded customers use formal financial services rather than existing informal options. Available at CGAP, Global Standard-Setting Bodies and Financial Inclusion for the Poor: Toward Proportionate Standards and Guidance, p. 8, http://www.gpfi.org/knowledge-bank/white-papers, visited on May 1, 2013.

② CGPA, A Guide to Regulation and Supervision of Microfinance, p. 5, available at http://www.cgap.org/publications/guide-regulation-and-supervision-microfinance, visited on May 1, 2013.

和全面的基本指标，加深了对金融包容的理解。这些具体指标如果能结合各国具体的数据和信息，将有助于在国际层面或者国内层面的政策制定者发展金融包容的制度和措施。

根据 FIDWG 和 GPFI 的相关文件,① 金融包容可以归纳得出以下三个方面的基本含义，分别是金融服务的使用、金融服务的获得以及金融服务的质量；而且这三个方面的含义是递进的关系，金融服务的适用和获得是金融服务质量的前提。

1. 金融服务的使用。这个方面主要指向使用和获得正规金融机构的金融服务的能力。② 按照金融服务使用主体不同，可以分为自然人的使用和企业的使用。针对自然人的金融服务使用，可以具体化为下列内容：享受正规银行服务的比例，提供信贷且有监管的金融机构的比例，拥有保险的人数，非现金交易的数量，使用移动设备交易的数量，使用金融账户的频率，储蓄习惯，汇款使用的比例等。针对企业的金融服务使用，可以具体化为中小型企业获得正规银行服务的比例和中小型企业获得贷款的比例。

2. 金融服务的获得。这个方面主要指向获得金融服务和产品的深度或广度。③ 按照获得的途径的不同，可以分为有形服务提供和移动服务提供。随着科学技术的发展，金融服务的获得方式也突破了传统的金融网点的限制，通过移动设备获得的金融服务发展迅速，在考察金融服务获得的同时，应当充分重视新的金融服务提供方式。

3. 金融服务的质量。这个方面是综合性的考察内容，需要在上述两个方面的基础上综合分析，主要可以分为三个具体方面，分别是金融知识和能力、市场行为和消费者保护、使用的障碍。其中，市场行为指标具体考察金融信息披露的方式和内容；消费者保护指标主要考量金融机构内部和外部的纠纷解决机制。金融服务使用的障碍主要指使用的费用和中小型企业信贷的难度。

综上所言，金融包容是发展中的理念，其含义随着实践的不断发展而有所变化；根据已有的实践经验，笔者认为可以从金融服务的使用、获得以及金融服务的

① 金融包容联盟于 2009 年成立了金融包容数据工作小组（the Financial Inclusion Data Working Group，FIDWG）。GPFI，G20 Financial Inclusion Indicators，http：//en. g20russia. ru，visited on September 25，2013. AFI，Measuring Financial Inclusion Core Set of Financial Inclusion Indicators，http：//www. afi-global. org，visited on September 25，2013.

② AFI，Measuring Financial Inclusion Core Set of Financial Inclusion Indicators，p. 4，available at http：//www. afi-global. org，visited on September 25，2013.

③ AFI，Measuring Financial Inclusion Core Set of Financial Inclusion Indicators，p. 5，available at http：//www. afi-global. org，visited on September 25，2013.

质量三个基本方面分析金融包容的含义，即金融包容旨在突破地域、阶层的障碍，扩大正规金融服务的使用范围，扩展获得的金融服务深度和广度，从而提高全社会金融服务的质量。

二、金融包容的发起主体及其实施机制

20 国集团（G20）是金融包容的有力推动者，每年发布的领导人宣言都对金融包容投以关注的态度，内容的比重也逐年加大，尤其是每年召开的财长和央行行长会议在推动金融包容和制定政策上起到了十分重要的作用。

（一）G20 提出了金融包容的 9 个原则作为各国承诺的重要基础

通过对各国，尤其是存在金融排斥的国家的经验的考察，G20 的专家小组分析总结了金融包容的 9 个方面的原则，① 分别是领导、多样性、创新、保护、授权、合作、经验、比例、框架。这 9 个方面的原则最早编写在《创新性金融包容的原则和报告（Principles and Report on Innovative Financial Inclusion）》（也称为《ATISG 报告》）中，② 其后成为金融包容全球合作伙伴（GPFI）的成立基础之一。这 9 个原则是 G20 关于金融包容有效措施的浓缩，将金融包容原本复杂的含义简化为最核心的部分，使政府、银行和其他相关机构更加容易找到政策的切入点，各个成员国作出金融包容的承诺也以此为依据之一。综上，G20 提出了金融包容的 9 个原则对于各国落实金融包容具有十分重要的指导价值，从国际合作的层面上充分肯定了落实金融包容的现实需求和现实可能。

（二）各国财长和央行行长会议进一步落实 G20 金融包容的各项要求

相较于 G20 峰会，G20 财长和央行行长会议（G20 Finance Ministers and Central Bank Governors' Meeting）进一步落实 G20 金融包容的各项要求，使得金融包容的落实更加具体化和制度化。近几年，会议都对金融包容的议题进行了探讨，推动了金融包容在 G20 国家的发展。

---

① FIEG, Principles and Report on Innovative Financial Inclusion, available at http://www.gpfi.org/knowledge-bank/publications/principles-and-report-innovative-financial-inclusion, visited on May 1, 2013.

② FIEG, Principles and Report on Innovative Financial Inclusion, available at http://www.gpfi.org/knowledge-bank/publications/principles-and-report-innovative-financial-inclusion, visited on May 1, 2013.

2012 年 4 月，在华盛顿召开的财长和央行行长会议同意遵循戛纳会议上批准的《2011 年金融包容性全球合作计划》中的 5 项建议①，并同意朝着取得具体结果的方向推进金融包容性日程该会议也同意在洛斯卡布斯峰会上向 G20 领导人提供“20 国集团基本金融包容性指标（G20 Basic Set of financial inclusion indicators）”计划，而这项计划将有助于各个国家、政策制定者和利益相关者集中致力于采取全球化的行动来测量和追踪有关全球金融服务可用性的进展。此次会议还认可了即将推出的《G20 金融包容性同侪学习计划（G20 Financial Inclusion Peer Learning Program）》，这意味着 G20 为金融包容建立国家协调平台和战略的 G20 和非 G20 成员国取得初步成果。此外，在金融教育实施机制也有所创新，会议认可 OCED 及其“金融教育国际网络（International Network on Financial Education，INFE）”以及世界银行在这一主题上所做工作的重要性和相关性。在推进金融消费者保护日程方面，会议认可国际金融消费者保护网络（FinCoNet）作为市场行为金融当局全球网络的重要性。会议还认可妇女获得金融服务和金融交易的必要性，并呼吁 GPFI 和 OCED 及 INFE 找出妇女可能面临哪些更多的障碍。② 2013 年 4 月，G20 财长和央行行长会议在华盛顿召开。会议也对金融包容问题给予了充分的重视。在此次会议公报中，欢迎推出的金融包容支持框架；迎接即将到来的“妇女与金融”研讨会并支持妇女的金融中心（the Women's Finance Hub）主办的中小企业融资论坛（the SME Finance Forum），这将提供最佳实践和知识共享机会；会议呼吁 GPFI 研究探讨在全球环境中的中小企业融资差距和挑战，以及潜在的政策应对措施；欢迎金融行动特别工作组的修订金融包容性指导，帮助创造一个有利的监管环境，创新金融

---

① 这 5 项建议分别是：第一，为了进一步固定 GPFI 关于普及和使用金融服务的愿景，鼓励发达国家和发展中国家的进一步承诺遵守创新金融包容的九条原则，从成功的经验中吸取的经验教训，并提出从中政策建议。第二，呼吁 BCBS、CPSS、FATF、IADI、IAIS 等主要的标准制定机构，共同探讨他们和 GPFI 之间工作的互补性，以及，鼓励标准制定机构从 GPFI 白皮书、金融包容性的国别案例研究、标准制定机构的标准和指引中提出建议和总结经验。第三，启动中小企业金融论坛作为一个平台，由 IFC 主办，作为中小企业金融杠杆经验的支持；欢迎 GPFI 根据金融包容的原则而开发的中小企业金融政策指南，作为以后各国参与的基础；承认对妇女开办企业的融资和对农业中小企业的融资为创造就业和稳定增长的关键因素。第四，欢迎 G20 的承诺，建立一个金融框架，在向中小企业金融挑战的获奖方案给出赠款和风险资本和扩大成功的中小企业融资模式等方面取得了进展。第五，要求 IMF 继续与 IFC 和 CGAP 的支持，并加强其供应方的数据收集工作，以及国家鼓励开发和使用与通知和检测政策成功率和其他补充支持供应方和需求方数据有关的数据资源。GPFI，GPFI Report to the G20 Leader，p. 12，available at http：//www. gpfi. org/knowledge-bank/publications/gpfi-report-g-20-leaders，visited on May 1，2013.

② 《20 国集团财政部长和央行行长会议最终公报》，资料来源于：新浪网，http：//finance. sina. com. cn/world/20120421/081611885238. shtml，2013 年 5 月 1 日最后访问。

包容性的重要一步。①

总之，G20 在国际层面推动金融包容起到了十分重要的作用。通过 G20 的各项承诺和任务，金融包容的理论体系和实施机制得到进一步的丰富和完善，在国际层面落实金融包容获得更多指导性的原则。

三、金融包容的实施主体及其法律地位

在国际合作不断加深的背景之下，金融包容的发展更迫切地需要专业性的组织和平台，使得金融包容在全球范围内得到更大的传播和普及。按照国际组织法的相关原理以及国际合作的不同方式分析，金融包容的实施主体主要有两个不同类型的层次。

第一个层次是全球性的国际组织，主要面向各个国家及其相关国家机构，在全球范围内促进金融包容实践的发展。新成立的金融包容全球合作伙伴（Global Partnership for Financial Inclusion，GPFI）、金融包容联盟（Alliance for Financial Inclusion，AFI）就是最重要的代表。

第二个层次是专门性的国际组织，这些国际组织通过制定各自行业或领域的规范、标准、准则等，从而对各国的金融机构起到实质性的指导作用，也为金融包容的国际合作提供了较为统一的规范基础。这些国际社会上已有的国际组织在实施金融包容的过程中，起到了非常重要的作用；具体而言，这些国际金融标准制定机构充实了金融包容的具体金融标准。下文主要介绍巴塞尔银行监管协会（BCBS）、国际支付和清算协会（CPSS）这两个组织关于金融包容的新措施。

（一）GPFI 是实践金融包容最重要的国际组织

金融包容全球合作伙伴是 G20 实施金融包容行动计划（G20 Financial Inclusion Action Plan，FIAP）的主要平台。根据国际组织法的原理，GPFI 是一个全球性组织，该组织旨在向国际社会的各个国家开放，不论其地理位置以及经济水平，一同寻求解决金融包容有关问题和提高全球金融包容水平的方法。同时，GPFI 也是一个开放性组织，提供了一个开放而包容的平台，它面向 G20 的成员国，也面向 G20 的非成员国，以及其他为了同行借鉴、知识共享、政策宣传和协调的利益相

① Communiqué of Meeting of Finance Ministers and Central Bank Governors, available at http：//www. imf. org/external/np/g20/, visited on May 24，2013.

关者。①

1. GPFI 的法律地位和发展趋势

2009 年 9 月，G20 匹兹堡峰会上为了实现向穷人提供安全可靠的新模式金融服务的目标，成立金融包容专家小组（FIEG），该小组为 GPFI 的成立奠定基础。2010 年 11 月，G20 首尔峰会上，G20 的领导人认识到金融包容是全球发展议程的主要支柱之一，并且通过一个具体的金融包容行动计划（FIAP）。② 金融包容不仅被突出地列入《领导人宣言（the Leaders' Declaration）》，也被突出地列入《首尔发展共识》及金融部门的改革议程。随后，领导人宣布把金融包容制度化，2010 年 12 月 10 日 GPFI 在韩国首尔峰会上宣布正式启动。此后，GPFI 每年都会制定各个年度的工作计划。总结金融危机的教训，GPFI 在 2013 年 5 月发布的工作计划③中，在原有的三个分小组基础上，增设了金融知识和金融消费者保护分小组（Sub-group on Financial Literacy and Financial Consumer Protection）。此外，在此份工作计划中，把世界银行（World Bank）和经济合作与发展组织（Organization for Economic Cooperation and Development，OECD）纳入主要实施的合作伙伴。④

2. GPFI 的主要机关及其职权

GPFI 由 G20 中的三个国家担任总联席主席（the overall Co-Chairs），现在是由法国、韩国、墨西哥担任。总联席主席负责保证 GPFI 的工作在 G20 进程中的连续性，负责协调各个小组和其他与金融包容相关的 G20 不同机构之间的工作。总联席主席负有总责任为 GPFI 的行动调动足够的资源，负责向 G20 领导人报告进度。

GPFI 辖下由四个分小组实施具体的行动，负责不同的议题。每个分小组有各自的联席主席，分小组的联席主席负责规定分小组的战略方向和行动措施。除了联席主席，分小组的成员分为主要非 G20 合作伙伴（Key Non-G20 partners）和主要执行合作伙伴（Key implementing partners）。主要非 G20 合作伙伴拥有与联席主席相似的能力，积极实施小组的措施。主要执行合作伙伴负责协调每个分小组⑤中各个相关主体的行动。

---

① GPFI，GPFI Work Plan 2011-2012，p. 3，available at https：//www. gpfi. org/our-work/work-plans/gpfi-work-plan-2011-2012，visited on May 1，2013.

② GPFI，G20 Financial Inclusion Action Plan，p. 1，available at http：//www. gpfi. org/our-work/work-plans/g20-financial-inclusion-action-plan，visited on May 1，2013.

③ GPFI，Work Plan 2013，p. 3，Available at https：//www. gpfi. org/our-work/work-plans/gpfi-work-plan-2013，visited on May 24，2013.

④ 在 2011—2012 年度的工作报告中，原有的主要实施合作伙伴为 AFI、CGAP、IFC。

⑤ GPFI，Work Plan 2013，p. 3，available at https：//www. gpfi. org/our-work/work-plans/gpfi-work-plan-2013，visited on May 24，2013.

其一，是 G20 原则和标准制定机构分小组（Sub-group on the G20 Principles and Standard Setting Bodies），负责支持落实 G20 发布的《创新性金融包容的原则》，此外致力于将金融包容融入标准制定机构以及私营部门的工作中去，并探讨了在各种金融系统性评估中提高金融包容的处理方法。现在由韩国和印度尼西亚为联席主席。其二，是中小企业融资分小组（Sub-group on SME Finance），工作重点是确定、扩大和改善中小企业融资成功模式的政策环境，资助 G20 中小企业融资挑战赛（the SME Finance Challenge）的获胜者，开展中小企业融资论坛（SME Finance Forum），为共享知识和传播最佳做法。该小组特别关注的三个重点领域是：完善最贫穷的国家中小企业获得融资的途径，完善农业中小企业融资途径，促进妇女企业家的融资。其三，是金融包容数据和目标设定分小组（Sub-group on Financial Inclusion Data and Measurement），这个分小组参与到 GPFI 不同的利益相关者对形成数据和计量问题达成共识的目标中来，其中包括了金融包容各个组成部分的定义，定义、计量和设定目标的一致做法等。这个小组也支持各个国家形成各自的数据机构和设定各自的目标。其四，是金融知识和金融消费者保护分小组，具体的职责还在制定中。

（二）AFI 是各国金融包容交流和合作的国际组织

金融包容联盟始建于 2008 年，是全球首个专为金融包容设置的向发展中国家的决策者的提供知识共享的全球网络（a global network），这属于专门性的国际组织。截止到 2013 年 3 月，已经有来自 80 个发展中国家的央行和其他监管机构成为金融包容联盟的正式成员。① 可见金融包容联盟在发展中国家中具有较大的影响力。

1. AFI 的宗旨与目标

金融包容联盟致力于为会员提供工具和资源，以助于会员共享、制定、实施有关金融包容的政策。具体来讲，首先，使发展中国家的决策者共享和开发他们的知识，提供最前沿的政策；其次，为政策制定者提供赠款，使其可以实施选择的政策方案；再次，为政策制定者寻求合适的合作伙伴。迄今为止，金融包容联盟主要有 6 个方面的政策倡议（Policy Initiatives）。这主要是集中在金融消费者保护、金融数据收集、金融诚信、小额贷款、金融中介机构和移动金融服务 6 个方面的内容。以上方面都反映出金融包容联盟主要工作方向以及重点关心的领域，这些领域也会逐步推广到各个国家的实践中去。

2.《玛雅宣言》的主要内容和法律性质

---

① 我国的银监会和人民银行分别在 2011 年 8 月 22 日和 2011 年 9 月 20 日加入 AFI。

2011年10月，在墨西哥的里维埃拉玛雅举行的AFI全球政策论坛（GPF），汇集了来自60多个国家的高级代表以及相关重要的国际组织的代表，共同商议促进金融包容的关键问题，其中最重要的是通过了一系列的承诺，组成了《玛雅宣言（The Maya Declaration）》，这是AFI成立以来最重要的成果之一。《玛雅宣言》是首个由发展中和新兴国家组成的全球性的制度性承诺，扩大金融包容性，旨在发掘金融业落后地方的经济和社会潜力。迄今已有80多个国家支持该宣言，①并且截至2013年6月已有来自37个国家的机构对《玛雅宣言》作出了承诺。②《玛雅宣言》主要包含4个方面的承诺，这些内容都是与《G20创新性金融包容的原则》保持一致。第一，创建一个有利的环境，利用新技术，提高获取率和降低金融服务的成本。第二，实施合适的框架，促进金融包容性、完整性和稳定性的协同作用。第三，把消费者保护和授权作为提供金融包容的一个关键支柱。第四，整合政策执行和跟踪结果的数据。结合上述宗旨目标和具体行动分析可知，《玛雅宣言》的重要性不仅仅体现在对金融包容提供了一个政策的轮廓，还反映在各国对宣言的承诺，可以提高政策制定的可预见性和透明度。它是一个现实的、可实现的和可衡量的承诺，并且这是一个不断发展的宣言，根据新的知识和理论的变化而发展。③ 这也因为，将金融包容是一个复杂的全球性问题，单一国家或单一机构无法得到最佳方案，必须依赖于各国和各机构间的信息交换和经验总结，通过国际合作更好地解决金融包容的问题。

（三）国际金融标准制定机构充实了金融包容的具体金融标准

为了实现金融包容的目标，各个标准制定机构也相应地提出新的金融标准，这也会相应地影响到各个国家的金融政策的制定和金融标准的执行。这些国际标准制定机构，在各自领域内发布相应的行业准则和指导意见，而这些行业准则也成为各国行业内的主流参考标准。这种国际间的合作与交流，使得金融包容在一定程度上具有了较为统一的标准，同时也使金融包容的国际合作有了较为具体的规范基础。

1. 巴塞尔银行监管协会关于金融包容的新措施

2010年8月，BCBS发布了题为《小额融资业务与有效银行监管核心原则

---

① AFI, The Maya Declaration, available at http://www.afi-global.org/gpf/maya-declaration, visited on May 24, 2013.

② Available at http://www.afi-global.org/gpf/maya-declaration, visited on June 19, 2013.

③ AFI, The Maya Declaration, available at http://www.afi-global.org/gpf/maya-declaration, visited on May 24, 2013.

(Microfinance Activities and the Core Principles for Effective Banking Supervision)》的最终报告，这是以《有效银行监管核心原则》为基础，BCBS 首次发布的关于金融包容问题的指引。① 报告中表明，这需要专业的知识，但与此同时也建议有效银行监管核心原则能为小额融资的监管者提供一个合适的框架，根据它们的类型、规模、交易的复杂程度作出相应的调整。报告还强调了要避免过度地增加供应商因遵行规则产生的成本，在分配监管资源的时候考虑要比例原则。在这份报告里，在适用有效银行监管核心原则时考虑到比较原则，以此作为一个有效的出发点，促成一个更加广泛的金融包容的进程。

在 2012 年 BCBS 发布的《有效银行监管核心原则》前言中指出，为了促进银行和银行系统的安全和稳健运行，银行监管者在各自辖区内需要考虑到存户保障、金融稳定、消费者保护、金融包容等任务和责任。② 此次修订的重要问题之一就是强调了比例性原则（Proportionality Principle）的概念。比例性原则要求监管者根据银行的规模、关联度、复杂性、可替代性、跨境经营情况及在整个银行体系中发挥的作用和所处的位置，来提出监管要求、确定监管频率和深度、分配监管资源和采取监管措施。③ 比例性原则的运用对于金融监管中金融包容的发展十分重要，在新的制度框架下，可以将更多形式的银行系统纳入监管，无论是规模大、复杂的、国际性的银行，还是规模小的、简单的、有限地域的存款机构。此外在机构方面的新进展，BCBS 还决定在协商小组（Basel Consultative Group，BCG）下成立一个新的金融包容的项目④，负责探讨 GPFI 白皮书中的若干问题，对各个国家的经验进行案例分析。

2. 国际支付和清算协会针对金融包容的新标准

CPSS 一直致力于支付和结算体系的发展与改革工作，推动建立稳健、高效的支付结算系统，以加强全球金融市场基础设施。近几年，CPSS 的关注点发生了一些变化，从大宗支付和系统重要性支付系统扩展到零售支付系统的安全和效率问题

---

① GPFI, Standard-Setting Body Engagement on Financial Inclusion: Progress and Challenges, available at https://www.gpfi.org/knowledge-bank/publications/issues-paper-1-standard-setting-body-engagement-financial-inclusion-progress-and-challenges, visited on May 24, 2013.

② BCBS, Core principles for effective banking supervision, pp. 3-4, available at http://www.bis.org/publ/bcbs230.htm, visited on May 1, 2013.

③ 李仁真、周忆：《监管联席会议：跨境银行集团监管的一项制度创新》，载《河南财经政法大学学报》2012 年第 4 期，第 144 页。

④ GPFI, Standard-Setting Body Engagement on Financial Inclusion: Progress and Challenges, available at https://www.gpfi.org/knowledge-bank/publications/issues-paper-1-standard-setting-body-engagement-financial-inclusion-progress-and-challenges, visited on May 24, 2013.

上来。① CPSS 的标准和指引，目标在于是更多的人口可以以更低的成本获取更高质量的支付服务，这一目标与金融包容的要求是一致的。2012 年 5 月，CPSS 公布了《零售支付的创新（Innovations in Retail Payments）》，将这一转变落实到具体的行动。② 报告在第四章第一节中分析了现有的支付系统的不足与障碍，探讨了创新与金融包容的关系。

具体来讲，CPSS 的很多标准对于金融包容有十分重要的意义。例如，支付的成本效益，鼓励中央银行提供服务，这是最有效的特定市场，确保高效的结算服务，通过他们的操作和监督作用，并通过配套的发展，有效的基础设施安排有可能减少处理支付的成本。以安全和信任的货币作为交换媒介，需要安全的结算和清算系统及安全的支付工具。鼓励支付手段的创新，要求央行鼓励创新解决法律和监管障碍。③

随着国际经济的不断发展，国家间在经济上的联系和相互依存关系也越来越突出，各种国际经济组织应运而生，成为国家间经济交往与合作的一种重要法律形式。④ 笔者认为，各个国际组织在制定金融包容的方针、措施、准则有了初步的发展，为各国开展国际合作提高全球范围内的金融包容水平以及改善国内金融包容水平提供了非常重要的规范基础。基于国际金融领域的特殊性，这些表现形式的规范可以在一定程度上认为是国际法意义上的软法。而形式上或主观上不具有法律约束力的国际金融软法，在实践中仍可能具有类似于法律所具备的制约与规范人们行为的客观效果。⑤ 总结而言，无论是各种现存国际组织的参与，还是为了金融包容的宗旨而设立的国际组织，促使各个国际法主体以不同的合作方式，构筑了金融包容国际合作的组织基础。

---

① GPFI, Standard-Setting Body Engagement on Financial Inclusion: Progress and Challenges, available at https: //www. gpfi. org/knowledge-bank/publications/issues-paper-1-standard-setting-body-engagement-financial-inclusion-progress-and-challenges, visited on May 24, 2013.

② Available at http: //www. bis. org/publ/cpss102. htm, visited on May 1, 2013.

③ CGAP, Global Standard-Setting Bodies and Financial Inclusion for the Poor: Toward Proportionate Standards and Guidance, pp. 17-18, available at http: //www. gpfi. org/knowledge-bank/white-papers, visited on May 1, 2013.

④ 梁西、王献枢、曾令良：《国际法》，武汉大学出版社 2011 年版，第 291 页。

⑤ 漆彤：《国际金融软法的效力与发展趋势》，载《环球法学评论》2012 年第 2 期，第 156 页。

四、金融包容的基本原则

国际法的效力来源于各个国家的承诺，各个国家主权平等的原则是传统国际法的一项重要原则。随着国际贸易关系和国际经济交往的深入发展，国际合作原则的重要性不断提高。在国际层面进行金融包容的实践，也必须遵守国家主权平等和国际合作原则。金融包容的理论研究仍处于起步阶段，关于金融包容的原则没有较为一致的意见。综合金融包容的基本指标、国际组织的重要实践以及国际法的基本原则，笔者归纳了以下四个原则：金融包容体现了以国家为基础着重于合作与共享、以创新为手段着重于金融多样性发展、以普惠为目标着重于金融能力提高、以比例平衡为标准的风险控制等原则。

（一）以国家为基础着重于合作与共享的原则

国际合作是国际经济法领域的一项重要原则。国际合作原则也充分体现在金融包容的理念之中。在合作过程中必须注重收集数据和测量方法，政策制定需要建立在广泛的数据收集基础上，有效的数据收集和分析是制定金融包容政策的关键一步。首先，要求广泛主体的合作。国家是开展国际合作最重要的国际法主体。当然，除了国家间的合作，同时鼓励政府、企业和相关机构建立伙伴关系和直接协商关系。对话机制和政策协调机制，是识别和防范由新产品和新渠道带来的风险的关键机制。其次，广泛的信息共享也是实现金融包容的重要机制。监管者和服务提供商双方都利用改进的数据，以作出有根据的政策和措施，并考虑增加“测试和学习（test and learn）”的做法。《ATISG 报告》指出，政策制定者和监管机构都需要适当和可靠的数据来评估金融包容性的表现，显示适当的政策设计，监测政策和措施的进度和影响。定期进度报告，也可以帮助策略焦点集中在突出的金融包容问题。目前所需的可用的数据水平还相差甚远。大多数国家不编译金融包容的数据，或者是提供不完整的数据，或者提供了一个过于简单化的金融包容的看法，因此不利于制定出有根据的政策和措施。①

（二）以创新为手段着重于金融多样性发展的原则

随着科技的发展，多样性是金融服务的必然发展特征。实施的政策方针，促进

① FIEG, Principles and Report on Innovative Financial Inclusion, p. 20, available at http://www.gpfi.org/knowledge-bank/publications/principles-and-report-innovative-financial-inclusion, visited on May 1, 2013.

竞争和提供以市场为基础的激励，以持续性地提供广泛而可负担的金融服务，如储蓄、信贷、支付、转账、保险，以及服务提供商的多样性。政策制定者和监管者需要健全金融市场的基础设施，为创新的金融产品和服务的进入和发展提供物质基础和政策基础。金融产品和服务的多样性，可以增加可获的机会，以及在是市场中形成竞争效应，从而促进金融产品和服务自身的完善。而在市场竞争和市场激励机制中，有利于金融产品和服务的发展，不断完善从而提供可持续性。

促进技术创新和制度创新为手段，以扩大金融系统的介入和使用，包括基础设施的弱点。例如，拓宽中介机构的种类，克服传统银行的固有模式，通过更加灵活途径使更广泛的群体享受到正规的金融服务。又如，完善移动金融体系，利用手机等移动工具发展金融服务。《ATISG 报告》指出，新的技术和新的制度安排是关键因素。利用技术降低成本，金融服务供应商取得相应的经济效益，从而惠及更大数量的贫困人口，而不会影响金融业务的安全性和稳健性。①

（三）以普惠为目标着重于金融能力提高的原则

发展金融知识和金融能力，一方面提高金融知识水平使得消费者有能力理解金融产品和服务的基本信息，另一方面增强金融能力使得消费者了解其财政状况作出明智的选择。《ATISG 报告》指出，通过增强财务能力，贫困人群将能够了解基本的金融概念，了解能够满足目前需求的新金融服务。他们的财务能力是一个金融消费者保护必要的补充，因为使他们能够要求银行和其他供应商的信息披露和可用的追诉机制。提倡普惠的同时必须充分重视金融诚信，金融包容的发展必须考虑到国际社会上共同的价值取向，例如比较考虑到反洗钱和反资助恐怖的要求，以确保更多的客户使用正规的金融服务。

金融能力水平的提高，同时需要倡导一个保护消费者的完整保护政策，分清政府、供应商、消费者各自的角色。在金融创新的趋势下，新的金融服务、新的服务供应商、新的服务提供方式等容易产生欺诈和权利滥用，金融消费者处于高风险的境地。健全金融消费者保护法律和法规，建立一个公平、可持续和透明的金融市场是经济发展的一个重要目标。

（四）以比例平衡为标准的风险控制原则

金融风险控制需要完整的制度配置。首先，从管理层面来说，建成有广泛基础

① FIEG, Principles and Report on Innovative Financial Inclusion, p. 16, available at http://www.gpfi.org/knowledge-bank/publications/principles-and-report-innovative-financial-inclusion, visited on May 1, 2013.

的政府承诺以帮助减轻贫困。《ATISG 报告》指出，金融包容最成功的国家的政府，都作出了郑重的承诺，把金融包容的发展作为其国家增长和发展政略的关键组成部分之一。具体来讲，可以通过以下方面来衡量政府承诺的深度：政府对于政策和监管问题的积极性；对于创新的开放程度；促成有广泛基础的联盟；关注私营部门的利益；对金融教育和支付系统基础设施的支持；收集和提供关于金融服务满足程度的数据；关注比例原则以维护金融系统的安全性和稳健性。①

其次，从管理的标准来看，以对现存监管的不足和障碍的理解为基础，建立一个风险符合比例原则的针对创新产品和服务的政策和监管框架。这意味着在监管过程中，必须对收益和风险进行衡量。监管政策的目标之一是风险的控制。实践中，这些原被排斥在正规金融系统的领域，也可能是游离于正规的金融监管体系之外，其自身可能因为缺乏健全的会计审计制度、完备的信息披露制度等信息不对称的因素，造成监管成本过高。从比例原则出发，健全社会的信用制度，完善公司治理的法律制度，从一定程度上有利于降低监管者的监管成本，提高金融市场参与者的自律程度。

再次，从制度框架的建立来看，结合国际标准、国情、竞争力，在制定监管框架时考虑以下机制：从国际层面来讲，建立一个适当、灵活、考虑风险的反洗钱、反恐融资机制；从国家层面来讲，完善在消费者之间中介的制度，完善电子储值的监管制度；建立以市场为导向的激励机制以实现广泛互联互动的长期目标。一个完善的监管框架，不仅仅需要构建有力的监管制度，还需要构建完善的责任机制和裁决机制。金融包容需要有效的治理和监管框架，同时也需要灵活的实施手段。现在，各个国际标准制定机构正致力于填补空白，制定一个行之有效的监管框架。

五、结　语

金融包容重要理念在于普惠和共享。从一个角度讲，金融包容可以把金融视为资源，让更广泛的企业和个人能够掌握和使用这种资源。也可以从另外一个角度讲，金融包容把金融视为产品，通过金融包容发展，不断完善和优化金融产品，使更广泛的企业和个人能够消费金融产品，享受金融服务。金融包容的发展仍处于起步阶段，从国际合作的角度来看，G20 在推动金融包容过程中起到了高屋建瓴的作用，而各个国际标准制定机构是实施金融包容措施的有力推动者，把金融包容的标

① FIEG, Principles and Report on Innovative Financial Inclusion, p. 14, available at http://www.gpfi.org/knowledge-bank/publications/principles-and-report-innovative-financial-inclusion, visited on May 1, 2013.

准和措施引入各个国家，最终惠及更多的人口，促进金融市场的持久发展。在国内，对于金融包容的研究处于刚刚起步阶段，相关的理论研究成果仍十分有限。提高社会的金融包容程度，对于我国金融体制改革具有十分重要的指导意义，不仅仅体现在对于特殊群体的金融措施，如中小企业融资、妇女群体的金融能力、农村金融等方面，还体现在更广泛的市场参与者的金融措施，如金融消费者的保护、金融教育的推广等方面。无论从哪个角度，金融包容都需要改变金融发展的不均衡状况，从而更好地推动经济和社会的发展，符合金融改革促进实体经济发展的重要目标。

Theoretical Study of Financial Inclusion from the International Law Perspective

Abstract: Financial inclusion is a new and important concept of international finance in the post-crisis era. This requires a comprehensive analysis of three aspects of financial inclusion and related legal issues from the perspective of meaning, the subject and its principles. Firstly, financial inclusion is a developing concept in that it can be summarized as access to, usage of and quality of financial services. Secondly, G20 is the most central organizer. Then G20 Global Partnership for Financial Inclusion, Alliance for Financial Inclusion and the existing Standard-Setting Bodies are significant participants. Thirdly, the four basic principles could be refined as country-based cooperation and sharing, innovation-based development of financial diversity, general improvement of financial capability, risks control with proportionality. The theoretical study of financial inclusion will benefit the practice of financial reform in China, and improve the level of financial inclusion of our society as a whole.

Keywords: Financial Inclusion　G20　Standard-Setting Bodies

德国国际私法中关于“强制性规范”的理论和司法实践研究*

□　王葆莳

内容摘要：德国在涉外合同领域规定了强制性规范，《民法典施行法》第34条属于对强制性规范的一般规定，目的是维护德国的重大社会公益，尤其是其经济和社会政策，且以必要的内国联系为适用条件。国际强制性规范的判断标准主要在于，该规范是否追求社会公共利益。德国法律中的国际强制性规范集中在合同法分则、劳动法、竞争法、贸易管制、货币和外汇管制法等领域。德国法院在适用第34条时采取谨慎克制态度，严格限制国际强制性规范的范围，以维护判决的国际一致和冲突规范体系。只有那些旨在维护公共利益的规范，才属于第34条意义的强制性规范。

关键词：国际私法 德国法 直接适用的法 干预性规范

目　次

---

* 湖南师范大学青年优秀人才项目：“德国国际私法立法和司法实践研究（2011YX03）。”
王葆莳，湖南师范大学法学院副教授，法学博士。

（一）联邦普通法院1997年3月19日判决
（二）联邦普通法院2005年12月13日判决

导　言

在国际私法上，国际强制性规范（internationally mandatory rules）指的是为了维护一国在政治、社会、经济与文化等领域的重大公共利益，无须冲突规范的指引而直接适用于国际民商事案件的强制性实体规范。① 在比较法上，国际强制性规范又称“直接适用的法”（lois d'application immédiate）、“干预性规范”（Eingriffsnormen）、“强行法规则”（mandatory rules）、“警察法”（loi de police）、“即刻适用的规则”（rules of immediate）、“自我限定的规则”（self-limiting rules）以及“专属规范”（exclusivnormen）等。② 该制度所要解决的问题在于，法律中的强制性规定在何种情况下优先适用于冲突规范指向的法律。③

我国《涉外民事关系法律适用法》第4条规定，“中华人民共和国法律对涉外民事关系有强制性规定的，直接适用该强制性规定”，从而在我国国际私法中确立了该项制度。《最高人民法院关于适用〈中华人民共和国涉外民事关系法律适用法〉若干问题的解释（一）》第10条进一步规定：“有下列情形之一，涉及中华人民共和国社会公共利益、当事人不能通过约定排除适用、无需通过冲突规范指引而直接适用于涉外民事关系的法律、行政法规的规定，人民法院应当认定为涉外民事关系法律适用法第四条规定的强制性规定：（1）涉及劳动者权益保护的；（2）涉及食品或公共卫生安全的；（3）涉及环境安全的；（4）涉及外汇管制等金融安全的；（5）涉及反垄断、反倾销的；（6）应当认定为强制性规定的其他情形。”上述司法解释虽然规定了常见的国际强制规范类型，但并不属于穷尽性列举，对于国际强制规范的一般判定标准、适用此种规范的前提条件等，均未明确规定。因此，有必要研究德国国际私法中关于强制性规范（干预规范）的立法和司法实践，从中寻求可供借鉴的思路和经验。本文将首先分析德国国际私法关于国际强制性规范的立法规定和学理通说，研究此类规范的判定标准，在此基础上通过案例阐明德国法院的有关司法实践，特别是其中的充分国内联系标准和谦抑适用原则。

---

① 肖永平、龙威狄：《论中国国际私法中的强制性规范》，载《中国社会科学》2012年第10期，第107页。

② 参见刘仁山：《“直接适用的法”之理论与实践问题——兼评中国《涉外民事关系法律适用法》第4条》，载《中国国际法年刊》2011年卷，世界知识出版社2012年，第414页。

③ Ulrich Magnus，in Staudinger BGB Kommentar，13. Aufl.（2002），Art. 34 EGBGB，Rn. 1.

一、德国《民法典施行法》关于强制性规范的规定①

德国《民法典施行法》在第27条第3款第1句、第29条第1款、第30条第1款和第34条均规定了强制性规范（干预规范）。② 其中第34条属于对强制性规范的一般规定。从体系安排来看，德国国际私法仅在涉外合同法中规定了强制性规范，而没有像我国《涉外民事关系法律适用法》那样将其规定为总则的一般性条款。4个强制性规范条文的共同之处在于排除了冲突规范（尤其是当事人选择）指向的法律，但它们排除准据法的动因或者说理由完全不同：③第27条第3款、第29条第1款和第30条第1款的目的在于，维持既定的客观合同准据法不因当事人的选法行为而发生不恰当的变更，即防止通过法律选择损害一方当事人的利益；第34条不是为了维护本应适用的（客观连结点指向的）法律，而是要排除冲突规范指向的法律，无论是当事人选择的合同准据法，还是客观连结点指向的合同

① 需要说明的是，《关于合同之债法律适用的第593/2008号条例》（罗马I条例）已经于2009年生效，该条例直接适用于欧盟各成员国。为此，德国通过2009年6月25日《关于使国际私法条款与欧盟第593/2008号条例相适应的法律》第1条第4项废除了原来《民法典施行法》第27～37条有关合同之债法律适用的规定，其中关于干预性规范的规定（第34条）也被罗马I条例的相应条款所代替（第9条）。本文研究着眼于原先德国国际私法对干预规范的立法和司法实践，而不涉及目前适用于德国的罗马I条例，因为前者对于我国国际私法的理论研究和司法实践更具有现实意义。

② 《民法典施行法》第27条【自由法律选择】第3款第1句：如果在选择法律时其他事实均只与一个国家有联系，则对另一国家法律的选择不影响那些依照该国法律不能通过协议而规避的法律规范的适用（强行规范）。

第29条【消费者合同】第1款：对于提供动产物或提供服务，而其目的并非为了权利人（消费者）的职业或营利活动的合同，以及为此类交易融资的合同，当事人的法律选择不得导致消费者惯常居所地国法律中的强行规范所提供的保护被排除，只要（1）合同的订立是因在该国的明示要约或者广告所致，并且消费者在该国实施了为订立合同所必需的法律行为，（2）消费者的合同对方当事人或者其代理人在该国接受消费者的订货，或（3）合同涉及货物销售，而消费者已从该国旅行到另一国并在当地提出订货，并且该旅行是销售方为了让消费者订立合同而安排的。

第30条【劳务合同和个人劳务关系】第1款：对于劳务合同和劳务关系，当事人的法律选择不得剥夺根据第2款规定在未选择法律时应当适用的法律中的强行规范给雇员提供的保护。

第34条【强行规定】：本小节不影响德国法律中那些无需考虑合同的法律适用而强行调整案件的规定的适用。

③ Ulrich Magnus, in Staudinger BGB Kommentar, 13. Aufl. (2002), Art. 34 EGBGB, Rn. 27f.

准据法。

国际强制性规范和公共秩序保留制度的区别在于：公共秩序保留制度针对的是适用外国法律的可接受性，而干涉性规范是为了实现本国的经济和社会政策目标，并不考虑案件的涉外因素或外国法的适用结果。换言之，第34条不是对外国法律的消极防御，而是用主动的方式贯彻本国法律中对法律政策意义重大的规范。两者互相独立，理论上可以同时适用，但两者的实际效果是相似的：排除了本应适用的外国法，代之以德国法律。其结果就是，第34条在国际合同领域实际上取代了第6条（公共秩序保留）的功能。①

根据《民法典施行法》第34条，如果合同的准据法为外国法，德国法律中的强制性规范之适用不受影响，即在内国强制性规范的适用范围内排除冲突法指引。从理论上说，国际私法上的强制性规范包括三个方面：合同准据法所属国的强制性规范、法院地法律中的强制性规范和第三国法律中的强制性规范（该第三国虽然不是案件准据法所属国或法院地国，但和案件存在事实关联，并且期望适用其强制性规范）。② 第34条仅涉及第二个层面的强制性规范，即德国法律（法院地法）中的强制性规范，③ 其目的在于实现德国在法律政策方面，尤其是经济或社会政策上的重要利益。虽然第34条在字面上不涉及外国的强制性规范，但这并不意味着德国法院从来不考虑外国的强制性规范。④

从立法背景来看，第34条属于对欧洲《合同之债的法律适用公约》（以下简称“公约”）第7条⑤的国内转化。但德国没有完全接受公约第7条的规定，仅将第7条第2款转化为《民法典施行法》第34条，同时根据公约第22条第1款第a项对第7条第1款作出了保留。实际上，在1986年的国际私法改革中，联邦政府

① Ulrich Magnus, in Staudinger BGB Kommentar, 13. Aufl. (2002), Art. 34 EGBGB, Rn. 40.

② Ulrich Magnus, in Staudinger BGB Kommentar, 13. Aufl. (2002), Art. 34 EGBGB, Rn. 1.

③ 1986年国际私法改革之前，德国国际私法对于外国和本国的干预性规范都没有规定。判例中通常适用德国的干预性规范。个别案件中，在合同准据法框架下也会考虑外国的干预性规范。Ulrich Magnus, in Staudinger BGB Kommentar, 13. Aufl. (2002), Art. 34 EGBGB, Rn. 9.

④ Vgl. Däubler RiW 1987, 256; Hentzen RiW 1988, 509; Schurig RabelsZ 54 [1990] 235; Soergel/vHoffmann Art 34 Rn 2.

⑤ 《关于合同之债的法律适用公约》第7条【强制性规则】1. 在适用本公约时，凡情况与任何国家具有重大的联系，如果是，而且只要是根据该国的法律，无论合同适用什么法律，这些强制性规则都必须予以适用时，得予以适用。在考虑是否适用这些强制规则时，必须注意到其性质和目的，以及适用或不适用这些强制性规则所产生的后果。2. 本条第一款的规定不得限制法庭地法强制规则的适用。不论该合同是否将适用其他法律。

在其提交的草案中本打算完全接受公约第 7 条,① 但联邦议会认为第 7 条第 1 款所规定的不确定概念会严重威胁法律的可预见性,② 故最终立法中没有接受公约第 7 条第 1 款。

第 34 条构成特殊的连结点，即只要符合第 34 条的条件（国际强制特和充分内国联系），德国的相关规范可以直接适用。法官对此并不享有自由裁量权，即不得部分适用或者完全不适用德国的强制性规范，而必须严格依照强制性规范本身的条件和法律后果加以适用；如果强制性规范本身没有规定私法上的法律效果，则形成一种干涉规范和合同准据法的融合。例如某合同本身应适用外国法，但德国法律规定合同中的某些条款必须经过批准，则在批准之前的条款属于效力待定状态，这时候就要根据合同准据法判定，该条款不生效是否影响整个合同的效力。③

在适用范围上，第 34 条就其用语而言仅适用于合同关系(《民法典施行法》第 27 ~ 37 条),所以有观点认为其不适用于《民法典施行法》第 11 条（法律行为的形式)。④ 但也有学者认为，公约第 7 条第 2 款的行文为“不论原应适用于合同的法律为何，本公约并不限制适用法院地法的强制性规定”，德国将公约的主要部分并入《民法典施行法》第 27 ~ 37 条，将公约第 9 条（形式）被并入第 11 条，且相关立法资料中并没有相反解释，则德国法律中关于合同形式的国际强制性规定也在公约适用范围之列，故第 34 条也适用于第 11 条。⑤

进而，如果德国签订的国际条约中存在强制性规定，则在其适用范围内得直接适用，即优先于德国本身的强制性规范。⑥ 虽然国际条约在德国的地位仅为普通法律，但从《民法典施行法》第 3 条第 2 款第 1 句（国际法条约中的规范，如果其业已成为可直接适用的内国法，则优先于本法规定）可以推定，国际条约原则上优先适用于《民法典施行法》第 34 条。

除了作为一般条款的第 34 条，德国国际私法还在《民法典施行法》第 27 条第 3 款第 1 句、第 29 条第 1 款和第 30 条第 1 款规定了特殊的强制性规范。这三个条款虽然具有和第 34 条同样的效果，但其动因和方式存在明显差异：（1）特殊强

① 联邦议会第 10/504 号出版物，第 83 页。

② 联邦议会第 10/504 号出版物，第 100 页。

③ Ulrich Magnus, in Staudinger BGB Kommentar, 13. Aufl. (2002), Art. 34 EGBGB, Rn. 82.

④ Vgl. Palandt/Heldrich Art 34 Rn 3.

⑤ Ulrich Magnus, in Staudinger BGB Kommentar, 13. Aufl. (2002), Art. 34 EGBGB, Rn. 44.

⑥ Ulrich Magnus, in Staudinger BGB Kommentar, 13. Aufl. (2002), Art. 34 EGBGB, Rn. 43.

制性规范的目的在于维持客观的合同准据法，使其不因为当事人的法律选择而发生不恰当的变更，即防止以牺牲一方当事人为代价的法律选择。而作为一般规定的第34条，其目的并不是维护客观连结点指向的法律，而是排除本应适用的法律；无论是当事人选择的合同准据法还是根据客观连结点确定的准据法，都可能被内国的强制性规范所排除。①（2）特别强制性规范的目的在于保护特定群体的利益，且通过双边冲突规范实现这一目标，即指向消费者住所或劳动者的惯常工作地，当事人只能选择对这些群体更有利的法律；而作为一般规定的第34条则通过规定特殊连结点实现其目的，即对德国的某些法律设置了单边冲突规范。②

对于第34条（一般条款）和第27条、第29条及第30条（特别条款）所指向法律在适用上的顺位关系，特别是当第29条第1款和第30条第1款指向的合同准据法与德国的干预性规范不一致时如何处理，德国学者存在不同看法：（1）部分学者认为，③ 应当通过区分两者的适用范围来解决这一问题，即根据强制性规范的性质加以区分，第29条和第30条指向的是保护消费者和劳工的一般性规范，而第34条针对的是涉及国家政治利益的规范，包括保护特殊劳工群体和残疾人的规范。反对此种观点的学者指出，严格区分消费者和劳动者保护规范和一般性干预性规范，并不能解决第34条和第29、30条的顺位问题。因为第29条和第30条指向的强制规范也可能具有国际强制特征，从而在两者之间出现重合。例如重度残障人士的劳工解雇保护法，不仅是劳动法中的强制性规定，也具有国际强制性，因为其不仅保护具体案件中的雇工，在法律政策上也在于保护特殊的劳动群体。④（2）第二种观点认为，两者在适用范围上的确存在重合指出，但第27、29条和第30条属于特别规定，应当优先适用于第34条，或者说在其适用范围内排除第34条的适用。⑤（3）多数学者认为，⑥ 第34条原则上优先于其他条款指向的法律，但此种优先并非绝对（相对的优先性，relativer Vorrang）。一方面，从第34条（公约第7条第2款）的字面解释来看，其相对其他条款具有优先性，即法院地国的干预性规范的适用不受合同准据法的影响；但另一方面，法院在个案中不能盲目贯彻内国

① Ulrich Magnus, in Staudinger BGB Kommentar, 13. Aufl. (2002), Art. 34 EGBGB, Rn. 27f.

② Ulrich Magnus, in Staudinger BGB Kommentar, 13. Aufl. (2002), Art. 34 EGBGB, Rn. 30.

③ vgl. Mankowski, DZWir 1996, 273 ff.

④ Ulrich Magnus, in Staudinger BGB Kommentar, 13. Aufl. (2002), Art. 34 EGBGB, Rn. 31.

⑤ 联邦议会第10/504号出版物，第83页。

⑥ Vgl. Erman/Hohloch, Art. 28 EGBGB Rn. 8; E. Lorenz, RiW 1987, 580.

的干预性规范，而应从法律政策的角度充分考虑相关规范利益，才能决定何者优先适用；倘若第27条、第29条和第30条指向的法律对消费者或者劳工提供了较德国的强制性规范更有优越的保护，并且对受保护群体并无显著限制，就应当适用合同准据法。这一观点的合理性在于，从法律政策的角度来看，倘若合同准据法比德国的强制性规范更有利于实现立法目的，就应当适用合同准据法。①

二、"国际强制性规范"的判断标准

（一）一般判断标准

《民法典施行法》第34条所指的强制性规范具有两个特征，一是该规范系属于一国法律中非当事人任意支配的规范（nicht der Parteidisposition，一般意义上的强制性规范），二是此种规范在涉外案件中可以直接适用，无论冲突规范指向的准据法如何规定（unabhängig vom an sich anwendbaren Recht Geltung）②

强制性规范的约束力只能由其所属国决定，即发布该法律的国家有权决定该规范是一般意义上的强制性规范，还是国际强制性规范；两者的区别在于，当事人原则上可以通过选择法律排除本应适用的国内强制性规范；而国际强制性规范始终适用，无论主观连结点或客观连结点指向的法律如何规定。③ 基于特殊国家利益的考虑，立法者赋予国际强制性规范特别的适用范围和更高的效力位阶（besonderen Geltungsanspruch und höheren Verbindlichkeitsgrad），使其可以超越案件的涉外因素和对外国法的尊重而直接适用。④ 虽然某一规范是否具有国际强制性由其所属国决定，但该强制性规范在具体涉外案件是否以及在何种条件下适用，仍由法院地的国际私法决定。在这个意义上，国际私法中关于强制性规范的规定构成特殊的冲突规范。

在德国，某些法律规范本身就规定了国际强制性特征和适用范围，例如《跨境劳务中的强制劳动条件法》第1条规定的强制劳动条件、《建筑企业条例》中关

① Ulrich Magnus, in Staudinger BGB Kommentar, 13. Aufl. (2002), Art. 34 EGBGB, Rn. 36.

② Ulrich Magnus, in Staudinger BGB Kommentar, 13. Aufl. (2002), Art. 34 EGBGB, Rn. 10.

③ Ulrich Magnus, in Staudinger BGB Kommentar, 13. Aufl. (2002), Art. 34 EGBGB, Rn. 11.

④ Ulrich Magnus, in Staudinger BGB Kommentar, 13. Aufl. (2002), Art. 34 EGBGB, Rn. 12.

于最低工资、加班、休假和休假工资的规定，以及《反限制竞争法》第 130 条第 2 款（本法适用于调整范围内生效的所有竞争限制行为，即使这些行为发生在本法生效范围之外）。第 34 条意义上的国际强制性规范集中体现在《民法典施行法》第 29a 条。该条将以前分散的冲突规范整合，规定了德国对欧盟指令转化立法中的哪些规范具有国际强制适用性。

大多数情况下，法律规范本身没有明确其是否具有国际强制性特征，此时就要通过法律解释来判定某规范是否具有国际强制性，通常的解释原则和判断标准包括：（1）大多数学者认为，应当从规范的目的（Zweck der jeweiligen Bestimmung）出发，分析该规范是否具有国际强制性特征。① 如果某一规范的主要目的在于维护内国公共利益，就具有国际强制性特征；如果其目的仅在于调整平等当事人之间的利益关系，就不属于国际强制性规范。② 1986 年国际私法改革的立法理由书中指出：第 34 条意义上的强制规范主要是指经济政策方面的规定，例如关于进出口管理、价格和外汇管制、卡特尔法的规定；此外还包括社会政策方面的规定，例如出于社会稳定（sozialen Friedens）的国家利益考虑，在德国的住宅租赁关系应统一适用德国的住宅租赁法，而不考虑外国关于租房合同解除权的规定。③ （2）具体规范的国际强制性特征并不取决于其来自公法还是私法，也无论其排除的是主观还是客观连结点指向的合同准据法。④ 内国强制性规范和国际强制性规范的基本区别在于，某规范是否基于“共同利益”（Gemeinwohlinteressen）而得以优先适用于准据法，此种共同利益包括国内社会稳定、国家对涉外经济交往的干预和调控措施，以及超越个人利益的国家整体利益（例如针对伊拉克的出口禁止）。⑤ （3）在查明德国立法者的适用意愿时，要注意《民法典施行法》第 36 条规定统一解释原则（在解释和适用除第 29a 条之外的支配合同之债的本章规定时应当考虑到，作为其基础的 1980 年 6 月 19 日《关于合同之债的法律适用公约》的规定应当在缔约国中被统

① v. Hoffmann § 10 Rn 94，96；Junker Rn 400；Kropholler § 52 VIII 1；MünchKomm/Martiny Art 34 Rn 87；Soergel/v Hoffmann Art 34 Rn 16.

② BAGE 63，17［31 f］；BAGE 71，297［316 ff］；Erman/Hohloch Art 34 Rn 12；Kropholler § 52 VIII 1；Magnus IPRax 1991，985；Mankowski IPRax 1996，688 ff；MünchKomm/Martiny Art 34 Rn 12；Reithmann/Martiny/Limmer Rn 391；Thode/Wenner Rn 206 f；ähnlich vBar II Rn 452 f；

③ 联邦议会第 10/504 号出版物，第 83～84 页。

④ Ulrich Magnus，in Staudinger BGB Kommentar，13. Aufl.（2002），Art. 34 EGBGB，Rn. 65.

⑤ Ulrich Magnus，in Staudinger BGB Kommentar，13. Aufl.（2002），Art. 34 EGBGB，Rn. 68.

一解释和适用)。① (4) 上述判断标准并非绝对，在具体案件中，还需要根据个案情况和国内联系程度判断强制性规范的国际适用性。但这些标准至少构成分析的起点，有助于正确适用第 34 条。

有观点认为,② 强制性规范的国际性取决于案件的国内联系程度，案件的国内联系程度越高，所涉强制性规范就越有可能具有国际强制性特征。反对意见认为,③ 国际强制性和国内联系是适用第 34 条的两个必要条件，不可混同；唯有当某强制性规范已经被认定为具有国际强制性时，才需进一步考察国内联系；如果不具有充分国内联系，即便某强制性规范具有国际强制性，也不能适用于具体案件，因为此时不存在贯彻国内法律政策的必要；反之，即使案件和国内联系极为紧密，也不能因此将纯粹的国内强制性规范推广到国际层面；德国立法者之所以设立第 34 条，就是为了防止在具体案件中滥用德国的强制性规范。

（二）旨在保护弱势当事人的规定是否属于国际强制性规范

部分学者认为,④ 特殊私法中的强制性规范也具有国际适用性，尤其是那些旨在矫正当事人不平等地位的规范，如消费者保护法、住宅租赁法、劳动法等；即使这些强制性规范不属于《民法典施行法》第 29 条和第 30 条的适用范围，也可以通过第 34 条排除本应适用的准据法。还有学者认为，由于宪法强调对弱者的社会保护，所以应对第 34 条作扩张解释，即所有的消费者保护规则均属于第 34 条意义上的国际强制性规范。⑤

但反对意见认为，唯有第 29 条和第 30 条指向的消费者保护规范和劳动者保护规范才具有国际强制性，一般意义上的消费者保护法和劳动法并不属于国际私法上的强制性规范，因为 (1) 尽管存在保护弱势当事人的宪法原则，但立法者有权选择实现这一原则的路径。既然《民法典施行法》第 29 条和第 30 条已经规定了消费者保护法和劳动法中的国际强制性规范，在这两个领域中就没有必要再援用第 34 条。⑥ (2) 消费者保护法和劳动法主要着眼于矫正缔约双方之间的不对等关系，

---

① Ulrich Magnus, in Staudinger BGB Kommentar, 13. Aufl. (2002), Art. 34 EGBGB, Rn. 52.

② Kohte EuZW 1990, 153 f; wohl auch Reithmann/Martiny/Limmer Rn 394, 398.

③ Ulrich Magnus, in Staudinger BGB Kommentar, 13. Aufl. (2002), Art. 34 EGBGB, Rn. 62. Kropholler § 52 VIII 1; Mankowski DZWir 1996, 27.

④ vHoffmann IPRax 1989, 261 ff; Soergel/vHoffmann Art 34 Rn 7.

⑤ Reich NJW 1994, 2128Bibl. ff; Roth RiW 1994, 48.

⑥ Ulrich Magnus, in Staudinger BGB Kommentar, 13. Aufl. (2002), Art. 34 EGBGB, Rn. 64.

保护的是消费者和劳动者的个人利益，而不是社会公共利益，因此不宜整体纳入国际强制性规范的范畴。（3）国际强制性规范在整个冲突法体系中属于例外条款，是为了实现某些重大社会利益而在一定程度上牺牲了国际私法，所以对第 34 条必须采取谨慎适用和限制解释的态度，否则就会动摇整个冲突法体系。① （4）联邦普通法院在其早期判决中认为，第 29 条适用范围之外的强制性消费者保护规定也属于国际强制性规范，即第 34 条弥补第 29 条在保护范围上的缺漏。② 但后来逐步放弃这一观点，在最近的一些判决中指出：对于第 29 条适用范围之外的消费者合同，必须具备第 29 条第 1 款第 1 ~ 3 项所规定的内国联系，才有可能适用第 34 条。③

（三）常见国际强制性规范

一般认为，合同法总则部分的规定（包括《民法典》第 138 条和第 242 条）不属于国际强制性规范。④ 从欧共体指令转化来的《上门及类似交易撤回法》也不属于国际强制性规范，因为其主要目的是保护消费者个人利益，而不是公共利益。⑤

合同法分则部分存在大量国际强制性规范：⑥ （1）不动产位于德国境内的，必须遵守德国关于土地交易法的强制性规定。例如，《不动产交易法》第 2 条、《建筑法》第 19 条和第 24 条以下。但《民法典》第313 条（行为基础障碍）仅为国内强制性规定。（2）租赁标的位于德国境内的，德国住宅租赁法中的强制性规范优先适用于外国合同准据法，尤其是关于承租人解约保护的规定。⑦ （3）不动产位于欧共体境内的，直接适用《分时居住权法》中的强制性规定（参见《民法典施行法》第 29a 条）。（4）《法律顾问法》第 1 条第 1 款：在内国从事经营性法

① Ulrich Magnus, in Staudinger BGB Kommentar, 13. Aufl. (2002), Art. 34 EGBGB, Rn. 69.

② BGHZ 123, 380.

③ BGH RiW 1997, 875 [878].

④ BGH RiW 1997, 875 [879]; KROPHOLLER § 52 VIII 2 vor a; MANKOWSKI RiW 1996, 8 ff; PALANDT/HELDRICH Art 34 Rn 3; zu Unrecht aA etwa LG Detmold NJW 1994, 3301 Fund.; LG Berlin NJW-RR 1995, 754.

⑤ Ulrich Magnus, in Staudinger BGB Kommentar, 13. Aufl. (2002), Art. 34 EGBGB, Rn. 85.

⑥ Ulrich Magnus, in Staudinger BGB Kommentar, 13. Aufl. (2002), Art. 34 EGBGB, Rn 86-104.

⑦ 联邦议会第 10/504 号出版物，第 83 页。

律咨询活动必须经过批准。（5）中介活动在德国市场的，关于中介禁止的规定直接适用于涉外商业代理合同和经纪合同。（6）开发商为国内企业的，《房产代理和开发条例》直接适用于建设管理合同。（7）对于在德国境内的博彩合同，适用《刑法典》第284～286条的国际强制性干预规范。

国际强制性规范集中在劳动法、竞争法、贸易管制、货币和外汇管制法等领域，例如国家对进出口贸易的限制，就属于典型的干预规范。需要注意的是，这些领域经常存在欧盟统一立法，例如欧共体对伊拉克的禁运条例直接适用于德国。① 只有才欧盟法的适用范围之外，才适用德国法中的有关规定。

三、国际强制性规范在司法实践中的应用

《民法典施行法》第34条的目的在于实现德国在法律政策方面，尤其是经济或社会政策上的重大利益。因此，司法实践中适用德国强制性规范时需满足两个条件：（1）该强制性规范具有国际强制性特征；（2）案件具有必要的国内联系。

（一）充分国内联系及其表现形式

虽然《民法典施行法》第34条本身没有规定"国内联系"，但在司法实践中，法院总是在有充分国内联系的情况下，才会通过第34条适用强制性规范。② 例如在消费者保护法领域，必须存在第29条第1款第1～3项规定的国内联系因素，才能通过第34条适用相应的强制性规范。因为第34条的适用要求低于第29条，如果不要求国内联系因素，消费者保护法中的强制性规范可以直接通过第34条得到适用，从而在实际上架空第29条。

某些强制性规范不仅明示其国际适用特征，同时还会列出适用该规范的国内联系标准。例如《民法典施行法》第29a条（特殊领域的消费者保护）第2款规定：(在下列情况下)，尤其视为存在密切联系：（1）合同基于公开要约、公共广告或类似商业行为而成立，而该行为在欧盟某成员国或者《欧洲经济区协定》的其他缔约国境内实施，以及（2）另一方当事人在作出订立合同的声明时，其惯常居所在欧盟成员国或《欧洲经济区协定》的其他缔约国境内。该条第3款规定：对于不受欧盟成员国法律或《欧洲经济区协定》的其他缔约国法律支配的合同，只要住宅建筑在这些国家某一国境内，也可适用《民法典》中有关部分时间居住权合同的规定。德国《商法典》第449条第3款、第451h条第3款和第466条第4款

① BGH NJW 1994，858.

② GH RiW 1997，875［878］.

也有类似规定：货物的接收地和交付地点位于国内（德国）。

在法律没有明示的情况下，则要根据案件的具体情况，特别是案件所涉的生活领域来判定国内联系的表现方式和紧密程度。① 例如，在住宅租赁和不动产交易法中，只要所涉不动产位于国内，即满足国内联系的要求；在一般合同领域，国内联系表现为受强制性规范保护的当事人一方在国内有居所（住所或惯常居所）；在运输合同中，国内联系体现为货物的接收地点和交付地点位于国内；在劳动法中，内国联系体现为工作地点位于国内。如果合同的实际履行地在国内，则可以通过《民法典施行法》第 32 条第 2 款适用有关规范（对于履行的方式以及在出现履行瑕疵时债权人能采取的措施，应当考虑到履行地国家的法律）。但合同中约定的履行地点一般不构成充分国内联系。

（二）司法实例分析：国际强制性规范的认定标准

联邦普通法院（BGH）在 2005 年 12 月 1 日的判决②中指出，中奖通知并非纯粹的意定之债，而是基于准法律行为形成法定之债关系，《民法典》第 661a 条③属于《民法典施行法》第 34 条意义上的强制性规范，因此适用于所有来自外国的中奖通知。

在该案中，住所在奥地利的被告 W 公司从事邮寄促销业务，2000 年 12 月—2001 年 2 月先后邮寄给原告三份函件，声称其三次中奖，总奖金达到 52 万马克，并要求原告用现金购买自己的药物。原告将被告视为《民法典》第 661a 条规定的“发送中奖通知者”，在奥格斯堡地方法院提出诉讼，要求支付三笔奖金。地方法院一审支持原告的诉请。被告提出控诉，要求驳回原告诉请，被控诉法院驳回，被告提出上告，但未获得支持。

在其判决理由中，上告法院首先阐释了对涉外中奖通知的定性：中奖通知并非纯粹的意定之债，而是基于准法律行为形成法定之债关系，因为：（1）基于中奖通知的请求权不能识别为合同请求权，从而不能根据《民法典施行法》第 27、28 条确定准据法。基于中奖通知发生的给付责任不取决于发送者的许诺，因为发送者一般都不期望中奖产生法律上的请求权，故不能将该请求权识别为合同之债。对于发送者的“诺言”也无须法律意义上的接受，只要发送的内容足以让普通消费者

---

① Ulrich Magnus, in Staudinger BGB Kommentar, 13. Aufl. (2002), Art. 34 EGBGB, Rn. 81.

② BGH, Urteil vom 1. Dezember 2005 - III ZR 191/03; NJW 2006, 230.

③ 《民法典》第 661a 条【中奖承诺】：经营者向消费者发送中奖的承诺或类似的通知，且因这些发送行为给人造成消费者已经获得某种奖赏的印象，该经营者必须向消费者给予该奖赏。

产生获得大奖的印象，消费者只须对经营者发来的通知表示抽象同意（abstrakt geeignet）即可。接受者在主观上是否理解该通知的内容，则在所不问。接受者也无需真的相信该通知的内容，即使消费者心里明知或应知此种中奖通知纯属广告宣传伎俩，也不妨碍其依据《民法典》第661a条向发送者主张承诺的奖金；这里不适用第116条第2款（内心真意保留）。(2) 该请求权也不属于侵权责任，从而不适用《民法典施行法》第40、41条确定准据法。虽然《民法典》第661a条的目的在于限制不正当竞争行为（Senatsurteil BGHZ 153，82，90 f），但在法律的体系序列上，立法者并没有将中奖通知纳入侵权行为部分（第2编第8章第27节，即第823条以下），而是将其规定在第8章第11节，即立法者认为其更加类似于单方悬赏（第657条）和悬奖广告（第661条）。此外，第661a条规定的法律后果是发送人必须承担债务的履行，这在体系上也和侵权行为格格不入；侵权不会导致履行，只会导致损害赔偿请求权（vgl. Lorenz NJW 2000，3305，3308）。(3)《民法典》对第661a条的体系安排，直接影响着中奖通知在国际私法上的定性，在冲突法上应将其作为单方法律行为处理。倘若将《民法典施行法》第27、28条指向的合同准据法类推适用于单方法律行为，就会产生不妥当的结果：这样一来，经营者（发送信息者）就可以通过对中奖通知的设计来选择任意国家的法律，从而完全规避《民法典》第661a条的责任设定。

上告法院接着指出，《民法典》第661a条属于《民法典施行法》第34条意义上的强制性规范，可以直接适用于案件，无需考虑《民法典施行法》第27条以下指向的合同准据法如何规定。上告法院详细阐明了国际强制性规范的判定标准：(1) 立法上没有明确赋予《民法典》第661a条在国际上的强制效力，需要通过分析秩序政策利益（ordnungspolitischen Interessen），探求该规定是否属于《民法典施行法》第34条意义上的强制性规范（BGHZ 154，110，115；S；MünchKomm-Martiny 3. Aufl. 1998 Art. 34 EGBGB Rn. 12；Sonnenberger aaO S. 109 ff；jeweils m. w. N.）。对此应考察第661a条原本所追求的社会政策目标，而不考虑通知来源国对中奖通知的定性，也不区分来自内国的中奖通知和来自外国的中奖通知。立法者希望借助此条款抑制实践中广泛存在的不当竞争手段，即企业通过向消费者发送中奖通知诱使消费者订购某种产品，同时又不肯履行中奖承诺。上告法院认为，这是一种非法的营销手段，为了对抗这种带有欺诈意义的行为，法律特别赋予消费者要求企业遵守诺言、支付奖金的权利（Senatsurteil BGHZ 153，82，90 f m. w. N. aus den Gesetzesmaterialien）。企业需要为自己的“轻佻行为”付出代价。通过对此种商业行为的打击，第661a条不仅保护了消费者，也净化了社会交易行为，其立法目的显然在于重要的公共利益（Felke/Jordans IPRax 2004，409，411），这对于将其归入第34条意义上的强制性规范具有决定性意义。(2) 在《民法典施行法》第

29 条、第 29a 条的适用范围内，原则上不得适用第 34 条，这一点同样适用于中奖承诺。由于第 661a 条所针对的中奖通知不属于第 29 条和第 29a 条规定的消费者合同，而是针对企业基于法定之债的责任，该责任通过向消费者寄送中奖通知而直接成立，故对中奖通知不适用第 29 条和第 29a 条，也不能类推适用这两条。在第 29 条和第 29a 条被排除的情况下，就可以适用第 34 条。

四、适用国际强制性规范的谦抑原则

肖永平教授指出,① 在适用国际强制性规范时，应采取谦抑态度和比例原则，以维护多边冲突规范的有效运行，具体而言：（1）强制性规范的认定应以能维护特定领域的公益为限，无关公益者不能直接适用。（2）强制性规范的直接适用应以能维护特定领域的公益为限。强制性规范仅替换多边冲突规范指引的准据法对同一事项的相应规定，而不能影响准据法中其他规定的适用。（3）对于适用范围内的案件，法院地强制性规范是否适用，还须考虑其适用或不适用的后果，应考虑的因素包括但不限于强制性规范对法院地国利益、涉案当事人利益以及系争民事关系所处交易链的影响。德国法院在适用《民法典施行法》第 34 条时亦采取类似观点，试举两例说明。

（一）联邦普通法院 1997 年 3 月 19 日判决②

法院在该案“要旨”中指出：（1）“分时度假居住权”合同不属于《民法典施行法》第 29 条第 1 款意义上的“提供服务的合同”。（2）必须符合《民法典施行法》第 29 条第 1 款所列合同类型，同时存在该条第 1 ~ 3 项规定的内国联系，才能适用第 29 条第 1 款。（3）如果不能确定 1980 年《合同之债法律适用公约》的成员国存在一致的法律政策价值，不得类推适用第 29 条第 1 款。（4）即使上门交易撤回法中的条款涉及《民法典施行法》第 34 条意义上的强制性规范，但如果欠缺第 29 条第 1 款第 1 ~ 3 项列举的内国联系，也不能通过第 34 条适用该法。（5）《民法典》第 138 条（违反善良风俗的法律行为；暴利）不是《民法典施行法》第 34 条意义上的强制性规范。

本案中，住所在英属马恩岛（Isle of Man）的原告在西班牙大加纳利岛（Gran Canaria）上营销某度假区“A. Club”的居住权。1994 年 1 月 4 日，原告的销售人

---

① 肖永平、龙威狄：《论中国国际私法中的强制性规范》，载《中国社会科学》2012 年第 10 期，第 113 页。

② BGH, Urt. v. 19. 3. 1997 - VIII ZR 316/96.

员和正在该岛度假旅行的被告攀谈，送给被告一张赠券，并邀请被告参加该度假区的露演活动。在度假区，被告在工作人员的鼓动下签署了一份德语定式声明，购买某公寓每年第31周的居住权，合同期限为1994年7月31日至2073年，被告同意向原告委托的收款人、位于德国杜塞尔多夫的M公司一次性支付居住权费用28255马克，并按年支付每周345马克的经营和管理费用。该声明背面印有“说明和合同条件”：(1) 支付居住权对价的义务不可撤回。在本声明签字之时，该义务即告成立。(2) 购买者自动成为A俱乐部有表决权的成员，且无需支付任何会员费用。(3) 在购买居住权当年度和下一年度，购买者可以免费成为R度假公寓交易俱乐部的会员，但如果要通过R俱乐部置换度假公寓或时间段，则需要支付相应费用。(4) A俱乐部的发起会员为两家住所地为马恩岛的公司，两者的营业地均在马恩岛。两公司根据马恩岛法律制订俱乐部章程。该法律也适用于居住权购买，购买者对此知晓并同意。(5) 被告住所地法院对本合同有管辖权。

根据双方的约定，被告应支付居住权费用和第一年的经营管理费用共计28600马克，被告于1994年1月6日通过银行转账支付了3000马克，但回到德国后拒绝支付剩余款项。原告要求被告支付剩余款项25600马克。被告提出反诉，要求返还已支付的3000马克。被告特别主张，依照德国法律，该合同的权利义务明显不对等，属于违反善良风俗的合同，因而是无效的。即使依照马恩岛的法律，该合同也会因为暴利而无效，因为该合同根本无法履行。此外，被告认为，根据《民法典施行法》第34条指向的上门交易撤回法第1条的规定，自己可以有效撤回缔结合同的意思表示。

地方法院支持原告诉请，并驳回反诉。被告提出控诉，高等地方法院驳回原告的诉请。原告提出上告，上告法院撤销控诉法院判决，并将案件发回重审，其主要判决理由为：

1. 本案不适用《民法典施行法》第29条第1款①

被告通过其1994年1月4日的声明作出了购买居住权的要约，原告至迟在1994年1月6日，即收到被告支付的款项时接受了该要约。合同是否成立，应当依照《民法典施行法》第31条第1款指向的“依照假设该合同有效时应适用的法

① 第29条【消费者合同】：1. 对于提供动产物或提供服务，而其目的并非为了权利人（消费者）的职业或营利活动的合同，以及为此类交易融资的合同，当事人的法律选择不得导致消费者惯常居所地国法律中的强行规范所提供的保护被排除，只要 (1) 合同的订立是因在该国的明示要约或者广告所致，并且消费者在该国实施了为订立合同所必需的法律行为，(2) 消费者的合同对方当事人或者其代理人在该国接受消费者的订货，或 (3) 合同涉及货物销售，而消费者已从该国旅行到另一国并在当地提出订货，并且该旅行是销售方为了让消费者订立合同而安排的。

律”判定。本案中双方当事人选择马恩岛法律为合同准据法。虽然控诉法院没有查明马恩岛法律的有关规定，但在上告程序中可以本着有利于原告的态度，认为双方的合同依照马恩岛法律有效成立。

本案中不能根据《民法典施行法》第29条第1款的指引适用德国的上门交易撤回法，所以被告不能据此撤回意思表示，因为（1）虽然合同标的不仅包括公寓居住权，还包括对房屋的经营和管理，但被告的主要目的显然在于购买居住权，公寓的经营和管理仅是附属性的给付。因此本案中合同的标的并非“提供服务”，合同不属于《民法典施行法》第29条第1款规定的消费者合同。（2）合同欠缺第29条第1款第1~3项规定的内国联系。合同的订立并不是因为原告在德国的要约或广告所致，并且被告也没有为了订立合同而在德国实施必须的法律行为，故不符合第1项的规定。原告及其代理人并不是在德国，而是在西班牙接受了消费者关于购买居住权的意思表示，所以也不符合第2项的规定。第29条第1款第3项针对的是货物买卖，也不适用于本案。

2. 不能类推适用《民法典施行法》第29条第1款

虽然学理上有观点主张对此类案件类推适用《民法典施行法》第29条第1款，但这些观点仅针对该条款中预设条件的扩张，即第1~3项规定的内国联系的扩展解释。而在本案中，如果要类推适用第29条第1款，就意味着对该条所规定之合同类型的扩张。本条款的原本意义在于调整合同当事人一方为“消费者”的特殊情形。显然，对这种特别条款的类推适用已经超出了类推应有的限度。

进而，类推适用第29条第1款会违反第36条。① 根据第36条，在对本法第27条以下（合同之债的冲突规范）进行解释和适用时，必须注意这些规定是以1980年6月19日的《关于合同之债法律适用公约》为基础的，该公约在成员国中应当被统一解释和适用。虽然这并不意味着完全禁止对第27条以下的规定进行任何形式的类推适用，但唯有当各缔约国存在一致的法律政策取向时，此种类推才具有正当性。由于不能确定各国存在一致的法律政策，就不能对第29条（即合同之债法律适用公约第5条）类推适用。

3. 不能根据《民法典施行法》第34条适用德国的上门交易撤回法

本庭认为，即使上门交易撤回法属于第34条意义上的强制性规范，也不能通过第34条适用该法，因为不具备第29条第1款第1~3项所列之内国联系。对于消费者合同而言，其必须属于第29条第1款所列的合同类型，并存在第29条第1

① 《民法典施行法》第36条【统一解释】：在解释和适用除第29a条之外的支配合同之债的本章规定时应当考虑到，作为其基础的1980年6月19日《关于合同之债的法律适用公约》的规定应当在缔约国中被统一解释和适用。

款第 1 ~3 项规定的国内联系，才能适用相应的强制性规范。如果通过第 34 条适用该强制性规范，就会出现价值判断上的矛盾。因为根据第 34 条适用上门交易撤回法的条件更为宽松，这样一来，就会在第 29 条的适用范围之外，为消费者提供了比直接适用第 29 条第 1 款更优越的保护，实际上就架空了第 29 条。因此，如果不符合第 29 条第 1 款第 1 ~3 项规定的内国联系，上门交易撤回法既不能通过第 29 条第 1 款、也不能通过第 34 条适用于本案。

（二）联邦普通法院 2005 年 12 月 13 日判决①

法院的判决要旨指出：（1）《民法典施行法》第 29 条仅适用于特定类型的合同，而不能类推适用于其他类型合同。（2）第 34 条意义上的强制性规范，指的是维护“公共的共同福利利益”（öffentliche Gemeinwohlinteressen）的规范；那些主要目的在于保护和衡平合同当事人利益（widerstreitender Interessen）的规范，即使会附带的实现公共利益，也不属于国际私法上的强制性规范。（3）德国的《消费者信贷保护法》不属于《民法典施行法》第 34 条意义上的强制性规范，因为其主要目的在于保护单个消费者。

本案中，原告是一家住所在瑞士的银行，被告的住所在德国。为了获取投资项目的资金，被告于 1991 年 2 月 1 日和原告签订贷款协议，贷款利息为 7. 125%，合同期限为 10 年，合同中选择瑞士法律为准据法。2001 年 9 月，在催促被告延长合同无果后，原告宣布解除合同，并要求偿还贷款本息。被告认为，本案中的贷款合同不符合德国《消费者信贷保护法》的规定，只能按照年息 4% 来计算利息，原告应返还自己多交的利息。地方法院和控诉法院均支持原告的诉求，原告提出上告。上告法院指出：本案中双方的法律选择条款合法有效，贷款合同适用瑞士法，该法律选择条款不违反《民法典施行法》第 29 条和第 34 条的规定，故依法驳回上告。

就本案中的国际强制性规范问题，上告法院指出：

1. 本案不符合第 29 条的适用条件

《民法典施行法》第 29 条第 1 款规定的“提供服务”，指的是基于劳动、提供劳务以及委托代办等合同而发生的给付（BGHZ 123，380，385；135，124，130 f.），该给付的对象必须是消费者。但在本案中，原告并没有向被告提供第 29 条意义上的“服务”，且被告的借款目的是为自己的投资项目融资，借款给付对象不是消费者。因此，原告提供的贷款不属于第 29 条所列举的合同类型，不能借助该条款适用德国的《消费者信贷保护法》。

2. 不能类推适用第 29 条

① BGH Urteil vom 13. Dezember 2005 - XI ZR 82/05.

联邦普通法院曾在其判决（BGHZ 135，124，133 ff.）中明确指出，如果案件所涉合同不属于第29条第1款所列举的合同类型，也不具备该款第1～3项所规定的内国联系，就不能类推适用第29条。该条的用语和产生背景说明其是针对第27条和第28条的例外规定，其适用范围仅限于列明的合同类型，而不能类推适用于其他类型合同，无论是否存在内国联系虽然德国和欧洲均重视对消费者的保护，但第29条详细列举的合同类型表明，立法者仅在特定情况下才会为保护经济上的弱势当事人而限制法律选择自由，而不是在冲突法上设立全面的消费者保护条款（Staudinger/Kessal-Wulf aaO Rdn. 51）。

3. 不能依据第34条适用德国的《消费者信贷保护法》。

《民法典施行法》第34条意义上的强制性规范，指的是不考虑合同准据法而直接适用于涉外案件的规定。倘若法律本身没有明确规定某条款的适用范围，就必须根据该条款的意义和目的进行解释，探求其是否具有国际上的直接适用效力。

根据联邦劳动法院在判例中形成的看法（BAGE 63，17，32；80，84，92；100，130，139）以及大部分学者的观点（Looschelders，Internationales Privatrecht Art. 34 EGBGB Rdn. 10；Junker IPRax 2000，65，70；Klauer，Das europäische Kollisionsrecht der Verbraucherverträge zwischen Römer-EVÜ und EG-Richtlinien S. 236 m. w. Nachw.），适用第34条的必要条件为，该规范不是为了保护和平衡合同当事人的利益关系（Individualbelangen），而在于追求公共福利利益（öffentliche Gemeinwohlinteressen）。《消费者信贷保护法》的目的显系为了保护单个消费者的经济利益免受那些专业的、在经济上居于强势的交易方的威胁，并调整结构上的失衡状态，从而平衡双方当事人之间的利益（BT-Drucks. 11/5462 S. 11，13 f. und 11/8274 S. 19）。虽说此种对私人利益的保护也有助于实现社会国原则、消费合同法的市场调整功能以及内部市场功能等方面的公共利益（Bitterich，Die Neuregelungen des internationalen Verbrauchervertragsrechts in Art. 29 a EGBGB，S. 279 f. Fn. 1049），但该法的主要目的仍在于对私人的保护。也就是说，《消费者信贷保护法》本身并不追求这些公共利益，这些只是该法附带发生的效应。

进而，在确定某规范是否具有国际强制性特征时，原则上要保持克制态度（Freitag/Leible ZIP 1999，1296，1299；Schwarz ZVglRWiss 101（2002），45，49），否则就会损害《关于合同之债法律适用公约》所追求的国际判决一致（Soergel/v. Hoffmann aaO Art. 34 EGBGB Rdn. 16），会使《民法典施行法》第27条以下的规定名存实亡（Hk-BGB/Staudinger，4. Aufl. Art. 34 EGBGB Rdn. 3；Looschelders aaO Art. 34 EGBGB Rdn. 13），也会增加法律适用的困难（Freitag，in：Leible，Das Grünbuch zum Internationalen Vertragsrecht S. 167，171）。《民法典施行法》第34条不能异化为一个一般性的软化条款（allgemeinen Ausweichklausel），否则就会随意

排除《合同之债法律适用公约》和《民法典施行法》所确立的当事人意思自治这一基本原则（v. Hoffmann IPRax 1989，261，265），并消解合同准据法的统一连结点（Freitag aaO）。存在疑问时，应倾向于认为有关条款不具有国际强制适用性（Freitag/Leible aaO；Kreuzer/Wagner，in：Dauses，Handbuch des EU-Wirtschaftsrechts Rdn. R 158；Taupitz BB 1990，642，64）。因此，既然德国《消费者信贷保护法》的原本目的在于保护单个消费者，仅通过反射方式涉及公共福利，故不属于第 34 条意义上的强制性规范。这并不会损害内国消费者的正当预期，因为第 29 条和第 29a 条已经为消费者提供了充分的保护，当事人可以完全信任其住所地法律。

虽然德国的《消费者信贷保护法》起源于共同体法律，但这并不能证明其具有国际上的强制适用性。立法者将欧洲指令转化为国内立法，也不意味着这一规范必然具有国际上的强制意义，即可以不顾冲突规范而适用于所有涉外案件。那么，成员国的法院是否、以及在何种程度上要遵守欧洲法院 2000 年 11 月 9 日之判决（Rs. C-381/98，Slg. I 2000，9325 - Ingmar GB Ltd.）所确立原则，即案件和共同体有充分关联时，若当事人选择第三国法律，则内国法院在适用其通过消费者指令转化而来的法律时应作出和指令一致的解释？部分学者对此持肯定意见（Freitag，in：Reithmann/Martiny，Internationales Vertragsrecht 6. Aufl. Rdn. 417 f.；Bitterich VuR 2002，155，157 ff.），但上告法院对此持保留态度。因为欧共体指令本身并没有规定明确的冲突规范，只规定了成员国在转化时所应保证的最低标准，即只有最低标准意义上的转化规范才具有国际上的强制适用特征，而不包括成员国在最低标准之外提供的额外保护（Bitterich，Die Neuregelung des Internationalen Verbrauchervertragsrechts in Art. 29 a EGBGB，S. 283 Fn. 1066，S. 289；Freitag，in：Reithmann/Martiny，Internationales Vertragsrecht 6. Aufl. Rdn. 417；Nemeth/Rudisch ZfRV 2001，179，182；Pfeiffer，in：Festschrift für Geimer S. 821，835；Schwarz ZVglRWiss 101（2002），45，71）。

Theory and Judicial Practice on the "Mandatory Rules" in Germane Private International Law

Abstract: The internationally mandatory rules (Eingriffsnormen) are regulated in the field of international contract in Germane Private International law. Art. 34 EGBGB is the general provision concerning the mandatory rules, with the purpose to protect the significant social benefits, especially the social welfare and economic policy in Germany, rather than adjust the interest relationship between the parties. The international mandatory rules in Germany concentrate on the field of competition law, trade law, monetary and foreign exchange control law. Some regulations in the fields of labor law and consumer protection law have also mandatory nature. The precondition for the application of the mandatory rules is the reasonable connection with the forum state in the case. By applying Art 34, the German courts focus on the social policies behind the specific norms and are cautious to decide the mandatory nature of the rules to maintain the international harmony and reduce its impact on the conflict law system.

Keywords: private international law German law règles d'application immédiate eingriffsnormen

《法律适用法》中的强制性规定之界定

——析《解释（一）》第10条*

□ 董金鑫

内容摘要：由于实践的需要，我国《法律适用法》中的可直接适用的强制性规定的含义及范围应通过解释予以界定。《解释（一）》第10条不仅并用公益和直接适用作为强制性规定的判断依据，在上述抽象界定之外列举了强制性规定具体存在的情形，还特别注重与我国实体法的规定相协调，这反映了当今国际立法的潮流。但在判断要求、自我限定和情形列举等事项上仍存在诸多不足，急需进一步加以改进。故该条应在参考欧盟立法的规定以及我国司法实践要求的基础上重新拟定。

关键词：强制性规定 直接适用 法律适用法 国际强制规范

目 次

---

* 本文为中央高校基本科研业务费专项资金资助项目“内地强制规则在香港合同诉讼中的适用”（2012106010201）的阶段性研究成果。

武汉大学国际法研究所2011级博士研究生。

2010 年颁布的《中华人民共和国涉外民事关系法律适用法》（以下简称“《法律适用法》”）第 4 条首次确立了强制性规定的直接适用制度。① 该制度不仅仅是一种新的法律适用方法，而且也体现国家出于政策或利益的需要对当事人进行干预的理念。② 这构成我国国际私法立法的一项创举，为涉外民事关系的法律适用在传统冲突规范之外开辟了新路。但如不加以合理地限制解释，则必然会在司法实践中出现滥用的情况，从而危及整个国际私法存在的基础。

从司法实践看，虽然《法律适用法》生效时间不长，但已出现多起明显误用、滥用第 4 条的案例。在杨某诉钟某等海上人身损害责任纠纷案，③ 广东海事法院将侵权损害赔偿法律适用的冲突规范视为《法律适用法》第 4 条的强制性规定。而该强制性规定只能是实体法规则；在上海伽姆普实业有限公司与 Moraglis S. A. 承揽合同纠纷上诉案，④ 为适用《联合国国际货物销售合同公约》，上海高院法院同样援引《法律适用法》第 4 条。然国际统一实体公约的适用完全是我国承担国际义务的结果，⑤ 非出于冲突法的考虑，更何况该公约主要条款是任意性的，允许当事人予以排除；在甲公司与金某某民间借贷纠纷案，⑥ 争议在于当事人的举证能否证明借贷的事实，属于法院地法支配的程序问题，但法院还是机械地以“我国法律对境内公民向境外主体借款有强制性规定”为由援引第 4 条的规定。故如何正确理解该条强制性规定的含义及范围成为亟待解决的问题。⑦ 最高院《关于适用〈中华人民共和国涉外民事关系法律适用法〉若干问题的解释（一）》（以下简称

---

① 该条规定，中华人民共和国法律对涉外民事关系有强制性规定的，直接适用该强制性规定。

② 王立武：《国际私法强制性规则适用制度的发展趋势》，载《政法论丛》2012 年第 1 期，第 9 页。

③ （2011）广海法初字第 373 号判决书。

④ （2012）沪高民二（商）终字第 4 号判决书。

⑤ 公约在我国适用的依据有《民法通则》第 142 条、《解释（一）》第 4 条。

⑥ （2012）沪一中民四（商）终字第 S1262 号判决书。

⑦ 国内代表性文献有，杨赟：《对〈中华人民共和国涉外民事关系法律适用法〉第 4 条规定的解读》，载《信阳师范学院学报（哲学社会科学版）》2012 年第 3 期；杨利雅：《冲突法视域中的强行法——以〈适用法〉第四条规定为视角》，载《西南民族大学学报（人文社会科学版）》2012 年第 8 期；肖永平、龙威狄：《论中国国际私法中的强制性规范》，载《中国社会科学》2012 年第 10 期。国外代表性文献有，Ruiting Qin，*Eingriffsnormen im Recht der Volksrepublik China und das Neue Chinesische IPR-Gesetz*，IPRax，Vol. 31，No. 6，2011；Jieying Liang，*Statutory Restrictions on Party Autonomy in China's Private International Law of Contract*：*How Far Does the* 2010 *Codification Go*?，J. Priv. Int'l L.，Vol. 8，No. 1，2012；Yong Gan，*Mandatory Rules in Private International Law in the People's Republic of China*，Yb. Priv. Int. L.，Vol. 14，2013.

“《解释（一）》”）① 第10条作出尝试性解释，可谓正逢其时，然而适当与否值得探讨。②

一、《解释（一）》关于强制性规定解释之特色

《解释（一）》第10条规定，有下列情形之一，涉及中华人民共和国社会公共利益、当事人不能通过约定排除适用、无需通过冲突规范指引而直接适用于涉外民事关系的法律、行政法规的规定，人民法院应当认定为涉外民事关系法律适用法第四条规定的强制性规定：（1）涉及劳动者权益保护的；（2）涉及食品或公共卫生安全的；（3）涉及环境安全的；（4）涉及外汇管制等金融安全的；（5）涉及反垄断、反倾销的；（6）应当认定为强制性规定的其他情形。③ 从内容看，《解释（一）》存在如下特色：

（一）目的要求与形式要求并列

《解释（一）》第10条一并规定了强制性规定的目的要求和形式要求，二者共同作为强制性规定的判断依据。这表明此处的强制性规定不等同于通常不允许涉外民商事关系当事人排除适用的国内强制规范，而是国际私法意义上的国内强制规

---

① 该解释于2012年12月10日由最高院审判委员会第1563次会议通过，自2013年1月7日起施行。

② 对该条进行评析的有，卜璐：《国际私法中强制性规范的界定——兼评〈关于适用涉外民事关系法律适用法若干问题的解释（一）〉第10条》，载《现代法学》2013年第3期；刘仁山：《“直接适用的法”在我国的适用——兼评〈涉外民事关系法律适用法解释（一）〉第10条》，载《法商研究》2013年第3期。P. Leibküchler, *Comments on the Supreme People's Court's Interpretation No. 1 on the Private International Law Act of the PRC*, China-EU Law Journal, Vol. 2, No. 3-4, 2013. 第三国强制规范的适用也是研究的热点。但《法律适用法》未予规定，《解释（一）》避开该问题也在情理之中，本文不予评价。通过实体法方法实行第三国强制规范的适用，参见肖永平、董金鑫：《第三国强制规范在中国产生效力的实体法路径》，载《现代法学》2013年第5期。

③ 在颁布前，最高院曾于2012年8月拟定该解释第三稿（未向社会公开，以下简称“《第三稿》”），其第6条“强制性规定的界定”规定，有下列情形之一，涉及中华人民共和国社会公共利益或安全、当事人不能通过约定排除适用、无需通过冲突规范指引而应当直接适用的法律，可以认定为涉外民事关系《法律适用法》第4条规定的强制性规定：（1）危及外汇管制等金融安全的；（2）涉及反垄断的；（3）危及环境安全的；（4）危及食品或公共卫生安全的；（5）涉及消费者权益保护的；（6）涉及劳动者保护的；（7）危及网络安全的；（8）其他涉及社会公共利益或安全的情形。

范，即国际强制规范（internationally mandatory rules）。①

所谓目的要求，是将保护其所属国诸如政治、社会或经济组织之类的公共利益视为国际强制规范的判断要求。虽然 2008 年欧盟《罗马条例 I》之前的立法没有对此予以规定，但从法国籍希腊裔学者——弗朗西斯卡基斯（Francescakis）提出“维护公共秩序的法”（Lois de police）② 的概念以来，维护公共利益的要求在学理③和司法实践④中一直作为国际强制规范的判断标准。《罗马条例 I》在第 9 条第 1 款⑤中明确了这一要求，使之成为该领域国际立法的先例。《解释（一）》采用这一作法，规定强制性规定必须“涉及中华人民共和国社会公共利益”，顺应了晚近冲突法立法的潮流。⑥ 虽然公益标准不甚清晰，有待法官在个案予以具体解释，但毕竟为国际强制规范的判断提供一定的判断依据，也增加对其实质属性的认识。这也是弗朗西斯卡基斯最终选择“公序法”替代其曾在《反致理论与国际私法的体

---

① 不同于国际公法中的“国际强制规范”（international mandatory rules）。比较法上又称干预性规范（Eingriffsnormen）、直接适用的法（lois d'application immédiate）、必须适用的规范（norme di applicazione necessaria）或优先适用规则（voorrangsregels）。参见肖永平、龙威狄：《论中国国际私法中的强制性规范》，载《中国社会科学》2012 年第 10 期，第 107 页。

② 指其遵守为维护一国政治、社会和经济组织所必要的法律。1804 年《法国民法典》（Code civil des Français）第 3 条第 1 款规定，有关公共秩序和安全的法律（Les lois de police et de sûreté），对居住在法国境内的居民均有约束力。Phocion Francescakis，Lois d'application immédiate et Droit du Travail，Revue Critique de Droit International Privé，Vol. 63，No. 2，1974，p. 273. 法语中的 police 源自希腊语中的 politeia，是指国家的运行（organisation of the state），see Jan-Jaap Kuipers，EU Law and Private International Law，Martinus Nijhoff Publishers，2011，p. 130. 国内通译为“警察法”并不适当。

③ 如荷兰最高法院在 Alnati 案认为，法院必须考虑那些制定国拥有如此重要利益以至于在其领土外仍需遵循的强制规范，此时当事人不能通过法律选择予以排除。Van Nievelt，Goudriaan & Co's Stoomvaartmij N. V. v. N. V. Hollandsche Assurantie Societieit and others，Nederlandse Jurisprudentie 1967，p. 3.

④ Mayer 认为，国际强制规范不仅关乎公共政策，而是反映如此重要的公共政策以至于它们必须适用，即使其所属的法律体系不能通过冲突规范得以援引。Pierre Mayer，*Mandatory Rules of Law in International Arbitration*，Arb. Int'l，Vol. 2，No. 4，1986，p. 275.

⑤ 参见卜璐：《国际私法中强制性规范的界定》，载《现代法学》2013 年第 3 期，第 155 页（认为强调规范的公益属性完全多此一举，最终要归结于客观标准）。

⑥ 超越一切的强制性条款（overriding mandatory provisions）是指那些被一国认为对维护该国的公共利益尤其是政治、社会和经济组织至关重要而必须遵守的强制性条款，以至于在属于其适用范围的所有情况下，不论本条例指引的合同准据法为何，都必须予以适用。

系冲突》① 一书中曾使用的“直接适用的法”的原因。考虑到我国法官普遍对该理论不甚了解，此种作法更值得肯定。

所谓形式要求，则是指强制性规定的适用由自身决定，无须冲突规则的援引。该要求最能反映强制性规定的超越冲突规范适用的性质，早在1980年《罗马公约》时即被采用。从具体适用的角度，形式要求首先需要对强制规范的用语进行形式审查，即如果能从规范本身或专门的适用范围条款的字面意思得出强制性规定具有超越冲突规范适用的地位，则一般不再探讨能否保护至关重要的公益；如果得不出这种结论，则需要结合强制性规定的目的要求判断所涉及的公共利益充分与否，进而判定是否要求直接适用。②《解释（一）》第10条对当事人不能通过约定排除适用、无需通过冲突规范指引而应直接适用于涉外民事关系的要求，本质在于明确此类强制性规定在冲突法上的地位，即具有超越当事人选法和根据客观连结点指引准据法的功能。

（二）抽象规则与具体情形结合

为明确《法律适用法》第4条下的强制性规定的范围，《解释（一）》第10条采用定义加列举的模式，创造性地结合强制性规定的抽象属性和发挥作用的具体情形。这在包括欧盟在内的各国立法当中是绝无仅有的，不能不说是《解释（一）》的创新。认识国际强制规范的最佳方式是确定此类规范的范围和分类。国际强制规范概念不容易表述，分类也存在困难，但这一任务并非无法完成。③ 从目前的实践看，阻碍欧盟立法列举国际强制规范的具体领域的重要因素是各成员国必须根据自己的法律体系的内容判定何种强制规范构成国际强制规范，不宜在统一立法中列

---

① Phocion Francescakis, La Théorie du Renvoi et Les Conflits de Systèmes en Droit International Privé, Sirey, 1958.

② 我国法很少表示直接适用性质，少数如《反垄断法》第2条“中华人民共和国境外的垄断行为，对境内市场竞争产生排除、限制影响的，适用本法”明确该法的域外效力。其他立法的适用范围条款，如《产品质量法》第2条、《劳动法》第2条，旨在强调法律文件在我国境内的统一适用，难以说明要求直接适用。无论如何，由于国际强制规范只能是实体法，而非冲突规范等法律适用法，专门法律适用条款仅作为国际强制规范存在的证据。

③ Dr Seyed Nasrollah Ebrahimi, Mandatory Rules and Other Party Autonomy Limitations, Athena Press London, 2005, p. 277.

举,① 而我国则不存在上述困难。因此，根据我国的法律现状和实践需要，在司法解释中对强制性规定进行概括列举原则上是可行的。这不仅不影响自由裁量，还可以使法官对此类强制性规定发生领域产生更为直观的印象。

具体到《解释（一）》第10条的规定，其不仅包含外汇管制此类经常发生且需要我国法强制适用的涉外纠纷，还包括反垄断、反倾销、食品安全等我国目前备受关注的重大社会公益问题。虽然这些领域尚未大量出现涉外法律选择的争议，但基于此类立法对我国公益的攸关重要，一并列举起到未雨绸缪的作用。

（三）冲突法与实体法协调

《解释（一）》作为对规定我国冲突规范的《法律适用法》的司法解释，在解释和判断冲突法层面的强制性规定时注重与我国现行实体法协调一致。虽然无论《法律适用法》还是《解释（一）》都未将强制性规定的范围限于合同，但至少主要存在于合同领域,② 尤其表现为那些能影响合同效力的公法规范。③ 《解释（一）》将强制性规定限于“法律、行政法规的规定”，与我国《合同法》第52条第5项对违反法律禁止的合同无效规定④所要求的法律位阶一致,⑤ 从而排除规章以下的规范性文件的直接适用法资格。对于后者，如确实需要否定根据外国准据法本应有效的涉外合同的效力，只能先通过公共秩序保留制度⑥排除不相称的外国法，然后借助《合同法》第52条第4项的规定而适用。

仅就合同无效而言，我国《合同法》第52条第5项所指的强制性规定构成潜

---

① 《将1980年〈关于合同之债法律适用的罗马公约〉转换为共同体文件及其现代化的绿皮书》（Green Paper On The Conversion Of The Rome Convention Of 1980 on the Law Applicable To Contractual Obligations Into A Community Instrument and Its Modernisation）认为,《罗马公约》并未在第7条下列举强制规范的明确类型，原因在于各国法院必根据自己的法律体系判定何种强制规范构成国际强制规范。COM（2002）654 final, 14. 1. 2003.

② 立法的态度，参见胡康生:《全国人民代表大会法律委员会关于〈中华人民共和国涉外民事关系法律适用法（草案）〉主要问题的汇报》，载《全国人大常委会公报》2010年第7期，第644页（认为第4条下的强制性规定是对当事人选法范围的限制）。法院的态度，参见广东省高级人民法院课题组:《关于涉外民事关系法律适用法的若干问题及起草司法解释的建议》，载《人民司法（应用)》2013年第1期，第62页（基于合同作为私人意志的体现，强制性规定仅在否定合同效力的场合存在适用空间）。

③ 根据最高院《印发〈关于当前形势下审理民商事合同纠纷案件若干问题的指导意见〉的通知》，此类规范特指效力性规定，以区别不影响合同效力的单纯管理性规定。

④ 有下列情形之一的，合同无效：……（五）违反法律、行政法规的强制性规定。

⑤ 《第三稿》仅使用“法律”一词。为避免解释宽窄上的不一，最终予以修改。

⑥ 《民法通则》第150条、《法律适用法》第5条。

在的《法律适用法》第4条下的强制性规定，而《合同法》第52条第4项能导致合同无效的社会公共利益则并非直接适用的强制性规定，后者只能在根据外国准据法判定合同有效的结果与我国社会公益严重不符时，通过公共秩序保留排除并转向我国法时才能适用。由此，与实体法上能导致合同无效的《合同法》第52条第5项的强制性规定和该法第52条第4项违反社会公共利益禁止规定相对应，《法律适用法》第4条强制性规定的直接适用规则和第5条公共秩序保留制度在冲突法上实现选法功能的良好划分，在各自领域发挥限制、排除外国法适用的效果。仍要强调的是，这里的法律、行政法规的强制性规定不完全等于我国合同法上与纯粹管理性规定对应的效力性规定，不过只有后者才具有国际强制规范的潜在资格。对于涉外案件，要特别考虑国际交往的长久利益，避免影响正常的交易秩序。故适用于涉外民事关系的强制性规定，要从立法目的上考察、从严把握，① 防止法律选择机制受到破坏。

二、《解释（一）》关于强制性规定解释之不足

尽管存在如上特色，《解释（一）》对《法律适用法》第4条下的强制性规定的解释还存在判断要求、自我限定缺失以及列举情形不到位等诸多不足，有待进一步完善。

（一）判断要求之不足

《解释（一）》第10条对强制性规定的判断要求存在不足。首先在目的要求上，条文没有对我国社会公共利益施加程度限制，容易导致强制性规定直接适用规则的滥用。所谓“涉及”② 我国社会公共利益的正常理解是关乎任何种类和程度的社会公益。而现代国家的立法没有不以维护经济社会等公共利益为目的，如此任何法律可以说都具有此种特征。而国际强制规范构成法律适用的例外，并非一般性地发挥法律选择的功能。《罗马条例I》前言第37项特别说明，成员国法院在特别的情况下可基于公共政策的考量例外适用公共政策和超越一切的强制条款。故“超越一切的强制条款”的概念应区别于“不能通过协议减损的条款”的表述，并

① 参见最高人民法院：《最高人民法院民四庭负责人就关于适用〈中华人民共和国涉外民事关系法律适用法〉若干问题的解释（一）答记者问》，资料来源于：http://www.court.gov.cn/xwzx/jdjd/sdjd/201301/t20130106_181593.htm，2013年10月19日访问。

② 《第三稿》曾就公共安全的情形使用“危及”的修饰，似乎较“涉及”有程度差异。

应该严格地加以解释。由此看来，国际强制规范和其他法律存在程度上的差异。①如同在适用公共秩序保留时要区分国内和国际公共秩序，合理的解释是要将此种社会公共利益限于重大的情形，如可仿效《罗马条例I》第9条第1款的规定将之限定于维护我国至关重要的公共利益，特别是出于政治、经济或社会运行的需要。

其次，形式要求上不宜将“当事人不能通过约定排除适用”和“无需通过冲突规范指引”并列作出强制性规定的判断依据。这看似是着重强调它的特殊强制性即直接适用，却是多余而无益的。如果将当事人不能通过约定排除适用视为《法律适用法》第4条强制性规定在实体法的表述，那么任何强制性规定都满足这一要求，起不到限定作用；如果将之视为不会因为外域法的选择而排除适用，则同“无需通过冲突规范指引而直接适用”的要求重复，后者中的冲突规范当然包括当事人选择法律的情形。

此外，《解释（一）》没有明确目的要求与形式要求的关系。从表述上看，貌似应理解为并列关系，但并不明确。是出于维护公益的需要而不得不适用，还是规则要求直接适用的态度表明其对维护公益至关重要，何种优先？合理的作法是兼采文义解释和目的解释的方法。当我国强制性规定明确表示其不顾冲突规范而适用，该明确表示构成该规则被视为关乎至关重要公益的强有力证据，② 除非这样做不合理，否则将被视为《法律适用法》第4条下的强制性规定；当规则没有明确表示其可不顾冲突规范的指引而适用，只有能清晰地证明其意在维护我国至关重要的公益时，才能解释为需要直接适用。不过无论如何，条文表述都应设定为递进关系。毕竟重大公益才能反映国际强制规范的实质属性，而直接适用的要求则是此类规范在冲突法上的形式反映。

（二）限定缺失之不足

强制性规定无须冲突规则指引，而由法官根据其目的、内涵和程度决定是否直接适用，但并不是说在任何情况下都必须适用。强制性规定的适用须对适用范围进行限定，不满足自身范围的限定，就不存在在个案中的直接适用。没有理由在强制性规定不要求适用的情况下适用之。③ 冲突规则的功能在于确定一项法律规则所能延伸的

① Yvon Loussouarn, *Cours Général de Droit International Privé*, Recueil des Cours, Vol. 139, 1973, p. 328.

② Richard Plender & Michael Wilderspin, The European Private International law of Obligation, Sweet & Maxwell, 2009, p. 335.

③ A. V. M. Struycken. *General Course on Private International law*: *Co-ordination and Co-operation in Respectful Disagreement*, Recueil des Cours, Vol. 311, 2004, p. 406.

领域，即以法律选择的方式确定实体规则的空间范围。① 而实体规则本身也具有适用范围，表现在诸如法律本身的意图及单独的法律适用范围条款。一般而言，实体规则的适用范围比较宽泛，如既适用于本国人又适用于本国内的民事活动，从而使冲突规则有发挥作用的余地。可是强制性规定既然无须冲突规则决定其适用，那么必然要根据自身的因素或其他的法律适用范围条款来决定它的适用范围。

以《罗马公约》第7条②、《罗马条例 I》第9条的立法都要求国际强制规范的超越法特性必须限定在满足其适用范围的情形，《解释（一）》第10条未就此作出规定，容易导致我国强制性规定直接适用规则的滥用。从我国既有的学说和司法实践看，似乎并未意识到这一问题。在《法律适用法》颁布前，"中国银行（香港）诉铜川鑫光铝业担保合同纠纷上诉案"③ 即认定对外担保审批规定具有超越当事人选择的香港法适用的效力。而《法律适用法》更昭示了此类规定的直接适用资格，从而普便认为应相应取代公共秩序保留及法律规避制度的援用。④ 但悬而未决的是，如何合理限定我国对外担保审批的适用范围。

从目前的情况，或许将强制性规定的适用对象视为其适用范围。对外担保是指我国的担保人向境外债权人提供的担保，报批义务理应由担保人完成。而审批是依申请而作出的行政行为，依照现行法律规章，担保人不提出申请即会发生对外担保无效的后果。⑤ 由此对外担保审批构成属人性强制规定，即针对所有营业地或住所地在我国的担保人，无论该交易发生地或履行地在何处。此类仅构成合同一方当事人属人法上的公法要求很难获得其他法域的认可。通行于英国伦敦、我国香港地区以及新加坡等著名国际金融中心的普通法规则认为，准据法所属国及履行地国外的当事人的居住国实施的导致合同不法的强制规范不影响合同的效力或执行。⑥ 根据

---

① Cheshire. North & Fawcett, Private International Law, Oxford University Press, 14th ed, 2008, p. 6.

② 公约要求第三国强制规范根据该国法必须适用，对法院地强制规范则要求其必须为强制的情形，都暗含着满足自身的适用范围。

③ (2004) 粤高法民四终字第6号判决书。

④ 最高院民四庭刘贵祥认为，该规定可排除当事人对准据法的约定，直接适用我国外汇管理条例认定担保无效。参见刘贵祥：关于涉外商事审判机制与法律适用的几个问题，资料来源于：http://www.ccmt.org.cn/showexplore.php?id=4146，2013年10月16日访问。

⑤ 《境内机构对外担保管理办法》第17条、《担保法司法解释》第6条。

⑥ Kleinwort Sons & Co. v. Ungarische Baumwolle Industrie, [1939] 2 KB 678 (CA). 类似情形还可参见近期发生的一起涉及我国外汇管制法适用的对外担保案件。Emeraldian Limited Partnership v. Wellmix Shipping Limited & Guangzhou Iron &Steel Corporation Limited, [2010] EWHC 1411.

美国纽约州的判例，对在纽约订立、支付且根据约定适用的纽约法为有效的保证合同，不会因保证人未履行本国外汇管制的审批要求而无效或不可执行。① 此外，《罗马条例Ⅰ》第9条第3款也仅考虑赋予能导致合同履行违法的债务履行地国的国际强制规范以效力。因而，对我国对外担保审批规定之类的约束本国人的公法规范，在不属于合同准据法的范畴时，除非案件与该强制规范所属国拥有特别密切的客观属地联系——即履行地在该国，否则其他国家一般不会因此而否定那些在该法域外履行的合同效力。

虽然一国在遵守国际法的前提下可以对本国公民或居民施加公法义务，② 但不能以本国人违反该义务为由认定其与参与的私法性国际交易合同当然无效。肆意扩大国际强制规范效力范围的作法不仅违反国际礼让，还导致跨国判决结果的不一致，甚至会加剧选购法院（forum shopping）现象。③ 故在不明显违反本国公法强制规定的立法意愿的情况下，司法实践应尽可能合理限定国际强制规范的适用情形。回到对外担保审批问题，片面强调该规定适用于我国担保人所有的对外担保进未必符合立法的意图。外汇主管部门审批的目的在于防止我国境内的外汇未经许可而擅自流出，从而影响国际性收支平衡。对支付义务的履行地不在我国的对外担保合同，担保人完全可以自行利用境外的资产或从境外获得的收入清偿债务，不必然涉及我国外汇储备的流出。④ 一概认定对外担保合同无效非但无益于增进保护外汇储备的政策目标，反而使得故意不履行报批义务的担保人获得不正当利益，有违诚实信用的基本民法原则。况且公法管制的实施一般受属地限制，当出现履行地不在我国的情况，境外当事人很难预见该要求能够作用于域外发生的交易行为，不利于信赖利益的保护。因而有必要强调我国强制性规定只有在满足自身限定的适用范围

① Bank Leumi Trust Co. v. Wulkan，735 F. Supp. 72（S. D. N. Y. 1990）. 而在另一起案件，特别由于我国作为担保合同的履行地，纽约法院据《第二次冲突法重述》第187条第2款b项认为与该案有最密切联系的我国构成拥有更大利益的法域，故如适用当事人选择的特拉华州法将违反我国外汇管制法反映的基本政策，由此确立我国法的适用资格。Lehman Brothers v. Minerals International Non-ferrous Metals & China National Metals and Minerals，179 F. Supp. 2d 118（S. D. N. Y 2000）.

② 属地性构成各国行使立法管辖权的普遍依据，但除相互尊重主权的要求外，传统国际法几乎不存在分配立法管辖权的明确规定。何况存在真实联系的情况，一国对本国人行使属人管辖权也无可争辩。

③ 董金鑫、王科：《论未经审批的对外担保合同的效力》，载《西安电子科技大学学报（社会科学版）》2013年第4期，第61页。

④ 即使案件在我国审理，法院可以判决担保人以我国法定货币履行担保责任，兑换、汇出在所不同。不过如此一来，对外担保审批只影响合同的事实履行，不能作为效力评判的依据，其直接适用的资格令人怀疑。

时才可在个案直接适用。

（三）情形列举之不足

《解释（一）》第10条对强制性规定的列举情形也有不足。最主要的问题关于保护性强制规范。国际强制规范是公法还是私法亦或兼有公私法双重属性一直存在争议。① 为保护特定人群的法律是否足以表明一国存在重大公共利益的关切以至于要求直接适用存在质疑。② 此类特别保护本质上是国家出于平衡私人利益的需要，虽然客观上会影响社会经济的运行，性质较为模糊。③ 关于国际强制规范的范围，《罗马公约》和《罗马条例Ⅰ》都没有作出明确的要求，④ 欧盟法院尚未加以解释，留待成员国自行判断。实践中各国司法认定的情形大相径庭。如法国法院通常将那些保护弱者一方利益的规定视为国际强制规范，而德国法院则较严格地遵守公益判断标准。⑤ 不论保护弱者的法律是否包含重大公益，《解释（一）》第10条列举劳动者保护都缺乏足够的理由。⑥ 从比较法的角度，的确有些立法明确将保护劳动者的强制规范视为国际强制规范，如英国1996年《雇佣权利法》（Employment Rights Act）第204条"雇佣准据法"第1款规定，"为本法之目的，（除本法外）适用于

① 参见肖永平：《法理学视野下的冲突法》，高等教育出版社2008年版，第326～328页。

② Anathan Harris, Mandatory Rules and Policy under the Rome I Regulation, in Rome I Regulation: The Law Applicable to Contractual Obligations in Europe, ed. by Franco Ferrari, sellier. european law publishers, 2009, p. 296.

③ 如认为劳动基准法不仅具有保护劳动者的功能，还希望实现雇主间的公平竞争。

④ 由Giuliano和Lagarde作出的《罗马公约》解释认为此类强制规范应包括卡特尔规范、竞争和限制性惯例规范、消费者保护规范以及有关运输的强制规范。Mario Giuliano & Paul Lagarde, Report on the Convention on the Law Applicable to Contractual Obligations, OJC 282.《罗马条例Ⅰ》引言34强调个人雇佣合同规则不应损害《欧盟议会和理事会第96/71/EC号指令》规定的派遣目的地国法中的超越一切的强制性条款的适用，这宜经由《罗马条例Ⅰ》第23条的规定作为联盟法而适用，无须借助《罗马条例Ⅰ》第9条。

⑤ Richard Plender & Michael Wilderspin, The European Private International Law of Obligation, Sweet & Maxwell, 3rd ed, 2009, pp. 351-353.（此种争议更多的是发生在消费者保护领域。劳动者保护领域极少发生因保护劳动者的特别冲突规范不足而需要援引法院地直接适用法的情况）。

⑥ 如劳动者保护需要纳入，消费者保护为何付之阙如？《法律适用法》都不允许上述合同的当事人合意选择准据法。《第三稿》曾将消费者权益保护列举为我国公益的具体情形，但未落实到正式文本，缘由不得而知。另外，虽然我国《海商法》第4章对提单持有人的保护条款是否构成国际强制规范一度存在争议，但目前最高院倾向于认为不构成。参见刘贵祥：在全国海事审判工作会议上的总结讲话，资料来源于：http：//www. court. gov. cn/spyw/mssp/201212/t20121226_ 181432. htm，2013年10月1日访问。

雇佣的法律是否是英国或英国某一区域的法律并不重要”。但此种规定更适合于没有专门为劳动合同制定冲突规范的情形。① 我国《法律适用法》已经为劳动者合同确立不同于一般合同的法律适用规则。该规则采用工作地等客观连结点的互补运用，不允许雇佣当事人合意选择法律，使得我国法更容易成为案件准据法，无援引强制性规定直接适用的必要。

不得不提的是，由于我国《劳动法》第 2 条规定“在我国境内的企业、个体经济组织和与之形成劳动关系的劳动者适用本法”，带有公法性的劳动法在很长一段时间被认为适用于我国境内的所有劳动关系，无须冲突规范的指引。这种情况已经为《法律适用法》改变。具体而言，基于保护作为弱势一方劳动者的目的，《法律适用法》第 43 条不仅确立劳动合同适用劳动者工作地法的基本原则，② 还考虑到我国作为劳务输出大国的现状创造性地规定劳务派遣可适用派出地法的例外，建立了比较完善的涉外劳动合同法律适用体系。虽然那些有关法定最低工资、休假、补偿等劳动基准法根据自身性质和目的而在适用范围内适用，不允许当事人采取包括通过法律选择的方式排除，可以认为是国际私法上的国际强制规范，但此类规范是否需要借助直接适用法制度适用，则取决于雇佣合同冲突法能否满足其所要发挥的功能。对一般的涉外劳动合同，位于我国的劳动者工作地以及在难以确定时③作为替补的用人单位主营业地满足我国劳动基准法属地适用的要求。对于劳动派遣这一特殊的雇佣形式，如外籍员工派遣至我国工作且派遣地的劳动基准低于我国，自然能适用工作地即我国的基准。如高于，而案情也有必要适用该派遣地的法律，则亦满足我国基准法最低保护的目的；当我国员工派遣至海外工作且我国劳动基准法高于工作地的标准，则在有必要时完全可通过援引劳务派遣适用劳务派出地法这一例外规定适用该法。反之如低于，则我国劳动基准法没有取代工作地法而适用的需要。故无论何种情形，④ 都无须通过援引《法律适用法》第 4 条直接适用我国的劳

---

① 从立法背景看，1996 年《雇佣权利法》第 204 条第 1 款的前身是 1978 年《雇佣保护（联合）法》第 153 条第 5 款。此时合同还完全由以意思自治为特征的英国自体法支配。在选择外国法时，成文法只能借助国际强制规范（在英国被称为超越一切的制定法，Overriding Statutes）的身份适用。

② 难以确定劳动者工作地的，适用用人单位主营业地法。

③ 根据欧盟的立法与实践，此种难以确定的情形为雇员经常性地在多国开展工作，如空乘人员。

④ 除上述属地适用和派遣工此类的特别属人情形，想不出我国劳动基准法需要直接适用的其他情形。即使发生某一与中国联系不大的外国雇佣纠纷，冲突规范指引的工作地法规定雇主可以无须任何补偿或提前通知即可解除合同，此适用结果被我国法院认为是损害我国公共利益而需要排除。我国劳动基准法的替补适用是公共秩序保留的结果，而非直接适用。

动基准法。①

此外，虽然兜底条款的存在使得列举不必面面俱到，但不应遗漏进出口管制这种明显重要的情形。从既往的司法实践看，以禁令、许可证为代表的进出口管制是国际强制规范经常出现的领域。② 虽然为履行 WTO 项下的义务大量的外贸限制措施已经被取消，但我国对货物、技术的进出口至今还保留审批、许可等相当多的管理规范。③ 不遵守此类规范的要求往往会导致合同的无效、不生效或无法顺利履行，对外贸合同当事人的权利和义务产生重要影响，故应明确指出。

三、《解释（一）》关于强制性规定解释之完善

综上所述，在参考《罗马条例 I》的立法经验以及我国司法实践要求的基础上，有必要对《解释（一）》第 10 条加以修订，形成《法律适用法》第 4 条下的强制性规定更为合理的司法解释。就完善的具体方面，首先，应该强化强制性规定判断的目的要求和形式要求的内涵和关联，形成合理的判断标准；其次，要说明强制性规定只有在满足自身内在限定的适用范围的情况下才能直接适用，以防止此类规范的滥用；再者，在列举强制性规定存在的法律类型时，既要考虑通行的立法情况，又要具体分析我国国际私法实践的特殊要求，避免重复和遗漏。

考虑这些因素，并对条文用语作必要的修饰和调整，《解释（一）》第 10 条应重新设计如下：

1. 涉外民事关系法律适用法第四条规定中的强制性规定是指对我国的政治、经济或社会运行等公共利益至关重要，以至于满足自身限定的适用范围时即无需冲突规范的指引而直接适用于涉外民事关系的法律、行政法规中的强制性规定。

2. 此类强制性规定特别存在于以下情形：（1）进出口管制；（2）外汇管制等金融安全；（3）食品或公共卫生安全；（4）环境安全；（5）反垄断、反倾销；（6）应当认定为强制性规定的其他情形。

---

① 要有不足也是某些情形下第三国劳动基准法的直接适用，不是《解释（一）》第 10 条所能解决的问题。

② Jürgen Basedow, *Conflicts of Economic Regulation*, Am. J. Comp. L., Vol. 42, No. 2, 1994, p. 439.

③ 如现行《对外贸易法》第 19 条、《技术进出口管理条例》第 10 条。

On the Definition of Mandatory Provisions in the Law on Choice of Law: Commenting on Article 10 of Interpretation No. 1

Abstract: Given the needs of practice, the meaning and scope of the directly applicable mandatory provisions in the Law on Choice of Law of China need to be clarified by judicial interpretations. Article 10 of Interpretation No. 1 of the Law on Choice of Law not only uses both of the public interest and directly application as the basis of judgment of mandatory provisions, lists the specific circumstances of mandatory provisions in addition of the abstract definition above, but also pays special attention to the harmonization of substantive law, which reflects the current trend of international legislation. However, it still has many shortcomings on the matter of requirements of determination, self-limited scope and specific circumstances, which needs to be further improved. So it must be modified on the basis of EU legislations and the needs of China's judicial practice.

Keywords: mandatory provisions directly applicable Law on Choice of Law internationally mandatory rules

四、国际投资协定专题

孰南？孰北？妥协还是共识？

——评中国-加拿大投资保护协定

□　温先涛*

内容摘要：在新经济全球化浪潮下，"南北国家"分界日益模糊，许多发达国家和经济转型的发展中国家，出现身份混同，传统国际投资法领域的南北对立色彩日渐淡化。本文围绕2012年中国与加拿大签署的双边投资协定，以加拿大国内舆论对该协定的相关质疑为契机，全面论述了投资协定对缔约双方的作用，结合美国投资协定范本和已签署的中外双边投资协定文本，深入剖析投资准入、税收与金融审慎措施、征收补偿标准等敏感问题，对投资协定的例外制度进行了梳理，论证中国-加拿大投资协定在制度设计上充分照顾到投资者与东道国各方利益，体现求同存异，同时也指出其中的些许不足。

关键词：投资协定　投资保护　例外制度　争端解决

目　　次

＊ 商务部条法司处长。

引　言

《中华人民共和国政府和加拿大政府关于促进和相互保护投资的协定》（以下简称中加协定）于2012年9月9日在俄罗斯符拉迪沃斯托克亚太经济合作组织第二十次领导人非正式会议期间签署。该协定创造了新中国投资协定签约史上至少三个“之最”。一是旷日持久，双边自1994年启动，正式磋商22轮，历经18年，终于2012年2月就所有条款达成一致，可谓跨世纪谈判；二是篇幅最长，该协定是中国迄今为止缔结内容最为广泛的一个双边投资协定，中文本汉字多达17572个，其中投资者与东道国争端解决程序（第三部分）所占篇幅超过38%，超过2008年签署的《中国-墨西哥关于促进和相互保护投资的协定》（以下简称中墨协定）一倍篇幅。① 而20世纪新中国对外签署的第一个双边投资协定《中国-瑞典关于相互保护投资的协定》只有区区1883字；② 三是双方前后参与谈判人员最多，数度更迭。

第四个“之最”则有笔者臆度成分，即“最具务实性”，最明显者，如前所述，中加协定对投资者与东道国争端解决程序的约定篇幅及其所占比例超过以往任何中外投资协定，体现出英美法系对程序的重视精神。一个强有力的争端解决机制胜过任何宣言式的法律文件，它被誉为投资协定的“牙齿”。1982年《中国-瑞典关于相互保护投资的协定》尚未长出“牙齿”，所以保护力度不大，翌年后的中国与德意志联邦共和国的第一部《关于促进和相互保护投资的协定》（以下简称中德

① 中墨协定中文本汉字约8300个，其中投资者与东道国争端解决程序所占篇幅将近29%，是迄今为止篇幅第二长的投资协定文本。

② 《中国-瑞典关于相互保护投资的协定》签署于1982年。2004年双方又签署了一份议定书，新增了些许投资者与东道国争端解决机制安排。

协定）之议定书始引入通过国际仲裁解决投资者与东道国争端解决机制。

中加协定的亮点尚不止这些。在过去的18年里，两国的经济形势发生了很大变化，中国的商界、学界与政界对于投资促进与保护的理解也经历了曲折的过程。如：在投资争端解决机制方面，中国从20世纪初只谈友好协商、只能在东道国内解决、到适度引入国际仲裁机制（仅限于征收之补偿金额）、到1998年“缔约一方的投资者与缔约另一方之间任何投资争议”均可通过国际仲裁的方式解决（《中国-巴巴多斯关于鼓励和相互保护投资协定》始全面放开）、再到今天的只能将有限的几项条约义务（国民待遇、最惠国待遇、最低待遇标准、征收和补偿、转移、业绩要求、高层管理和董事会人员入境等）提交国际仲裁，可以说是实现了理性回归。

一、问题的提出

中加协定签署后，文本旋即公布于互联网，在缔约双方各自履行法定生效程序之际，也就进入了公众评论期。富有戏剧性的是，以 Osgoode 法学院 Gus Van Harten 教授为代表的一群加拿大学者对中加协定有可能产生的对于加拿大的不利影响表示“深切忧虑”。① 这位被誉为“世界级权威的国际投资贸易仲裁专家”于2012年10月12日致函 Stephen Harper 总理，呼吁国会和政府对中加协定不予批准，并提出14点叫停的理由。归纳如下：

“预期将来中国企业在加拿大投资远超加拿大企业在中国的投资，所以中加协定是一个非互惠的协定。该协定一俟生效，将使加拿大的立法、行政和司法主权，在未来至少31年不可逆转地受到来自中国投资者的挑战。《北美自由贸易协定》（NAFTA）生效以来，加拿大已被诉30起，并且已经在4起诉争中赔付了1.7亿美元，而以往加拿大投资者在海外针对外国政府的16个仲裁请求却无一获胜。前车之鉴，而今中加协定束缚了加拿大联邦和省级政府对自然资源、税收、土地等财产的管理权，将国家司法权让渡给三个专断的仲裁员，其招致的财政风险大大超过NAFTA。”

类似的声音在国际投资法学界一直绵延。执此观点的学者有一共同视角，即都站在资本输入国的角度，认为自己受到另一缔约方投资者的剥削与压迫，非互惠的条约以表面的“平等”掩盖了实际的“不公平”。笔者认为，这只是“横看成岭侧成峰，远近高低各不同”效应体现。要认清事物的本质，识得庐山真面目，就必须摒弃功利主义，从各个角度去观察，既要客观，又要全面。

---

① Available at http://thetyee.ca/Opinion/2012/10/16/China-Investment-Treaty/, visited on Jan. 30, 2013.

自20世纪90年代至今，加拿大共与27个国家签署了投资协定。① 其所用范本（FIPA）很大程度地借鉴了美国双边投资条约（BIT）范本。此次中加协定亦是在加拿大文本基础上谈判所就，其中有许多条款就是美国范本的移植，其中也不乏明显具有中国特色的制度安排。但Harten教授们似乎并不在意这些中国元素。他们所反对的应当是整个投资协定所保护的对象或曰所代表的利益。否则就无法解释这些资深“世界级权威的国际投资贸易仲裁专家”为何反对自己祖国的精神财富——先进的FIPA范本。他们如何看待前26个投资协定？笔者不禁想起2008年中国与美国宣布启动投资协定谈判后，美国国会也有不少反对呼声，质疑与中国缔结BIT是否符合美国利益。但时至今日，这个奉行自由、平等外加实用主义、利益至上的强国政府仍在积极地推动着双边谈判进程。原因何在？

二、投资协定对谁有利？

顾名思义，以促进和保护投资为目的的国际协定当然首先是对投资者有利，对于投资者母国则不仅意味着税收增长，鼓励企业“走出去”，还可以实现以投资替代出口，绕开关税壁垒，避免贸易纠纷，长远地解决了国内产能过剩问题；而对于东道国则可能意味着义务的增加和责任的加重。这是传统的看法。但遍览以往的投资协定和案例，我们不难得出这样的结论：东道国政府对外资不歧视、不损害就是最大的促进与保护。而外资带给东道国的很可能是岁入与就业的增长、先进生产力和先进文化。毫无疑问，双边投资关系越是活跃就越能有效地避免兵戈相见，如果东道国在利用外资过程中能够有效地防止反被外资利用、被外资控制，不仅在经济上实现双赢，双边政治关系也会更加紧密。

直觉上，投资多的一方更亟需保护，所以谈判利益较大。事实上，加拿大政府和美国政府都在积极推动与中国的双边投资谈判，是否可以反推出美加两国在中国的投资额大于中国在美加的投资额呢？前述Harten教授铁口直断，即“将来中国企业在加拿大投资远超加拿大企业在中国的投资”。根据加拿大外交部统计，2011年加拿大投资者在中国直接投资45亿美元，而中国投资者在加拿大投资额高达109亿美元。② 传统上，人们往往认为资本输出大国是富国，属于北方国家，而资本输入的东道国大多是位居南方的发展中国家，于是有了“南北矛盾”长期之说。

---

① Available at http：//www.unctadxi.org/templates/DocSearch.aspx？id = 779&PageIndex = 1&TextWord=´Canada´,%20´´%20，1&CategoryBrowsing=False&syear=，visited on Mar. 21，2013.

② MICHAEL DEN TANDT，POSTMEDIA NEWS OCTOBER 22，2012 10：53 AM：Canada and China，BFFs：Are we ready for this?

上述中加双边投资统计却颠覆了这一格局。更为典型的是，作为美国最大债权国，截至 2013 年 1 月末，中国累计持有美国国债 1.2645 万亿美元。① 中国在美国的金融类投资显然是“顺差”，大大超出美国对中国的债券持有量。按照美国 BIT 对投资的定义，笔者冒昧揣测，中国在美国的实际投资额很可能大于美国在中国的投资权益。这至少说明中国债主们不担心美国人民会赖账，更对美联储掌控印钞充满信心。而在对外资管制方面，迄今鲜见有美资企业在中国因影响国家安全被叫停，② 倒是有不少中国企业在美国因此受阻。③ 如是，积极推动 BIT 谈判的应该是中国。而事实却正相反，唯一的解释只能是投资于美国的商业与政治风险小，美国的投资环境更令中国投资者放心。所以笔者认为，评估谈判利益，不能只看投资数量。

新世纪的全球化经济，尤其当转型经济体的大量出现，与 50 年前南北对立态势相比，已世易时移，发展中国家与发达国家的分界已不像 20 世纪那样泾渭分明，不能简单地用资本输出国与资本输入国来划分南北国家。许多国家在大量资本输出的同时，也是利用外资大国，美国最具典型性，④ 在投资协定的制度设计上，既要“加强保护”输出资本又要“留权在手”监管外资。应当说，美国 BIT 范本很好地处理了这一矛盾体关系，很值得经济转型国家认真学习。从近期美国开启与欧盟就建立全面的跨大西洋贸易投资伙伴关系谈判和跨太平洋合作伙伴（TPP）谈判共享原则的声明，足见由美国所主导的诸理念绝非片面地仅站在资本输出国或东道国一方立场上。

加拿大的 Harten 们及美国持同样立场的议员们似乎在奉行双重标准，他们似乎认识到他们国家的范本对于东道国是不利的，如果他们的祖国是资本输入国，则绝不能接受这样的“不平等条约”。这岂非在暗指其政府以前缔结的投资协定是“己所不欲而施于人”乎？当然，笔者不排除 Harten 教授亦有诺尔曼·白求恩的国际主义情怀。

---

① 经济参考网：《美财政部：1 月中国增持美国国债 441 亿美元》，资料来源于：http：//jjckb. xinhuanet. com/2013-03/16/content_ 433924. htm，2013 年 3 月 16 日访问。

② 2008 年总部设于美国的凯雷投资集团并购徐州工程机械集团有限公司失败，悉因国家安全，还是国有企业贱卖，抑或涉嫌垄断，业内尚无定论。

③ 中国企业被美国政府以影响国家安全为由叫停的著名项目有：2005 年中海油收购美国优尼科石油公司、2007 年华为并购 3Com 公司、2011 年华为收购美国服务器技术公司 3Leaf Systems 资产、2012 年浙江万向集团并购美国新能源汽车电池企业 A123 Systems 公司、2012 年三一集团在美国俄勒冈州风电投资项目。

④ 2012 年，美国吸收外国直接投资额为 1670 亿美元，尽管更远低于 2008 年金融危机前创纪录的 3100 亿美元，但仍居世界第一。资料来源于：http：//www. politico. com/story/2013/10/penny-pritzker-barack-obama-foreign-investment-99055. html，2013 年 10 月 29 日访问。

三、中加协定的亮点与疑点

（一）可持续发展的基调

晚近国际投资协定越来越明显地呈现出“以人为本”的态势，所谓的“促进”、“鼓励”、“保护”、“便利”与“开放”都围绕并受制于“可持续发展”这一基调。中加协定前言寥寥数语，其亮点在于“需要依据可持续发展的原则促进投资”（不是为了相互吸引投资而签此约）。

但凡国家行为，以“捍卫人权、民主、法治、劳工权益、公众健康、安全、保护生态环境、文化多样性、强化企业社会责任、反腐败”名义去做，无论其有多大针对性，必然占据道德制高点。虽然仅凭一部投资协定并不能解决上述所有问题，但“人权”、“民主”、“法治”这些原本政治层面的东西亦无不与跨国投资有关，如早先有些发展中国家片面理解“发展是硬道理”，以降低劳工保护标准和牺牲生态环境来吸引外资，以损害国民的健康权利换取竞争优势，当代的投资协定可能要对此“内政”干涉一下，但未必奏效，也不一定就是冲着东道国政府而来，在那些非政府组织（NGO）活跃的民主国家，NGO们会依据投资协定中的透明仲裁和“法庭之友”条款，积极地在国际仲裁庭上与无良的资本家抗争，为东道国民生鼓与呼。而“法治”则意味着独立的仲裁机构给予东道国政府和外国投资者一个公正的说法。至于“反腐败”，但凡在法治不健全国家的生意人，鲜有不遭遇来自当地政府潜规则的，尤其在审批制盛行的国度，他们权衡利弊后，不得不无奈地、“心甘情愿”地行贿，最终又都会转嫁到消费者头上。

商业贿赂、污染环境、压榨劳工、践踏人权、干预司法、褫夺他人财产、威胁东道国安全，诸如此类，都可归为有损公平竞争、扭曲市场、侵犯消费者和公共利益，都将造成东道国的不可持续发展，这是不分南北的、人类共诛之、全民共讨之的恶行。

晚近的谈判实践表明，上述准则并非发达国家强加给发展中国家的，而是发展中国家越来越自觉自愿接受的人类共同理念。历时18年的中加投资协定谈判，首先在“可持续发展”理念上找到了平衡点。2004年加拿大FIPA范本前言是这样表述的：“（双方）认识到，促进和保护一方投资者在另一方领土内的投资，将有助于激发互益之商业活动、发展经济合作并促进可持续发展。”2010年中国范本草案表述为：“……愿加强两国间的合作，促进经济健康稳定和可持续发展，提高国民生活水平。”可见，目前中加范本的表述(“需要依据可持续发展的原则促进投资”)已将“可持续发展”上升为统领投资促进与保护的首要原则，足见立意之高远。

当发生投资争议需要对条约进行解释时，此言简意赅的前言为仲裁庭提供了重要指南。

（二）文化多样性的提出

加拿大与法兰西是促进和保护人类文化多样性的拥趸。早在20世纪90年代经济合作与发展组织（OECD）发起多边投资协定（MAI）谈判期间，两国基于维护自身文化特色和抵御美国的文化侵略的目的，希望保留大量的例外，特别是文化投资方面的例外（culture exemptions）。此观点立即遭到美国国际商业协会（The U. S. Council for International Business）的激烈反对。① 2004年加拿大FIPA范本第10条（一般例外）第6款干脆明确写上："本协定之规定不适用于文化产业投资。"2005年，在加拿大与欧洲的积极推动下，联合国教育、科学及文化组织第33届会议通过了《保护和促进文化表现形式多样性公约》，确认保护文化多样性与保护生物多样性具有同等意义，文化多样性已"成为各社区、各民族和各国可持续发展的一股主要推动力"，"重申各国拥有在其领土上维持、采取和实施他们认为合适的保护和促进文化表现形式多样性的政策和措施的主权"。中加协定第33条（一般例外）则将文化例外提至第1款，将文化产业具体化为："出版、发行、展览、销售书籍、杂志、报纸、音像制品，广播、电影、电视及网络服务。"在这些领域，东道国均"留权在手"，不承诺开放，亦不受投资协定保护。

"文化"本是个含义甚广的概念，投资协定所谓的"文化产业"仅局限在传播界，② 在投资领域，它意味着外来文化长驱直入或潜移默化地影响东道国的社会意识形态。据说中加协定签署后，加拿大国内舆论反应强烈，其中就有反对党指责Harper政府与中国签署的这份投资协定没有考虑加拿大原住民及少数族裔的利益。

保护外资与保护文化似乎使得某些拥有悠久传统的国家陷入纠结。笔者认为，欲解此结，首先要明确两个问题，一是本土文化能否被外来文化摧毁？二是政府资助、干预、限制、封锁等行政手段能够多大程度地有效抵御外来文化？美国和以色列认为这是在杞人忧天。文化发展是需要综合评定的，即使没有跨文化冲突的发生，人类的许多文化现象（如语言），依然会在自然的生生灭灭中前行。经济全球化之于文化多样性的发展，利大于弊。我们不应仅关注外来文化对本土文化所造成

---

① 参见董纯钢：《论多边投资协定和统一多边投资规则的构建》，资料来源于：http://vip. chinalawinfo. com/newlaw2002/SLC/slc. asp? db=art&gid=335574523，2013年1月30日访问。

② 联合国教科文组织对于文化产业的定义：文化产业就是按照工业标准，生产、再生产、储存以及分配文化产品和服务的一系列活动。舞台演出、展览、休闲娱乐、体育、旅游之类不可复制、不可储存的服务行业不在其列。

的冲击，还应看到外国投资者和域外产品对本土文化的创新、拯救、激励、发现、群聚、经营、传播、比较等功能。① 纵观全球伟大的文化，无不是在不断吸收融合其他文化的基础上形成的，古代汉文化如果未曾吸收外来文化包括蛮夷文化，就不可能发展至今。今日美国的强盛与繁荣，也是昨天“添加”外来文化的结果。像好莱坞电影，它不单是美国文化的象征，更是文化多样性的一个群聚效应的标志。我们也大可不必担心麦当劳会取代中餐馆，而应当注意到，在麦当劳的故乡，亚洲餐馆已经遍地开花。在各个“本土文化”的目录中，添上好莱坞、麦当劳、肯德基、《哈利·波特》等，又有什么不好呢？本土文化的生命力不是靠政府扶持或搞文化壁垒得以长存（那样反倒可能死得更快）。美国经济学家泰勒·考恩（Tyler Cowen）担心，政府那样做往往导致打着保护本土文化的旗号，有意无意地培育着滋生独裁、专制、极端民族主义、地方封闭主义、复古主义、破坏世界经济秩序等现象的土壤。他认为，当下的全球化恰恰极大地促进了跨文化交流，所以，跨文化交流也必须严格遵守“自由选择”的玩法，保护文化多样性不能与世界贸易组织（WTO）规则相悖。是故，《保护和促进文化表现形式多样性公约》第20条（与其他条约的关系：相互支持，互为补充和不隶属）第2款又明确规定：“本公约的任何规定不得解释为变更缔约方在其为缔约方的其他条约中的权利和义务。”

笔者一直认为，2007年7月北京故宫博物院要求故宫内所有的经营网点都必须使用故宫品牌并将不接受该规划的星巴克咖啡店驱逐出紫禁城不啻为一种文化自恋的可笑行为。② 中国自古鲜有文化自闭，否则，中华传统文化早已灭亡。90年前“十月革命一声炮响，给我们送来了马克思列宁主义”。③ 正因有当年海纳百川的胸怀，才有了今日的特色和“三个自信”（道路自信、理论自信、制度自信），④

---

① 参见［美］泰勒·考恩：《创造性破坏：全球化与文化多样性》，上海人民出版社2007年版。

② 参见搜狐财经：《故宫里开星巴克糟蹋中国传统文化?》，资料来源于：http://business.sohu.com/s2007/starbucks/，2013年4月12日访问。央视英语主播芮成钢在其博客上发出抗议，认为“故宫里的星巴克”是对中国传统文化的糟蹋，并以个人名义向星巴克总裁发出抗议书，要求星巴克从故宫里搬出去。参见人民网：《星巴克咖啡店将撤出故宫》，资料来源于：http://culture.people.com.cn/GB/81897/5986733.html，2013年4月12日访问。2007年3月召开的全国两会上，人大代表姜鸿斌提交了“关于星巴克立即搬离故宫”的建议案，要求：“星巴克必须立即从故宫搬出去，这一抹杀民族文化的事件必须立即停止。”

③ 《毛泽东选集》第4卷，人民出版社1991年版，第1471页。

④ 参见胡锦涛：《坚定不移沿着中国特色社会主义道路前进为全面建成小康社会而奋斗——在中国共产党第十八次全国代表大会上的报告·夺取中国特色社会主义新胜利》，人民出版社2012年版。

如果我们确实坚定三个自信，就应有足够气度与雅量接纳广大人民群众喜闻乐见的文化形式，更应照顾“万邦来朝”的饮食习惯并包容其异国出身的品牌。因为“我们党要始终代表中国先进文化的前进方向”,① 不会因为有了“特色”就排外。

综上所述，文化多样性与经济全球化就像一只茶杯的内外两面，对立统一，相辅相成。中加协定第 33 条第 1 款虽为双方“留权在手”，却也折射出些许文化焦虑意识，即对本土文化的不自信。但在信息技术日新月异的互联网时代，试想即使缔约方都装上“绿坝”，既难封锁新闻掩盖真相，亦难以抵制“三俗”（庸俗、低俗、媚俗），② 笔者以为，不如在提高消费者的辨别力与鉴赏力上下工夫。

（三）比美国范本具体而微的例外

1. 一般例外

投资是为了赚更多的钱，赚更多的钱是为了生活更加美好。但凡美好的事物加上“更”，就容易走偏，脱离“以人为本”。是故，促进与保护外资必须让位于东道国的公众福祉，不能为赚钱使自己生活更加美好或为提升招商引资政绩而侵犯他人的生存权利。另外，古今中外的发展史表明，人类尚未彻底掌握自己的命运，为了“可持续发展”，就必须对大自然心存敬畏之心。此乃当代国际投资协定“一般例外”条款的设置本义。

中加协定第 18 条（磋商）第 3 款旗帜鲜明地提出：“通过豁免、宽松或其他违背国内健康、安全或环保措施以鼓励投资是不合适的。”即投资促进必须让位于可持续发展。第 33 条（一般例外）列出了一份关乎“可持续发展”因素的清单，这些因素包括前述的文化多样性、不违反本协定的东道国法律实施、保护人类及动植物生命及健康和不可再生自然资源、金融安全、国家安全、不扩散核武器、执行联合国宪章及决议和世界贸易组织决定、国家机密、个人隐私、受竞争法保护的商业秘密。凡是对这些因素具有负面影响的跨国投资行为，都不受本投资协定的保护，缔约国有权采取措施对有关投资行为予以干预或阻止。

值得注意的是，中加协定第 33 条第 2 款第 2 项和第 3 项直接移植于《关税与贸易总协定》(GATT 1947）第 20 条（一般例外），而《关税与贸易总协定》第 21 条（安全例外）整条植入中加协定第 33 条第 5 款。根据中加协定第 20 条，第 33 条未被作为缔约一方投资者提交国际仲裁的诉因，也就是说，中加协定的“一般

① 参见江泽民：《在新的历史条件下，我们党如何做到“三个代表”》，载《十五大以来重要文献选编》（中），人民出版社 2000 年版，第 1138 ~ 1143 页。

② 参见胡锦涛在 2010 年 7 月 23 日上午中共中央政治局就深化我国文化体制改革研究问题进行第二十二次集体学习时的讲话。

例外条款”不具有可仲裁性，亦无需补偿，唯一受制于该条第 2 款所述：“只要相关措施不以武断或不合理之方式适用，或不构成对国际贸易或投资之变相限制”。这对于东道国极为有利。另外，该条第 3 款和第 4 款对于金融安全给予了极大关注，并赋予国家金融机构在货币、信贷和汇率政策方面以极高的裁量权，这对东道国来说，无疑也具有重大意义。

例外条款都是有利于东道国政府的。就“留权在手”而言，中加协定规制得具体而微，即使涉及根本安全例外措施，也仅被限定在与核能、军事装备和紧急状态有关的极窄范围内。相形之下，美国 BIT 范本第 18 条就看起来简约而“坑人”：

“本条约不应被解释为：

一、要求缔约方提供或允许使用其确定如果披露则会违背其根本安全利益的任何信息；或

二、阻止缔约方使用其认为是履行有关维护或恢复国际和平与安全义务，或者保护其自身根本安全利益的必要措施。”

据此，东道国只要“使用其认为是”“保护其自身根本安全利益的必要措施”，即不受本条约约束，“收拾你没商量”。这寥寥数语，赋予东道国政府自由裁量权过大。

2. 公共福祉例外

2000 年解决投资争端国际中心（ICSID）曾作出了两个涉及环境保护的不利于东道国的裁决。在 Santa Elena 诉哥斯达黎加案中，仲裁庭认为，征收性的环境措施无论对于整个社会来说多么值得赞美和有利，同其他征收措施别无两样，国家支付补偿的义务丝毫不变。① 在另一案件中，美国投资者 Metalclad 公司在墨西哥建立了一个垃圾储运场，但该设施一旦投入运营，将会污染当地水源并威胁周边野生仙人掌的生存。鉴此，墨西哥当地政府拒绝对其发放运营许可证。仲裁庭认定，墨西哥的做法严重损害了美国投资者对其投资的合理期待，构成间接征收。② 两案中，虽然仲裁庭没有理会东道国关于环境保护措施的免责抗辩，但却引起业内广泛忧虑。在 2005 年同样涉及健康与环境保护措施的加拿大 Methanex 公司诉美国案中，仲裁庭却转而支持了后者，确认了一种极富争议的“不可补偿”的“管制性征收”。其标准表述是：“为了公共目的、依照正当程序而采取的对外国投资者或投资产生影响的非歧视性管制，不被认为是征收性的和可补偿的，除非实施管制的

① Santa Elena v Cost Rica, ICSID Case No. ARB/96/1, Award of 17 February 2000; Tecnicas Medioambientales Tecmed S. A. v Mexico, ICSID Case No. ARB (AF) /00/2, Award of 29 May 2003.

② ICSID, CASE No. ARB (AF) /97/1, available at http://italaw. com/documents/MetacladAward-English. pdf.

政府有不采取此种措施的具体承诺。”① 美国 2004 年 BIT 范本附件 2 率先明确提出了“公共福祉（public welfare）例外”。

中加协定第二部分第 10 条的附录（征收）将“公共福祉”称为 well-being of citizens。根据该附录解释，但凡东道国为改善“健康、安全和环境”之类“公共福祉”而采取有损投资者利益的措施，只要是“善意的”和“非歧视的”并符合比例原则，即“不构成间接征收”。笔者认为，此类行为本质上还是间接征收，只是不必给投资者补偿（免赔）。但由谁来判断东道国措施属于为“公共福祉”而为，并“不构成间接征收”？因该附录是对第 10 条（征收）的补充解释，而依照本协定第 20 条（缔约一方投资者的诉请），第 10 条无疑具有可诉性，即投资者有权就东道国有关措施是否为“保护公共福祉之合法公共目的”提交国际仲裁庭审查。此处的体例与结构都是从美国 BIT 范本移植而来。我们所看到的是高度重视公众健康与环境保护的发达国家对东道国相关利益的充分保护和对投资者权益的平衡，也佐证了大多重要的国际投资规则是从鲜活的案例发展而来，而非“南北斗争”的结果，如果美国 2004 年 BIT 范本附件 2 早十年写入 NAFTA，Metalclad 公司未必能胜诉。

公众健康与环境保护是可持续发展的重要组成部分，中加两国对此的共识也是全人类的共识，与科学发展观异曲同工。

3. 投资待遇例外

中加协定第 33 条有别于第 8 条（例外）。第 8 条所述的例外是无关“可持续发展”而仅针对东道国给予投资者待遇条款（第 3 条、第 5 条、第 6 条、第 7 条）进行限制的政策性安排，如：最惠国待遇不惠及依自由贸易协定所施优惠，即缔约方依照自由贸易协定给予别国的“好处”不必同样给予本投资协定的另一缔约方；缔约方在航空、渔业或海事领域与别国的特殊安排也不根据本投资协定最惠国待遇原则惠及另一缔约方；不触动既存的、与最惠国待遇和国民待遇原则以及对高层管理人员和股东权益非限制原则不符的措施。中加协定在最惠国待遇原则方面，还筑起一道“时间隔离墙”，即缔约方“根据 1994 年 1 月 1 日前生效的任何双边或多边国际协定给予的待遇”并不依据本投资协定最惠国原则给予另一缔约方，显然这是作为 NAFTA 创始成员的加拿大方设计的，因为 NAFTA 就生效于 1994 年 1 月 1 日，据此，中国投资者享受不到加拿大在 NAFTA 下给予外资的优惠。实际上，中加协定第 8 条第 1 款第 1 项第 1 目，已将自由贸易协定项下的优惠待遇排除在

① Methanex Corporation v USA, UNCITRAL, Final Award of 17 August 2005, Part IV, Chapter D, para. 7. 关于“管制性征收”的详细论述，参见李尊然：《管制性征收与国际投资法的新发展》，载《武大国际法评论》2006 年第 6 卷，第 145 ~ 167 页。

外，此“隔离墙”只是强调而已。

类似的现象还出现在第5条（最惠国待遇）第3款，即最惠国待遇原则不适用于“其他国际投资条约和其他贸易协定中的争端解决机制”。该款亦属于例外性质，也可以置于第8条。该款为中国明确解除了一项后顾之忧，因为在1998年后十多年时间里，中国曾“大开门户”，在与德国、芬兰、荷兰、比利时、韩国、墨西哥、法国等诸多国家签署投资协定中，承诺“缔约一方投资者与缔约另一方之间就投资产生的任何争议”，在用尽当地救济后，可提交国际仲裁。美国BIT范本尚未放权如此之大，① 而中国如此“门户大开”，曾引发学界不少忧虑。迄今中国签署并生效的双边投资协定有一百多个，在数量上位居世界第二。这意味着在中国领土内从事投资活动的一百多个缔约国投资者均可援用协定中的最惠国待遇原则，适用“门户大开”的争端解决机制，将其与中国政府之间产生的与投资有关的“任何”争议提交国际仲裁，早年的协定相关限制悉数失效。不止于此，这种“门户大开”的文本表述还可能暗含着一个“保护伞条款”，② 据此，东道国与外国投资者之间的普通民商事合同纠纷都有可能被国际仲裁庭扩张解释为国际投资条约纠纷。鉴于最惠国待遇原则的单向性，外国投资者在中国依协定享有“门户大开”待遇，而中国投资者在另一缔约国则很可能享受不到相关待遇，因为人家没有“门户大开”。

最惠国待遇原则适用于争端解决机制，对于东道国是利是弊，难有定见。从缔约实践看，美国和加拿大并不主张最惠国待遇原则适用于争端解决机制。③ 中加协定第5条（最惠国待遇）第1款和第2款直接移植了加拿大FIPA范本。美国与加拿大都认为其范本对于最惠国待遇适用于“投资者在设立、购买、扩大、管理、经营、运营和销售或其他处置其领土内投资方面的待遇”，这是一个正面表述，没

---

① 美国范本仅允许外国投资者将有关国民待遇、最惠国待遇、待遇的最低标准、征收和补偿、转移、业绩要求、高层管理和董事会、法律和与投资有关决定的公布条款（即第3条至第10条义务）之争议提交国际仲裁。

② 典型的保护伞条款表述为：“缔约一方应恪守其就缔约另一方投资者在其境内的投资所承担的任何义务。”

③ 2003年美国自由贸易协定范本第5条虽然规定了最惠国待遇，但该范本的注释特加说明，“缔约各方同意以下注释将包括在谈判的历史之中，以反映缔约各方对最惠国条款和Maffezini案的共同理解……缔约各方注意到Maffezini v. Spain案仲裁庭晚近的裁决，该仲裁庭发现阿根廷与西班牙协定中的最惠国条款异乎寻常的广泛，包括了争端解决程序……相反，本协定中的最惠国条款明文将其范围限制在‘与投资的设立、取得、扩大、管理、经营、营运和出售或其他处置有关的’事项。缔约各方的共同理解和意图是，这样的条款不包括国际争端解决机制，如本章C部分的规定，由此不能顺理成章地得出类似于Maffezini案的结论。”

有列入该清单的，包括争端解决机制，自然也就不适用最惠国待遇。但这仅是学者专家之言，并未被仲裁实践所广泛接受。至少可以肯定一点，如果东道国先前签约放权不慎，中加协定第5条第3款的例外模式可作为一个亡羊补牢的样板。它使得投资者与东道国纠纷可提交国际仲裁的范围被明确地限定在第20条第1款所指向的本协定“第2条至第7条第2款，第9条，第10条至第13条，第14条第4款，或第16条所规定的义务”，即在投资者与东道国之间可能发生的各种纠纷中，仅可将有关“协定范围和适用、投资促进和准入、最低待遇标准、最惠国待遇、国民待遇、投资者对其所投资企业董事会成员的任命权、业绩要求，征收损失补偿、转移、代位、拒绝授予利益”内容的纠纷提交国际仲裁。如果中加协定没有第5条第3款的限制，则第20条第1款对投资者诉请范围的限制很有可能落空，加拿大投资者可以援引最惠国待遇原则选择适用更有利于他的2003年中德协定。

类似的模式还见诸于2008年《中国-新西兰自由贸易协定》第11章（投资）第139条（最惠国待遇）第2款：“为进一步明确，本条规定的义务不包含要求给予另一方投资者除本章规定内容以外的争端解决程序。”

如果前述几个“例外”都具有明显的针对性，中加协定第二部分第8条附录所述的“例外”则令人匪夷所思。此处的“例外”援引了缔约双方于2008年各自与秘鲁签署的自由贸易协定，简言之，中国和加拿大分别在与秘鲁的自由贸易协定中约定采取的不符合最惠国待遇和国民待遇原则以及对高层管理人员和股东权益非限制原则的措施，在中加协定中同样保留。这两个自由贸易协定差异甚大，《加拿大-秘鲁自由贸易协定》在遵守前述原则问题上采取的是负面清单表述，即缔约国将自己不符合前述原则的具体保留措施以减让表（schedule）的形式明确列在协定附录中，没作保留的，即无限制。如：在国民待遇原则的投资准入方面，没有明示保留即无限制，“法无明文禁止皆可为”。但是中加协定的国民待遇条款（第6条）并未对具有准入含义的投资者在东道国“设立、购买”方面的无差别待遇作出承诺。另外，按照双边投资协定的缔约惯例，根据中加协定第8条第1款第1项第1目规定，缔约双方投资者也不可能借助最惠国待遇原则享受自由贸易协定的好处。因此，笔者认为，此处的“例外”有画蛇添足之嫌。

（四）“由被接受为法律的一般国家实践所确立之国际法”

出现在中加协定第4条（最低待遇标准）第2款的该词语不仅佶屈聱牙，而且其内在逻辑性亦存疑。

2004年加拿大FIPA范本第5条（最低待遇标准）是这样表述的：

“一、任一缔约方应按照习惯国际法有关外国人的最低待遇标准，赋予涵盖投资待遇，包括公平和公正待遇并提供全面的保护和安全。

二、第1款‘公平公正待遇’和‘全面的保护和安全’的概念并不要求给予额外或超出习惯国际法有关外国人的最低待遇标准的待遇。

三、一项对本协定的其他条款或其他国际协定条款的违反，不能认定对本条款的违反。”

不知为何中加协定避讳“习惯国际法”的提法。实际上，“习惯国际法”又称“国际习惯”，是国际法的最古老和原始的渊源，它也曾经是传统国际法上的主要渊源，但自20世纪以来，尤其是近几十年来，国际习惯的作用随着国际条约的大量产生而有所减弱。但国际习惯仍然是国际法渊源中不可或缺的重要形式之一，它在条约所未涉及的国际社会诸多领域仍然起着不可替代的作用。《国际法院规约》将国际习惯作为国际法的第二项渊源。① 纵观各国法制史，不难发现，制度的形成，往往先有习惯法，后有成文法，成文法缺失，习惯法补充之。早在2008年，中国对外签约涉及习惯国际法已有先例。如：《中华人民共和国政府和哥伦比亚共和国政府关于促进和保护投资的双边协定》第2条第4款第1项：“‘公平公正待遇’和‘全面的保护和安全’的概念并不要求给予超出根据习惯国际法标准给予外国人的最低待遇标准所要求之外的待遇。”在中墨协定第5条（最低待遇标准）第2款中表述为：“‘公正和公平待遇’和‘完全的保护和安全’这两个概念并不要求给予由国家实践和法律确信所确立之国际法要求给予外国人的最低待遇标准之外或额外的待遇。”这些都比中加协定的表述易于理解。

与最惠国待遇和国民待遇不同，公平公正待遇没有明确的参照标准，它属于绝对待遇标准，在执行中就有可能被滥用，被请求方或仲裁庭视作一个筐——什么都往里装。进入新世纪的NAFTA成员在总结案例的基础上，强烈意识到很有必要援引一个普世性原则对“公平公正”和“充分保护与保障”这些“筐”的口径与深浅加以限制，以免其成为东道国责任的无底洞。将习惯国际法作为“公平公正原则”的上限而非底线（a ceiling，not the floor），是美国2004年BIT范本的一大创举，早先范本表述为要求东道国“决不得给予低于国际法要求的待遇”，而今却向有利于东道国方向转变。这不是南北国家斗争的成果，而是对国际仲裁庭偏袒投资者的反弹。

习惯国际法的创制需要客观和主观两方面要件，前者是指某种做法在实践中被

① 《国际法院规约》第38条：“法院对于陈诉各项争端，应依国际法裁判之，裁判时应适用：

（子）不论普通或特别国际协约，确立诉讼当事国明白承认之规条者。（丑）国际习惯，作为通例之证明而经接受为法律者。（寅）一般法律原则为文明各国所承认者。（卯）在第59条规定之下，司法判例及各国权威最高之公法学家学说，作为确定法律原则之补助资料者。”

反复采用，在时间上具有持续性，在行为上具有连续性、重复性、一致性或类似性，即《国际法院规约》第38条所述“作为通例之证明”，后者是指该做法发展成为一种自觉的法律信念（opinio juris），即“经接受为法律者”。

习惯法虽不像成文法那样显而易见，貌似虚无缥缈，实际上，在我们身边无处不在，它代表了一种公认的准则。例如“不可撒谎”，① 虽然撒谎会给撒谎者带来暂时的利益，人类社会也未曾根绝撒谎现象，但任何撒谎者都不敢公然宣称：“撒谎有理，我就有撒谎的习惯。”因为一旦这样宣称，他就站在了公众舆论的对立面并将为此付出巨大代价，这就是公认的准则。再比如，即使在腐败盛行的社会，那些靠行贿获得竞争优势的商人和卖官鬻爵者也不会公然津津乐道其成功经验，他们顶多讳之以“感情投资”，因为谁都不会发自内心地认为收受贿赂是件光彩的事。战争状态亦是如此，如：两军交战不斩来使，不可虐待战俘。国际经济交往领域内的习惯国际法，更是俯拾皆是，仅在晚近鲜活的案例中，我们不难归纳出许多具有普适性的规范，如：自由贸易、诚实信用、审慎尽职、司法独立、公平竞争、正当程序、公开透明、善意、以人为本、保护弱者、杜绝粗暴专断、非歧视等。它们都是“公平公正”的具体化，而且其自身也有待进一步具体化。但如果一味地从南北矛盾视角制定国际规则，先把自己定位、固化在某个“阵营”，“凡是敌人反对的，我们就要拥护；凡是敌人拥护的，我们就要反对”，② 在对抗心态下只有斗争与妥协，没有共识，不承认有“天理”，这个世界一定不会美好，“构建和谐社会”也只能成为空话。③

（五）从国民待遇条款看体制改革

中加协定照顾了双方投融资体制。从约文看，两国对外资管理体制有相似性。协定第四部分第34条的附录（排除）表明：是否对外资设置审批制由双方相关法律决定；依据双方国家安全审查制度，是否许可某个投资项目实施，不适用争端解决机制。没有了“牙齿”，等于整个协定不适用于投资准入。实际上也是个例外或保留条款。

美国BIT范本没有这种排除条款，其第3条（国民待遇）明确规定“在设立、获取、扩大、管理、经营、运营、出售或其他投资处置方面”相互给予国民待遇。

---

① 参见《圣经》摩西十诫第九诫（不可做假见证陷害人）、佛教八戒第四戒（妄语）、《古兰经》。

② 参见《和中央社、扫荡报、新民报三记者的谈话》（1939年9月16日），载《毛泽东选集》第2卷，人民出版社1991年版，第590页。

③ 参见胡锦涛：《论构建社会主义和谐社会》，中央文献出版社2013年版。

所谓“设立、获取”指的是缔约一方投资者在缔约另一方领土内新设或并购企业，属于投资准入（access）或设立前（pre-establishment）阶段。“扩大、管理、经营、运营、出售”等属于设立以后（post-establishment）阶段。按照美国范本，缔约国国投资者在缔约另一方领土内，无论设立企业前还是设立企业后，均以享受东道国之国民待遇为原则，以受制于范本第14条（不符措施）和以附件形式所列负面清单为例外。在负面清单上列明东道国在哪些行业维持不符合国民待遇原则的措施、相关国内法律依据和对该限制性措施的简单描述。如在原子能行业，美国政府部门实行准入许可制，有权拒绝外资介入；在金融服务行业，外资银行不得成为联邦储备系统成员；还有些行业，如：航空、渔业、海事、电信，则不受“维持现状”的限制，美国政府根据具体情况，在“不溯及既往”的前提下，可以在这些行业实行差别待遇，或保留进一步限制的权力。自20世纪初NAFTA成立以来，美国一直坚定不渝地推行“负面清单”的理念。尤其在前苏联解体后，美国率先与包括俄罗斯在内的绝大多数独立国家联合体成员和“社会主义大家庭”的前经济互助委员会的成员缔结了双边投资协定。不仅“新欧洲”接受了“负面清单”理念，进入新世纪，在美国、日本、韩国的推动下，东南亚国家联盟、印度、墨西哥及拉丁美洲、澳大利亚、新西兰和不少非洲国家也纷纷列出或详或略的“负面清单”。估计欧洲联盟接受该模式的困难亦不大，只因其成员国情差异，要拿出一份统一的“负面清单”尚需时日。但无论如何，该模式正在逐渐被主流国家所接受。笔者粗略统计，目前至少已有77个国家在92个投资协定（包括双边投资协定和自由贸易协定）中采取了“负面清单”模式。虽然在既存的6100多个全球各类国际投资协定中，①“负面清单”模式只占1.5%，但不可忽视最惠国待遇原则的“公约化”效应。从晚近其迅猛发展趋势看，其并非发展中国家被迫接受的，也不是“北方”强加于“南方”的。

“负面清单”模式敏感地触及东道国的经济体制。迄今中国在投资协定谈判中的一直主张要给予发展中国家政策调整空间，不承诺给予外国投资者以无条件国民待遇。美国在给予外资以国民待遇和最惠国待遇方面，当然也是有条件的。所不同的是，美国“法不厌精，约不厌细”且凡事讲求“透明度”，其“负面清单”模式就是在给投资者“可预见性”方面的一大创举。当然，这样做也有“挂一漏万”的风险。但美国人似乎有这个“道路自信、理论自信和制度自信”，实在不行还有“根本安全”条款（美国BIT范本第18条）来“兜底”呐。中国素有“法不可知

① 参见经济参考报：《全球各类国际投资协定逾6100个》，资料来源于：http://business.sohu.com/20110804/n315430826.shtml，2013年4月23日访问。

则为不可测”的传统,① 这是与现代社会“法律必须公布”的透明原则相违背的，但它却与长期计划经济体制所孕育的审批制度相契合。可以说，“负面清单”模式是对政府审批经济制度的挑战，也是目前中国与美国投资协定谈判最大的“槛”。

中加协定回避了“负面清单”模式，尽管加拿大也是该模式的奉行者，但在准入前国民待遇问题上，也笼统地采取“留权在手”政策和“维持现状（stand still）不再加严”的表述。“负面清单”模式显然对投资者有利，而如前所述，中国投资者在加拿大的直接投资额已逾加拿大投资者在华投资的两倍多，其预期投资利益更是难以估量，作为资本输出国，放弃“负面清单”模式，并非明智之举。在此亦很难看出“南北国家”妥协者谁？究竟胜者何方。

世界各国都有对外资的审查监督制度，但像中国目前这样对投融资实行普遍的行政许可制，举世罕见。早在1979年改革开放初期，《中外合资经营企业法》第3条规定：合营各方签订的合营协议、合同、章程，应报国家对外经济贸易主管部门审查批准。该条奠定了中国政府对外商投资实行准入许可制的法律基础。在投资协定所述的“设立、购买、扩大、管理、经营、运营和销售或其他处置其领土内投资方面”，只要涉及中外合资合同生效、变更或解除，都需经“主管部门审查批准”。但审批投融资项目的始作俑者并非这部标志改革开放的法律文件，而是1949年新中国成立后长期奉行的计划经济体制下高度集中的投融资管理模式。在高度集中的计划经济体制下，政府主导经济活动，企业无需考虑能源、原材料、技术等生产要素，亦无需关心产品销路，只接受指标并组织生产，其他均由政府主管部门包揽了。在单一公有体制下，如果企业想投资干点事儿，当然须经政府审查批准。这就是在前苏联延续了70余年的斯大林模式。新中国早期从苏联移植了这种模式，其影响延续至今也有60余年了。随着30多年改革开放的日益深入，市场经济体制逐步建立，在产权和投资主体多元化的今天，这种落后的计划经济体制早已不适应社会的需要，其弊端日渐凸显。

首先，政府核准私人投资行为缺乏法理依据。其次，以往的实践表明，政府审查投资项目着眼点无非在出资的合法性、权利义务的公平性、市场盈利性、对环境和安全以及公平竞争的影响。笔者认为，在市场经济条件下，平等民事主体与生俱来地拥有处置自有财产和管理、经营、运营自家企业的权利，他们通过缔结合同，自主安排自身的权利义务，判断其所投资项目的商业价值并承担其行为后果，而政府审查前三项内容，评估企业行为的合法性、公平性、盈利性，公权力介入到私领域，只有权力而无责任，属于行政角色错位。至于某一投资项目“对环境和安全以及公平竞争的影响”，事前往往难以准确预测，更多要靠事后监督。长期以来，

① 参见《左传》昭公六年孔颖达疏语：“刑不可知，则威不可测。”

中国利用外资领域存在“重前期审批而轻后期监督”的怪象，外国投资者一拿到批准证书，便如入无人之境，这与美国对外资的“低门槛而严监管”政策恰恰相反，难怪美国《纽约客》杂志驻华记者彼得·海斯勒（何伟）曾有名言：“在中国，事后原谅比事前许可要简单得多。”

必须清醒地认识到，审批经济只是计划经济的变种，只要政府这只“有形的手”在主导经济，就不会有真正的市场经济。过多过滥的审批制不能促进投资，它只能是权力寻租、滋生腐败的温床。

世易时移，变法宜矣。

笔者观察，美国一直想通过双边投资协定谈判，撬动中国的投融资体制改革。可以预见，如果中国将来引入“负面清单”模式，必将取消普遍审批制，变“投资者要向政府请示此项目能不能做”为“政府有义务向投资者昭示哪些项目不能做而其他都能做”。这将是一项具有划时代意义的重大变革，中国向着透明与法治社会又迈进一大步。

（六）从“投资”定义条款说投资准入

投资协定对于“投资”的定义，即是协定对所保护客体的描述。“投资”作为一种经济行为，含义甚广，笔者迄今未见法学界以属加种差式的普通逻辑定义法对“投资”概念做过定义。美国 BIT 范本对于“投资”的特征做了三个不周延描述，即“包括资本或其他资源的投入，收益或利润的期待，或者风险的承担。”从字面看，只要某种经济行为具备其中一项特征，即可将其认定为“投资”行为。中加协定也采取了这种表述。绝大多数国际投资协定对于“投资”的外延表述也极为宽泛。中国国内法对外资的表述却较为狭窄。如：1986 年《中华人民共和国外资企业法》第 2 条限定“外资企业是指依照中国有关法律在中国境内设立的全部资本由外国投资者投资的企业”；1979 年《中华人民共和国中外合资经营企业法》第 4 条也限定“合营企业的形式为有限责任公司。在合营企业的注册资本中，外国合营者的投资比例一般不低于 25%。”可见，根据中国国内法，只有外国人向一家在中国注册的企业“出钱”，才被认为是外国投资者“投资”。在许多国际投资协定中所圈定的、通过“协议控制”的投资模式，未被纳入到中国对外资的管理体制之中，典型如：VIE 模式。

所谓 VIE，是可变利益实体（Variable Interest Entities）的缩写，是指外国投资者不通过股权控制，而通过协议控制的业务实体，该实体可以给外国投资者带来类似子公司的实际利益。以中国作为东道国为例，具体操作步骤是，首先由外国投资者和中国创始股东（一般是私营企业主）在中国境外成立一个离岸公司，再由该离岸公司在中国境内设立一家外商独资企业（Wholly Foreign Owned Enterprise，简称 WFOE）从事非限制的行业，如：技术咨询服务公司，该 WFOE 通过合同关系向境内有资质的运营公司（以下称“国内牌照公司”）提供知识产权、独家业务咨询、特许经营许可（Franchise）、技术服务、股权质押甚至过桥贷款，从而对该国内牌照公司拥有实际控制权，最终实现外国投资者间接投资原本被限制或禁止的领域，使得该国内牌照公司成为外国投资者的“可变利益实体”。

VIE 结构的关键是外国投资者通过多个协议而不是通过直接拥有股权来控制国内牌照公司。通过 WFOE 和国内牌照公司签订的 VIE 协议，使得离岸公司获得了对国内牌照公司的控制权和管理权，从而实现了财务报表的合并，这些特点对任何未来打算在国际市场上市的公司以及为跨境交易优化税务结构至为关键。

VIE 模式最典型的应用是在外商投资受中国法律限制的互联网或电子商务领域。早在 20 世纪 90 年代初，中国商业流通领域尚未对外资开放之时，就有百货商场通过聘请外国知名品牌公司参与管理，这是笔者所知打政策“擦边球”的 VIE 雏形。其合法性常常令行政管理机关和司法机构甚为纠结。

中加协定将 VIE 结构项下权益基本划入“投资”范畴，如：协定第 1 条（定义）将“对一家企业的”3 年以上中长期贷款、“在企业中的一项权益，该权益能使所有者分享该企业的收入或者利润”、“在企业中的一项权益，该权益能使所有者在该企业解散时获得资产分配”、“知识产权”统统纳入投资保护范畴，还特别强调了“‘缔约一方投资者的投资’指被该缔约方投资者直接或间接地拥有或控制的投资”，即，将来自被缔约方投资者所控制的第三地实体在另一缔约方境内的投资，和缔约一方投资者在缔约另一方境内所投资企业的转投资，亦纳入投资保护范畴。

可见，即使没有缴纳注册资本，仅由“协议控制”所产生的权益亦是受保护的投资权益，尽管此类“协议控制”大多无需东道国审批。企业日常运营，商签协议是常态，协议就意味着履行义务或受到某种程度的约束。中加协定在“投资”定义中仅仅排除了源于“销售商品或服务的商业合同”的控制。毫无疑问，VIE 模式投资是应当受到中加协定保护的，而且早已成为各国缔约惯例。但在中国“政府的有形之手”触及经济生活领域的方方面面无所不管的体制下，针对 VIE 的有关立法缺失，导致外资规避审批，甚至进入或影响或控制原本限制或禁止外商投资的产业。笔者以为，通过 VIE 模式规避中国目前对外资的普遍性审批无可非议，倒是有必要甄别外资采用 VIE 模式涉足禁止或限制外资进入的产业，此外，如何界定外资对东道国产业的“影响”与“控制”也是一件很有意义的事。大多数国际投资协定将中长期贷款也列作“投资”。一个规模 1000 万美元的外资企业，如果投资者只能出资 400 万美元，另 600 万美元需向境外银行借贷，银行贷款都是有条件的，但不能说银行就是该企业的“实际控制人”。投资者和银行却都可能是投资协定的保护对象，如果银行不是在投资者母国注册，则该企业还可能因此受到两个以上投资协定的保护。在国际投资领域不会发生“名为投资、实为借贷”的官司。①

《中华人民共和国合同法》第52条授权当事人或政府以“以合法形式掩盖非法目的”、“损害社会公共利益”、“违反法律、行政法规的强制性规定”为由叫停VIE模式，但何为“非法目的”？如何认定VIE模式损害了“社会公共利益”？如何对待外资领域内的“管理性强制规范”？无论在立法还是执法层面，尚有待摆脱滥觞于高度集中计划经济的制度困境。

美国则无此虞。外资无论以何种模式进入美国，享有高度“契约自由”，但始终受到严密监控，“根本安全例外”的达摩克利斯之剑随时可能准确无误地落下。

（七）税收否决与金融审慎渐成国际惯例

广义地说，中加协定对因东道国“税收措施”与“金融审慎措施”引发纠纷解决机制的特别安排也属于一种例外。

从一定意义上讲，“原则”与“例外”贯穿了整个“造法”活动。

税收是政府为满足社会公共需要，凭借公共权力，按照法律所规定的标准和程序，强制地参与国民收入分配，取得财政收入的一种特定分配方式。人类社会自从产生国家，就出现了保证国家实现其职能的财政，也就出现了作为财政最主要来源的税收。税收本质上也是征收，而且是无偿的。这就与国际投资法上所述“征收（expropriation）”可能发生竞合。与具有掠夺性的征收不同，“税收是我们为文明社会付出的代价”（19世纪美国法官霍尔姆斯语），是要取之于民、用之于民的，所以税收是有偿征收的例外，即不需要补偿，这也就给了东道国以行使税收主权为名，而行征收之实并逃避对投资者责任的机会。②

甄别“税收”与“征收”是个复杂的技术过程，所以美国BIT范本创设了“税收否决”（tax veto）机制，即在将相关争议提交国际仲裁之前，由争议双方的国家税务机关（tax authorities）先行磋商，对所争议的税收措施从专业角度进行一下评估，确定该措施的性质，如果双方税务机关一致认为该措施属于在东道国税收主权范围内正常的依法课税或者一致认为该措施与依法征税无实质性关联，则争议在双边税务机关磋商机制下即可解决，投资者只能依法纳税，或东道国依法补偿，无需也不能再提交国际仲裁；反之，如果双方税务机关未能就所争议措施的征收性

① 参见范璟：《甘肃出现首起PE对赌协议无效案例》，载《21世纪经济报道》2012年5月12日；彭冰：《“对赌协议”第一案分析》，载《北京仲裁》第81辑，中国法制出版社。

② 参见2007年挪威BIT范本注释。

质形成共识，则再行提交国际仲裁庭，而日前双方专业机关的磋商过程记录无疑可供未来的仲裁庭参考。

中加协定移植了上述制度。该制度在中国投资协定签约史上并非首次。2008年《中国-哥伦比亚关于促进和保护投资的双边协定》第14条①和2009年《中国-东南亚国家联盟全面经济合作框架协议投资协议》第14条②就已开先例。

金融审慎措施源自国际金融法上的审慎监管原则，主要出自构成国际金融惯例的20世纪末巴塞尔协议，并得到作为国际条约的WTO金融服务贸易协议的重要补充。在国际投资法领域，它是指，缔约国在特定的形势下或特定的时期内，为了维护国内金融稳定，可以不受投资协定自由化条款或已作出承诺的束缚，自主决定采取某些特殊的金融监管或限制、纠正措施。金融行业与其他行业无可类比的特殊性在于，其涉及广大储户（存款人）、证券持有人（金融市场参与者）、投保人、信托人利益，跨国金融机构之间往往有相互持股和拆借等密切关联关系，一国发生金融危机很容易瞬间引发区域甚至全球性的金融风暴，直接危及国家的政治稳定。“金融审慎措施”也可以被理解为东道国政府在金融领域内的“紧急避险措施”，包括冻结存款、停止兑付、限制资金转移、拆分业务直至对金融机构实行全面国有化等，当然，在合理范围内的金融审慎措施对投资者利益造成损害亦可免责，无需补偿。“金融审慎”具有抽象性和灵活性的形式特征，从而赋予东道国金融监管部门很大的自由裁量权，起到“安全阀”作用。这又是一个“北方”国家维护东道

---

① 《中华人民共和国政府和哥伦比亚共和国政府关于促进和保护投资的双边协定》第14条 税收措施

一、除本条中所述规定外，本协定不适用于税收措施。二、本协定的内容不影响缔约双方在任何税收协定下的权利和义务。当本协定的规定和任何税收协定不一致时，在不一致的范围内适用该税收协定的规定。三、本协定第4条的规定适用于涉嫌具有征收性的税收措施。四、本协定的争议解决条款适用于本条第3款。五、如果一投资者援引第4条（征收和补偿）作为根据第9条（缔约一方和缔约另一方投资者之间的争议解决）提请仲裁请求的依据，应适用下述程序：该投资者必须首先将相关的该税收措施是否与征收有关提交东道国的税收主管机关。提交后，缔约双方的主管机关应进行磋商。只有在自提交起6个月后，缔约双方的主管机关不能达成一致协议认定该措施与征收无关，或缔约双方的税收机关没能举行相互磋商的情况下，该投资者才可以根据第9条的规定提出仲裁请求。

② 《中国-东南亚国家联盟全面经济合作框架协议投资协议》第14条

九、当一投资者提出争端缔约方采取或执行税收措施已违背第8条（征收），应争端缔约方请求，争端缔约方和非争端缔约方应举行磋商，以决定争议中的税收措施是否等效于征收或国有化。任何依照本协议设立的仲裁庭应根据本款认真考虑缔约双方的决定。十、如缔约双方未能启动此类磋商，也未能在自收到第4款所指的磋商请求的180天内，决定此类税收措施是否等效于征收或国有化，则不应阻止争端所涉投资者，根据本条款将其要求提交仲裁。

国金融秩序的发明。

判断一国所实施金融审慎措施的必要性和措施是否过当，这是一个更为复杂而专业的问题，也就更有必要在此领域如同前述“税收措施”一样，规制详尽而严谨的“否决机制”，对东道国和投资者均有裨益。2008 年中国-哥伦比亚投资协定率先述及此问题，但只是笼统地肯定了东道国金融部门实施金融审慎措施的权利，并援引“征收”和“汇出”条款限制其滥用。①

加拿大金融业对国内生产总值（GDP）的贡献率达 5%，仅次于制造业，被普遍认为是目前世界上最安全、最健康的金融业之一，在“世界经济论坛”最具国际竞争力的金融业排行榜中，位居第五。② 同美国一样，加拿大 FIPA 范本也极为重视对金融审慎例外的规制。但中加协定相关条款却又令人匪夷所思。

中加协定第 20 条第 2 款将缔约国之间仲裁作为投资者将有关金融审慎措施（第 33 条第 3 款）争议提交投资者-东道国仲裁的先决条件，并且规定“国家与国家间仲裁庭的裁定应转交至投资者与国家间仲裁庭，并对投资者与国家间仲裁庭具有约束力”。按照该款设计，当投资者与东道国就金融审慎措施发生龃龉时，先由投资者母国金融主管部门与东道国金融主管部门进行专业磋商，如果未达成共识，则提交缔约国之间专设仲裁庭，仲裁员也得是金融专家，专设仲裁庭的裁决应转交给投资者-东道国间仲裁庭。笔者认为，既然裁决“对投资者-东道国间仲裁庭具有约束力”，也就没必要再“转交至投资者与国家间仲裁庭”了，因为金融审慎措施争议只能由国与国之间的专设仲裁庭裁决并且是是终局性的。此其一也。

投资者-东道国仲裁的核心价值就是将外国投资者与东道国政府之间的投资争议或行政纠纷“去政治化”，投资者母国不宜卷入其中。而中加协定却将投资者与东道国之间的“金融审慎措施”争议引向国与国之间的争端，为此而兴师动众成立国际专设仲裁庭，不仅成本高、效率低，而且不具可行性，很可能“任一缔约方”（一般会是投资者母国，在中加协定中又称“非争端缔约方”）处于种种考虑不愿意按照协定第 20 条第 2 款第 3 项规定“将此问题提交给依据第 15 条设立的国家与国家间仲裁庭解决”。即怠于行使请求权，当此时，投资者岂非一筹莫展“坐

---

① 《中华人民共和国政府和哥伦比亚共和国政府关于促进和保护投资的双边协定》第 13 条 金融部门的审慎措施

尽管存在本协定的其他条款，但是本协定不阻止缔约方为审慎原因而采取与金融服务有关的措施，包括为保护投资人、存款人、保单持有人或为维护金融系统的完整性和稳定性而采取的措施。当此类措施与本协定的条款不符时，其不得被用作规避缔约方在该条款下的承诺和义务的手段，特别是第 4 条（征收和补偿）和第 6 条（汇出）项下的义务。

② 参见中国商务部网站:《加拿大金融业概况》,资料来源于：http：//www. mofcom. gov. cn/aarticle/s/200406/20040600231082. html，2013 年 4 月 27 日访问。

蜡”了?! 此其二也。

在因执行条约发生争议，迫切需要对早年协定进行解释时，也往往会陷入此等尴尬。在2009年Tza Yap Shum诉秘鲁案中，曾有学者提出：中国-秘鲁投资协定签署于1994年，十多年来，情势已发生诸多变化，尤其是香港已回归中国，中秘协定能否适用于香港籍居民，还是应该由缔约双方重新给出一个解释。笔者认为，此乃书生之见，在香港居民Tza Yap Shum与秘鲁政府所发生的投资争议面前，作为缔约方的中国政府实际上很难表态，如果说“适用该协定”，势必得罪友邦，如果说“不适用该协定”，又可能“伤害”香港同胞。所以，当本国投资者与外国政府发生投资争议时，投资者母国适当关注即可，最好默不作声，任凭具有管辖权之仲裁庭裁处，避免卷入外交纠纷。因为，将投资者母国从私人跨国投资纠纷中解脱出来，恰是投资者-东道国仲裁核心价值所在。

中加协定关于投资者与东道国“金融审慎措施”争议只能通过国与国之间的专设仲裁庭裁决的规定，势必使得解决机制效率被大打折扣，显然不利于投资者，而加拿大作为金融服务大国，采取金融审慎措施的机会多、可能性大，当然乐见其成。此其三也。

因此，笔者认为上述机制安排是中加协定的一大败笔。

（八）最具争议的征收补偿标准细节留待争议发生时

以私有财产不可侵犯为基础,① 以保护既得权益和反对不当得利为法律依据，美国国务卿科德尔·赫尔（Hull）在1938年提出：实行国有化的东道国政府有义务以“充分、即时、有效”的标准方式对财产被其国有化或征收的外国投资者支付全部赔偿。发展中国家对于发达国家所秉持的这一补偿标准最难接受的一点就是“充分（adequate）”，即补偿多少算够。这也是赫尔原则的核心。

美国BIT范本第6条对“充分”的解释是“与征收发生之前的即刻（‘征收之日’）被征收投资的公平市场价值相等”，还要再加上征收之日起至实际支付补偿款之日的利息。关于何为“公平市场价值（fair market value）”，国际投资仲裁庭普遍将其定义为“一个自愿的买方通常愿意支付给一个自愿的卖方的合理的资产价格”。② 但这毕竟只是来自模拟交易，一个实际投资者的主观价值与“一个假想的自愿买方”的客观价值之间可能出现巨大的差异，东道国政府在征收了一个业

① 这也是被明确写入《中华人民共和国物权法》第4条之中的。

② Enron v Argentina, ICSID Case No. ARB/01/3, Award of 22 May 2007, para. 361; Starrett Housing Corporation v Iran, Iran-U. S. Claims Tribunal, Final Award No. 314-24-1, Award of 14 August 1987, para. 18.

绩蒸蒸日上的公司后所给予股东的补偿可能永远达不到投资者的预期。加拿大 2004 年 FIPA 范本第 13 条第 2 款引用了 NAFTA 第 1110 条第 3 款的充分补偿标准，即决定公平市场价值的“评估标准应该包括持续经营价值、资产价值（包含有形资产的申报税收价值）和其他适合于确定公平市场价值的标准”。

中加协定没有采纳加拿大 FIPA 范本和 NAFTA 对于评估公平市场价值的进一步提法，而是趋于美国 BIT 范本的表述。笔者认为，这是明智的做法，所谓持续经营价值（going concern value），又称兴旺发达值，含有较多的主观因素，一个目前兴旺的企业，即使不被征收而持续经营，也没有人能保证它将来一定发达，要求东道国为投资者支付主观预期利润显然缺乏依据。正如 Metalclad 诉墨西哥案仲裁庭所认为的那样，如果一个被征收企业运营时间不够长，不足以建立一个业绩记录或者没有创造利润，那么就不能用未来利润损失来确定“盈利企业”的价值或者“公平市价”。① 笔者不反对考虑兴旺发达因素以及投资者预期利益，将新建企业与如日中天的盈利企业区别看待，但要求东道国赔偿投资者预期利润损失，就必须由投资者来证明被征收的企业能够盈利。当然，对投资者相关举证责任可以不必由缔约国在投资协定中规制，而留给争议两造在仲裁庭上博弈为妥。

因此，笔者认为，赫尔原则具有普适性，“公平市场价值”也具有普适性，而“兴旺发达值”则不见得具有普适性。

（九）程序规范 世界大同

普适性规范在争端解决程序规则中体现得尤为明显。晚近投资协定中有关投资者与东道国争端解决程序规则篇幅有日益增长趋势，条款日益细化，这说明，南北国家之间的共同语言日渐增多，主要体现在：对国际仲裁庭管辖权的限制、当地救济、对滥诉的限制、仲裁员的选择、合并仲裁、非争端方参与、准据法、临时保护措施、裁决执行、特殊领域（如：税收和金融审慎措施）的前置磋商机制。在堪称篇幅最长的美国 BIT 范本，有关争端解决程序规则占去了超过 40% 的篇幅。这些程序规范都紧紧围绕着一个具有普世性的主题，即如何使投资者与东道国政府之间的纠纷得到公正解决。

1. “公正”与“平等”的博弈兼评“用尽当地救济”

如何做到“公正”？世界法学界普遍认为“司法独立”是“公正”的重要前提之一。东道国的法院（court）或行政裁判庭（administrative tribunal）能否在外国投资者与东道国政府争议之间保持“独立”，居中裁判？就连奉行三权分立的美

① Metalclad Corp v United Mexican States, ICSID Case No. ARB (AF) /97/1, Award of 30 August 2000.

利坚合众国都没有信心。卡尔沃主义者则认为，既然外国投资者来东道国投资，就应当与东道国国民“共命运”，只能够通过当地救济方式来解决自己与东道国政府之间的争议，而不允许其寻求任何形式的非本地救济。20 世纪初叶，芬兰、荷兰和德国曾经完全承认卡尔沃条款的效力，① 但美国长期以来一贯对卡尔沃主义持抵制态度，百年实践证明，美国赢了。卡尔沃主义始终没有成为一项全球普遍承认的国际习惯法。

然而，卡尔沃主义并未全输，晚近它又被一些拉丁美洲国家重拾，成为这些国家脱离《华盛顿公约》体系或成立区域性国际投资争端解决机构的理论基础。正如美国法学家 Denise Manning Cabrol 所说：“矛盾的是，卡尔沃主义的元素被埋葬的时候，这些元素背后的原则却正在寻找新的生机。”② “这些元素背后的原则”就是卡尔沃主义的精神实质——平等。完全排除国际规则对投资者保护的激进卡尔沃主义已然销声匿迹，但从多年缔约实践，几成惯例的“用尽当地救济”原则中，我们仍可见到温和的卡尔沃主义身影。从另一角度看，“用尽当地救济”原则体现了对东道国司法主权的尊重，其重要意义在于给争议双方提供一段“冷却期”，以利东道国政府充分发挥协调功能，避免争端进一步走向国际化。

中加协定第三部分第 21 条的附录（诉请提交仲裁的前提条件：对缔约方的特定要求）亦有可圈点之处，双方对于投资者提交国际仲裁的程序要件存在差异，中国方面采用的是欧洲传统的“岔路口”式安排，加拿大方面则采用与 NAFTA 一样的“禁止掉头”式（no U-turn 或称 Transaction Based Approach）安排。条文各自表述，双方求同存异，各行其道。如果加拿大投资者诉中国政府，“中国应当要求投资者使用国内行政复议程序。在提出行政复议申请 4 个月后，如果投资者认为争端仍旧存在，或者不存在可用的此种救济，则投资者可将其诉请提交仲裁”。问题是中国的《行政复议法》对于行政相对人提出复议申请具有时效限制，“自知道该具体行政行为之日起 60 日内”，如果投资者消极拖过 60 日的申请复议期限，即丧失申请行政复议的权利，从而自动获得申请国际仲裁资格。可见，“用尽当地救济”原则对于外国投资者的约束作用极其有限，很容易规避。所谓“用尽当地救济”原则实质上亦无关“平等”。因为投资者与东道国天然地不平等，行政相对人与国家机器本来就毫无平等可言。要实现真正的“公正”，首先必须保护弱者不受

---

① 参见王虎华主编：《国际公法学》，北京大学出版社、上海人民出版社 2008 年版，第 127 页。

② Denise Manning Cabrol, *The Imminent Death of the Calvo Clause and the Rebirth of the Calvo Principle: Equality of Foreign and National Investors*, Law and Policy in International Business, Vol. 26, 1995, pp. 1198-1199.

公权力侵犯，“把权力关进制度的笼子里”，① 利用国际投资规则设计来衡平投资者与东道国天然不平等的地位。

2. NAFTA 模式比“岔路口”模式更具科学性

如果加拿大投资者根据中加协定内中国方面采用的“岔路口”条款，选择了在中国法院通过行政诉讼解决与中国政府的相关争议，后来由于缺乏“道路自信”，意欲转而寻求国际仲裁救济，他应该先撤诉，但中国《行政诉讼法》第 51 条规定：“人民法院对行政案件宣告判决或者裁定前，原告申请撤诉的，或者被告改变其所作的具体行政行为，原告同意并申请撤诉的，是否准许，由人民法院裁定。”可见，中国诉讼制度中的法官职权主义倾向较为明显。而中加协定未曾体现这一中国特色，协定第三部分第 21 条的附录规定：“仅在国家法院作出判决前该投资者撤诉的情况下，该投资者方能依据第 20 条规定将诉请提交仲裁。”究竟是“原告申请”撤诉即可提交国际仲裁，还是获得“人民法院裁定”撤诉方能转交国际仲裁？语焉不详。但笔者认为，此处几乎没有发生纠纷的实际可能性。明智的投资者会毫不犹豫地选择国际仲裁，而由其在中国所投资（直接或间接拥有或控制的）企业在中国法院提起行政诉讼，从而实现平行裁判。

加拿大方面的“禁止掉头”式安排则简单得多，只要中国投资者和其所投资企业放弃在加拿大国内寻求救济即可诉诸国际仲裁，从而杜绝了平行裁判的可能。所谓“禁止掉头”，是指投资者寻求国际仲裁庭救济，必须以放弃在东道国的救济手段为条件，一旦投资者诉诸国际仲裁，就不能在东道国寻求当地救济了。当然，中国投资者在纠纷产生之初，是可以在加拿大法院寻求救济的，在加拿大法院作出判决之前也可以随时撤诉，单方面终止在加拿大的诉讼程序，转向国际仲裁。在 NAFTA 所普遍采取的这种模式下，东道国法院和作为被告的东道国政府显然处于被动地位，这也符合立法限制强权保护弱者的基本法理。

在 NAFTA 模式下，不可能出现平行裁判，从而为东道国节省了司法资源，除了撤诉无需东道国法院裁定以外，对东道国司法权威并不构成严重挑战。早在 2008 年签署的中墨协定中，双方都已认可采纳此等模式。当然，如果坚持走中国特色的“法院裁定撤诉”之路，则无异于鼓励外国投资者一开始就坚定不渝地选择走国际仲裁之路。

3. 更多的东道国福音

从全面接受国际仲裁管辖到对国际仲裁庭进行多方面限制，是晚近中国“以

① 参见 2013 年 1 月 21 日中共中央总书记习近平在中国共产党第十八届中央纪律检查委员会第二次全体会议上的讲话，资料来源于：http：//news.163.com/13/0122/15/8LR5TGCH0001124J.html，2013 年 1 月 22 日访问。

美为师”对外商签投资协定的重要转变。最早借鉴美式范本的是2008年中墨协定，美式范本中的“提交仲裁请求（Submission of a Claim to Arbitration）”条款替代了欧式传统范本之中的“保护伞”条款，仅将投资协定之中部分条款、政府特许协议和行政许可纳入国际仲裁管辖范围，并将东道国政府与外国投资者之间订立的民商事合同排除在国际投资仲裁之外，中加协定同样对可诉诸国际仲裁的争议做了细致筛选并附加诸多例外，使得东道国的协定义务更为明确，国际仲裁庭的管辖权更为狭窄。

合并仲裁同样早见于中墨协定。在国际投资仲裁中，绝大多数情况是东道国政府被诉，而政府的一项措施也往往波及数个外商投资企业，涉及共同事实和相同法律性质，如果分别立案，东道国势必被迫多头应对，应诉成本高昂。目前学术界和欧美许多国家仲裁法对合并仲裁予以认可，而中国的相关立法则较为滞后。合并仲裁对于作为“众矢之的”东道国政府，从应诉角度看，绝对利大于弊。

“法庭之友”制度在欧洲已有千年历史，19世纪中期被移植到美国法中并得以繁荣，形成美国的一项重要司法制度。中加协定在中国对外签约史上首次引入这项制度，参与国际投资仲裁“法庭之友”被称作“非争端方”。中加协定第29条及其附录允许其作为当事人以外的个人或组织利用自己的专门知识，就与案件有关的事实或法律问题进行论证并作出书面论证意见书，向仲裁庭提供尚未知悉的证据事实及与法律问题有关的信息，以帮助仲裁庭作出公正的裁决。“法庭之友”既不同于受一方当事人聘请的专家证人，也有别于由双方当事人协商确定或法院指定的鉴定人，它首先是中立的，其次是积极主动参与仲裁活动的，所以它是“法庭之友”而非“当事人之友”。中加协定要求“法庭之友”披露其组织背景、与当事人的关系、参加仲裁活动的经费来源并说明其见解如何有助于仲裁庭了解事实、把握性质、作出公正裁决，比美国BIT范本规定更为细致。“法庭之友”在国际投资仲裁中，不大可能替资本家代言，否则就成了证人。由于投资往往给东道国生态环境和公共健康带来负面影响，因而在国际投资仲裁中，“法庭之友”往往站在东道国一边，为当地的民生状态鼓与呼。著名案件是在2001年加拿大Methanex公司诉美国案中，国际可持续发展协会（IISD）就该案涉及重大公共利益的法律问题递交法庭之友意见，为以后非政府组织（NGO）申请参与国际投资争端仲裁开创了先例，作为东道国的美国又赢了。可见，培养NGO对于建设中国特色社会主义生态文明意义极为重大。

中加协定的“法庭之友”制度很值得中国借鉴。近年来，在中国各级法院审理案件的过程中，一方邀请或双方当事人分别邀请法律专家举行“专家论证会”，或向法院提交“专家法律意见书”的现象逐渐增多，司法实践中，失范的“专家法律意见书”也往往会通过多种渠道对法官产生影响。“专家法律意见书”往往是有偿的，使得出具该意见书的专家地位失去中立性，实际上成为当事人挟专家之名对法官施加影响进而求得有利于己的裁判工具。“法庭之友”制度的引进无疑会弥补中国诉讼和仲裁法的相关缺失。

结束语

中加协定是作为发展中国家的中国首次以资本输出国角色与一个“北方”国家签署的双边投资协定。尽管该协定有些许遗憾之处，但瑕不掩瑜，总体而言，这是晚近中国对外所签署的双边投资协定中值得赞赏的一部。其慢工出细活的结果，不仅体现在篇幅上超过以往中国所签任何一部投资协定，而且在制度设计上也充分照顾到投资者与东道国各方利益，共识多于妥协。我们从中也解读不出早期发展中国家出于对引进外资的期待和需求而“被迫”给予发达国家投资者以高水准保护的意味。

中国与加拿大、墨西哥、哥伦比亚签署的双边投资协定都明显受到美国 BIT 范本的影响，其中的许多篇章、结构、句式、用语如出一辙，三个协定都较多地体现了缔约各方站在资本输入国立场上思考问题，并不带有南北矛盾的色彩，更无证据表明这是在“被迫”接受美国制定的“统一标准”。尽管中国仍在坚守不给予外国投资者准入前国民待遇，不接受负面清单模式，但显然，这已不再是发展中国家的特色了。

中加协定的签署推进了中美协定谈判，也许向形成全球化的投资规则更迈进了一步。继 WTO 规则之后，全球性的投资规则应当既为投资者赞赏，也为东道国认同，只有集资本输出国和东道国于一身的国家才拿得出这样的文本。

自 20 世纪 80 年代以降，美国先后 8 个 BIT 范本所蕴含的核心，即投资自由化、平等竞争和公正解决投资纠纷。投资自由化体现在准入前后的负面清单安排，平等竞争体现在对投资待遇安排，包括对国有企业竞争优势的限制，公正解决跨国投资纠纷则体现在缜密入微的争端解决程序安排上。在体现“自由”、“平等”、“公正”理念上，美国 BIT 范本无疑堪称当今国际投资法的经典之作。虽然它并非完美无缺，但美国多年的尝试说明投资者与东道国的利益是可以协调的。

世界是发展的，而且日新月异，资本输出国不是一成不变的，发展中国家也不永远是东道国的代名词，学者们大可不必一味强调“特色论”，否则将会陷入制度相对主义的窠臼。在制度相对主义的立场下，人们的行动指南就完全是利益导向的，而且是以短期的直接利益为导向的。① 当今学术界就有这么一种急功近利倾向，许多学者醉心于搞“利弊分析”的学问，这是误入歧途。笔者经常拷问：对自己“有利”的条款就是“对的”吗？反之亦然。学者应该讲“是非”，而“逐利”，无论以何等名义，都不应作为学者的终极目标。因为，在人类历史的发展长河中，“利弊”与“是非”并不总是一致。

拒绝世界各国探索出来的成果，固步自封，不是中华文化的特质。笔者极赞同著名学者何兆武先生的一句话：“真理不在于它是不是符合国情。假如它不适合中国国情的话，那么要加以改变的是国情，而不是要改变真理。国情要适合真理，而不是真理要适合国情。”

Who is the South and Who is the North? Compromise or Consensus?
—Comment on China-Canada Bilateral Investment Agreement

Abstract: With the new dynamism of economic globalization, the boundary between the North and South has blurred. Many of the developed countries and developing economies in transition are having mixed identities, and the traditional confrontation between the North and the South in the realm of international investment law now seems to be fading. The article endeavors to make a comprehensive analysis on impacts of the bilateral investment agreement (FIPA) concluded by China and Canada in 2012 on the two parties by first delving into the Canadian domestic media's queries and doubts on the treaty. It compares the China-Canada treaty, the US bilateral investment treaty (BIT) model text as well as China's other BITs, elaborates on sensitive issues such as investment market access, taxation and prudential financial measures, and standards of compensation for expropriation, and exception clauses in FIPA. The article identifies the fact that the China-Canada FIPA successfully caters for both the investor and host country, meanwhile points out some deficiencies in the agreement.

Keywords: Investment Agreement　Investment Protection　Exception　Dispute Settlement

① 参见刘业进：《所谓中国模式北京共识很荒谬》，资料来源于：http://www.360doc.com/content/10/0809/20/2237165_44842041.shtml，2013年5月17日访问。

解析巴西对双边投资协定的策略

□ 魏 丹*

内容摘要：双边投资协定（BIT）在过去的20年里大量涌现。巴西是南美洲最大的新型经济体。巴西凭借其巨大的发展潜力和吸引力，让许多国外投资者趋之若鹜。然而，与大多数国家的实践不同，巴西至今尚未批准任何双边投资协定。本文解析巴西拒绝双边投资协定的原因，通过巴西的策略反思双边投资协定的问题，并联系中国的实践尝试得出一些启示。

关键词：双边投资协定 巴西 投资法律安全

目 次

一、五十年来双边投资协定的发展

自从德国与巴基斯坦在1959年签订了世界上第一个鼓励和相互保护投资协定，鼓励和相互保护投资的双边协定（简称双边投资协定）大量涌现，近20年来这一趋

* 澳门大学法学院副教授、高级法律研究所主任、《澳门法学》主编。

势尤为明显。到目前为止，超过2850个双边投资协定得以实施，涉及现有的绝大多数国家。① 随着全球化的不断深入和国有企业国际化步伐的加快，不断创新的双边投资协定已经成为国际投资制度的一部分，并在建立外资待遇规则中发挥着重要作用。

这种趋势源于双边投资协定的共同特点。双边投资协定可以被视为一部条约，它规范着在东道国内任一国家的投资者所需遵守的义务和条件。通常情况下，大部分双边协定的典型内容包括外资的定义、外资进入东道国的准入条件（通过准入条款或权利设立条款确立）、外国投资者的待遇（无论是通过公平公正待遇条款确立的绝对标准待遇，或是通过最惠国待遇和国民待遇条款确立的相对标准待遇）、征收和国有化的法律限制与补偿模式、外资财产权的转移（资本和利润）以及外国投资者与东道国之间与投资相关的争端解决机制。

双边投资协定源于发达国家的投资者对发展中国家国有化运动的反应，以及这些国家在《经济权利和义务宪章》（1974年联合国第3281号决议）中的呼吁。发达国家积极推进双边投资协定的谈判，以期找到一种新的国际机制来取代国际习惯法在保护本国投资者于国外的财产沿用的传统的保障模式。双边投资协定（即鼓励和相互保护投资协定）这一名称本身便暗示了这一协定的两个主要目的：鼓励和保护外国投资。此外，对于母国来说，双边投资协定有时可被视作推动自由化的一种途径。而对于东道国来说，外国直接投资（FDIs）是促进国家经济发展的重要手段。为了吸引外资，并且为投资营造一个有利的环境，越来越多的发展中国家选择签订双边条约来为外国投资者建立信心和安全感。然而，尽管这些条约缔约方（主要是发展中国家）的最终目标是实现国家发展，但是"经济发展"这一表述却在绝大多数的双边条约中未见踪影，不论是在序言还是在正文部分。② 因此，双边投资协定的本质在于鼓励和保护外国投资，用以制约东道国实施的单边行为。

另一方面，双边投资协定可以针对东道国出于公共利益的考量，对外资控制和管理的权力加以限制。基于双边投资协定的契约性，双边投资协定可以约束缔约双方，同时制约东道国以国内法为名对外资加以监管并另行制定标准。

与传统的双边投资协定相比，最近签署的双边投资协定呈现出国际投资法的发展的以下特点：

---

① DOLZER Rudolf and SCHREUER Christoph, Principles of International Investment Law, Oxford, 2008, p. 2; UNCTAD, World Investment Report 2013, Global Value Chains: Investment and Trade for Development, New York and Geneva, 2013, p. xix.

② PETERSON Luke Eric, *Bilateral investment treaties and development policy-making*, International Institute for Sustainable Development, available at http://www.iisd.org, visited on Dec. 20, 2012.

第一，已经签订的双边投资协定数量不断增加。越来越多的国家开始参与到鼓励和相互保护投资的国际谈判中，一些国家也开始与缔约方重启谈判，以修订或替换之前的双边投资协定。由于多边投资协议（MAI）谈判的失败，目前缺乏一个全球适用的多边机制，基于鼓励和相互保护投资的双边协定已经成为外资立法最为优越的形式。然而，在2010年、2011年和2012年，新签订双边投资协定的增长率呈现显著下降趋势。① 这可能是由于缔约各方最近达成的自由贸易协议和经济一体化协议已经将双边投资协定的内容完全纳入，或者包括了有关相互投资的实体性规定。尽管如此，并没有充分的证据表明自由贸易协议正在取代双边投资协定。与此相反，双边投资协定仍然是国际投资法最主要的渊源，也被认为对外国投资提供的最重要的保护。

第二，世界各地区对待双边投资协定的态度有许多不同之处。亚洲和欧洲国家在谈判中非常积极，而南美国家则在承诺双边投资协定上表现得十分犹豫，一些拉美国家甚至宣布放弃已经签署的双边投资协定。②

第三，尽管事实上绝大多数协议是在发达国家和发展中国家之间签订的，南南协议在过去的几年中也在同步增长。在2007年，发达国家和发展中国家签订的双边投资协定占世界上所有双边投资协定的41%，而发展中国家之间签订的则仅占27%。③ 其中仅中国与其他发展中国家就签署了四部。

第四，由于新自由主义和经济全球化的影响，双边投资协定包含了投资自由化的额外承诺。同时，各条款的用词也变得越来越精细和复杂。④ 此外，一些过去未涉及的问题，如劳工权利，环境保护以及公众健康等，也开始在协定中出现。

第五，由于外国投资规模不断扩大，双边投资协定的总数不断增加，越来越多的争议和争论开始在缔约国双方间产生，因而越来越多的东道国成为国际争端中的被告。在过去，在大多数情况下都是发展中国家站在国际争端的被告席，但如今，发达国家也开始成为争端中的被告方。因此，国际投资争端解决中心（ICSID）的角色和双边投资协定的影响已经引起法学家和政府部门的重视。

---

① 根据联合国贸易和发展会议的统计，2010年有50多个双边投资协定得以签订，但在2011年，只签订了33个。在2012年，这一数字下降到20个，成为25年来签订双边投资协定最少的一年。UNCTAD, World Investment Report 2013, Global Value Chains: Investment and Trade for Development, New York and Geneva, 2013, p. xix.

② 例如玻利维亚，厄瓜多尔和委内瑞拉。

③ UNCTAD, World Investment Report 2008, transnational corporations and the infrastructure challenge, New York and Geneva, 2008, p. 43.

④ UNCTAD, International investment arrangements: Trends and emerging issues, UNCTAD/ITE/IIT/2005/11, United Nations, New York and Geneva, 2006, p. 10.

最后，过去几十年里发达国家和发展中国家的冲突氛围有所缓和，比如双边投资协定中的一些争议："投资"的定义、①"间接征收"的概念、最低待遇标准、②合法干预的范围、③争端解决机制及相应的司法程序④等，都在接受新型双边投资协定的重新评估和反思。⑤考虑到为社会福利进行公共干预的必要性以及对发展中国家给予特别待遇的需要，发达国家已经同意接受一些发展中国家的要求。随着世界全球化中国际经济关系的不断重组，从整体上看，双边投资协定正向法律化和制度化的方向不断发展。

二、巴西的实践概述

在现有的大型新兴市场，也就是所谓的金砖国家中，巴西是南美洲最大的国家。2013年，巴西位列世界第七大经济体。

巴西是跨国公司最青睐的地方之一，⑥对外国投资有着极大的吸引力。从数据上来看，巴西是新兴经济体中外国直接投资的三大目的地之一（2012年，进入巴西的外国直接投资达到650亿美元）。⑦由于经济不断增长，巴西越来越吸引着外国投资者的目光，继美国、中国和中国香港之后，吸引外国直接投资的世界排名中位居第四。⑧最近由国际知名的评级机构对其评估得出的投资级别，认可了巴西的

① 对这些协定加以分析可以发现，一些新的双边投资协定没有对"投资"采用一个非常宽泛的定义，而是根据在经济领域内投资的特点对其加以定义，从而明确排除了不属于投资范围的各类资本。

② 这里是指在加拿大与美国签署的一些协议中，最低待遇标准的含义与国际法相符合，且间接征收的概念得以明晰。一些缔约国附加指令和标准来明确规定在特殊情况下是否采用间接征收。

③ 从这个意义上说，国家不能以公众健康、安全、环境以及损害国际公认的劳工权益为代价来吸引外资。

④ 仲裁程序的透明度很高，比如公开审判，公布法律文件，以及民间社会代表可以通过"法庭之友"的名义向仲裁庭提交报告。

⑤ UNCTAD, Recent Developments in International Investment Agreements, IIA MONITOR No. 2, 2005, available at UNCTAD/WEB/ITE/IIT/2005/1.

⑥ UNCTAD, World Investment Report 2008, Transnational Corporations, and the Infrastructure Challenge, New York and Geneva, 2008, p. 55.

⑦ 资料来源于：http://www.bbc.co.uk/portuguese/noticias/2013/06/130626_relatorio_unctad_ied_df_lgb.shtml，2013年10月15日访问。

⑧ 资料来源于：http://www.bbc.co.uk/portuguese/noticias/2013/06/130626_relatorio_unctad_ied_df_lgb.shtml，2013年10月15日访问。

宏观经济的稳定程度（风险分类，根据标准普尔评级及惠誉评级）。

越来越多的巴西公司开始在世界的其他地区进行投资活动。根据联合国贸易和发展会议（贸发会议）提供的信息，在2006年，由于巴西淡水河谷公司（CVRD）收购了国际镍业公司，巴西公司国外投资的总额首次超过了巴西境内获得的外国直接投资总额。① 2007年，巴西企业继续其国际化进程，在包括能源和矿产资源在内的一些行业展开竞争。②

虽然巴西在1994年至1999年间签署了14个双边投资协定，③ 但均未获得国会批准，因此到目前为止，这些双边投资协定在巴西的法律体系中并未生效。

巴西凭借其巨大的潜力和吸引力，让许多国外投资者趋之若骛。然而，为什么巴西对双边投资协定采取消极敌视的态度？这是否完全依赖于经济和政治因素？巴西的策略是否反映了现有的双边投资协定存在的问题？下面的论述将尝试分析巴西的实践经验，并对以上问题作出分析总结。

三、巴西对双边投资协定的策略

（一）国际规则和巴西法律

在巴西，宪法体系对国际条约及国际公约的适用并未规定直接效力原则或直接适用原则。④ 巴西《联邦宪法》并无明确条款规范国际法与国内法的关系，即国际条约在巴西法律体系中的组成及其效力层级。因此，在缺乏法律渊源的情况下，

---

① UNCTAD, World Investment Report 2007, Transnational Corporations, Extractive Industries and Development, New York and Geneva, 2007, p. xvi and p. 20.

② NÍTOLO Miguel, O Brasil também tem multinacionais, Revista Problemas Brasileiros, No. 387, Mai/Jun 2008, available at http://www.sescsp.net/sesc/revistas_sesc/pb/artigo.cfm?Edicao_Id = 309&breadcrumb = 1&Artigo_ID = 4825&IDCategoria = 5524&reftype = 1, visited on Sep. 5, 2013.

③ 巴西与之签署双边投资协定并提交给国会的国家有：葡萄牙（1994年2月9日），智利（1994年3月22日），英国（1994年7月19日），瑞士（1994年11月11日），法国（1994年3月21日），德国（1995年9月21日）。已签署但尚未提交国会的国家有：芬兰（1995年3月28日），意大利（1995年4月3日），丹麦（1995年5月4日），委内瑞拉（1995年7月4日），韩国（1995年9月1日），古巴（1997年6月26日），荷兰（1998年11月25日），比利时和卢森堡（1999年1月6日）。此外，在区域层面，与科洛尼亚（1994年1月17日）和布宜诺斯艾利斯（1994年8月5日）的议定书也未获批准。

④ STF, Carta Rogatória No. 8. 279。

该标准取决于法院的决定。尽管一元论和二元论之间的学说争议持续存在，但联邦最高法院自20世纪70年代起便采纳了二元理论，因此国际条约的效力必须通过颁布相应国内法来实现。换言之，国际条约必须通过国内法规定的程序，才能在其国境内获得有效性及适用性。

国际条约在国内的实施需要经过一系列正式和复杂的程序。根据《联邦宪法》第47条，第49条第1款第15项，第59条第6款和第84条第8款的规定，总统拥有签署国际条约、国际公约以及其他须经国会投票批准的文件的权力。总统在签署条约后，将其发往国会等待评估批准（按照立法条例的要求，国会需要以简单多数的支持票批准通过国际条约）。获得国会批准后，将由总统正式签发批准，并颁布一项总统法令，之后该国际条约才能在巴西的法律体系中正式生效。可以看出，巴西的立法权在行政权主导之下的外交政策中起着决定性的作用。

巴西签署的14个双边投资协定并未获得国会批准，这也就意味着，这些协议并不具有任何法律效力。因此，协定缔约国的投资者不能就其在巴西的投资获得国际保护。①

由于巴西经济稳定，国内消费持续增长，出口不断扩大，私有化进程稳步推进，货币竞争力强以及司法体系相对稳定，因此，尽管缺乏双边投资协定的支持，巴西国内外国直接投资的规模仍然在不断扩大。在过去的几年中，巴西政府采取了一系列措施来减少官僚主义，巩固对外国投资的法律保障机制。根据《联邦宪法》第5条的规定，在巴西境内禁止任何形式的针对外国投资者的歧视。除此之外，“巴西在过去并未实施过征收政策，而且现在拥有一个经过历史沉积的民主体系”。② 从政府官员和法律学说的角度来看，由于巴西法律有效地保护了国际投资，巴西在双边投资协定上与国际社会的隔离是有其合理性的。③

对于投资的法律安全问题，巴西认识到合适的仲裁制度在吸引外国投资上的重

---

① 多边投资担保机构（MIGA）对投资的非商业风险担保是一项例外。巴西是1985年《汉城公约》的缔约国（该公约在1999年9月16日由66号法令批准），该公约建立了多边投资担保机构（MIGA）。在巴西，多边投资担保机构已承保了近40个投资项目，金额达到18亿美元。资料来源于：http://www.miga.org/regions/index_sv.cfm?stid=1531&country_id=30&hcountrycode=BR，2013年10月17日访问。

② CARVALHO, Marina Amaral Egydio de, Brasil e os Tratados Bilaterais de Investimento, 2008, available at http://revistaautor.com/index.php?option=com_content&task=view&id=244&Itemid=38, visited on Feb. 21, 2013.

③ ZERBINI Eugenia C. G de Jesus, Arbitragem Internacional para Capital Externo, Revista Custo Brasil 2003, available at http://www.revistacustobrasil.com.br/pdf/13/Artigo% 2003.pdf, visited on Nov. 5, 2012.

要作用，因此，1996 年第 9307 号《仲裁法》以及其他法令中均引进了这一制度。① 一般来说，基于《联邦宪法》第 102 条第 1 款第 h 项，巴西民事诉讼法典以及联邦最高法院的规定，在 1996 年之前，承认外国的仲裁裁决与承认外国判决相类似，都必须经过联邦最高法院的确认程序。在第 9307 号法律颁布后，巴西批准了三个国际公约：巴拿马公约（1975 年美洲国际商事仲裁公约），蒙特维的亚公约（1979 年美洲国家间外国法院判决及仲裁裁决的域外效力公约），以及纽约公约（1958 年承认及执行外国仲裁裁决公约）。这些国际公约在巴西国内颁布实施后，由外国仲裁庭作出的裁决与巴西司法机构作出的判决法律效力相同，可以直接开始执行程序，不再需要经过联邦最高法院的确认程序。所有这些都表明巴西已经认识到仲裁制度的重要性。

接下来，本文将就巴西对双边投资协定采取“敌视”态度的原因做一个总结。

（二）迟疑接纳双边投资协定的原因

影响巴西不批准双边投资协定的因素很多，在总结巴西官方及学术文献的基础上，可以得出巴西不批准双边投资协定的原因主要有以下三个方面：

1. 出于国际经济新秩序中对主权和民族国家平等原则的考虑。在巴西，双边投资协定被认为是新自由主义影响下“华盛顿共识”的产物和经济合作与发展组织（OECD）大力推荐的结果。② 由于双边投资协定并不对母国施加任何责任和义务，而是强调给予母国投资者应有的权利，因此巴西国会议员认识到工业化国家可以通过签署双边投资协定来获益，即利用鼓励本国资本输出，同时淡化本国东道国的角色。虽然有越来越多的双边投资协定在发达国家和发展中国家间生效，两个发达国家之间签署这一协定的数量仍然非常有限。绝大多数双边投资协定的一般条款内容十分相似，这些协定有着相同的结构和相似的保障承诺条款。然而，现有的双边投资协定表现出高互惠的特征，且很少专注于投资保护。根据 Perrone-Moisés 的

① 也就是说，巴西商法典允许商人通过仲裁解决其纠纷（第 100 条第 3 款）。2001 年，市场仲裁委员会于圣保罗股市创建，PUCCI，Andriana Noemi，Arbitration in Brazil，Dispute Resolution Journal，February/April，2005，pp. 82-87.

② 参见《巴西劳工党的立场和双边投资协定签署评述》，资料来源于：http://www.pt.org.br/assessor/acordeco.htm，2013 年 7 月 13 日访问；Odacir Soares 对该问题的看法，资料来源于：http://www.senado.gov.br/sf/atividade/pronunciamento/detTexto.asp?t=233501，2013 年 7 月 13 日访问。

观察，这种互惠只是形式上的，其规定的权利仅仅让母国受益。①

需要指出的是，巴西对待双边投资协定的态度经历了一系列改变：从20世纪80年代前的拒绝，到20世纪90年代社会民主党政府所持有的改革立场，开始接纳双边投资协定的一般原理，再到巴西劳工党在思想上坚持左派意识形态，并坚持奉行老旧的反帝国主义观念，对双边投资协定完全拒绝。本着维护国家主权的考虑，巴西对双边投资协定的拒绝一方面显示了巴西对现有协议帝国主义元素的顾虑，另一方面也说明了迄今为止这一国际机制存在的一些问题。即使跨国公司的活动要受到东道国的监管，但跨国公司根据按照其自身的运营模式已成为全球化浪潮的入门渠道。对于母国来说，双边投资协定是放松管制的一种国际手段，以最大限度地促进资本流动和减少东道国的干预。

巴西国会议员注意到双边投资协定的缔约方并不平等，而这些协定中权利和义务所谓的"互惠"也仅仅流于形式（具有一种虚幻的性质），而缺乏真正的意义。② 这一结论是基于这样一个事实：缔约国在巴西的投资总额远远高于巴西在这些国家中的投资总额。

与其他发展中国家相似，为了在国际关系中捍卫正义和平等，巴西寻求创建一个新的世界秩序。缔约各方经济发展程度不同却必须履行同样的义务，且不将所需的过渡期和特殊差别待遇纳入考虑，这样的协议从一开始就蕴含了太多的不平等。这与多边投资协议的基本指引不同，在多边投资协议框架下的巴西双边投资协定并不包含例外情况和保障措施。

2. 从经济学角度来看，许多研究已经表明东道国双边投资协定的签署与本国外来投资的增加之间并没有直接联系。③ 巴西的经验似乎再次印证了这一研究结论。在一些非洲国家中也存在着已签署双边投资协定但仍未能吸引到外国直接投资

---

① PERRONE-MOISÉS, Cláudia, Direito ao Desenvolvimento e Investimentos Estrangeiros, Ed. Oliveira Mendes, 1998, p. 28, citation from ZELO, Macelo, O MAI que Já Existe, os Acordos Bilaterais de Promoção e Protec 8 1 3A34Recíproca de Investimentos, available at www. geocities. com/CapitolHill/Congress/7782/textos/mai. rtf, visited on Jun. 8, 2013.

② 学者 Sornarajah 亦对此持相同观点。M. Sornarajah, The International Law on Foreign Investment, Cambridge University Press, 2004.

③ WALDE Thomas and DOW Stephen, *Treaties and Regulatory Risk in Infrastructure Investment: The Effectiveness of International Law Disciplines versus Sanctions by Global Markets in Reducing the Political and Regulatory Risk for Private Infrastructure Investment*, Journal of World Trade, No. 2, 2000, p. 12; PETERSON, Luke Eric, *Bilateral Investment Treaties and Development Policy-Making*, International Institute for Sustainable Development, available at http: //www. iisd. org; UNCTAD, World Investment Report, 2003.

的情况。与此同时，两个国家并未签订双边投资协定，却在双边层面上互为进口和出口资本的情况也并不鲜见。

巴西已经签订的双边投资协定未能区分生产性投资和单纯的资金流动。在目前世界经济衰退的时期，人们更多地关注着金融产品、股票市场、利率等领域，但实际上生产活动才对经济发展有着实际的贡献。换句话说，经济发展的真正动力是实体投资。外国直接投资是每个国家推动本国经济发展，改善基础设施条件和生产能力的重要补充。然而，巴西双边投资协定中采用的“投资”的定义要求巴西政府在同等条件下，一视同仁地保护所有类型的外国投资，不论该投资的性质和执行机制如何。换句话说，短期内的投机资本也将像直接投资那样受到保护。

在世界全球化过程中，每个国家都拥有适应新情况的能力，也可以选择合适的经济、政治工具以及调控措施来策略性地应对全球化的挑战。每个国家政府应该通过行使收入分配、再分配、稳定资源供应以及促进合理竞争等职能，来介入市场并创造更为有利的条件。20 世纪 90 年代和最近发生的金融危机清楚地表明了政府在监管投机性的资本流动和监督不良投资行为上的重要作用。从这个意义上说，世界经济环境也在印证着巴西的立场。从最近的经济危机中吸取的教训也表明，与市场一样，政府也对经济泡沫的产生、维持低利率等负有责任。

3. 巴西双边投资协定的规定与其国内法律制度间存在差异。差异主要概括如下：

双边投资协定规定东道国不能直接或间接地征收源自资本输出国的投资，除非为了公共利益且该征收行为并不含有歧视。在这些双边投资协定中，术语“间接征收”表述的非常模糊和灵活。此外，一旦实施“间接征收”，补偿必须满足临时和正式的要求：它必须是以可自由兑换的货币形式，充分、及时、有效地支付。然而，巴西的现实与这些标准不能保持一致，由于这一程序在巴西持续时间长，且巴西法律允许存在其他形式赔偿的可能性。根据《联邦宪法》的规定，“法律不得排除司法权力机关对于任何损害权利或威胁权利的行为行使审判权”（第 5 条第 35 段）。“联邦、州或市财政部门因司法判决需要支付之款项，需要按提交司法请求的时间顺序和相应数额支付。禁止在预算拨款时指定接受的案件和人员，并严禁为此目的额外拨款”（第 100 条）。最终，在征收城市房地产的情况下，“现金补偿必须事先且公平支付”，“以发行的公共债券补偿征收的，需经联邦参议院的事先批准，赎回期最多在 10 年以内，且应等量连续地每年分期，确保补偿及法定权益的实际价值”（第 182 条第 3 款的第 3 段和第 4 段）。至于征用农村房地产而言，赎回期可以达到 20 年，且“应当给予现金补偿，作出有用必要的改善”（第 184 条第 1 段）。

双边投资协定以同样的方式允许外国投资者没有任何限制和例外地自由转移资本，如利润、特许权使用费、股息以及金融产品的收益。资本转移需要遵循该国规定，巴西1962年9月3日颁布的第4131号法律对其转移出国的资本加以了限制。因此，可以看出，双边投资协定和国内法律制度之间存在矛盾。《联邦宪法》指出，“法律应在国家利益的基础上对外资进行规范，应鼓励再投资，并对利润的汇出进行规范”（第172条）。在这方面，1964年8月29日颁布的第4390号法律第28条指出，“当国际收支严重不平衡，或者有重大理由预测将会出现该等情况时，货币信贷监管委员会可以在有限的时间内对外国再投资的资本进口和汇出加以限制，并为此目的，授权巴西银行全部或部分垄断经营外汇业务”。

绝大多数双边投资协定在条文中明确规定，由于缔约双方，特别是东道国不遵守该协定引发的争端，应提交国际投资争端解决中心仲裁。虽然巴西并非国际投资争端解决中心的签约国，但巴西的一些双边投资协定（例如，巴西与法国的双边投资协定①）中也规定允许外国投资者将争议提交国际仲裁。争端解决条款给予了外国投资者解决争端的优惠待遇，即可以将争端诉诸国际管辖，而国内投资者则只能求助于国内管辖，并没有选择管辖的特权。巴西的态度反映了卡尔沃主义近期在拉丁美洲的回潮，这一学说在19世纪为解决帝国时代典型的不平等关系而产生。②从这个角度来看，住在国外的民众只能通过当地法院提起诉讼和解决纠纷，在本地资源用尽之前不能罔顾国家主权和自治权使用外交手段，通过武装干预或者其他方式寻求救济。然而，巴西已签署协定的这些条款不仅违背了卡尔沃主义，也不符合国际法的法律原则：“穷尽本地救济。”③ 此外，还存在一些技术问题。《联邦宪法》第5条第35段规定法律不得排除司法机关对于任何损害权利的行为行使审判权。④《华盛顿公约》第54条规定，国际投资争端解决中心作出的仲裁裁决为终局裁决且自动执行。⑤ 然而，外国投资者和巴西（根据《联邦宪法》第37条的规

---

① 参见巴西与法国双边投资协定第8条。

② MANNING-CABROL Denise, *The Imminent Death of the Calvo Clause and the Rebirth of the Calvo Principle: Equality of Foreign and National Investors*, Law and Policy in International Business, Vol. 26, 1994, pp. 1169-1173.

③ TRINDADE, António Augusto Cançado, O Esgotamento de Recursos Internos no Direito Internacional, BSB, Editora UnB, 1984, p. 24 the following pages; MELLO, Celso de Albuquerque, Direito Internacional Económico, RJ, Renovar, 1993, p. 135.

④ 巴西《联邦宪法》第5条第35款：“法律不得排除司法权力机关对于任何损害权利的行为行使审判权。”

⑤ 《国际投资争端解决中心公约》第54条第1款：“每一缔约国应承认依照本公约作出的裁决具有约束力，并在其领土内履行该裁决，其应与本国法院作出的最终判决具有相同效力。具有联邦宪法的缔约国可以在联邦法院或者通过该法院执行该裁决，并可规定联邦法院应把该裁决按照本国法院作出的最终判决来对待。”

定，任何联邦、州、联邦区以及市镇直接或间接的公共管理机构）之间的纠纷，或外国投资者和巴西国营企业之间的纠纷，在提起仲裁前必须依法经事先批准。①根据 Companhia Estadual de Energia Elétrica（CEEE）v. AES Sul Distribuidora Gaúcha de Energia e Outros②一案的判决，以及1996年9月23日颁布的第9.307号仲裁法的规定，与公共利益相关的事项不能被视为“可处置的财产权利”。此外，2004年12月30日颁布的第11079号《公私合营法》第11条规定“按照1996年9月23日颁布的第9.307号法律的规定，运用包括仲裁在内的私人争端解决机制解决现有纠纷或合同纠纷，应在巴西进行且应使用葡萄牙语”。可以看出，巴西的国内立法并不允许将这种性质的纠纷提交国际仲裁。根据巴西法学家的分析，在过去的几年中，阿根廷和其他拉美国家在国际投资争端解决中心的境况似乎证明了巴西国会议员的明智选择。③ 对阵阿根廷的诉讼可能会成为危险的先例，进一步加强对投资者的过度保护，且缺乏对东道国权利的保障。此外，缔约国法院执行国际投资争端解决中心的裁决可能会面临障碍。事实上，阿根廷确实违反了合法有效的合同，并拒绝履行其在华盛顿公约的义务。④

考虑到双边投资协定的规定与巴西国内法律制度并不一致，一些巴西立法者和法学家认为双边投资协定对外国投资者提供了优惠待遇，因此双边投资协定是非必要、违法和违宪的。这是因为《联邦宪法》和国内法律均坚持“国民待遇”原则，即外国投资者和本国投资者在法律上是平等的。

（三）不同的解决方案

与之前的讨论相对应，巴西目前也有学者呼吁尊重国际规则并接纳双边投资协定。这一意见是基于以下几点考虑：

首先，双边投资协定不仅存在于发达国家和发展中国家之间，也存在于各发展中国家之间。由于发展中国家在谈判中是平等的，对双边投资协定的看法也相同。

---

① PUCCI, Andriana Noemi, *Arbitration in Brazil*, Dispute Resolution Journal, February/April, 2005, p. 86.

② PUCCI, Andriana Noemi, *Arbitration in Brazil*, Dispute Resolution Journal, February/April, 2005, p. 86.

③ SUNDFELD LIMA THAÍS, A posição do Brasil perante a regulamentação internacional de investimentos estrangeiros: estudo de caso da situação da Argentina no ICSID e comparação com a posição brasileira, available at http://www.ambito-juridico.com.br/site/index.php?n_link=revista_artigos_leitura&artigo_id=4874, visited on Oct. 22, 2013.

④ BALDWIN, Edward, KANTOR, Mark and NOLAN, Michael, *Limits to Enforcement of ICSID Awards*, Journal of International Arbitration, Vol. 23 (1), 2006, pp. 1-24.

因此，在这种情况下，新资本主义和帝国主义的顾虑就显得不太重要了。

其次，与20世纪相比，巴西公司目前在海外投资逐步增加。这些国际化公司在国外的投资也面临着来自东道国的政治风险。因此，他们也需要一个有效的保护机制。玻利维亚新石油法对巴西石油公司在该国投资的影响也使得巴西注意到与其他国家签订相互保护投资的友好条约的重要性和益处。①

再次，巴西司法系统因为效率低下，程序拖延，费用昂贵和其不可预知性饱受诟病。②"巴西合同违约率非常高，而司法程序的迟延和高昂费用更加重了对业务开展和投资的阻碍"。③ 此外，外国投资者不得不对相关的巴西立法展开非常详细的分析，这对于这些投资者来说也并非易事。然而，签订双边投资协定，至少显示了巴西政府与国际制度接轨的意愿，并且给予中小型公司的投资者一些心理上的安慰。

最后，巴西政府已经提出了几种解决方案，用于矫正现有双边投资协定的失衡。例如，可以通过修改现行国内法律规定的方法消除这些差异。④ 因此，将巴西的国家利益纳入未来的双边投资协定中去是完全有可能的。⑤ 这些观点反映了巴西企业的信心不断增强。尽管如此，需要澄清的是劳工党提出的变更从来没有正式提交给双边投资协定的缔约国，也从未接受实践的检验。

（四）小　结

巴西是坚持卡尔沃学说的极少数拉美国家之一。它对于双边投资协定的强力抵制揭示了现行国际法对外国投资规制不足的现实。事实上，只有像巴西这样的大型发展中国家才可能在外国投资自由化的大环境下抵制双边投资协定的适用。

---

① 玻利维亚新法新设定了一项企业生产应缴纳的税种，税率达32%。这一规定使巴西石油公司在玻利维亚的投资受到了影响。来自西班牙、英国、美国和法国的投资者纷纷援引本国与玻利维亚双边投资协定要求保护，然而，巴西投资者因为巴西没有与玻利维亚签订双边投资条约，便无法获得相应渠道的保护。Brasil espera acordo sobre investimentos na Bolívia in FinanceOne，2005.

② 世界银行报告评论，Em busca de um Brasil competitivo，available at http：//www. cicvacaria. com/v_ noticia. php？id_ noticia=88，visited on Mar. 5，2013.

③ 世界银行报告评论，Em busca de um Brasil competitivo，available at http：//www. cicvacaria. com/v_ noticia. php？id_ noticia=88，visited on Mar. 5，2013.

④ ALMEIDA，Paulo Roberto de，O problema político dos APPIS，questionamentos e alegações，respostas tentativas，presentation on CEBRI-DEBATE-Exportação e Investimentos：Entraves da legislação Americana e Acordos Bilaterais de Investimento，Rio de Janeiro，18 September，2008.

⑤ 例如，根据解决国家与他国国民间投资争端公约第42条的规定，其并未要求仲裁庭排除适用东道国法律。

由于巴西是一个资源密集型的国家，其经济结构受过去四个世纪以来殖民主义和来自发达国家的资本所影响，因此这一选择是可以理解的。① 在国家发展过程中，发展经济学和政治民族主义在巴西有着深远的影响力。巴西政府在双边投资协定谈判中一直意在为吸引外国投资创造有利环境，并保证资源的适当分配。因此，巴西能否有效地规范外国投资，使其符合本国的发展目标成为根本因素。巴西在20 世纪 90 年代签署的双边投资协定在更大程度上属于南北合作的传统模式，并不包含国际投资法领域的创新制度。② 因此，正是由于这些传统协定的缺陷，巴西国会议员和学者才认为拒绝这一国际制度是合理的。

然而，与中国的做法相比，巴西对待双边投资协定的态度展现了其防御性的立场。在我们看来，上述双边投资协定和国内法律体系之间的差异完全可以通过对国际协议或国家法律进行修改加以解决。事实上，双边投资协定在巴西无法生效是由于立法权力机关的抵制，而在本质上，这其实是立法权和行政权之间权力博弈的难题。这似乎需要今后的立法机关和行政机关之间有更多的交流和理解。③ 只有这样，才能减轻外交关系上的摩擦，谈判者才会获得更多合法性、可信性和议价能力。

事实上，政治和经济民族主义，以及左倾的世界观对巴西拒绝双边投资协定有着重大影响。自 2003 年巴西劳工党政府成立以来，对这一问题的解决就完全停滞下来。

尽管巴西法律体系十分稳定，可以确保国民待遇原则对外国投资者的适用，但仍有许多政治、司法和行政上的障碍（包括司法迟缓）。考虑到目前发展中国家之间的双边投资协定数量不断增加，过去的一些担忧与全新的全球环境以及公司国际化的趋势不再相符。我们相信，巴西将来会出现更为宽松的政策，以打破目前行政机关的外交政策模式，而巴西投资者不断增长的需求也会对国会构成压力。

四、巴西与中国投资关系和相应的启示

2006 年，中国与其他两个金砖国家（俄罗斯和印度）签署了双边投资协定。

---

① FURTADO, Celso, Formação Econômica do Brasil, Companhia Editora Nacional, 1989.

② 例如，巴西与丹麦、芬兰和荷兰签订的双边投资协定。

③ 值得一提的是巴西国内学者对修改宪法的建议，其旨在参照美国的贸易谈判授权模式，为巴西参与国际条约的谈判建立一种立法机关事先批准机制。FARIA, Carlos Aurélio Pimenta de, Opinião pública e política externa: insulamento, politização e reforma na produção da política exterior do Brasil, Revista Brasileira de Política Internacional, Vol. 51, No. 2, Brasília, Jul./Dec., 2008.

如今，中国与巴西的经济关系已经超越了普通的双边关系。到目前为止，巴西是中国在拉丁美洲最大的贸易伙伴，而中国则已成为巴西在世界上最大的贸易伙伴。东西方两个最大的发展中国家之间的合作是南南伙伴关系的重要组成部分。巴西是中国在拉丁美洲投资的主要国家之一。例如，中国国家开发银行（CDB）在2009年贷款100亿美元给巴西国家石油公司，以便其在巴西海岸勘探新的石油储量。此外，如格力、华为、中兴通讯等中国大型企业也已经在巴西成立公司，其他如江淮汽车、奇瑞汽车、联想等公司也开始拓展巴西的市场。① 近些年来，中国企业已逐步参与到巴西的基础设施建设项目和农业和科技领域的开发合作。与此同时，越来越多的中国机构通过共同管理或其他方式与巴西公司开展经济业务。如巴西淡水河谷公司，伊塔屋银行，商业期货交易所，纺织集团 Coteminas，Odebrecht 集团，Embraco 和巴西航空工业公司等一些巴西大型企业，甚至中等企业也已经在中国设立工厂或代表处。

伴随着投资风险的还有法律障碍和行政障碍。② 不幸的是，到目前为止，两国政府仍缺乏一个将相互保护投资制度化的倡议。

巴西和中国，这两个对外国直接投资最有吸引力的国家，对待双边投资协定的态度却完全不同。巴西采取“敌视”态度的原因涉及方方面面，如巴西法律在维护国际投资上提供了有效保护，且采纳了合适的仲裁制度，因此在缺乏双边投资协定的情况下，巴西对外国直接投资仍具有很大的吸引力，在此基础上出于维护主权的考虑，巴西并未对双边投资协定敞开大门；此外，巴西法律（包括实体上和程序上）的规定和双边投资协定条款之间的差异使其对外国投资者提供的差别待遇非法或违宪，这也是影响巴西态度的一个重要原因。

与巴西做法完全不同的是，中国签订了超过120个双边投资协定，已经成为仅次于德国的全球双边投资协定的第二大缔约国。事实上，巴西和中国之间对待双边投资协定和外国直接投资态度的区别主要在于政治因素：中国领导人在坚持全球化和经济开放政策上的态度比巴西更为一致和连贯。在巴西，民族主义和发展主义等陈旧学说仍然占据主导地位；中国作为一个社会主义国家，在对外贸易和投资方面，比巴西更加开放。巴西对外资以及是否将其纳入国家基础生产的态度似乎非常

---

① ALDO, Rebelo and PAULINO, Luís António, Como o Brasil vê a China, in WEI, Dan, ed., Os Países de Língua Portuguesa China num Mundo Globalizado, Edições Almedina, 2009, p. 112.

② 例如，对中国投资者而言，巴西关于税收的法律制度非常复杂多变；收购房地产非常困难；获取环境许可的程序也十分复杂。资料来源于：http://www.coolloud.org.tw/node/17713，2013年10月2日访问。

谨慎和消极（这也是当权的劳工党思想意识形态的反应）。

尽管巴西和中国在对待双边投资协定、国际仲裁条款以及平衡其与本国政策关系上的实践并不相同，我们相信巴西公司的国际化进程也会迟早打破目前巴西的封闭状态，而中国也将会继续缔结双边投资协定，以增强外国投资者的安全感和维持自身的发展。考虑到两国社会和经济发展的相似性，两国需要站在金砖国家的角度团结一致，共同思考未来的发展方向。中国快速发展的经验和积极、坚定、果断地融入经济全球化的行为，值得巴西学习和参考。

全球化理论和国际法的演变可以进一步巩固我们的观点。首先，主权国家在全球化时代仍然扮演着重要的政治角色，并发挥着制定管理规则的重要功能。联合国贸易和发展会议的一项研究显示，良好的国家法律体系对外国投资起着积极的促进作用。① 国家立法者有责任制定法律，以约束外国投资符合国家公共利益，并确保外国投资与本国发展目标相符合。对于巴西和中国这样的发展中国家，国际公约和协议确立的特殊和差别待遇应当通过国家法律和政策予以保障，同时实现优先吸引外国投资，暂时保护本国的战略性产业和在国家法律范围内给予本国公司优惠待遇的目的。

其次，在国际层面上，外国投资对不同国家之间的经济关系起着重要作用。对外国投资的规制往往通过双边或多边国际条约加以确定，而双边投资协定是其中最重要和最有效的方式。通过签订这一协定，可以实现引进缔约国法律制度和有关准入、保护、促进外国投资的新规则的目的。对于发展中国家，特别是新兴经济体来说，双边投资协定是国际经济一体化的积极因素。这是因为，一国以吸引外国投资为目的而在出口领域制定更高的竞争标准，就需要在更大程度上遵循国际公约和双边条约的规定。50 年来双边投资协定的演进过程表明，现有的双边投资协定仍然需要向一个更均衡和更平衡的国际体系改进，例如在促进和保护投资之间、在投资者的合法权利和东道国的公共利益之间、在母国和东道国之间维持平衡。巴西和中国对双边投资协定不同的态度恰恰揭示了两个发展中国家从本国的国情和国家利益出发，在国际机制方面作出的不同选择。

再次，由于经济全球化的影响，国际法学的模式已经开始发生变化。国际法不仅集成了规制主权国家与政府间国际组织关系的法律规范，“个人”也开始成为国

① KIRKPATRICK, Colin, PARKER, David, ZHANG, and Yin-Fang, *Foreign Direct Investment in Infrastructure in Developing Countries: does regulation make a difference?* Transnational Corporations, Vol. 51, No. 1, April, 2006, pp. 143-171.

际法中的主体。① 因此，主权国家不仅代表本国人民参与国际活动，也在一定的法律关系中对其公民和外国人一视同仁。另一方面，随着全球化的不断深化，主权国家了解到国内法律体系的强化并不能够解决发展过程中出现的所有问题，也不能保证本国利益的必然实现。因此，除了完善国际法，使其内容更加全面以外，强化国际法的效力也非常重要。与国际法其他领域相比，规制外国投资但效力高于双边投资协定的国际体制已经具有了硬法的性质，由拥有司法管辖权的机构（几个国际争端解决中心，包括国际投资争端解决中心）确保其规则的实施。

最后，国际机构不仅应当维护初始成员国的国家利益的需要，也应反映所有国家的利益需求。因此，对加入国际机构无动于衷或保持抗拒并不是一个明智的决定。另一方面，对大型经济体来说，搭便车的策略是行不通的。现实状况和国家发展的目的决定了国家不应该放弃主权权利或被动地参与国际法律规则的建立。虽然目前这一体系仍有很多不完善和限制因素，且国际法律体系的制定者都不愿意让新来者不付出任何代价就获取他们的既得利益，但发展中国家不应该就此退出，他们应努力发挥更加积极和建设性的作用，这对于补充巴西和中国这两个金砖成员作用的积极举措，有着十分重大的意义。

巴西和中国在影响全球治理方面有不容置疑的潜力，且两国都知道这需要二者的合作和共同努力。为了实现这一目标，两国有必要在对待双边投资协定上采取新的思路，充分利用本国市场的潜力和吸引力，提高自身在国际谈判中的议价能力，将劣势转变为优势。同时两国可以签署中巴双边投资条约，将之作为南南合作的范例，这也将是最终建立多边体系的一项重大进展。

Analazing Brazil's Strategy to Bilateral Investment Treaties

Abstract: Bilateral investment treaties (BITs) have proliferated, particularly in the last two decades. Brazil is the largest emerging countries in South America. Foreign investors have mostly perceived Brazil as the sought-after place with great potentialities and attractiveness. Different from the experiences of many countries, Brazil has not yet ratified any BIT so far. This paper scrutinizes the reasons for the reluctance in accepting BITs by

① 在某些情况下，个人可以成为国际法中的主体（例如国际人道主义法和国际人权保护领域）。因为大多数国际规范也作出了有关个人的规定，换句话说，其在司法领域影响到个人的权益。同样地，在国际投资领域，随着国际贸易非政治化和司法化，个人和公司均可诉诸国际仲裁。

Brazil, reflects upon the problems of the existing BITs through the Brazilian strategy and finally tries to develop some implications from the Chinese experiences.

Keywords: Bilateral investment treaty, Brazil, Legal safety for investment

发展中的国际投资协定透明度原则及其对中国的启示

□ 叶　楠*

内容摘要：近年来，透明度原则开始从国际贸易法领域推广到国际投资法领域。透明度原则在国际投资协定中从确立到制度体系初步形成，透明度要求不断提高，普及程度不断加强，已成为国际投资协定基础性条款。涉及透明度原则的国际投资仲裁案件逐渐增多，无论投资协定中是否有透明度条款，仲裁庭都倾向于使透明度具有可诉性，并将透明度与公平公正待遇相联系。透明度原则尚未形成习惯国际法，但已成为投资者维权的重要法律武器。我国的双边投资协定对透明度原则立场模糊，制度设计不健全。为适应我国目前资本输入国和资本输出国的双重身份，应充分认识透明度原则的重要制度价值，构建符合中国实际的透明度规则体系，并不断提高国内立法、司法、行政领域的透明度。

关键词：透明度　国际投资协定　国际投资仲裁

目　次

* 北京大学法学院博士研究生，国务院法制办工交商事法制司工作。

进入21世纪以来，双边投资协定、区域投资协定的缔结数量屡创新高。截至2012年底，全球国际投资协定共计3196个，其中2857个为双边投资协定，339个为“其他国际投资协定”，主要包括涵盖投资条款的自由贸易协定、经济伙伴关系协定和区域协定等。① 国际投资协定经历着一次重大变革，内容不断扩充，自由化趋势不断增强，体系更为完整。透明度原则作为 WTO 基石性原则，在国际投资协定迅猛发展的历史背景下，开始从国际贸易法领域全面演进、推广到国际投资法领域。系统梳理透明度原则在国际投资协定中的发展脉络，研究其制度特点、发展规律和仲裁实践，对我国充分认识透明度原则在国际投资中的重要制度价值，构建符合本国实际的透明度规则体系，具有重要意义。

一、国际投资协定中的透明度原则

（一）透明度原则在国际投资协定中的制度内涵

从布莱克法律词典和元照法律词典中都无法查到透明度的含义。事实上，法律上没有关于透明度的公认定义，针对不同团体和对象其含义不同，比如 WTO，OECD，APEC 或是外国投资管理者和投资者自身。② 有学者将法律上的透明度描述为“透明度是一种类推，即一部法规或法律的实施和效果能够被很容易地看到，就像人们毫不费力地从干净的玻璃窗看清事物一样”。③ 国际法上，评论家认为透

① UNCTAD publication, World Investment Report, New York and Geneva, 2013, p. 101.

② Roy Nixon, Transparency obligations in international investment agreements, Economic Roundup, commonwealthy of Australia, winter 2004, p. 65.

③ William B. T. Mock, An Interdisciplinary Introduction to Legal Transparency: A Tool for Rational Development, 18 Dick. J. Int'l L, 2000, p. 295.

明度是确保许多领域法律义务得以遵守的关键因素，包括国际交通、通讯、环境保护、军备控制、债务减免等。① 有国际法学者将透明度定义为“对以下知识和信息的可获得性和可知晓性：（1）国际法主体的条约和做法确立的规范、准则、程序的含义；（2）条约各方和国际法主体就遵守条约和保持主体有效性而制定的有关政策和从事的活动。”② 国际贸易法领域，透明度原则是 WTO 赖以生存、发展、壮大的基本法律原则之一，发挥着重要的作用，在关贸总协定时代就已经成为公认的基础性原则。③ 国际金融法领域，透明度是市场参与者有能力得知现在和不久之前市场活动的信息。④ 国际投资协定中的透明度原则内涵既有上述共性，也具有国际投资法独特的方面。

与 WTO 完整独立的法律体系不同，国际投资协定仍然呈现分散化、碎片化特点，三千多个投资协定相互交织，形成复杂的“意大利面碗”现象。⑤ 自 20 世纪末多边投资协定谈判失败以来，至今仍然没有一部全球范围的多边投资条约，难以形成世界各国公认的国际投资法律体系。国际投资协定中的各项法律制度，甚至处于基础地位的投资争端解决机制，都处于不断发展过程中。著名国际投资法学者 Sornarajah 教授甚至提出，发展中国家应当致力于废除国际投资仲裁制度的努力，即使不废除该制度，也至少应该将投资仲裁限制在东道国拒绝司法的情形下。⑥ 因此，随着国际投资协定的发展，透明度原则的内涵也不断发展演变。

国外有学者认为，国际投资协定中的透明度原则主要包含三个要素：一是使与投资有关的法律、法规和政策的信息向公众公开，二是将法律的变化通知其他缔约方，三是确保法律以非歧视和公众的方式实施。⑦ 这种理解显然已经落后于透明度的发展现状。我国学者在研究国际投资协定的透明度问题时，将其内容主要定位于

---

① Abram Chayes and Antonia Handler Chayes, The New Sovereignty: Compliance with International Regulatory Agreements, Harvard University Press, 1995, pp. 131-135.

② Ibid, p. 135.

③ 沈四宝：《世界贸易组织法教程》，对外经济贸易大学出版社 2005 年版，第 59 页。

④ John Board et al., Transparency and Fragmentation, Houndmills, Basingstoke, Hampshire; New York: Palgrave Macmillan, 2002, p. 14.

⑤ 意大利面碗现象（Spaghetti bowl phenomenon）一词源于巴格沃蒂（Bhagwati）1995 年出版的《美国贸易政策》（U. S. Trade Policy）一书，原指各种特惠贸易协议下，各个协议不同的优惠待遇和原产地规则像碗里的意大利面条，相互交织，难以理清。

⑥ 参见王朝恩、王璐：《国际投资法前沿问题与中国投资条约的完善》，载《西安交通大学学报》（社会科学版）2013 年 5 月，第 33 卷第 3 期，第 76 页。

⑦ Andrew Newcombe and Lluis Paradell, Law and Practice of Investment Treaties, Wolters Kluwer, 2009, p. 431.

两大方面：一是政府措施与信息要及时公开；二是争端解决程序透明。① 在以前，国际投资协定中针对缔约方的透明度义务通常被看做与双边利益有关的信息的交换，比如投资机会、法律法规、政策措施等；但是过去的10年，透明度的标准已经发生了演变，除了以往的信息交换以外，甚至还包括利害相关方能够有机会参与到与投资有关的立法程序中，还有些国际投资协定包括参与行政程序的规定（对最终行政决定进行公正的审查和复审）。② 的确，进入21世纪以来，透明度原则在国际投资协定中的制度内涵已经大大扩充了，这种变化主要体现在透明度原则适用的对象、透明度义务的程度、透明度的实施保障机制三个方面。透明度原则适用的对象从最开始的投资东道国，已经扩展到投资母国，并开始有一些投资协定增加了对投资者披露义务的透明度要求；透明度义务的程度大大提升，不仅已生效的法律法规和政策措施要求公开透明，对正在起草中的草案也提出公开要求，突出公众参与立法、行政程序的重要性；透明度的实施保障机制也逐渐完善，从磋商机制、联络点、信息通报与交换制度的完善，到对国内行政程序、复审程序具体要求不断细化等。

联合国贸发会议（UNCTAD）指出："国际投资协定中的透明度规则，一般认为包括所有与投资保护、投资促进、投资自由化相关的，涉及投资协定实施的普遍适用的措施。在投资协定或者投资章节中，透明度要求的获益方包括缔约双方，还包括投资协定下的经济主体——投资者。"③ 美国2012年发布了新的BIT范本，该范本被认为是当今保护投资力度最强，推进投资自由化程度最深的投资协定范本之一。该范本对透明度的规定非常详尽：第10条规定了有关投资的法律法规和决定的公布，第11条和第15条详细地规定了对缔约国和投资者的其他实体透明度规则，第28条和第29条规定了投资仲裁程序的透明度规则。④ 以此为例，笔者将国际投资协定中的透明度原则制度内涵概括为四个方面：（1）对投资东道国和投资母国与投资相关的相关法律、法规、政策、措施、决定、判决、裁定以及程序的公布、公开和公众参与要求；（2）对投资者相关信息的披露和公开要求；（3）透明度要求的实施机制安排（包括磋商、通报和信息交换，咨询点、联络点制度、行

① 卢进勇、余劲松、齐春生主编：《国际投资条约与协定新论》，人民出版社2007年版，第62页。

② Jose E. Alvarez & Karl P. Sauvant, The Evolving International Investment Regime, Expectations, Realities, Options, Oxford University Press, 2011, p. 15.

③ UNCTAD Publication, Series on Issues in International Investment Agreements II, Transparency, New York and Geneva, UNCTAD/DIAE/IA/2011, p. 30.

④ US Model BIT 2012, available at http://www.ustr.gov/sites/default/files/BIT, visited on June 23, 2013.

政程序和复审程序要求等）；（4）对投资仲裁的透明度要求。其中，前三项是透明度实体义务，投资仲裁透明度属于争端解决机制中的程序问题，本文主要关注透明度实体义务。在各项实体义务中，公布和公开义务是核心。某种程度上讲，如果投资协定中没有公布和公开义务的明确规定，就不能认为含有透明度规则。随着国际投资协定的发展，透明度原则的内涵还将不断演进。

（二）国际投资协定透明度原则与 WTO 透明度原则的关系

不难看出，国际投资协定的透明度原则与 WTO 透明度原则有相似之处。20 世纪中期以后的国际经济发展规律尤为明显地表现为国际投资和国际贸易的密不可分，国际投资和国际贸易的法律和政策之间不断相互影响，相互融合。① 世界经济一体化趋势反映在国际经济法的法律渊源上，除了出现各国经济法律与国际经济法制接轨的趋向之外，在国际经济法律体系内部，贸易、投资、金融、竞争及知识产权保护等领域的法律规则，相互交融，联系程度空前紧密，国际经济法律一体化不断加深。② WTO 是综合性、全球性的经贸法律体系，其多个协定与国际投资都有密切联系，如《与贸易有关的投资措施协议》、《服务贸易总协定》、《与贸易有关的知识产权协议》等，对国际投资法的发展具有重要意义。WTO 贸易与投资关系工作组也在报告中指出，发展中国家的外商投资条件可能更直接地受到其缺乏预见性的外资管理体制的影响，提高这些国家外资管理体制的透明度不仅有利于吸引外国资本也有利于鼓励和培养内国投资。③ 笔者认为，作为“善治”的基本要素，国际投资协定中的透明度原则是 WTO 透明度原则的发展、演进和深化，二者在制度宗旨、核心内容、实施机制方面均一脉相承，体现了贸易投资规则一体化的发展趋势。除了适用领域和法律渊源不同之外，国际投资协定透明度原则对 WTO 透明度原则的发展主要体现在三个方面：

第一，拓展了 WTO 透明度原则的适用对象。WTO 透明度原则仅适用于缔约国，而许多投资协定，尤其是发展中国家的投资协定还包括对投资者履行透明度义务的要求。④ 透明度原则适用于国际投资活动中的各个参与主体。

第二，深化了是透明度义务的要求，开始体现公众参与缔约国国内治理的理念。WTO 对拟议法规公开的规定主要体现在 TBT 通报程序，缔约国也仅仅是向

① 张庆麟主编：《国际投资法问题专论》，武汉大学出版社 2007 年版，第 21 页。

② 徐崇利：《经济一体化与当代国际经济法的发展》，载《法律科学》2002 年第 5 期，第 117 页。

③ WT/ WGT I/M/ 8，para. 10，11.

④ US Model BIT 2004，article 15，BIT for COMESA Common Investment Area，article 13.

WTO履行通报义务，供有关成员方评论。越多越多的投资协定要求缔约国立法和行政程序公开，赋予利害关系人乃至普通自然人发表评论的机会，参与立法决策和行政决策，有的投资协定还深入到缔约国国内标准制定程序。① 从这个意义上讲，透明度原则建立起了国际治理与国内治理两套法律制度相互交流和融合的桥梁。

第三，对GATT1994第10条第3款规定的细化。GATT1994第10条是WTO透明度原则的基石条款，该条第3款要求缔约方以统一、公正和合理的方式管理所有法律、法规、判决和裁定，并应维持或尽快设立司法、仲裁或行政庭或行政程序来审查和纠正与海关事项有关的行政行为。由于行政程序中的统一、公正和合理在实践中难以把握，WTO其他协定中又未对此作出界定，规定简单化与现实的复杂度助长了紧张程度，二者结合形成了“透明度条款本身不透明”的尴尬局面。② 许多国际投资协定在这方面作出了努力，如明确行政程序应遵循的通知义务、辩护权行使、符合国内法等要求；明确复审和上诉程序应当遵循的独立性要求，辩护权的行使，复审上诉决定作出的程序和依据，以及确保复审决定的有效执行等规定，使GATT1994第10条第3款的规定更细化和明确。③

二、透明度原则在国际投资协定中的发展及其原因

国内有学者认为，在投资体制中确立透明度的必要性及其范围本身尚存在广泛争议，甚至认为透明度有时可能仅是一个目标，并不是强制性义务。④ 但透明度原则在国际投资协定缔约实践中的发展充分表明，其已逐渐成为国际投资协定中的基础性条款，是缔约国必须遵守的强制性义务，是国际投资的重要原则。透明度原则的制度架构已初步形成，其制度设计的认可度和共识度还在不断提高。

（一）透明度原则在国际投资协定中的确立

早期BIT并没有关于透明度的特别条款。20世纪60—70年代，出现了一些发展中国家将外国投资的与自然资源相关的项目征收为国有的情况。发展中国家强烈

① 参见中国和加拿大关于促进和相互保护投资的协定第17条第3款，US Model BIT 2012, article 11.8.

② 唐青阳、孙南翔：《GATT 1994下的透明度规则研究——论GATT1994第10条第3款a项的适用》，载《武大国际法评论》第15卷第2期，第273页。

③ 参见中国与哥斯达黎加自由贸易协定第131、132条，US-Rwanda BIT article 11.3, 11.4.

④ 参见杨慧芳：《外资待遇法律制度研究》，中国人民大学出版社2012年版，第181页；卢进勇、余劲松、齐春生主编：《国际投资条约与协定新论》，人民出版社2007年版，第67页。

坚持“自然资源的永久主权”，要求本国境内的自然资源应当完全在本国的控制之下，进行征收或国有化之后的补偿也应当完全由自然资源所有国决定。① 当时各国（尤其欧洲国家）签订BIT的目的是为了保证被国家征收的投资能够获得及时、充分、有效的补偿（即赫尔原则）。② 这类BIT被称为“投资保护协定”，其中没有透明度规则条款，甚至没有赋予透明度任何法律地位。

透明度原则在国际投资协定中的确立很大程度上反映在美国BIT范本的发展历程中。20世纪80年代初美国政府建立了一个BIT项目规划，从自身实际出发，综合考虑与发达国家和发展中国家签订BIT。欧洲BIT的主要目的是保证征收获得及时、充分、有效的补偿，美国政府将BIT项目的目的确立为保护投资的同时改善东道国的投资环境。③ 投资环境的改善是一项综合性系统工程，提高透明度，强化对东道国行政治理的监督也是重要条件和途径。美国的第一代投资条约范本就确立了公开规则，这是透明度原则的核心内容。美国第一代BIT范本（1983年范本）第2条第9段规定：“各缔约方及其地方各级政府应当将所有与在其境内的他国缔约国国民和公司投资有关的法律、法规、行政实践和程序，以及裁判决定予以公开。”④ 该范本正式在投资条约中确立了公开相关法律法规内容的透明度要求，美国在20世纪80年代与孟加拉国、海地、土耳其、格林纳达、刚果缔结的BIT就采用了这种模式。

到20世纪90年代初，美国投资条约范本一直维持了公开这一透明度的基础规则，如1992年2月发布的鼓励和相互保护投资条约范本第2条第7款规定“缔约各方应当将与投资有关或者影响投资的法律、法规、行政实践和程序、司法决定予以公布”。⑤冷战结束后，美国开始与东欧国家商签投资协定。这类协定中具有典型意义的是美国与波兰关于商业和经济关系条约。“透明度”的字样在该条约中明确出现，并且不仅要求缔约国法律、法规、行政实践和程序，普遍适用的裁决决定应公开，缔约各方还应将所有与投资和商业活动相联系的非保密，非专属信息向社会

---

① 小寺彰：《投資協定における「透明性」-位置付けと対処》，RIETI Discussion Paper Series，06-J-026，p. 7.

② Akira Kotera，Regulatory Transparency，the Oxford Handbook of International Investment Law，edited by Peter Muchlinski，Federico Ortino & Christoph Schreuer，Oxford University Press，2008，p. 622.

③ Ibid，p. 623.

④ US-Senegal BIT，signed on 6 December 1983，article 2（10）.

⑤ US Model Agreement（1992）from Rudolf Dolzer and Margrete Stevens，Bilateral Investment Treaties，Martinus Nijhoff Publishers，1995，p. 244.

公开。① 苏联解体后，处于转型期的东欧国家政府普遍缺乏透明度，对美国投资者的直接投资构成了潜在威胁，美国根据缔约对象的特点有针对性地提高了公布义务要求。总体上看，20世纪80—90年代，美国投资条约中的透明度虽然仅有公布义务一项内容，但确立了投资条约中透明度原则的基本制度理念，即公开透明的行政治理是保护和促进投资的重要基础。美国将透明度规则看做提升投资条约制度价值和实施效果的关键举措之一，在对外谈判中予以坚持，缔结了一系列投资条约。

（二）透明度原则制度体系的初步形成

北美自由贸易协定（NAFTA）是美国、加拿大和墨西哥三国在1994年签订的，不仅包括贸易，还有专门的投资章节，美国在其中发挥了主导作用。NAFTA是透明度原则在国际投资协定中进一步完善的重要标志，也为美国在21世纪新一代BIT范本中的透明度规则体系提供了蓝本。近20年过去了，当前许多自由贸易协定中的透明度规定都与NAFTA非常接近，足见其影响力巨大。NAFTA对透明度原则的贡献主要有两个方面：一是提升了透明度原则的法律地位。NAFTA第一章第2条规定："正如本协定的原则与规则所备述，包括国民待遇、最惠国待遇和透明度，本协定的目标是：……"透明度原则已经被提升到与国民待遇和最惠国待遇相同的高度和地位。二是系统规定了透明度原则的制度架构。NAFTA第七编行政与机构条款第十八章"法律的发布、通报与实施"用6条的篇幅详细规定了透明度的内容。此外，在一些具体的行业领域，NAFTA还规定了特别的透明度条款，如第十三章电信和第十四章金融服务，形成了总体原则与具体规范相呼应，一般规定与特别规定相结合的完整模式。② 与GATT1994第10条和散见于其他WTO协议的透明度条款相比，NAFTA的规定更明确、更系统。

从第十八章的六条内容看，透明度制度体系可以概括为"一项基础，两项实施机制，两项保障措施"。一项基础是以公布义务为基础，公布义务包括生效措施的公布和未生效措施的公布。生效措施包括法律、法规、程序和普遍适用的行政裁决，普遍适用的行政裁决指适用于其范围的所有人和事实情况并建立一套行为规范的行政裁决或解释，但是不包括作出的适用于特定人士、货物、服务的决定和裁决，也不包括对特定行为作出的判决或裁决。鼓励缔约方在可能的限度内提前公布拟议采取的措施，并提供利害关系方和另一缔约方发表意见的合理机会。③ 两项实

① The Treaty between the Republic of Poland and the United States of America Concerning Business and Economic Relations, 1990, article 8.

② NAFTA, Charpter 1, article 102, charpter 13, 14, and 18.

③ NAFTA, article 1802, 1806.

施机制一是联络点制度，即缔约方应指定联络点以便对协定涵盖任何事项进行交流，应另一缔约方请求，联络点应确认负责具体事宜的机构和官员，并提供协助；① 二是信息通报与提供制度，包括主动通报和应要求提供两方面：缔约方应主动向其他缔约方通报可能对本协定运作或影响另一缔约方本协定下利益的信息，应另一缔约方请求，应迅速提供上述信息，不论此前是否已经接到关于该措施的信息。② 两项保障措施是针对缔约国国内的行政程序和复审、上诉程序提出要求。行政程序应当履行程序启动通知义务，确保相对人充分行使辩护权，并符合该国国内法。复审和上诉机关应当独立于行政执行机关，争议双方都要获得合理表达意见的机会；复审决定要按照国内法的要求，在证据和笔录的基础上作出，并保证决定得到行政机关的执行。③ 实际上，这些措施通常都在一国国内行政法（包括行政许可、行政处罚、行政复议、行政诉讼等方面的法律）中加以规定，而各国的行政法存在较大差别。NAFTA 试图提取出行政程序和复审、上诉程序应当遵循的共性透明度规则，确保统一、公正、合理要求的实现。

美国 2004 年对 BIT 范本进行了大规模修订。《2004 年范本》几乎将 NAFTA 第十八章纳入其透明度内容，涉及透明度的主要有三个条款：第 10 条“法律和与投资有关的决定的公布”、第 11 条“透明度”和第 15 条“对投资者的透明度要求”。④《2004 年范本》对 NAFTA 的发展有三点：一是首次将法律法规和投资决定的公布义务作为一项单独条约义务，并正式纳入投资仲裁的受案范围，比 NAFTA 更深入一步，而联络点、信息通报与提供、行政程序、复审上诉程序的规定都纳入第 11 条“透明度”。二是将司法判决或司法决定作为公布义务的内容。三是规定了对投资者披露有关信息的透明度要求。美国 2005 年与乌拉圭、2008 年与卢旺达缔结的 BIT 就完全采用了《2004 年范本》的透明度模式。

尽管 NAFTA 和美国、加拿大等国在投资协定中规定了详细的透明度原则，但不得不承认，20 世纪末到 21 世纪初，透明度原则无论在双边层面还是多边层面还面临较大的争议，在 BIT 中规定透明度原则的情况并不多见。UNCTAD 也指出，一国在缔结投资协定中很可能不愿意接受透明度规则，因为在许多国家看来透明度在本质上是国内法的事项，应当由国内法作出规定。⑤ 20 世纪 90 年代末，多边投资

① NAFTA, article 1801.

② NAFTA, article 1803.

③ NAFTA article 1804, 1805.

④ US Model BIT of 2004, available at http://ita.law.uvic.ca/documents/USmodelbitnovo4.pdf, visited on July 6, 2013.

⑤ UNCTAD Publication, Series on Issues in International Investment Agreements, Transparency, UNCTAD/ITE/IIT/2003/4, p. 72.

协定（MAI）草案曾规定了详细的透明度原则条款，包括了三方面内容：（1）类似于NAFTA的公布义务；（2）信息通报和提供义务；（3）投资者的信息披露义务。① 这些规定在当时引发了发展中国家的质疑，焦点是透明度义务要求过高，履行难度较大。十多年过去，全球性的国际投资协定仍然遥遥无期，但涉及投资内容的全球性经贸协定中开始都出现内容不一的透明度条款，如《服务贸易总协定》（GATS）可以看做全球性投资协定的雏形，GATS第3条规定了详细的透明度规则，第6条对国内法规和行政程序提出了基本要求。

（三）透明度原则在投资协定中的进一步推广和透明度要求的提高

进入21世纪以来，随着经济全球化和区域经济一体化的不断推进，投资自由化的发展趋势不可阻挡。透明度原则作为投资促进和自由化的重要内容，获得了极大发展。在多边和双边投资协定中越来越常见，透明度要求不断提高，出现了以美国BIT《2012年范本》为代表的最新一代投资条约透明度原则。

（1）透明度原则在多边层面不断得到推广。《能源宪章条约》（ECT）的缔约国相当广泛。截至2012年底，能源宪章大会的成员国有53个，囊括了几乎所有欧洲国家、中亚各国、日本和澳大利亚，美国和加拿大也是观察员。ECT开篇“促进、保护和投资的待遇”中就明确提出了投资环境的总体透明度要求，即每个缔约方都应当依照条约的规定，为其他缔约方的投资者支持并建立稳定、公平、良好和透明的投资环境。② 可见透明度原则的地位之高。ECT还有专门的透明度条款，规定了详细的公布义务和透明度实施机制③

另外三个应当关注的组织或区域是亚太经合组织（APEC）、东南亚国家联盟（ASEAN）和东部和南部非洲（COMESA）。APEC经过十几年的发展，已逐渐演变为亚太地区重要的经济合作论坛，是亚太地区最高级别的政府间经济合作机制。APEC文件虽然没有法律约束力，但许多宣言和声明都由各国首脑或高级官员联合发布，代表了各国在一些重要问题上的观点和立场。2002年10月在墨西哥召开的APEC峰会上，各国领导共同发布了洛斯卡罗斯宣言，即《APEC领导人关于执行透明度标准的声明》，提出透明度是促进国内、国际经济增长与金融稳定的重要因素；有助于实现更加公平有效的管理，提高公众对政府的信心；是《大阪行动议程》的一项普遍原则，应适用于整个APEC贸易与投资自由化与便利化进程。声明

---

① OECD, Negotiating Group on the Multilateral Agreement on Investment (MAI), article 2, DAFFE/MAI (97) 1/REV2, 1997.

② Energy Charter Treaty, article 10.

③ Ibid, article 20.

还详细列举了实行透明度的6项总体原则和4项具体原则。①

2009年，东南亚国家联盟（ASEAN）的十个国家在泰国签署了《东盟综合投资协定》，为东南亚国家之间的投资保护和自由化奠定了法律基础。该协定内容庞大，其中第2条基本原则中提出在本区域实现自由、开放的投资环境，第20条规定了外国投资者的信息披露义务，第21条详细规定了针对缔约国的透明度规则。②ASEAN在世界经济版图中的位置远不如欧盟和美国突出，但值得注意的是这一区域基本以发展中国家为主，体现了发展中国家对透明度原则的态度。

东部和南部非洲共同市场国家2007年缔结了《COMESA共同投资地区投资协定》，其中规定了缔约国的透明度义务和投资者遵守东道国法律的要求。③ 南部非洲发展共同体（SADC）的九个国家还于2012年6月发布了《SADC投资条约范本》。该范本是南部非洲国家共同认可的投资指导原则。范本第18条合同和支付的透明度主要规定了外国投资者要向公众披露有关投资合同和支付款项的信息，第24条投资信息的透明度要求缔约国迅速公布与投资有关的法律、普遍适用的法规、程序以及缔约的国际协定，同时要求缔约国一方为另一方提供履行这项义务的技术援助。④ 非洲大陆是发展中国家最集中的大陆，这些条约和范本对透明度原则的认可进一步奠定了透明度原则在国际投资中的重要原则地位。

（2）透明度原则在双边层面不断扩展，要求进一步提高。透明度原则在双边层面的发展主要有两种模式：一是美国模式，即全面、细致、深化的透明度规则，美国《2012年范本》的出台进一步提高了透明度要求，在立法程序、行政程序、标准制定程序方面强化了公众参与，体现了投资者参与东道国行政治理的制度理念。⑤ 另一种是加拿大模式，即以公布义务和相关信息的通报和提供为透明度主要内容，澳大利亚、日本、芬兰、韩国等大多数引入透明度条款的国家都采用了这种模式，如阿联酋与奥地利2001年BIT，阿塞拜疆和克罗地亚2007年BIT、与爱沙尼亚2010年的BIT，芬兰和危地马拉2005年的BIT，泰国和约旦2005年的BIT等。⑥ 我国缔结的130多个BIT中，含有透明度内容的有八个，在21世纪以后缔

① APEC Transparency Standards, available at http://www.apec.org/Meeting-Papers/Leaders-Declarations/2002/2002_aelm, visited on July 13, 2013.

② See Asean Comprehensive Investment Agreement (2009), article 2, 20, 21.

③ BIT for COMESA Common Investment Area, article 4, 13.

④ SADC Model BIT, article 18, 24.

⑤ US Model BIT 2012, article 11.3, 11.6, 11.8.

⑥ BIT sources available at http://www.unctadxi.org/templates/DocSearch_779.aspx, visited on September 27, 2013.

结的BIT很多都含有透明度规则，我国缔结的八个FTA则全部纳入透明度内容。①我国BIT的透明度采用加拿大模式，FTA中的透明度则是美国模式。

欧盟国家签订的外部BIT数量超过1300个，根据UNCTAD统计数据，BIT签订数量前十名的缔约国中有六个来自欧盟，包括德国、意大利、法国、荷兰、比利时和卢森堡。② 尽管数量众多，但广大欧洲国家在其BIT中很少规定透明度条款。笔者认为，这主要从欧盟国家双边投资条约的缔约宗旨和模式来解释。欧式BIT主要是解决一些跨国投资设立和运营中面临的直接问题，如对投资征收和国有化的补偿，对资金自由流动的承诺以及争端解决机制等，解决这些关注的制度安排也构成了欧式BIT的主要内容，因而没有在BIT中给予透明度法律空间。

事实上，欧盟多次在重要法律和文件中强调透明度原则。《欧洲联盟条约》第一篇“共同条款”第1条中明确地提出各种决定不但要“尽可能贴近公民（as closely as possible to the citizen）”，还确立了“尽可能对公民公开（as openly as possible to the citizen）”的要求。1997年，经《阿姆斯特丹条约》修订后的《欧洲共同体条约》第255条第1款也规定：“任何联盟公民和任何在一成员国内有居所或注册机构的自然人或法人，均有权在不违反依照第2款和第3款所规定的原则和条件的情况下获得欧洲议会、理事会和委员会的资料。”③ 2001年5月30日公布的《欧洲议会与理事会第1049/2001号关于公众获取欧洲议会、理事会和委员会文件的规则》进一步详细规定了公众获得欧盟文件的条件和程序。④ 欧盟的透明度原则是一项全方位的法律制度，不仅仅局限于已经生成的、产生法律效力的欧盟信息或文件，而是更为重视立法阶段公众的参与，以及欧洲法院、初审法院和审计院在发生司法案例时对各种规则条款的解读和阐释，透明度是一项正在形成中的欧盟法

① 八个BIT是1988年中国和澳大利亚BIT，1993年中国和阿联酋BIT，2002年中国和波斯尼亚和黑塞哥维纳BIT，2004年中国和拉脱维亚BIT，2006年中国和芬兰BIT，2007年中国和韩国BIT，2012年中国和加拿大BIT，以及2012年的中日韩BIT。八个FTA是中国与东盟、巴基斯坦、新西兰、智利、哥斯达黎加、新加坡、秘鲁、冰岛FTA。

② UNCTAD publication, Recent Development in International Investment Agreements, IIA Monitor No. 3, June 2009, p. 36.

③ 由于《欧洲宪法条约》最终未能获得通过，《里斯本条约》重新回到对原有条约进行修订的传统方式上来，《里斯本条约》修订了《欧洲联盟条约》和《欧洲共同体条约》，并将后者重新命名为《欧洲联盟运行条约》。

④ Document available at http://europa.eu/legislation_summaries/glossary/transparency_en.htm, visited on July 4, 2013.

律基本原则。① 2009 年，《里斯本条约》将“外国直接投资”引入《欧洲共同体条约》的共同商业政策中，根据该条约第 2 条和第 3 条的规定，共同商业政策属于欧盟专属权能的特定范围。随着《里斯本条约》的到来，欧盟未来将作为一个整体与其他国家缔结投资协定。笔者认为，欧盟在对外缔结投资协定中纳入透明度原则的可能性非常大，一个重要标志已经出现：2012 年 4 月 10 日欧盟和美国联合发表了《关于国际投资共同原则的声明》，阐述了美国和欧盟共同认可的国际投资七项基本原则，其中第五项原则是“健全的透明度和公众参与规则”，要求政府应当确保最高水平的透明度以及在与投资相关的国内法和其他措施发展中的公众参与。②

（四）推动透明度原则发展的重要因素

从透明度原则在国际投资协定缔约实践的发展可以看出，透明度原则在国际投资协定中的重要地位已经确立，是未来投资协定的重要基础性条款，并且其制度内涵还在不断发展完善。笔者认为，把握形成这一趋势的重要因素非常必要，将有助于我国在未来投资协定中研究制定透明度战略，可以从三个方面理解：

第一，透明度原则不仅是“善治”的基本要求，其蕴含的制度价值与“法治”价值理念高度契合，而各国信息自由和政府信息公开立法的不断普及是透明度原则在国际投资协定中得到认可的重要基础。“法治”的内在要求是透明度原则的重要法理基础。美国法学家富勒提出的法治原则，即法律的“内在道德”，包括八个要素，其中一项便是法律必须公布。③ 当代法学家菲尼斯所阐述的“法治”也有八个要件，其中包括规则的公布和可预期。④ 这些论述都表明，没有法律制定和实施过程的公开透明，法治的要素难以实现，依法治国无从谈起。“法治”不仅要求法律法规的公布，更要求政府运行的公开透明，充分保障公众的知情权，“让权力在阳光下运行”。1990 年时，仅有 13 个国家通过了信息自由的法律，而现在全球已

---

① Sacha Prechal & Magdalena E. de Leeuw, Transparency: A General Principle of EU Law?, from General Principles of EC Law in a Process of Development, edited by Ulf Bernitz, Joakim Nergelius & Cecilia Cardner, Kluwer Law International B. V, 2008, pp. 238-239.

② Statement of the European Union and the United States on Shared Princples for International Investments, available at http://trade.ec.europa.eu/doclib/html/149331.htm, visited on August 15, 2013.

③ ［美］富勒：《法律的道德性》，郑戈译，商务印书馆 2005 年版，第 62 页。

④ John Finnis: Natural Law and Natural Rights, Clarendon Press 1980, p. 270.

有多达 80 个国家通过了同类法律，还有另外 20～30 个国家在积极审议信息权法。① 美国在 1966 年就颁布《信息自由法》，该法多次修订，确立了政府信息公开制度。② 此后又颁布《阳光下的政府法》，③ 规范政府（包括立法过程）公开的方式和程序。对于美国而言是将透明度作为对外推行其国内法价值理念的重要载体，但各国政府透明度的不断提高才真正为投资条约中普遍接受透明度原则奠定了基础。OECD 在区域贸易协定研究中发现，在协定中引入的透明度条款不太可能影响 OECD 成员国国内已经实施的透明度机制。④ 因此，如果没有各国国内法对透明度原则的确立，在国际投资协定层面推行透明度原则的难度就比较大。

第二，透明度原则顺应了经济全球化和区域经济一体化加深所带来的国际经济法律自由化趋势，并作为这一趋势的重要组成部分不断发展。与国际贸易不同，跨国投资在东道国境内设立、经营和管理，必然对该国的政治、经济、社会、文化等方面产生一定影响。列宁同志早就指出“资本输出是帝国主义压迫和剥削世界上大多数民族和国家的坚实基础”。⑤ 长期以来，世界各国尤其是发展中国家对外国投资历来抱着既希望和需要，又警惕和担心的态度，只有在认定特定投资项目有利于其经济发展而又不损害其主权尊严时，才乐于签订协定。⑥ 透明度原则涉及国内的立法、司法、行政程序，对这些主权事务的“侵入”较深，受到各国质疑甚至抵制就不足为奇了。当前，这种情形发生了很大变化，改变的根源就在于经济全球化和区域经济一体化所带来的国际投资自由化趋势。这种自由化包含了对内的中性化和对外的开放性：中性化是指国家对国内市场，包括涉外经济的干预，应当采取不偏不倚的态度；开放性则是允许外来活动在国民经济中比重增加，在政策法律上的具体体现是各国市场准入的不断放松。⑦ 国际投资自由化是市场经济发展的必然要求，既反映了发达国家也反映了发展中国家的经济需求。国际投资自由化必然带

① ［加］托比·曼德尔：《信息自由多国法律比较》，龚文庠等译，社会科学文献出版社 2011 年版，第 1 页。

② See 5 U. S. C. § 552 (1966), available at www. usdoj. gov/oip/foiastat. htm, visited on July 14, 2013.

③ See 5 U. S. C. § 552b (1976), available at www. usdoj. gov/oip/gisastat. pdf, visited on July 14, 2013.

④ Evdokia Moise, Transparency Mechanisms and Non-tariff Measures: Case Studies, OECD Trade Policy Working Papers No. 111, OECD Publishing, 2011, pp. 4-5.

⑤ 列宁：《帝国主义是资本主义的最高阶段》，载《列宁选集》第 2 卷，人民出版社 1974 年版，第 55 页。

⑥ 姚梅镇：《国际投资法》（第三版），武汉大学出版社 2011 年版，第 262 页。

⑦ 刘志云：《国际经济法律自由化原理研究》，厦门大学出版社 2005 年版，第 3 页。

来投资法律的自由化，UNCTAD 对国际投资法律自由化作了三个方面的权威解释，包括以下动态过程：（1）减轻或者消除专门针对（因而也是歧视性的）外国投资者的限制以及由于对外国投资者给予或拒绝给予鼓励和补贴所导致的市场扭曲；（2）加强外国投资者的某些积极性待遇标准（如国民待遇、最惠国待遇和公平公正待遇）；（3）加强市场监管，确保市场正常运转（如竞争规则、信息披露和审慎监管）。① 不难看出，透明度与这三个方面均息息相关，没有透明度规则，投资法律自由化难以真正实现。不可否认，履行透明度义务会在一定程度上影响国家主权权利的行使，但与本国经济社会发展的根本目标相比，在这方面作出适当的退让和妥协是必要的，更何况许多国家国内法中已经确立了透明度相关规则，因此在国际投资协定中逐渐认可透明度原则。

第三，信息技术的飞速进步为透明度原则的实现创造了物质条件，透明度变得越来越容易实现。概括起来，透明度原则的实现有主观和客观两个方面的条件：主观上是国家是否愿意提高透明度，客观上是国家是否有足够的能力（包括人力物力财力）履行透明度。这两个条件尤其是客观条件在过去一直制约着透明度原则的发展，但这个情况随着信息技术的进步而逐步改变。没有人否认，我们已经进入了信息时代，有人称为"大数据"时代。英国学者研究认为，信息化和数据化意味着我们把一切都透明化，甚至包括很多我们以前认为和"信息"根本搭不上边的事情。② 信息技术这场戏剧般的革命使得国家、组织和个人不得不面对越来越透明的环境，使得透明度的实现变得越来越容易。简而言之，世界正在接受一个新的行为准则——公开规则。20 世纪七八十年代，对许多发展中国家来说，要将颁布的法律法规和政策措施立即向全社会公布仍然是一件比较困难的事，需要专门的人员、财政经费、出版刊物等。时至今日，通过一个网站就可以将法律法规和政策措施向社会公开，即方便快捷又不会耗费太多的人力物力，甚至法规草案和立法文件也可以在网上实现公开，鼓励公众参与立法进程，透明度的程度和水平因而也不断提高。

三、透明度原则在投资仲裁实践中的发展

我国学者指出，关于透明度的当代条约实践产生了一个新的问题，即透明度是否构成国际法原则或习惯？如果构成国际法的一般原则，或虽然未被抬高到原则地

---

① UNCTAD Publication, World Investment Report 1998, pp. 94-95.

② ［英］维克托·迈尔-舍恩伯格、肯尼思·库克耶：《大数据时代》，盛杨燕、周涛译，浙江人民出版社 2013 年版，第 20 页。

位，但却未国家实践反复验证，形成了法律的确信，构成国际习惯，那么将独立于条约载体而存在，成为各国一项普遍义务；如果情况相反，则只能根据条约规定而具有法律效力。① 尚且不论透明度是否形成习惯国际法，有学者甚至认为，透明度是不是一个可诉的问题，在理论和实践上也有分歧。② 对此，美国《2004 年范本》和《2012 年范本》都作了明确解答，即有关法律法规、程序、普遍适用的行政裁决、司法决定及时公布的条款，是可诉的事项，透明度的其他内容则是不可诉的。③ 加拿大的态度截然不同。加拿大 2004 年 BIT 范本在透明度条款下的附注中专门指出，投资者不得依照本条的规定将违反透明度义务的行为诉诸国际投资仲裁，实际上是将透明度义务完全排除在争端解决机制之外。④ 美国与加拿大之间态度的巨大差异表明，透明度虽然具有重要的制度价值，但国家是否愿意赋予投资者对违反透明度义务的行为诉诸仲裁还存在较大分歧。但是，从国际投资仲裁实践的发展来看，仲裁庭往往力图使透明度义务具有可诉性，并常常将透明度原则与公平公正待遇标准相结合，不论投资协定是否有透明度的规定，甚至有将透明度原则看作习惯国际法的趋势，需要引起高度重视。

（一）BIT 中有透明度条款的仲裁实践——扩展的透明度义务

美国缔结的 BIT 中通常含有专门的透明度义务条款（至少有公布条款），透明度问题也经常被美国投资者作为起诉东道国政府的重要诉由。比较典型的是 Metalclad 案⑤和 OEPC 案⑥。关于透明度最著名的案件是美国在 NAFTA 项下的 Metalclad 案，该案经常在多个场合被提及，但案由归根结底是透明度问题。Metalclad 是一个美国投资者，墨西哥联邦政府和州政府分别于 1993 年和 1994 年向 Metalclad 发放了设立危险废物处理设施的许可，但后来当地的市政当局却拒绝发放建设项目许可，并阻止 Metalclad 经营，导致公司投资面临破产。Metalclad 根据 ICSID 附属简易规则对墨西哥提起仲裁。本案仲裁庭支持了 Metalclad 公司的诉求，

① 张辉：《美国国际投资法理论和实践的晚近发展——浅析美国双边投资条约 2004 年范本》，载《法学评论》2009 年第 2 期，第 66 页。

② 卢进勇、余劲松、齐春生主编：《国际投资条约与协定新论》，人民出版社 2007 年版，第 66 页。

③ US Model BIT 2004 and 2012, article 24.

④ Canada Model BIT 2004, article 19 and the note.

⑤ Metalclad Corp. v. The United Mexican States, ICSID Case No. Arb (AF) /97/1, 40 ILM36, 2001.

⑥ Occidental Exploration & Prod. Co. v. Ecuador, Award, Case No. UN 3467, London Ct. Int'l Arb, award of July, 1, 2004.

指出“所有与投资设立、建设以及成功运营相关的法律要求都应当按照NAFTA的规定被相关缔约方的投资者知晓。中央政府应当能够预见到这种程序方面的问题并告知投资者”。① 因此“墨西哥没有为Metalclad公司的商业运营和投资提供一套透明的、可以预见的法律框架，违反了NAFTA项下规定给予投资公平和公正待遇的规定”。② 这个裁决实际上是从NAFTA的基本原则角度来解释透明度，大大扩展了透明度义务通常的范围。墨西哥不服裁决，在裁决作出地的法院提出上诉。③ 不列颠哥伦比亚最高法院在审查该仲裁裁决时却指出“根据习惯国际法，NAFTA第1105（1）条“公平公正待遇”的文意中并不包含透明度，透明度义务是从这条之外引入的（NAFTA第1章第102条），因此仲裁庭的裁决超越了提交仲裁的范围，属于越权。④ 由于Metalclad案带来的巨大影响，NAFTA的自由贸易委员会于2001年7月发布了关于NAFTA第11章特定条款的解释，指出，“公平公正待遇”和“完全的保护和安全”并不要求有超出习惯国际法上对于外国人的最低待遇标准，如果违反了NAFTA的其他条款，或者违反其他国际协定的规定，并不构成对于NAFTA第1105（1）条关于公平公正待遇的违反。⑤ 可见，NAFTA对透明度原则的适用非常谨慎。但是此后，仲裁庭依然不断将透明度原则引入公平公正待遇。

美国公司OEPC2004年对厄瓜多尔提起投资仲裁。美厄BIT同时含有透明度义务（公布法律法规义务）和公平公正待遇的规定。⑥ OEPC公司提出厄瓜多尔税法的变化和税收当局的行为缺乏透明度，给OEPC带来巨大损失。仲裁庭支持了该公司的主张，认为美厄BIT引言部分规定的公平公正待遇“旨在保持使经济资源保持和得到最优化的利用方式，而法律透明度和制度框架的稳定性是构成公平公正待遇的核心要素，厄瓜多尔税收当局不透明的政策改变和税法的适用没有满足关于公平公正待遇要求的投资环境稳定义务，这项要求是一项客观要求，并不取决于税收当局是否依照善意原则执行，因此厄瓜多尔也违反了美厄BIT中公平公正待遇的规定”。⑦ 仲裁庭的裁决实际上超出了美厄BIT公布义务的范畴，而是从公平公正待遇这个更广的维度来看待透明度问题，事实上也扩展了透明度原则在条约中的实际义务。NAFTA下的Waste Management案仲裁庭对此作了进一步阐释：“公平公正待

① Metalclad Corp. v. The United Mexican States, award para75-76.

② Ibid, at para 99.

③ The United Mexican States v Metalclad Corp, BCSC 664, 2001.

④ Ibid, at para70-72.

⑤ Notes of Interpretation of Certain Chapter 11 Provisions (July 31, 2001), available athttp://www.dfait-maeci.gc.ca/tna-nac/NAFTA-Interpr-en.asp, visited on July 20, 2013.

⑥ US-Equador BIT, article 2.3, 2.8.

⑦ Occidental Exploration & Prod. Co. v. Ecuador, final award, para 183, 185-187.

遇确定的最低待遇标准在以下情形下应被认定为违反：可归因于政府的，缺乏适当程序的行为，并导致合法财产被侵犯的后果——比如在司法程序中明显不符合自然正义，行政管理程序中完全缺乏透明度和公正。在适用公平公正待遇时，要着眼于投资者所合理信赖的，代表东道国的行为。很显然这项标准在某种程度上看是灵活的，在不同案件中适用的情况也不同。"①

表面上看，这些投资协定中的透明度义务都是国家之间的，似乎不通过外交途径任何缔约国和投资者都无法惩罚违约者。但事实上，东道国政府很难根据未公开的法律或政策拒绝外资的进入，拒绝给予外商应享有的待遇，包括人员的进入、税务等；东道国政府也很难根据未公开的法律追究外国投资者的违约或违法行为。不言而喻，不了解尚未公布的法律之存在是外国投资者有力的辩护理由。② 不仅如此，从仲裁裁决看，东道国在涉及外资管理的立法程序、行政程序中缺乏透明度，也会给投资者留下诉诸仲裁的口实，美国公司尤其善于利用这一点。东道国如果在法规起草、政策制定、执法过程中缺乏透明度，给投资者造成损失，就可能被认定违反公平公正待遇义务。

（二）BIT 中没有透明度条款的仲裁实践——通过"公平公正待遇"体现透明度要求

（1）Tecmed 案③。西班牙与墨西哥 BIT 中没有透明度义务，但规定了公平公正待遇，本案是将透明度要求直接解释进公平公正待遇的典型仲裁案件。Tecmed 是一家西班牙企业，在墨西哥投资建立垃圾废料处理厂。在获得许可并运营了 1 年之后，墨西哥有关地方当局拒绝再续发许可。Tecmed 依据西班牙与墨西哥之间的 BIT 提出了仲裁请求。本案仲裁庭在裁决中批评了埃莫西约政府缺乏可预见性和透明度的行政行为，指出"投资协定要求缔约方以善意方式给予投资者投资待遇，投资者希望东道国以一致的、清晰的和透明的方式对待投资者，使投资者能够预先知道哪些规则和规定将要约束投资，以便做好遵守这些法律法规和政策的计划和准备。"④ 仲裁庭还就透明度问题提出与 Metalclad 案类似的观点，认为墨西哥地方当局的行为缺乏足够的可预见性和透明度，没有向投资者发出清晰和透明的警示，提

① Waste Mgmt, Inc. V. Mexico., ICSID Case No. ARB (AF) /00/3, award of April 30, 2004, para. 98.

② 王贵国：《国际投资法》（第二版），法律出版社 2008 年版，第 131 页。

③ Tecnicas Medioambientales Tecmed S. A. v. Mex., ICSID Case No. ARB (AF) /00/2, award of May 29, 2003.

④ Tecnicas Medioambientales Tecmed S. A. v. Mex, award para. 154.

醒投资者所获得的许可将可能被撤销，投资者因而无法采取措施来避免丧失许可。因此，仲裁庭认为透明度义务中的可预见性要求对保护投资具有核心意义。① 2006年的 Azurix Corp. 诉阿根廷案仲裁庭援引了 Tecmed 案的上述论述。② 这些案件说明，即便一项国际投资协定中没有明确的透明度义务条款，投资东道国不透明的行政管理行为同样可能被视为违反公平公正待遇或其他最低待遇标准。③

（2）Maffezini 案④。Maffezini 案是发展中国家的投资者对发达国家发起的投资仲裁。Maffezini 是一家阿根廷公司，其在西班牙的加利西亚省投资，成立了一个名为 EAMSA 的公司。一个西班牙实体 SODIGA 在 EAMSA 公司中持有股份。SODIGA 属于西班牙的社团法人，正在由国家所有转化为私人所有，仍履行一部分政府职能。在 SODIGA 的指令下，Maffezini 将自己账户上的 3000 万比塞塔打给了 EAMSA 公司，但没有签订正式的贷款合同或其他任何合同，3000 万比塞塔并没有帮助 EAMSA 摆脱经营困境，Maffezini 停止了施工，并希望将 EAMSA 的公司资产转让给 SODIGA，遭到 SODIGA 的拒绝。Maffezini 依据西班牙和阿根廷 BIT 向 ICSID 提起仲裁请求。本案的仲裁庭提出，项目失败的主要原因是 Maffezini 错误的商业判断和决策，而并非西班牙政府的指令行为导致，⑤ 但同时也认为，在转让 3000 万比塞塔时，代表西班牙政府的 SODIGA 并没有采取公开透明和可预见的方式进行，甚至没有签订贷款合同，这种缺乏透明度的指令与西阿 BIT 第 4 条第 1 款中承诺的公平公正待遇不符。⑥ 可惜的是，仲裁庭没有进一步阐述西班牙政府是如何“缺乏透明度”，以及透明度义务在决定违反公平公正待遇中的分量和把握的标准。⑦ 这个案件再次说明，透明度义务是保护投资，落实投资待遇的基础性条件，无论投资条约本身是否明确规定，东道国本着诚实善意和公平公正的要求也应当履行这项义务，尤其是处理政府与企业关系的各种行政行为，甚至商业行为中都要依法依规，履行公开透明要求，否则就可能遭致投资仲裁。至于透明度的具体标准，呈现出非常复杂而散乱的情形。理论上，透明度可以存在于政府行为的各个方面、各个环节、各

---

① Ibid, at para. 164.

② Azurix Corp. v Republic of Argentina ICSID Case No. ARB/01/12, award of July 14, 2006, paras. 371-373.

③ Andrew Newcombe and Lluis Paradell: Law and Practice of Investment Treaties, Wolters Kluwer, 2009, p. 431.

④ Maffezini v. Spain, 5 ICSID Rep. 419, ICSID Case No. ARB/97/7, award of Nov. 13, 2000.

⑤ Maffezini v. Spain, final award at para 64.

⑥ Ibid, at para 83.

⑦ Roland Klager, “Fair and Equitable Treatment” in International Investment Law, Cambridge University Press, 2011, p. 232.

个领域，可谓“无孔不入”，以至于仲裁庭也不愿深层次论述这个问题。

综上所述，无论 BIT 中是否有明确的透明度义务，透明度原则在国际投资仲裁案件中通常是一个重要诉由，因为以公正透明的方式管理外国投资通常被仲裁庭认为是公平公正待遇的应有之义。鉴于大量仲裁庭裁决已将透明度原则解释进公平公正待遇，我国有学者在论证公平公正待遇的习惯国际法特征时指出，随着实践的发展，透明度原则构成公正与公平待遇的内容要素已为共识。① 那么，透明度原则是否也随之具有习惯国际法特征呢？笔者认为不能得出这个结论。根据《国际法院规约》第 38 条的规定，投资仲裁庭的裁决不能构成习惯国际法的内容。习惯国际法“作为通例之证明而经接收为法律者”包含两个因素：一是各国的重复类似行为，另一是被各国认为有法律拘束力，前者是“常例”，是客观的因素，后者是“法律确信”，是主观的因素。② 从透明度原则在国际投资协定的缔约实践看，虽然缔约认可度和普及程度都有大幅提升，但显然还无法达到“常例”程度；从各国对透明度原则的认识看，虽然近年来共识度和信任度有很大提高，但与最惠国待遇和国民待遇，甚至与公平公正待遇相比，透明度原则在国际投资协定中毕竟还存在争议。因此，透明度原则构成习惯国际法恐怕还为时尚早，只能说具有这种趋势。更需要关注的是透明度原则已经实实在在成为跨国投资者保障自身权益，监督东道国政府的重要法律武器。通过透明度原则，国际仲裁庭对东道国国内决策程序进行考量，扮演了从国际层面审视国内公民社会要素的角色。③ 从仲裁庭的论述和案件情况看，笔者试归纳出透明度标准的一些内在要求：（1）与投资有关的法律、法规和程序和普遍适用的行政裁决不但要公开，而且应当采用适当的方式（包括直接告知）让利害关系方易于知晓和获得。（2）东道国立法过程要透明，法律法规规章的制定过程要公开，充分征求公众特别是利害关系方的意见，保障公众参与立法的权利。（3）行政程序（包括行政许可、行政强制、行政处罚等）的执行要透明，包括程序启动和整个过程要通知利害关系方，告知其应履行的义务和享有的权利，允许其充分行使辩护权，并符合国内法的要求。（4）复审和上诉程序要透明，除了要按照行政程序中的要求进行之外，还应当保持复审机关的独立性，并保证复审决定的有效执行。（5）代表政府进行的商业行为要透明，否则不仅可能涉及合同违约，还使相对人对政府的合理信赖受损，招致投资仲裁。总体来看，违反

---

① 张庆麟、张晓静：《论公平公正待遇的习惯国际法特征》，载《国际经济法学刊》2009 年第 16 卷第 4 期，第 37 页。

② 王铁崖主编：《国际法》，法律出版社 1995 年版，第 14 页。

③ Carl-Sebastian Zoellner, Transparency: an analysis of an evolving fundamental principle in internationaleconomic law, Michigan Journal of International Law, Vol. 27, 2006, p. 626.

上述要求都可能在投资仲裁中导致败诉。

四、对中国的启示

中国缔结的130多个BIT中，涉及透明度的只有不到十个，但中国缔结的八个FTA中全部含有透明度章节。总体来看，中国投资协定在透明度方面有三个主要问题：(1) 立法模式混乱，缔约立场模糊。中国对是否在投资协定中纳入透明度原则没有统一模式，往往是“不主动、不拒绝”的态度，跟随对方的谈判要价被动研究，比如1988年与澳大利亚缔结的投资条约中就已经规定透明度义务，但20世纪末缔结的其他投资条约却没有透明度要求，凸显透明度规则意识的淡薄。(2) 透明度原则的内容变化较大，没有健全的体系。我国BIT中的透明度规则通常以公布义务、信息通报和提供为主，①但FTA中的透明度义务与NAFTA和美国投资条约范本类似，形成了BIT和FTA透明度双轨制的缔约模式。这种双轨制没有实际意义，因为FTA都含有投资章节，关于透明度的内容也适用于投资部分，实无必要在BIT中坚持简单化的缔约思路。(3) 透明度义务是否纳入投资仲裁态度不一。有的投资条约笼统将违反透明度的行为纳入投资仲裁范围，如中国与芬兰2004年BIT第12条是透明度，争端解决机制第9条“投资者与缔约另一方争议解决”中规定“缔约一方与缔约另一方投资者之间因投资产生的任何争议……经投资者选择，该争议可提交国际投资仲裁”。而中国与加拿大2012年BIT中，明确规定整个透明度条款都不属于投资仲裁的受案范围。② 这种缔约模式的不统一可能导致我国投资者在海外维权时感到比较困惑。笔者认为，中国应从透明度原则缔约和仲裁实践的发展中获得以下启示：

（一）顺应发展趋势，充分认识透明度原则的制度价值

透明度原则在国际投资中的制度价值已得到大多数国家公认，其与国际投资体制的三个主要方面紧密相连，即投资保护、投资促进和投资自由化。透明度是保护投资的基本条件，与投资者的合法预期密切相关，透明度意味着调整投资者运营活

---

① 参见中国与澳大利亚BIT第6条，中国与阿联酋BIT第2条，中国与拉脱维亚BIT第10条，中国与芬兰BIT第12条，中国与韩国BIT第11条，中国与加拿大BIT第17条，以及中日韩BIT第10条等。

② 参见中国和加拿大关于促进和相互保护投资的协定第20条第1款第1项。

动的法律框架是明确的，任何影响投资者的决定都能在法律框架中找到依据。① 透明度是投资促进的基本手段，不仅公开和扩散整体投资环境的信息，还明示或隐含了投资商机的信息，包括投资东道国和投资母国为了促进海外投资和吸引外国投资的鼓励政策和措施。② 随着世界经济融合进一步加深，投资自由化趋势非常明显。透明度与投资自由化同样关系密切，透明度有助于使投资者了解其投资准入及活动方面的条件，获得从事经营活动所必要的信息，明确其在投资过程中的权利和义务，从而提高投资关系的稳定性和可预见性。没有透明度，投资促进和自由化难以真正实现。③ 透明度原则已逐步奠定在国际投资协定制度架构中的基础性地位，我国在今后的投资协定中应当予以充分重视。

（二）整合现有规则，构建符合我国实际的投资协定透明度规则体系

我国吸引外资和对外投资的形势已发生重大变化，客观上要求对投资条约的内容予以强化。据统计，2012 年我国实际使用外资 1117.16 亿美元，④ 同年我国对外直接投资达 878 亿美元，⑤ 两个数字还在逐年接近，我国已经由资本输入国向资本输出国和资本输入国双重身份转变。庞大的海外投资需要依靠强有力的投资条约保护，在这点上美国与中国的情况是类似的，因此我国应对以往投资条约的功能和政策定位作出调整。透明度在保护和促进投资方面发挥的重要作用与我国“走出去”的重大战略部署非常契合，在投资条约中充分利用透明度规则可以有效维护我国投资者在东道国的合法权益。同时，在与发达国家，如美国进行的投资协定谈判中，往往面临类似于《2012 年范本》的复杂透明度规则，如果我国没有一套自己的透明度规则，将在谈判中处于被动局面，难以缔结对我公平合理的透明度条款。笔者建议，应当将我国 FTA 中的透明度规则全面引入 BIT，并整合现有 BIT 的透明度规定，以此为基础构建符合我国实际的透明度规则体系。透明度的“度”把握非常重要，必须结合国内立法、司法、行政程序等方面的法律、行政法规规定和实践中

① Rudolf Dolzer & Christoph Schreuer, Principles of International Investment Law, second edition, Oxford Vniversity Press, 2012, p. 149.

② UNCTAD Publication, Series on Issues in International Investment Agreements II, Transparency, New York and Geneva, UNCTAD/DIAE/IA/2011, p. 20.

③ 卢进勇、余劲松、齐春生主编：《国际投资条约与协定新论》，人民出版社 2007 年版，第 62 页。

④ 商务部《关于 2013 年全国吸收外商投资工作的指导意见》，商资发［2013］82 号，2013 年 3 月 14 日。

⑤ 商务部、国家统计局、国家外汇管理局《2012 年度中国对外直接投资统计公报》，2013 年 9 月 9 日。

的具体做法，仔细权衡我国接受“透明”的程度。

（三）推进我国立法、司法、行政领域透明度的不断提高

自身不透明就无法在投资条约中要求其他国家透明，提高透明度本来也是我国近年来推进政治体制改革的重要内容。在立法程序上，全国人大及其常委会在起草法律过程中，国务院法制办在行政法规草案审查修改过程中，国务院部门在规章制定过程中，都在相应网站上公开法律法规规章草案全文，供社会公众评论。“拓展人民有序参与立法途径”已写入十八大报告。司法公开方面，法院庭审和裁判文书的公开是司法体制改革的重要内容。2009 年最高人民法院印发《关于司法公开的六项规定》，提出立案公开、庭审公开、执行公开、听证公开、文书公开、审务公开六项要求，司法公开程度不断提高。政府信息公开方面，国务院 2007 年公布了《政府信息公开条例》，条例的宗旨就是保障公民、法人和其他组织依法获取政府信息，提高政府工作的透明度，促进依法行政。条例施行 5 年多来广受好评，政府公开程度较以前大大提高。虽然透明度基础义务，即公布义务履行的情况得到很大改善，但不可否认，我国在透明度方面还有不少问题，尤其是法律法规实施过程中遵守公平、公正、合理的原则还有所欠缺，一些法律法规在执行中完全走样，违法实施行政许可、行政处罚、行政强制的情况在一些地方时有发生。我国应抓紧推进法治政府建设，构建服务政府、透明政府、诚信政府、责任政府，同时在立法和司法方面也应不断推进透明度改革。

结　论

透明度与适当法律程序的标准在 2000 年后缔结的国际投资协定中越来越普遍。① 在国际投资法领域，透明度已开始被描述为一项基本原则。② 从国际投资协定缔约实践和国际投资仲裁实践看，透明度原则正在被越来越多的国家认可和重视，也被越来越多的投资者当作保护其合法权益的法律武器。透明度原则的重要意义不仅在于对投资的保护和促进，深层次看，其能够促进国家在立法、司法、执法过程中贯彻法治原则，为该国整体投资环境的改善奠定制度基础。从世界各国管理

① Andrew Newcombe and Lluis Paradell: Law and Practice of Investment Treaties, Wolters Kluwer, 2009, p. 431.

② Akira Kotera, Regulatory Transparency, the Oxford Handbook of International Investment Law, edited by Peter Muchlinski, Federico Ortino & Christoph Schreuer, Oxford University Press, 2008, p. 618.

外国直接投资的政策经验看，提高透明度已经成为构建开放、高效、可预见市场体系的重要政策手段。① 透明度本身蕴含的重要价值使得这一原则具有很强的生命力，其制度内涵和制度设计在今后的国际经贸关系中还将得到进一步发展和深化。自从20世纪多边投资协定谈判失败以来，透明度原则在多边平台上遭遇的质疑和争议通过双边和区域投资协定得到化解，并迅速发展。在未来的多边、双边投资协定谈判中，各国将更加重视透明度原则，透明度原则的认可度和制度设计的共识度将进一步提升。

The Development of the Transparency Principle in International Investment Agreements and the Implications for China

Abstract: The principle of transparency has developed and expanded from the field of international trade law to international investment law. The transparency principle has evolved to a system of rules. Numerous regional and bilateral investment agreements incorporate specific transparency clauses. Transparency has become a basic rule in investment agreements. Investment arbitration cases involving transparency have been increasing. Tribunals are apt to rule transparency within its jurisdiction even without a clear transparency clause in investment agreements by way of combining transparency with fair and equitable treatment. Transparency is not yet a customary international law, but is already an import legal weapon for investors. China has no clear position concerning transparency rules in investment agreements, and the design of transparency article is too simple to function. To adapt to the situation of being both a capital importing and exporting country, China should attach more importance to transparency, form our own transparency rule system, and continue to improve transparency standard in legislation, jurisdiction and administration process.

Keywords: Transparency; International Investment Agreement; International Investment Arbitration

① UNCTACD Publication, Series on Issues in International Investment Agreements, Transparency, UNCTAD/ITE/IIT/2003/4, p. 84.

五、国际投资仲裁专题

从 ICSID 仲裁实践看海外能源投资的法律风险与防范

□ 张正怡 *

内容摘要：海外能源投资的蓬勃发展往往也伴随着企业对外投资的种种法律风险。当前，国际投资争端中的能源争端实践揭示了海外能源投资可能面临的法律争议。新近能源投资仲裁实践的典型案例表明，海外能源投资争端正体现出程序与实体问题相互交融、法律关系的多重性以及争议焦点的多元化的特征。我国企业在参与海外能源投资的过程中，应结合国际投资仲裁实践的启示，提前采取有效的防范措施，积极应对。

关键词：海外能源投资　ICSID 仲裁　法律风险　防范措施

目　次

---

* 上海政法学院国际法学院，法学博士。

随着金融危机后时代的到来，国际投资的发展趋势并不明朗，在平稳中有所回落。而国际贸易的发展和全球能源价格不断攀升，使得海外能源市场成为国际投资的新兴领地。2012 年全球直接投资总额约达 1.35 万亿美元。其中，能源类投资占据投资总额的 23.6%。① 海外能源投资的价值逐渐得到世界范围内国家和地区的普遍认同，特别是金融危机的爆发为企业低成本跨国并购或新设海外资源类企业提供了重要的机遇，部分国家开始鼓励国内企业加速扩张对外能源领域的投资。

从宏观层面上看，海外能源投资具有广阔的市场前景和重要的战略意义：由于不可再生能源的日益衰竭与稀缺，投资海外能源市场不仅有助于增强对外经济的影响力、体现对外输出国的技术水平和资金保障，而且有利于积极探寻国际能源储备，为国际行业竞争和国防军事安全做好可持续发展的准备。进行海外能源投资也是抵御国内庞大外汇储备因汇率波动造成金融资产贬值的一种新途径，为国民经济的持续健康发展注入新活力。此外，国家在国际政治经济中的战略新格局激发了对外产业投资的新局面，也在一定程度上推进了海外投资的进程。

一、ICSID 能源投资争端仲裁实践及其特征

海外能源投资由于涉及范围广、时间跨度大，往往容易在投资者和东道国之间引发纠纷。作为在全球范围内最具影响力的投资仲裁机构，截至 2013 年 6 月，国际投资争端解决中心（ICSID）已经登记在案 433 件投资争端案件，有关能源类的投资案例屡见不鲜，甚至占据了案件总量近 50% 的份额。② 其中，涉及的事项（Subject Matter）包括但不限于石油开发合同、发电站建设工程、有关电力、水资源和烃类的特许协议等。此外，大量涉及能源投资的案件仍在仲裁庭的处理过程中。

从案件涉及的当事方来看，海外能源投资争议的主体主要是作为发达国家国民

① UNCTAD, World Investment Report (2013), p. 11, available at http://unctad.org/en/PublicationsLibrary/wir2013_en.pdf, visited on August 1, 2013.

② The ICSID Caseload-Statistics (2013-2), available at https://icsid.worldbank.org/ICSID/FrontServlet?requestType=ICSIDDocRH&actionVal=CaseLoadStatistics, visited on Nov. 2, 2013.

的能源投资公司和作为发展中国家的东道国。后者多为具有丰富能源资源的发展中国家，但迫于资金和技术的压力，无法独立地从事能源及原材料资源的开发。笔者对本世纪以来 ICSID 仲裁庭已经处理完毕并公开的投资争端进行分类，将涉及能源投资的案例作表格梳理如下：

案号	申诉方	被申诉方	涉及事项
ARB/12/7	Slovak 天然气公司等	斯洛伐克	天然气服务
ARB/11/9	Caraveli 能源公司	秘鲁	电力传输协议
ARB/11/3	Accesion 东欧资本公司等	保加利亚	水管理服务
ARB/11/1	Highbury 国际公司等	委内瑞拉	采矿许可
ARB/10/21	国际量子资源有限公司等	刚果	采矿许可
ARB/10/14	Opic Karimun 公司	委内瑞拉	石油开发和生产
ARB/10/6	RSM 生产公司	格林纳达	石油开发合同
ARB/09/6	Vatternfall AB 等	德国	核电站建设合同
ARB/08/16	GEA Group Aktienges	乌克兰	石油化学产业
ARB/08/7	Itera 国际能源公司等	乔治亚	天然气分配企业
ARB/08/4	Murphy 国际勘探生产公司	厄瓜多尔	烃合同
ARB/08/2	ATA 建筑工业贸易公司	约旦	水运建筑工程
ARB/07/25	跨国石油公司	约旦	石油开发许可
ARB/07/17	Impregilo 公司	阿根廷	水资源服务许可
ARB/06/15	Azpetrol 国际控股公司等	阿塞拜疆	原油天然气分配贸易储存运输
ARB/06/5	Phoenic Action 有限公司	捷克	金属产业工程
ARB（AF）/06/2	CementowniaNowaHuta S. A.	土耳其	电力许可
ARB/05/22	Biwater Gauff	坦桑尼亚	水资源和污水服务许可协议
ARB/05/14	RSM 生产公司	格林纳达	石油开发合同
ARB/05/12	诺贝尔能源公司等	厄瓜多尔	电力企业
ARB/05/9	Empresa 电力	厄瓜多尔	电力企业
ARB/04/19	Duke 能源电力	厄瓜多尔	发电设施
ARB/04/14	Wintershall Aktienges	阿根廷	天然气和石油生产

续表

案号	申诉方	被申诉方	涉及事项
ARB/04/8	BP 美国生产公司等	阿根廷	烃合同
ARB/03/24	Plama 联营企业有限公司	保加利亚	原油提炼
ARB/03/13	BP 美国生产公司等	阿根廷	烃合同
ARB/03/11	Joy 采矿机器有限公司	埃及	采矿工程
ARB/03/6	MCI 电力集团等	厄瓜多尔	发电工程
ARB/01/14	F-W Oil Interests, Inc.	特立尼达和多巴哥	原油和天然气开发合同
ARB/01/12	Arzurix 公司	阿根廷	水资源和污水服务许可协议
ARB/01/10	Repsol YPF 公司	厄瓜多尔	原油开发合同
ARB/01/8	CMS 天然气运输公司	阿根廷	天然气运输企业

根据上述已公布的案件内容，能源类投资案件中的东道国以发展中国家居多，被申诉最多的国家为阿根廷，其次是厄瓜多尔。申诉方则主要为在美国、意大利等国家注册的从事能源开发和使用等专业服务的公司，具有相当的技术优势。争端涉及的主要领域为石油、天然气、电力、水资源、矿石等基础能源资源。

从案件涉及的法律焦点来看，能源投资争端案件仍然离不开以管辖权为代表的程序争议和以投资待遇为代表的实体争议两类问题。裁决一般首先解决程序问题，即对于当前争端中心是否具有管辖、仲裁庭是否具有管辖权；在法律适用上，绝大多数裁决坚持将 ICSID 公约作为可适用法律；部分裁决由于争议双方国籍所在国均是能源宪章条约（ECT）而将该条约作为可适用的法律；少数裁决则根据善意原则直接适用东道国国内法。有关案件的实体争议仍然主要集中于对投资和法律争端的界定、对包括征收、公平公正待遇、国民待遇、最惠国待遇等问题的探讨中。国际投资仲裁争端案件的层出不穷，将能源投资的法律问题通过裁决特别是对实体问题的判断充分展现。

二、ICSID 仲裁中的典型海能源投资案件分析

国际投资仲裁中的能源争端不仅反映出投资仲裁的法律问题，同时也折射出海外能源投资中可能产生的相关风险。出于对案件的时效性和代表性的考虑，本文遴选 ICSID 近期处理案件中有关不同能源领域的典型案例，根据仲裁庭的裁决推理着

重对案例的实体和程序方面等内容进行介绍，试图归纳分析近期能源投资争端案件的发展趋势。

（一）RSM Production Corporation and others v. Grenada① 案

仲裁中的申诉方是 RSM 公司和它的三个股东 Rachel S. Grynbery，Stephen M. Grynberg 及 Miriam Z. Grynbery，分别拥有等额股份，占 RSM 公司 100% 的股份。RSM 是根据美德克萨斯州法律设立的公司，其三个股东 Rachel、Stephen 和 Miriam 均是美国国籍，Rachel 和 Miriam 居住在科罗拉多州，Stephen 居住在加利福尼亚州。被告是格林纳达。双方于 1996 年 7 月 4 日签订书面石油开发协议，规定 RSM 可自协议生效的 90 天内向 Grenada 申请石油开发许可证，Grenada 将准予许可。2004 年 4 月 14 日，RSM 申请开发许可证，同月 27 日，Grenada 最终拒绝该申请。2005 年 7 月 5 日，宣布终止协议。这样即产生了当事方之间的合同争端。协议的争端解决条款要求由此产生的争端提交 ICSID 公约下仲裁。

本案是 ICSID 仲裁庭新近作出裁决的一起能源投资争端，在实体争议上主要存在以下分歧：对当前争端性质的确认；对违反条约的五个方面即征收、专断歧视和不法行为、违反国际法待遇标准、违反充分保护和安全义务、违反公平公正待遇进行申诉。仲裁庭进行案件分析时，首先依据 ICSID 仲裁规则第 41（5）条判断是否满足“明显没有法律依据”（manifestly without legal merit）的标准，任何反对必须针对管辖权或实体问题、对申诉提出法律致以而非事实质疑、明确清晰表达并附有案例支撑。经过逐一对违反条约的五项实体申诉进行分析，仲裁庭认为被申诉方尽管存在不法行为，但不构成对条约义务的违反。可以说，申诉方在本案中经历了“完败”，不仅实体申诉未得到支持，还要向被申诉方支付一定的仲裁法律费用。究其原因，仍在于没有充分论证被申诉方对条约义务的违反，而是将协议义务与条约义务混为一谈，导致申诉缺乏必要的法律依据。因此，投资者在提起相关申诉时，应考虑将投资争议中的具体问题切实转化为东道国的条约义务，以获得仲裁庭的支持。

（二）Murphy Exploration etc. v. Republic of Ecuador② 案

1986 年 1 月 27 日，在 Conoco 厄瓜多尔有限公司的带领下，数家公司和厄瓜多尔签订了在厄瓜多尔亚马逊 16 个区开发烃的服务合同。1987 年 7 月 28 日，Conoco 将合同项下权利的 10% 转让给自身的两家子公司 Murphy Ecuador 和 Canam。1993

① ICSID Case No. ARB/10/6 Award.

② ICSID Case No. ARB/08/4 Award on Jurisdiction.

年，在厄瓜多尔新石油许可第七轮竞价开始前，政府修改了烃类法律。2006 年 4 月 25 日，厄瓜多尔通过法律第 42-2006 号，修改烃类法律第 55 条。2006 年 7 月 24 日，厄瓜多尔政府通过 Petroecuador 向联营企业发送正式信函请求支付第 42 号法律下的欠款。2009 年 2 月 25 日，厄瓜多尔和 Repsol 达成口头协议修改合同。为执行该协议，Repsol 须在 Murphy International 的支持下达到某些要求。2009 年 3 月 12 日，Murphy International 将其在 Murphy Ecuador 中独自拥有的属于 Canam Offshore Limited 的全部股份出售给 Repsol。同日，联营企业与厄瓜多尔签订修正协议。申诉方认为厄瓜多尔因违反合同，违反 BIT 保护伞条款没有对其投资提供公正公平待遇。申诉方还认为厄瓜多尔没有对其投资提供充分保护和安全，厄瓜多尔对申诉方的投资采取了专断措施并造成了损害，厄瓜多尔对投资进行了征收。

尽管本案中出现了东道国法律变动的情形，但双方主要是围绕仲裁庭管辖权进行分析。被申诉方认为其自身缺乏同意提交仲裁的意思表示；厄瓜多尔美国双边投资保护协定（BIT）中“规定有关投资者对其遭受损失的申诉的管辖权”，但申诉方没有主张遭受损失；申诉方不符 BIT 要求各方在提交仲裁前通过磋商和协商友好解决争端以及在申诉提交仲裁前六个月的强制等待期的规定。以上主张均得到仲裁庭的支持，而对于 BIT 中的保护伞条款以及违反合同与违反条约的关联，仲裁庭并没有在裁决中提及。本案以仲裁庭确认无管辖权而终结。管辖权是 ICSID 仲裁庭得以作出有效裁决的基石，投资者和东道国也往往在进入实体争议之前首先就管辖权问题争锋相对。但是对于海外投资者而言，管辖权作为展开投资争端申诉的首要门槛，需得到应有的关注和重视。

（三）Impregilo S. P. A. v. Argentina Republic① 案

2007 年 7 月 25 日，ICSID 秘书处登记仲裁请求。争端有关一项由申诉方占主要利益的阿根廷公司 AGBA 和 Buenos Aires 省于 1999 年 12 月 7 日签订的特许合同下的水资源和污水处理服务，该合同于 2006 年 7 月 11 日被该省终止。20 世纪 90 年代，Buenos Aires 省的水资源和污水服务由公共机构 AGOSBA 提供。1996 年，该省决定对这些服务进行私有化并为此颁布法律第 11820 号（管理框架），成立管理者 ORAB 在全省范围内组织该许可的竞标事宜。Impregilo 与其他国际公司组成财团通过该省法令 2907/99 于 1999 年 10 月 18 日被授予该省某一区域的许可。根据竞标规则，Impregilo 及其伙伴投入资金并入一家阿根廷公司 AGBA。1999 年 12 月 7 日，该省与 AGBA 执行许可合同向覆盖七个城市的区域提供水资源和污水处理服务。2006 年 7 月 17 日，根据特许协议第 14. 13 条规定，由于 AGBA 的过失，该省

① ICSID Case No. ARB/07/17 Award.

通过法令第1666/06号终止了特许协议,并将对AGBA的许可转移给ABSA。

本案是ICSID仲裁庭新近案件中争议较大的案件之一,同时涉及管辖权和实体问题争议,裁决书公布的同时也公布了两份反对意见。在管辖权问题上,双方的争议焦点为:申诉方是否遵循阿根廷意大利BIT第8条用尽当地救济的要求;ICSID是否缺乏管辖且仲裁庭是否缺乏管辖权审理由股东提起的间接派生申诉;申诉是否提出了超越仲裁庭管辖权的合同问题。在实体争议上,涉及的问题庞杂,包括特许合同、Impregilo的投资、AGBA对合同的履行和终止、征收、公平公正待遇、国家紧急状态(state necessity)、补偿等。本案仲裁庭特别注意区分合同申诉和条约申诉,认为案中的许可合同处理了特别的条约权利和义务,而BIT关注的权利和义务是一种不同的性质,并非该省在许可协议中所有的违约都构成对BIT的违反。另一方面,一些行为包括了对许可协议的执行以及对阿根廷在BIT义务的遵守。通过援引ICSID仲裁庭先例以及包括马拉喀什协定在内的国际条约,重申了只有国家作为主权者违反国际义务才能构成对条约义务的违反。在此基础上,仲裁庭通过推理逐一对实体争议进行剖析,最终认定:争端在ICSID管辖和仲裁庭管辖范围内;阿根廷对Impregilo在AGBA中投资进行征收和国有化没有违反阿根廷意大利BIT;阿根廷没有对Impregilo的投资提供公平公正方式违反阿根廷意大利BIT;没有必要判断阿根廷对Impregilo投资的损害的不合理和歧视措施或没有对投资提供充分保护和安全;阿根廷向Impregilo支付其受到的损失21294000美元及其利息,从2006年7月11日至支付日按年利率6%计算;各方分别支付程序花费并对半支付ICSID和仲裁庭的费用。

(四)典型能源投资争端的发展趋势归纳

应当说,上述仲裁庭裁决的三个典型案件在不同程度上代表了当前国际能源投资争端的发展趋势,即程序与实体问题相互交融、法律关系的多重性以及争议焦点的多元化。首先,以仲裁庭管辖权为代表的程序问题通常在实体问题之前进行分析说明,部分案件采取将管辖权事项单独列出作出裁决和决定。尽管近年来ICSID仲裁庭所面临的管辖权异议内容有逐步扩张的趋势,而其自身的裁决却体现出逐渐谨慎的态度。① 事实上,能源投资争端案件诸多争议点在仲裁庭确认管辖权的阶段已经体现出来。其次,仲裁庭在案件分析的过程中几乎均强调了合同申诉与条约申诉的差别,前者的依据国际能源投资中的国家机构与投资者之间通过签订特许协议等形成的合同关系,而后者的依据为国家之间有关能源投资的规定形成了双边或多边

① 张正怡:《晚近ICSID仲裁庭管辖权裁决的实证考察——兼谈我国首次被申诉案件的管辖权抗辩》,载《时代法学》2011年第6期,第114页。

条约关系，主要表现为双边层面的双边投资保护协定、双边和多边层面的自由贸易协定以及部分多边条约中涉及投资保护的条款。仲裁庭的裁决表明，仅有以条约规范为保护依据的申诉主张才能够在国际投资仲裁庭中得到支持。最后，实体争议焦点的广泛性表现为从传统的投资待遇如国民待遇、最惠国待遇逐步扩张到包含弹性要素的公平公正待遇、从直接征收的基本方式逐步演变为以环境标准、税收事项等为代表的间接征收，包括区分合法管制措施和间接征收行为等内容。

三、海外能源投资的法律风险——来自 ICSID 仲裁实践的启示

ICSID 仲裁庭的实践从投资者与东道国法律关系的层面展示了海外能源投资可能面临的法律风险，对作为投资者的企业而言，具有一定的借鉴和参考作用。结合 ICSID 仲裁实践中处理的相关案例，可以发现企业海外能源投资可能遇到的法律风险主要包括：

第一，东道国因政策或法律发生变动而终止特许协议。由于投资者首先获得了行业投资的准入许可资格，如收购当地公司的股权，通过特许协议等方式获得基础能源的开发、运输的专属权利，并从中获取投资利益。但是在投资的过程中，由于东道国与能源、环境有关的法律和政策的变动，投资者原先获得的相关资质受到影响或取消。此类风险的产生往往是东道国以国家安全、紧急情况为由直接终止特许协议，导致投资者的投资被迫终止，投资利益和期待收益遭受损害。ICSID 仲裁案件中东道国较多地涉及拉美地区和非洲地区的国家，这些地区由于法治较为落后，法律机制并不完善，东道国政府对法律的稳定性没有充分重视，从而经常出现政策或法律“朝令夕改”的局面，是海外投资者经常面临的法律风险之一。由于政策和法律变动较为突然，往往使得投资者措手不及，造成较为严重的资产缩水、投资期待利益受损等情形。

第二，东道国对投资者的资产进行征收。国际法上对征收的概念没有明确认定，一般认为，征收是国家基于公共利益的需要对包括外国投资者在内的私人企业的全部或部分资产实行征用，收归国家所有。① 征收也在绝大部分国家对外的双边投资保护协定中有所规定。海外能源投资中常见的征收情形是东道国将特定能源产业由私有化收归为国有化，其实现方式包括直接剥夺投资者财产权的直接征收和“具有相当于直接投资效果的措施”的间接征收。对海外投资者实行征收的基础在于东道国出于本国公共利益而对相关产业或工程实行经济管制。ICSID 仲裁庭处理

① 陈安：《国际经济法专论》（分论），高等教育出版社 2002 年版，第 678 页。

的能源投资案件中，有相当部分涉及征收及补偿问题，这是源于多数双边投资保护协定均已将征收列入可以向中心提请仲裁的范围之中。有关间接征收的判断，尽管目前仲裁庭还是采取个案标（case by case）标准，但总体上对间接征收仍然以东道国采取措施的类别和对投资者财产的干预程度而确定。① 应当说，海外能源投资中的征收问题既是国际投资法理论探讨的焦点，同时又是投资仲裁实践中不可避免的争议问题之一。对于投资者而言，对征收的判断和预估在海外能源投资中显得尤为重要。

第三，东道国没有提供相应的投资待遇。在 ICSID 仲裁庭的实践中，经常作为争议焦点投资待遇莫过于公平公正待遇（FET）。传统的国际法学说一般认为，公平和公正待遇的组成部分包括无差别待遇、国际最低标准和东道国保护外国财产的义务。② 正是由于公平公正待遇内涵和外延的不确定性，导致投资者和东道国双方均可以针对该标准对投资待遇进行申诉和反驳。从总体上看，公平公正待遇所包含的要素正在逐步扩张，外国学者认为该标准的要素应当包括但不限于：保持警惕并保护投资、正当程序包括防止不公正情形、防止专断并保证不歧视、透明度和稳定性包括尊重投资者的合法期待等。③ 我国学者也曾对公平公正待遇标准的要素进行分析，包括善意原则、透明度要求、稳定的法律和商业环境、投资者合法期待的尊重、正当程序的原则等。④ 国内外学者对公平公正待遇标准要素的争论实质上也反映出该标准判定要素多元化的取向已经基本得到认可，也成为海外投资者投资待遇的法律风险判断标准。此外，投资者在申诉中往往还认为东道国没有提供充分保护和安全的义务、以及违反投资待遇中的国民待遇、最惠国待遇等，但上述待遇在仲裁庭的实践中表现得并不明显。

四、我国企业海外能源投资的风险防范

上述 ICSID 仲裁实践表明，国际投资领域中东道国的行为和措施如法律政策的变动、征收资产管制以及对投资待遇的态度等诸多因素都将可能导致海外能源投资

---

① Rachel D. Edsall, *Indirect Expropriation under NAFTA and DR-CAFTA: Potential Inconsistencies in the Treatment of State Public Welfare Regulations*, Boston University Law Review, 2006, p. 961.

② 余劲松：《国际投资法》，法律出版社 2007 年版，第 218 页。

③ Katia Yannaca-Small, Fair and Equitable Treatment Standard: Recent Developments, Edited by August Reinish, Standard of Investment Protection, Oxford University Press, 2008, p. 118.

④ 参见杨慧芳：《外资公平与公正待遇标准的要素分析》，载《法学评论》2009 年第 3 期，第 78 ~ 80 页。

风险的加剧。此外，当前我国已经开始参与 ICSID 仲裁实践，分别作为 Ekran Berhad 诉中华人民共和国案的被申诉方①以及平安保险集团诉比利时案的申诉方②而存在。随着我国参与国际投资仲裁程度的逐步提高以及能源类投资在全球范围内的兴起，中国企业海外能源投资的风险防范和预防措施将更为引人关注。

近年来，我国海外能源投资发展较为迅猛，既有能源企业对外收购的相关案例，也有直接对外投资进行项目建设的情形。随着“走出去”战略的稳步推进，我国企业在对外能源投资的过程中取得了稳固的成果，同时也面临着一定的法律风险。以 ICSID 仲裁庭的裁决为参考，结合我国海外能源投资的实践，相关企业将对投资中的法律风险做积极应对。

（一）我国海外能源投资的相关实践

我国主要通过并购和直接对外投资的方式实现海外能源投资。在并购投资方面，我国海外能源呈现出起步晚、起点高的特征。特别是最近几年来，一直在“一条坎坷不平的道路上实现了高速增长”。继 2005 年中海油收购优尼科因国家安全审查出师不利后，我国的海外能源投资在大规模海外并购的道路上一直无所作为，直至 2008 年和 2009 年分别实现两项较大规模的并购交易③后，中国海外能源投资的步伐显著加快。2011 年 7 月，央企中国国电龙源电力集团承购收购加拿大梅兰克森电力公司风电项目，总投资 16 亿元人民币，开启了央企境外能源投资的新领域。④ 金融危机和国际油价节节攀升的背景为民族企业以低成本跨国并购海外资源类企业提供重要机遇，有助于国内能源企业实现对上游资源性资产的收购以及下游战略性资产的收购。

在海外直接能源投资方面，我国企业采取的方式开始呈现逐步多元化的趋势，

① Ekran Berhad v. People's Republic of China，ICSID Case No. ARB/11/15. 2013 年 5 月 16 日仲裁庭公布争端双方达成和解协议终止案件裁决。

② Ping An Life Insurance Company of China，Limited and Ping An Insurance（Group）Company of China，Limited v. Kingdom of Belgium，ICSID Case No. ARB/12/29. 仲裁庭已组庭完毕，正在就程序问题进行审查。

③ 2008 年 1 月中海油收购尼日利亚国家石油公司，标的额 27 亿美元；2008 年 9 月中海油服收购挪威海上钻井公司，标的额 25 亿美元；2009 年 5 月中石油收购新加坡石油公司，标的额 10. 2 亿美元；2009 年 6 月中石化收购 Addax，标的额 72. 3 亿美元。参见李众敏、何帆：《中国海外能源投资的回顾与展望》，资料来源于：http：//www. cf40. org. cn/html/CF40guandian/xingming61/201002/02-2394. html，2013 年 8 月 1 日访问。

④ 谢长军：《国电 16 亿收购加拿大风电项目，央企开启海外能源投资新领域》，资料来源于：http：//www. newenergy. org. cn/html/0117/7141141534. html，2013 年 8 月 2 日访问。

如对外开展能源交通、石油天然气、煤炭、电力、节能与环保项目等，能源投资的广度和深度逐步增加，对外能源投资的工程项目日益复杂化。由于直接能源投资往往与东道国重大的能源项目相关联，体现出规模影响大、投资回收期长的特征，也是较容易引发国际投资仲裁争端的环节。特别是当海外直接能源投资涉及东道国对基础能源产业的许可时，往往会产生东道国政府和投资者之间签订的特许协定，对双方的权利义务进行规范。近期，我国部分海外直接能源投资逐步放缓。受当地政局动荡的影响，中石油长城钻探工程分公司在利比亚等中东、北非地区的 6 个海外项目合同终止，影响公司全年营业收入约 12 亿元。①

总体而言，我国海外能源投资无论是采取直接投资还是间接投资的方式均处在快速成长阶段，期间极有可能遭遇不确定风险的干扰，需要及时采取措施予以防范。

（二）海外能源投资的法律风险防范

关于海外投资中的法律风险，有学者认为主要包括以下三类：② 第一，法律不健全，即投资东道国还没有形成一整套关于外国投资者的投资活动的法律法规；第二，执法不严，对外国投资者实行歧视待遇；第三，法律冲突，表现在东道国的法律于国际法或国际经济惯例的冲突、东道国与投资母国的法律冲突。对于企业海外能源投资实践而言，应对的防范措施主要集中于前两类法律风险之中。

首先，未雨绸缪，充分把握条约中的投资及投资者定义。由于 ICSID 公约并没有明确“投资”的定义，这就留给投资者与东道国较大的争论空间。有学者认为，“ICSID 裁决表明一项活动是否构成投资取决于争议项目是否具有持续的时间段、稳定的收益和回报包括风险，以及对东道国发展具有重要意义的实质贡献”，③ 而关于这些标准的确定程度则要在个案中以具体情况而判断。ICSID 仲裁庭在处理案件的过程中，通常会根据 ICSID 公约和 BIT 的相关规定对“投资”的概念予以判断，并根据国际法的普遍规则解释。例如，在 Phoenix Action Ltd. v. The Czech 案④中，仲裁庭对判断是否存在被保护的投资的全面标准的总结：投入金钱或其他资产、持续一段时间、具有风险、为发展东道国内的经济活动而运作、根据东道国法

① 佚名：《中石油在利比亚等 6 海外项目中止，影响年收入约 12 亿》，资料来源于：http：//news. hexun. com/2011-08-23/132718038. html，2013 年 8 月 2 日访问。

② 梁泳：《中国投资者海外投资法律保障与风险防范》，法律出版社 2010 年版，第 25 页。

③ Christoph H. Shreuer，The ICSID Convention：A Commentary，Cambridge University Press，2009，p. 140.

④ ICSID Case No. ARB/06/5 Award.

律进行资产投资、善意投资资产。同样，有关投资者的定义，也是以ICSID公约和BIT中的条款规定为依据。公约将投资者限定为私人投资者，公约序言中即使用了“私人国际投资”（private intenational investment）的概念，而目前仲裁庭处理的较多案件涉及对股东投资者以及投资者“商业属性”的认定。可见，作为引入ICSID仲裁的前提条件，海外能源投资者应当充分了解投资和投资者的概念，使自身吻合仲裁庭的判断标准，为运用国际投资仲裁工具维护自身权益奠定基础。

其次，抓住焦点，准确援引条约依据主张相应申诉。纵观ICSID能源投资仲裁实践，不少申诉方的问题在于没有完全将合同申诉和条约申诉区分开来。条约申诉与合同申诉的区分经常成为ICSID案件中的争议焦点，例如一项特定的投资可能包含对条约的解释和运用以及合同的相关问题。在此种情形下，对条约的违反和对合同的违反是两种不同的概念，因为前者意味着东道国已经违反了保护投资的国际义务，从而应当以国家的名义承担相应责任。即使是合同中包含具体的争端解决条款，也不能完全排除诉诸条约解决程序的途径，除非合同给自身明确限制使用该条约。据统计，我国目前对外签订的双边投资保护协定中已经生效的已达到100项,① 另有约30项处于待生效状态。对大多数东道国而言，我国企业作为海外投资者已经有了据以申诉的条约基础，如何准确援引条约中的东道国义务，根据条约主张申诉是海外投资者在启动国际投资仲裁之前必须做好的“功课”。将合同义务恰当转化为条约义务并充分予以证明，将有效地帮助海外投资者在ICSID仲裁中取得主动权和胜诉率。

再次，提前预防，做好海外投资企业的准入和退出保障。对于外资准入，双边投资保护协定中往往仅作框架性说明：在投资者的权利限制要求和准入范围要求方面几乎没有确切规定；对投资者的履行要求则在当地含量、技术专业或出口业绩等方面做了某些限制性规定；对于透明度也有一定的要求。而在外资准入的具体操作上，投资者则要依据东道国的国内法律或政策予以执行，涉及包括审批、核准和例外规定等内容。与投资准入相对应，企业海外能源投资应当提前考虑到投资的合理退出机制，这样可以在一定程度上避免不必要的投资风险。具体而言，海外能源投资的退出主要涉及项目工程的转移、资金转移保障特别是外汇汇出的自由进行。考虑到ICSID仲裁庭裁决案件的周期性，提前准备海外能源投资的退出机制有利于投资者在最大程度上减轻风险、减少不公正待遇，保持对外投资的稳定性。

实际上，国际能源投资早已将对稳定性的追求作为其基本价值之一。有学者曾

① 参见我国对外签订双边投资协定一览表，资料来源于：http：//tfs. mofcom. gov. cn/article/Nocategory/201111/20111107819474. shtml，2013年8月23日访问。

试图将囚徒困境引入能源争端的国际投资法中:① 促进投资政策的国家措施试图规避投资者通过合同权利和包括 BIT 在内的条约保护建立起来的稳定措施，而投资者有权谨慎推进投资框架，并有权通过国际仲裁维护自身的权利。正是由于对稳定性的追求，海外能源投资蓬勃发展之时须及时应对可能出现的法律风险，从而维护国际投资法和能源制度保障平稳、高效运作。

五、结　语

海外能源投资方兴未艾，国际投资法制中有关能源投资的法律和实践也在不断发展之中。特别是在全球具有影响力的 ICSID 仲裁庭不断发布涉及能源投资裁决、我国从东道国向投资母国身份转变的进程中，对海外能源投资的法律风险进行思考和预防具有理论和实践上的前瞻性。通过研究 ICSID 仲裁庭有关能源投资争议的裁决，我们可以充分把握海外能源投资中面临的法律争议，并提前做好相应的防范措施，在最大程度上保障我国海外能源投资者的合法权益。

Legal Risks and Preventions in Overseas Energy Investment from the Perspective of ICSID Arbitration Practices

Abstract: The booming overseas energy investment is accompanied with various legal risks for enterprises. At present, international investment dispute arbitration practices have displayed legal issues in the process of overseas energy investment. Typical cases in current energy investment arbitration practices demonstrate the characters of overseas energy investment disputes, namely issues of mixed procedural and substantive aspects, complex legal relationship and diversity of issues. By reference to international investment arbitration practices, it is necessary for Chinese enterprises to actively take preventive measures in participating in overseas energy investment.

Keywords: Overseas Energy Investment　ICSID Arbitration　Legal Risks　Preventions

① Peter D Cameron, International Energy Investment Law: The Pursuit of Stability, Oxford University Press, 2010, pp. 423-424.

ICSID 仲裁庭简易驳回制度研究

——以六则 ICSID 案例为视角

□ 王伊晋*

内容摘要：为适应国际投资仲裁的发展，ICSID 仲裁规则经修订增设了第 41（5）条仲裁庭简易驳回制度，被申请方可据此以仲裁请求“明显缺乏法律依据”为由请求仲裁庭快速作出驳回。该制度自 2006 年 4 月设立至 2013 年 3 月共涉及六则 ICSID 案例，为深入理解与把握第 41（5）条的内在价值和操作要点提供了实证分析的基础。本文通过系统梳理 ICSID 仲裁实践，厘清仲裁异议驳回制度的具体要求，以期为中国参与 ICSID 仲裁提供实务参考。

关键词：ICSID 仲裁规则　审前异议　简易驳回　明显缺乏法律依据

目　次

* 瑞典斯德哥尔摩大学国际商事仲裁法律硕士（2012.8—2013.8）。

中国政法大学研究生院国际法学院国际私法专业硕士研究生（2011.9—2014.7）

四、对中国参与 ICSID 仲裁的启示

（一）投资东道国视角

（二）投资者视角

结语

引　言

解决投资争端的国际中心（International Center for Settlement of Investment Disputes，以下简称“ICSID”）仲裁规则是依据《解决国家与其他国家国民之间投资争端公约》（以下简称“《公约》”）设立的 ICSID 所制定的争端解决规则之一，在国际投资争端解决中具有不可替代的重要作用。截至 2011 年底，在 450① 件已知的私人投资者与国家之间基于投资协定的投资争端中有 369② 件选择提交 ICSID（包括 ICSID 附加便利）解决，占比 82%。ICSID 仲裁规则 2006 年增设的第 45（1）条确立了仲裁庭简易驳回制度③，允许被申请方以仲裁请求明显缺乏法律依据（“manifestly without legal merit”）为由在仲裁初期提出异议，若异议理由成立，仲裁庭可以据此径行作出驳回裁决。自 2006 年 4 月至 2013 年 3 月，共有六则 ICSID 案例适用简易驳回程序，分别是：Trans-Global v. Jordan（ICSID Case No ARB/7/25）；Brandes Investment Partners LP v. Venezuela（ICSID Case No ARB/08/3，以下简称“Brandes v. Venezuela”）；Global Trading v. Ukraine（ICSID Case No

① Joachim Karl, *Investor-state dispute settlement: A government's dilemma.* http://justinvestment.org/2013/02/investor-state-dispute-settlement-a-governments-dilemma/, visited on May 4, 2013.

② The ICSID Caseload-Statistics, Issue 2013-1, p. 7, https://icsid.worldbank.org/ICSID/FrontServlet? requestType = ICSIDDocRH&actionVal = ShowDocument&CaseLoadStatistics = True&language=English41

③ 笔者检索到的评析该制度的国内文献仅有 1 篇，该文作者将此款称为“ICSID 中明显缺乏法律依据的审前异议制度”。参见汪蓉：《ICSID 中明显缺乏法律依据的审前异议制度研究》，载《仲裁研究》（第三十辑），法律出版社 2012 年版，第 54 页；国外学者多将此制度称为“summary dismissal”, See Lucy Reed , Jan Paulsson, Nigel Blackaby, Guide to ICSID Arbitration, Kluwer Law International, 2011, p. 123; Gary B. Born, International Arbitration: Cases and Materials, Wolters Kluwer Law & Business, 2010, p. 281; Jeff Waincymer, Procedure and Evidence in International Arbitration, Wolters Kluwer Law & Business, 2012, p. 684; Chester Brown and Sergio Puig, The Power of ICSID Tribunal to Dismiss Proceeding Summarily: An Analysis of Rule 41 (5) of the ICSID Arbitration Rules, Social Science Research Network Electronic Library, available at http://ssrn.com/abstract=1859446, visited on 11 May, 2013. 考虑到我国学者普遍将西方国家的“summary judgment”翻译为“简易判决”，笔者在本文中将“summary dismissal”翻译为“简易驳回”。

ARB/09/11)；RSM Production v. Grenada（ICSID Case No ARB/10/6，以下简称"RSM v. Grenada"）；Accession Mezzanine Capital L. P. and Danubius Kereskedöház Vagyonkezelö Zrt. v. Hungary（ICSID Case No. ARB/12/3，以下简称"A&D v. Hungary"）；Emmis International Holding，B. V.，Emmis Radio Operating，B. V.，MEM Magyar Electronic Media Kereskedelmiés Szolgáltató Kft. v. The Republic of Hungary（ICSID Case No. ARB/12/2，以下简称"Emmis v. Hungary"）；Tulip Real Estate and Development Netherlands B. V. v. Republic of Turkey（ICSID Case No. ARB/11/28，以下简称"Tulip v. Turkey"）。系统梳理仲裁庭在上述案件处理中对第 41（5）条的理解与适用，有助于对 ICSID 简易驳回制度的深入研究。

一、仲裁庭简易驳回制度的设立背景

20 世纪 90 年代中期以来，ICSID 受案量急剧上升，被申请方普遍为发展中国家，作为申请方的外国投资者大多提出巨额索赔请求。截至 2005 年年底，ICSID 未决案件多达 113 起，涉案金额超过 300 亿美元。① ICSID 由此逐渐意识到其在效率、声誉等方面所面临的挑战。为适应受案量的大幅提升趋势和当事人对国际投资仲裁的新型需求，ICSID 仲裁规则在 2006 年进行了修订。

ICSID 原副秘书长 Antonio Parra 指出，与激增案件随之而来的是部分当事人对 ICSID 仲裁程序的批评，当事人普遍对案件处理效率提出更高要求，一些作为被申请方的国家尤其表现出对被某些实体上毫无仲裁依据的仲裁请求拖入繁复仲裁程序的不满。②尽管根据《公约》第 36（3）条，ICSID 秘书长有权以 ICSID 明显不享有管辖权为由拒绝登记案件，在一定程度上对案件受理予以监督，但登记阶段并不涉及对仲裁请求的实体审查。也就是说，2006 年前的 ICSID 仲裁机制并不具备使当事人在仲裁程序初期以仲裁请求毫无依据为由终止案件或驳回部分仲裁请求的简易程序，这就为申请方滥用仲裁程序提供了可能。参与 2006 年修订工作的 ICSID 前官员 Aurélia Antonietti 认为，增设第 41（5）条的目的在于为被申请方提供在案件登记受理后以仲裁请求明显缺乏法律依据提出异议的可能。③不难看出，新规则的

① 参见［秘鲁］Robert Danino：《ICSID 面临新挑战》，载《国际经济法学刊》第 13 卷第 2 期，第 11 页。

② Antonio Parra, *The Development of the Regulations and Rules of the International Center for Settlement of Investment Disputes*, The International Lawyer, Vol. 41, 2007, p. 56.

③ Aurélia Antonietti, *The 2006 Amendments to the ICSID Rules and Regulations and the Additional Facility Rules*, ICSID Review—Foreign Investment Law Journal, Vol. 21, 2006, p. 439.

设立初衷主要是在仲裁程序初期淘汰毫无意义的案件，以减轻 ICSID 和当事人的仲裁成本。

针对 2006 年的修订工作，ICSID 秘书处草拟了《进一步完善 ICSID 仲裁框架》的讨论报告①（以下简称"《讨论报告》"）和关于《ICSID 规则和制度的修订意见》的工作报告②（以下简称《工作报告》）两份文件。其中，《讨论报告》在涉及 ICSID 仲裁规则第 41 条的修订意见时指出，正如 ICSID 秘书处有权拒绝登记受理明确缺乏管辖权的仲裁请求，可以考虑在仲裁庭成立后增设类似的程序，以便仲裁庭尽快驳回毫无仲裁依据的仲裁请求。③讨论认为，仲裁庭简易驳回制度的确立将有助于减少当事人对秘书处不涉实体的有限监督权的担忧与不满。④此后，ICSID 秘书处在《工作报告》中提出了更为具体的修订意见，即通过增设第 41（5）条和修订原有的第（5）款［现为第 41（6）条］确立仲裁庭简易驳回制度。经与 ICSID 行政理事会协商研究，该修订意见中的"明显缺乏依据"调整为"明显缺乏法律依据"，⑤自 2006 年 4 月 10 日起正式生效。

根据修订后的仲裁规则，除非当事人对处理初步管辖权异议的简易程序另有约定，一方当事人可以在仲裁庭成立后的 30 天内且在第一次开庭前，以仲裁请求明显缺乏法律依据为由提出异议。提出异议的当事人应尽可能准确地说明异议基础。仲裁庭在给予双方当事人针对该异议的陈述机会后，应在第一次开庭或此后迅速通知双方当事人其管辖权决定。仲裁庭的该决定不妨碍当事人根据第（1）款或在仲裁程序中以仲裁请求缺乏法律依据为由提出异议。⑥如果仲裁庭认为所有的仲裁请求明显缺乏法律依据，应对此作出裁决。⑦

为全面剖析仲裁庭简易驳回制度，本文在解构其基本内容时将其划分为程序性要素和实体性要素两大部分，并结合 ICSID 实践深入探讨各要素的内容与适用现状。

---

① ICSID Secretariat, Possible Improvements of the Framework for ICSID Arbitration, 22 October 2004.

② ICSID Secretariat, Suggested Changes to the ICSID Rules and Regulations, 12 May 2005.

③ ICSID Secretariat, Possible Improvements of the Framework for ICSID Arbitration, 22 October 2004, p. 4.

④ ICSID Secretariat, Possible Improvements of the Framework for ICSID Arbitration, 22 October 2004, p. 7.

⑤ See ICSID Secretariat, Suggested Changes to the ICSID Rules and Regulations, 12 May 2005, p. 7.

⑥ ICSID 仲裁规则第 41（5）条。

⑦ ICSID 仲裁规则第 41（6）条。

二、仲裁庭简易驳回制度的程序性要素

ICSID 仲裁规则第 41（5）条涵盖了包括提出异议的时限、管辖权决定作出时限等程序性要素，使得新设的仲裁庭简易驳回制度更具有实务操作性。ICSID 仲裁实践反映出不同仲裁庭在具体个案中对这些程序性要素的遵循和把握。

（一）当事人未约定其他简易程序

第 41（5）条的“除非”条款说明了此规则的兜底性质。换言之，只有在当事人未对初步异议的简易处理方式作出其他约定时，仲裁庭才可适用第 41（5）条，享有简易驳回仲裁申请的权力。“除非”条款的设置源于对规定简易驳回程序的投资协定的尊重。例如，在 Pac Rim Cayman LLC v. Republic of El Salvador①案中，被申请方主张，鉴于适用的《中美洲自由贸易协定》（“CAFTA”）在第 10.20.4 条和第 10.20.5 条明确规定了简易程序，根据 ICSID 仲裁规则第 41（5）条，CAFTA 规定的简易程序应予优先适用。此外，被申请方指出，CAFTA 第 10.16.5 条明确规定，该协定关于简易程序的规定优于 ICSID 仲裁规则第 41（5）条。仲裁庭对此均予认可。本文评析的六则案例的当事人均未对简易程序作出其他约定，因此适用简易驳回程序。

（二）当事人异议时限

第 41（5）条明确规定，当事人应在仲裁庭组庭后 30 天内提出异议，且在任何情况下不得晚于首次开庭。本文评析的六则案例的被申请方均在规定期限内及时提出了异议申请。

（三）正当程序

当事人陈述和被倾听的权利是正当法律程序理论的重要组成部分。即便是简易程序，也应尊重正当程序要素②。第 41（5）条明确要求仲裁庭在作出管辖权决定前应给予双方当事人针对该异议的陈述机会。表 1 反映了仲裁实践中对正当程序的保障。

---

① Pac Rim Cayman LLC v. Republic of El Salvador，ICSID Case No. ARB/09/12，2 August 2010.

② Brandes Investment Partners LP v. Venezuela，ICSID Case No ARB/08/3，Decision on the Respondent's Objection under Rule 41（5）of the ICSID Arbitration Rules of 2 February 2009，para. 62.

表 1　**六则 ICSID 案例中当事人意见陈述机会**

案件名称	当事人书面意见交换情况与开庭次数①
Trans-Global v. Jordan	一轮书面意见交换；一次开庭
Brandes v. Venezuela	一轮书面意见交换；一次开庭
Global Trading v. Ukraine	两轮书面意见交换；一次开庭
RSM v. Grenada	一轮书面意见交换；一次开庭
A&D v. Hungary	三轮书面意见交换；一次开庭
Emmis v. Hungary	四轮书面意见交换；未开庭

由此可见，双方当事人至少有一轮书面意见交换机会来陈述己方对异议的观点。值得一提的是，在 Global Trading v. Ukraine 案中，仲裁庭专门从正当程序的角度分析了简易驳回的正当性基础，主张仲裁庭在作出管辖权决定前需要思考的问题是，如果可以将对该异议的决定推迟到仲裁程序的后期，当事人（尤其是申请方）还能提供其他什么相关材料。该案中，仲裁庭认为，当事人并无意愿或者不能够在此后的阶段提供更多其他材料（包括书面意见、口头辩论和证人证言），因此有理由相信已满足第 41（5）条的正当程序要素。

（四）仲裁庭作出决定的时限

根据第 41（5）条规则，仲裁庭应在第一次开庭或此后迅速通知双方当事人其对管辖权的决定。目前适用简易驳回程序的六则案例的仲裁庭均未在第一次开庭审理时作出管辖权决定，仲裁庭对“此后迅速通知”的理解可通过仲裁实践加以认知（见表 2）。

表 2　**六则 ICSID 案例的管辖权决定通知时间**

案件名称	仲裁庭通知当事人管辖权决定的时间②
Trans-Global v. Jordan	2008 年 5 月 12 日（开庭后第 20 天）
Brandes v. Venezuela	2009 年 2 月 4 日（开庭后第 6 天）

① 根据 ICSID 六则案例管辖权决定中程序部分的内容整理而成。

② 根据 ICSID 六则案例管辖权决定中注明的通知当事人的时间及程序部分记述的开庭时间、书面意见提交时间整理而成。

续表

案件名称	仲裁庭通知当事人管辖权决定的时间
Global Trading v. Ukraine	2010 年 12 月 1 日（开庭后第 147 天）
RSM v. Grenada	2010 年 12 月 10 日（开庭后第 46 天）
A&D v. Hungary	2013 年 1 月 16 日（开庭后第 47 天）
Emmis v. Hungary	2013 年 3 月 11 日（当事人最后一次提交书面意见后第 94 天）

由此可见，在 ICSID 实践中，仲裁庭通常会在开庭后 2 个月内向当事人通知其管辖权决定。

（五）仲裁庭作出决定的形式

根据仲裁规则第 41（6）条，如果仲裁庭认为所有的仲裁请求明显缺乏法律依据，则应对此作出裁决。在目前适用简易驳回程序的六则 ICSID 案例中，只有 Global Trading v. Ukraine 和 RSM v. Grenada 两案的管辖权决定是以裁决形式作出的。相比程序性决定，裁决具有更为严格的形式要求及可予执行的法律效力

综上所述，ICSID 仲裁庭简易驳回制度设置了较为详尽的程序性要素。了解和把握这些程序性要素不仅有利于实践操作，更重要的是体味其背后蕴含的制度价值，以便更为准确地理解和适用该制度“明显缺乏法律依据”的实体审查标准。

三、仲裁庭简易驳回制度的实体性要素

根据第 41（5）条规则，仲裁庭审查异议是否成立的实体标准为是否“明显缺乏法律依据”（“manifestly without legal merit”）。正如前文所述，实体标准系由“明显缺乏依据”演变而来。“法律”这个限制词的添加虽然使措辞更为明确，但如何在实践中准确理解与适用这一审查标准却并不容易。研读目前涉及简易驳回程序的六则案例可知，仲裁庭通常倾向于将实体审查条件拆分为“明显”和“缺乏法律依据”两个要素予以解释说明。虽然普遍认为 ICSID 裁决并不具有强制的先例效力，但 ICSID 仲裁实践表明，仲裁庭往往会审慎分析先例并以此作为论证基础，①这在不同仲裁庭对第 41（5）条的适用中也得到了充分体现。

① August Reinisch, *The role of precedent in ICSID Arbitration*, Austrian Arbitration Yearbook, 2008, p. 499.

（一）仲裁庭对“明显”的认定

“明显”的通常含义为“清楚明白”、“感官立即可觉察”、“能够很容易被觉察到”或“可以充分观察到”。① 对于如此简洁却寓意丰富的审查要素，确立相对客观而简便的认定标准，对仲裁庭的意义是不言自明的。在目前适用简易驳回程序的六则 ICSID 案例中，仲裁庭主要通过规则分析的方法试图具象化“明显”这一抽象概念。

1. Trans-Global v. Jordan②

本案是被申请方依据第 41（5）条提出异议的首例案件，双方当事人对该条款的含义及在本案中的适用均存在争议。仲裁庭认为有必要对“明显缺乏法律依据”的含义进行详尽阐释。鉴于《公约》中共有三处涉及“明显”的条款，为保证 ICSID 的一致性，仲裁庭主张，对第 41（5）条仲裁规则中“明显”一词的审查应与已确立的对《公约》中“明显”一词的审查一致。为此，仲裁庭参照其他仲裁庭对《公约》中涉及“明显”一词的条款的适用意见，结合前文所述的程序性要素确立了适用第 41（5）条时对“明显”的认定标准。

仲裁庭指出，《公约》涉及“明显”的条款共有三处。首先，根据第 52（1）（b）条③，仲裁庭明显超越权限可作为撤销仲裁裁决的理由。仲裁庭指出，ICSID 临时委员会的撤裁实践表明，“明显超越权限并不一定在于其越权程度的严重性，而与察觉越权行为的容易程度相关……如果只需很小的努力且不经深层分析就可辨识，那么这种越权行为就是明显的。”④仲裁庭认同这一解释，即对“明显”的认定应基于识别的难易程度。其次，《公约》第 57 条⑤对仲裁员明显缺乏资质的异议

① Trans-Global v. Jordan, Award on Jurisdiction, ICSID Case No ARB/7/25, Decision on the Respondent's Objection under Rule 41（5）of the ICSID Arbitration Rules of 12 May 2008, para. 83.

② 本案申请方是美国的石油公司，其在约旦设立全资子公司 Trans-Global，根据政府合同在指定区域从事石油勘探。申请方称，被申请方采取一系列措施阻碍申请方依据合同参与部分区域的石油开发，因而违反了美国与约旦双边投资保护协定中的公平合理待遇条款、禁止使用不合理及歧视性措施条款以及协商的义务。

③ ICSID 公约第 52 条：“任何一方可以根据下列一个或几个理由，向秘书长提出书面申请，要求撤销裁决：……（二）仲裁庭显然超越其权力；……”

④ Trans-Global v. Jordan, Award on Jurisdiction, ICSID Case No ARB/7/25, Decision on the Respondent's Objection under Rule 41（5）of the ICSID Arbitration Rules of 12 May 2008, para. 85.

⑤ ICSID 公约第 57 条：“一方可以根据明显缺乏第 14 条第 1 款规定的品质的任何事实，向委员会或仲裁庭建议取消其任何成员的资格。参加仲裁程序的一方还可根据第四章第二节以某一仲裁员无资格在仲裁庭任职为理由，建议取消该仲裁员的资格。”

条款旨在为挑战仲裁员设置较高标准。考虑到简易驳回的法律效力，仲裁庭亦认可在简易驳回程序中适用较高标准的重要意义。此外，根据《公约》第 36（3）条,① 秘书长有权以仲裁请求明显超出 ICSID 管辖权为由拒绝登记受理案件。《公约》的立法资料表明，由于这种拒绝是在听取双方陈述和质证前行使的，此种“明显”应是清楚而完整的，不值得仲裁庭作进一步考虑。仲裁庭同时指出，考虑到投资争议的复杂性，这种证明有时可能需要双方当事人进行若干轮意见交换。但是证明过程的复杂并不意味着证明的难度。②

仲裁庭进一步结合第 41（5）条的程序性要素确认了对“明显”的解释。一方面，第 41（5）条对当事人提出异议和仲裁庭作出决定的时限要求决定了该条不可能适用于事实繁杂、争点颇多的案件；另一方面，考虑到仲裁庭有可能通过裁决的形式驳回申请方的仲裁请求，只有在仲裁请求毫无法律依据时，这种初期阶段作出的具有法律效力的驳回才不至于违背程序正义。

笔者认为，Trans-Global v. Jordan 一案的仲裁庭对“明显”的解释和认定颇为合理、中肯。一方面，仲裁庭注意到仲裁规则与《公约》的内在联系，在解读新规则时注意参考仲裁实践中对《公约》涉及“明显”条款的适用，为保障 ICSID 仲裁机制的整体性和一致性作出了有益的尝试；另一方面，仲裁庭并非盲目移植先例中对其他涉及“明显”条款的解释，而是正视新规则的相对独立性，结合简易驳回程序特有的制度价值及对当事人的影响确认了对“明显”一词的理解。仲裁庭的这一审慎态度为第 41（5）条的适用奠定了良好的基础，得到了后续仲裁庭的普遍认可与沿袭。

2. Brandes v. Venezuela③

在本案中，仲裁庭认同 Trans-Global v. Jordan 案中仲裁庭比照《公约》其他条款进行解释的做法，亦充分肯定其对“明显”的理解与适用。此外，仲裁庭结合

① ICSID 公约第 36 条：“一、希望采取仲裁程序的任何缔约国或缔约国的任何国民，应就此向秘书长提出书面请求，由秘书长将该项请求的副本送交另一方。二、该项请求应包括有关争端事项、双方的身份以及他们同意依照交付调解和仲裁的程序规则提交仲裁等内容。三、秘书长应登记此项请求，除非他根据请求的内容，认为此项争端显然在中心的管辖范围之外，他应立即将登记或拒绝登记通知双方。”

② Trans-Global v. Jordan, Award on Jurisdiction, ICSID Case No ARB/7/25, Decision on the Respondent's Objection under Rule 41（5）of the ICSID Arbitration Rules of 12 May 2008, para. 88.

③ 本案申请方是美国的投资咨询公司，为其客户获取并控制委内瑞拉最大的电信公司（CANTV）的大量美国存托凭证和股份。2007 年，委内瑞拉提出收购所有 CANTV 的美国存托凭证和股份。申请方认为，委内瑞拉的收购价格明显低于市场价值，相当于征收，且没有给予合理补偿。

第41（5）条的修订背景以及正当程序的要求，将其与第41（1）条管辖权异议要求的表面审查（“*prima facie*”）标准作以对比。在仲裁庭看来，第41（1）条是对管辖权异议的正常处理程序，虽然要求当事人尽早提出，但是管辖权的欠缺可能并不明显，甚至可能需要经过实体审理才能最终得出结论；而第41（5）条则属于加速处理程序，目的在于使“明显”缺乏法律依据的案件得到迅速处理。二者是两个相互独立的异议层次，故应区分对其的审查标准。仲裁庭最终认为，第41（5）条对“明显”的认定标准应远高于“表面审查”。①

与Trans-Global v. Jordan案相比，本案仲裁庭特别注意到第41条仲裁规则内部各条款之间的关系，凸显了简易驳回制度的特殊性，为进一步厘清第41（5）条的审查标准作出了有益的补充，亦为当事人区分新旧规则维护自身权利提供了实务指南。

3. Global Trading v. Ukraine②

本案仲裁庭再次肯定了Trans-Global v. Jordan案中仲裁庭对“明显”一词作出的解释，认为无需补充其他认定标准。③

4. RSM v. Grenada④

本案仲裁庭首先肯定了Trans-Global v. Jordan案和Brandes v. Venezuela案中仲裁庭对“明显”的认定标准，进而补充道：考虑到异议驳回的法律效力，仲裁庭适宜从宽理解申请方的仲裁请求，并且有理由在对该异议存在任何质疑或不确定因素的情况下青睐申请方。⑤

---

① Brandes Investment Partners LP v. Venezuela, ICSID Case No ARB/08/3, Decision on the Respondent's Objection under Rule 41（5）of the ICSID Arbitration Rules of 2 February 2009, para. 62.

② 本案申请方是美国家禽出口企业，与乌克兰国家储备部门制定的代表缔结货物买卖合同。合同履行过程中，被申请方拒绝接受大部分运抵指定港的家禽并拒绝支付相应货款。申请方认为，该合同的缔约背景系乌克兰新任总理为解决因进口限制导致家禽市场价格居高不下的状况而向美国出口方代表及美国大使馆官员提出政府主导的家禽购买与进口计划，因此，仲裁所涉交易属于美国与乌克兰双边投资协定所规定的“投资”。

③ Global Trading v. Ukraine, ICSID Case No. ARB/09/11, Award of 1 December 2010, para. 35.

④ 本案申请方是美国制造企业RSM及三位股东，RSM曾于2004年8月31日向ICSID中心提交仲裁请求，主张被申请方的行为违反了双方之间签订的石油勘探协议，被仲裁庭于2009年6月26日驳回全部仲裁请求。2009年6月26日，RSM申请撤销仲裁裁决，然而由于RSM没有根据ICSID中心的要求预缴相关费用，该仲裁撤销自2010年3月29日起被迫中止。2010年1月15日，RSM与其三位股东提交新的仲裁请求，主张被申请方的行为违反了美国与格林纳达的双边投资协定。

⑤ RSM Production v. Grenada, ICSID Case No ARB/10/6, Award of 10 December 2010, para. 6. 1. 3.

此点补充对被申请方设置了极高的异议标准，虽然符合先例中仲裁庭对异议请求的审慎态度，但似乎有偏向投资者之嫌。笔者认为，ICSID 应注意平衡投资者与东道国的利益，在考虑双方不平等地位的同时，尽量做到不偏不倚。如果仲裁庭在审查简易驳回的异议申请时过分保护投资者，不但可能使以缓解办案压力、提升仲裁效率、避免投资者滥用程序为设立初衷的简易驳回制度形同虚设，亦有可能使 ICSID 仲裁的公正性受到质疑，不利于其长期发展。

5. A&D v. Hungary①

本案仲裁庭并未对“明显”一词作以专门分析，只是简略提及申请方因认可 Trans-Global v. Jordan 案中对“明显缺乏法律依据”的立场而对仲裁请求作以修订，即撤销了其中一项明确缺乏法律依据的仲裁请求。由此可见，Trans-Global v. Jordan 一案对“明显”的理解与适用在本案中得以承继。

6. Emmis v. Hungary②

与 A&D v. Hungary 案相似，本案仲裁庭亦未对“明显”一词作以专门分析。不过，对于被申请方提出的基于国际习惯法的仲裁请求不具有明显法律依据的异议理由，仲裁庭认为，这属于较为复杂的法律适用问题，不适宜在现阶段得出结论，故不属于“明显”的情形。本案虽未明确提及任何先例，但仲裁庭对“明显”的逻辑分析仍紧扣 Trans-Global v. Jordan 一案确立的审查标准，即提出异议的被申请方负有较高的举证责任，其证明的内容应是容易接受而无需深入分析的。可见，仲裁庭对第 41（5）条中“明显”一词的理解已基本固定。

（二）仲裁庭对“缺乏法律依据”的认定

如果说仲裁庭对“明显”的认定因偏重于规则分析而较为统一和抽象，那么，仲裁庭对“缺乏法律依据”的认定则因涉及具体的仲裁请求和法律依据而更为细致和深入。

---

① 本案申请方是英国公司，亦是匈牙利广播公司 Danubius Radio 的股东，该广播公司是经授权使用全国无线电广播调频的两家公司之一。申请方认为，在 Danubius Radio 十二年成功经营的背景下，匈牙利政府通过招标程序取消其受许可的资格，违背了英国和匈牙利之间的双边投资协定、国际习惯法和其他应予适用的国内法。

② 本案申请方是两家荷兰公司（Emmis International 和 Emmis Radio）及一家受瑞士国民控制的公司（MEM）。申请方称，其投资的匈牙利广播公司 Slager Radio 原本是经授权使用全国无线电广播调频的两家公司之一，匈牙利国家广播和电视广播局（ORTT）2009 年对 Slager Radio 经授权获得的许可证的招标程序违反了荷兰和匈牙利之间的双边投资协定与瑞士和匈牙利之间的双边投资协定、匈牙利媒体法和招标法、国际习惯法等规定。

1．Trans-Global v. Jordan

本案是被申请方依据第41（5）条提出异议的首例案件，双方当事人对“缺乏法律依据”的认定存在较大分歧，争议主要集中于对待事实依据的态度。被申请方认为，第41（5）条并不意味着仲裁庭无需考虑申请方所称的事实依据，问题的关键在于这些事实依据是否足以支撑某一仲裁请求超越猜测的程度而达到表面可信，仲裁庭应批判性地评估申请方声称的事实依据。对此，仲裁庭特别注意到第41（5）条的修订历史中对于“法律”这一限制词的添加，认为其用意在于区别事实依据。因此，仲裁庭在简易驳回程序中不宜考虑申请方援引的事实依据的真实性。不过，仲裁庭也承认，不经审查事实前提而评估仲裁请求的法律依据几乎是不可能的。

不难看出，仲裁庭虽然基于规则的制定背景有意区分事实依据和法律依据，但对如何在实践中把握二者之间的微妙关系还存在疑问。这也是后续案件中仲裁庭不得不面对的挑战之一。

2．Brandes v. Venezuela

与Trans-Global v. Jordan案相同，本案仲裁庭同样需要考虑在简易驳回程序中是否应当讨论和衡量事实依据。相比前案，仲裁庭对“缺乏法律依据”作以更为深入的分析。仲裁庭认为，在简易驳回程序中审查的焦点应为仲裁请求的“法律障碍”（“a legal impediment”）而非“事实障碍”。仲裁庭进一步援引Trans-Global v. Jordan案中仲裁庭的意见，认为现阶段应将申请方声称的事实前提视为真实存在。只有在假设申请方声称的事实存在而其仲裁请求仍明显缺乏法律依据时，简易驳回请求才可被支持。①鉴于本案涉及的弃权问题和代理关系均属“事实障碍”，仲裁庭驳回了被申请方的异议请求。

与Trans-Global v. Jordan案不同的是，本案仲裁庭需要解决一个新问题，即第41（5）条的“法律依据”是否包括管辖权依据。本案被申请方称，申请方在仲裁请求中未提及申请方在出售股权时已同意放弃未来任何相关的诉求；鉴于这些诉求涵盖了申请方在本案中的所有仲裁请求，仲裁庭对本案并无管辖权。申请方则称，第41（5）条所称的“法律依据”不涉及管辖权问题，根据《公约》第36（3）条，管辖权问题应于ICSID登记阶段解决，被申请方当时并未提出异议，应视为对管辖权无异议。对此，被申请方援引了参与2006年修订工作的ICSID前官员Aurélia Antonietti的文章，指出异议既可针对管辖权也可针对实体。

仲裁庭首先注意到第41（5）条并未明确提及“管辖权”，但是认为“法律依

① Brandes Investment Partners LP v. Venezuela, ICSID Case No ARB/08/3, Decision on the Respondent's Objection under Rule 41（5）of the ICSID Arbitration Rules of 2 February 2009, para. 60.

据”这一宽泛的措辞本身并不能排斥仲裁庭的管辖权问题。对于申请方援引《公约》第36（3）条的抗辩理由，仲裁庭认为，秘书处据此的审查仅基于仲裁请求中的信息，而被申请方提出的异议只能在案件登记后进入了仲裁程序才能提出。仲裁庭进一步结合ICSID仲裁规则的修订背景指出，修订之前的仲裁规则并没有提供在仲裁初期对明显无依据的案件终止程序的机制，因此，没有理由认为，对“法律依据”的审查应将管辖权依据排除在外。仲裁庭据此认同Aurélia Antonietti的观点，主张第41（5）条中的“法律依据”应涵盖所有因仲裁庭明显不能支持仲裁请求而影响到仲裁程序继续进行的异议。

笔者认为，Brandes v. Venezuela案对于认定“缺乏法律依据”这一实体性要素具有里程碑式的意义。一方面，本案首次提出“法律依据”包括管辖权依据的审查标准，为此后类似案件的仲裁庭所采纳；另一方面，本案进一步肯定了Trans-Global v. Jordan一案仲裁庭对法律依据与事实依据的区分态度，基本固定了“将申请方声称的事实前提视为真实存在”的认定方法，操作性较强。

3. Global Trading v. Ukraine

本案是Brandes v. Venezuela案之后又一例被申请方对仲裁庭的管辖权提出异议的案件，亦是投资东道国利用第41（5）条成功申请简易驳回仲裁请求的第一案。仲裁庭首先确认了Brandes v. Venezuela案中仲裁庭对管辖权依据属于“法律依据”的认定标准在本案中适用①，进而对本案涉及的美国—乌克兰双边投资协定第I（1）条和《公约》第25（1）条这两项法律依据分别作以分析，最终认定当事人之间的合同为买卖合同，不属于国际投资，申请方并非适格的投资者，故仲裁庭对本案不享有管辖权。

4. RSM v. Grenada

本案仲裁庭在处理事实依据和法律依据时面临一个较为棘手的新问题：仲裁庭能否将另案裁决中认定的事实作为本案的“法律障碍”？本案中，被申请方在异议申请中指出，申请方的仲裁请求已在其他仲裁程序中得以解决，申请方基于相同的事实再次提起仲裁，违背了《公约》第53条关于裁决终局性的规定，同时构成滥用程序。鉴于ICSID裁决的终局性，仲裁庭应基于既判力原则或类似理论驳回本案的仲裁请求。对此，仲裁庭首先确认先例中区分“法律依据”和事实依据的认定标准在本案中予以适用；之后，结合本案的特殊情形，仲裁庭认为，本案的实质是申请方以投资条约为外衣、以合同请求为内核提起仲裁请求，其目的无非是使本案仲裁庭重新认定先前仲裁案件中的事实，以推翻对其不利的先前裁决。仲裁庭进一

① Global Trading v. Ukraine, ICSID Case No. ARB/09/11, Award of 1 December 2010, para. 30.

步指出：根据禁反言原则（“Collateral Estoppel”）和《公约》第53条，仲裁庭无权审查先前仲裁庭已认定的事实；退一步讲，即便证据表明申请方在先前裁决中未涉及的贿赂问题真实存在，也不能证明Grenada违背了其基于投资协定的义务。因此，申请方的仲裁请求明显缺乏法律依据，裁决驳回。

本案是一个较为特殊的案件，仲裁庭在认定“法律障碍”时不可避免地面对另案中的事实依据。对此，仲裁庭并没有深入剖析相关事实依据，而是严格遵循《公约》和禁反言原则，以此作为“法律障碍”表明其无权审查的立场。值得一提的是，本案仲裁庭不为案件表象所惑，而是通过准确把握案件实质，将毫无仲裁意义的案件遏制在仲裁初始阶段，符合简易驳回制度的设立精神。

5. A&D v. Hungary

本案涉及“缺乏法律依据”的争议主要有以下两点：一是管辖权依据，二是实体依据。

就管辖权依据而言，被申请方指出，匈牙利对ICSID的管辖权同意只及于征收事项，因此，仲裁庭对与征收无关的仲裁请求不享有管辖权。仲裁庭首先重申先例中管辖权依据属于法律依据的认定标准，继而同意被申请方关于管辖权“同意”范围的主张，表明仲裁庭对本案的管辖权仅限于对双边投资协定第6条征收事项的审查。本案申请方亦在被申请方提出异议后，修改了其仲裁请求，将其范围限制为征收事项。

就实体依据而言，被申请方援引《公约》第42条，主张其并未向东道国苛以独立的遵守国际习惯法的义务，因此，申请方以国际习惯法为基础的仲裁请求缺乏法律依据。简易驳回程序中，双方虽然对仲裁请求的范围达成一致，但对能否针对征收事实援引国际习惯法作出裁决仍存争议。对仲裁庭而言，这是一个新的挑战，关系到如何界定实体法律依据范围的问题。仲裁庭认为：对双边投资协定的解释是一个国际法问题，对征收条款的解释也不例外，在理解“征收”这一概念的范围和内容时不考虑国际习惯法和国际法基本原则几乎是不可能的。考虑到本案所适用的双边投资协定既未对“征收”作出定义，亦未指明相关指导原则，且在此情况下仲裁庭的通常做法是在国际法框架内（包括国家实践、条约和先例中对“征收”的解释）作以解释，故仲裁庭驳回了被申请方关于不得适用国际习惯法的异议请求。

6. Emmis v. Hungary

本案基本案情与A&D v. Hungary案相似，被申请方的异议理由依然为其对ICSID管辖的“同意”范围只及于征收事项，且不及于基于国际习惯法的仲裁请求。仲裁庭虽然没有明确援引先例中对“缺乏法律依据”的认定标准，但其对认定标准的叙述与先例基本一致，即仲裁庭对异议的审查只涉及法律障碍，而不涉及事实障碍，除非明显缺乏依据，申请方声称的事实在此阶段应被视为真实，以判断是否存在法律障碍。①

与前案相似，本案申请方也修改了仲裁请求，撤回了部分与征收事项无关的仲裁请求。有所不同的是，本案申请方在修改仲裁请求后称，被申请方继续坚持仲裁庭依据第 41（5）条作出决定的要求没有意义。被申请方对此的回应则为申请方并未完全撤销对非征收事项的仲裁请求，双方对此依旧存在分歧，仲裁庭不应搁置异议，而应明确作出决定。因此，本案仲裁庭面临的新问题在于，申请方修改仲裁请求后，是否有必要根据被申请方的请求对非征收事项的管辖权作出决定？考虑到仲裁庭不可推卸的义务是确保在管辖权范围内依据法律解决纠纷，仲裁庭认为其有必要出具正式的处理意见。

值得注意的是，同样是针对国际习惯法的异议，本案仲裁庭的看法与 A&D v. Hungary 案中仲裁庭的看法有所不同。本案仲裁庭认为，这属于法律适用问题，不宜在简易驳回程序阶段作出决定。对比两案，笔者更倾向于 Emmis v. Hungary 案仲裁庭的意见，原因在于本案仲裁庭在分析这一问题时兼顾对“明显”要素的审查，使这一认定更符合简易驳回制度的设立初衷。根据第 41（5）条，“缺乏法律依据”要素与“明显”要素合并构成对异议请求的实体审查条件，其目的是避免或减少毫无仲裁利益的案件对当事人及 ICSID 仲裁资源的浪费。为弥补 ICSID 的程序缺陷，第 41（5）条要求提出异议的被申请方负有较高的举证责任，其证明的内容应是容易接受而无需深入分析的。因此，笔者认为，对于实体法律依据的确定这一相对复杂的问题，更为妥帖的处理方式应当是随着仲裁程序的推进和仲裁庭对案件的进一步了解而作出决定。

四、对中国参与 ICSID 仲裁的启示

中国自 1993 年正式成为《公约》缔约国的十余年间，鲜有以申请方或被申请方的身份参与 ICSID 仲裁的案件。然而，随着中国国际投资规模的不断扩大，融入世界经济一体化程度不断加深，中国政府及企业运用 ICSID 机制解决投资争端的趋势几乎是不可避免的。2011 年 5 月 24 日，ICSID 秘书处登记受理了第一

① Emmis International Holding, B. V., Emmis Radio Operating, B. V., MEM Magyar Electronic Media Kereskedelmi és Szolgáltató Kft. v. The Republic of Hungary, ICSID Case No. ARB/12/2, Decision on Respondent's Objection under ICSID Arbitration Rule 41 (5), 11 March 2013, para. 26.

起将中国列为被申请方的仲裁请求①；2012 年 9 月 19 日，ICSID 秘书处登记受理了第一起中国私人投资者提起的仲裁请求②。准确把握简易驳回制度的程序性要求和实体性要求，既有利于作为被申请方的中国及时有效地提出异议以维护自身合法权益，也有利于投资海外的中国企业成功应对异议以保障其合法权益不受侵犯。

（一）投资东道国视角

仲裁庭简易驳回制度的设立背景是一些投资东道国对 ICSID 程序拖沓、成本高昂等缺陷颇多非议。这些被频频推上被申请方席位的发展中国家逐步意识到接受 ICSID 仲裁的风险，作为 ICSID 机制内头号被诉国的阿根廷更是因此而高度呼吁恢复本国对投资争端管辖权。③第 41（5）条的设立能够在一定程度上缓解投资东道国的忧虑，避免投资者滥用仲裁程序。表 3 为适用简易驳回程序的六则案例的处理结果。

表 3　六则 ICSID 案例的处理结果

案件名称	案件处理结果④
Trans-Global v. Jordan	申请方减少一项仲裁请求，仲裁庭驳回异议
Brandes v. Venezuela	仲裁庭驳回异议
Global Trading v. Ukraine	仲裁庭支持异议
RSM v. Grenada	仲裁庭支持异议
A&D v. Hungary	申请方减少部分仲裁请求，仲裁庭对异议部分支持、部分驳回
Emmis v. Hungary	申请方减少部分仲裁请求，仲裁庭对异议部分支持、部分驳回

由表 3 不难看出，六则案例中半数的申请方在被申请方提出异议后缩小了仲裁

① Ekran Berhad v. People's Republic of China，ICSID Case No. ARB/11/15（2011）.

② Ping An Life Insurance Company of China，Limited and Ping An Insurance（Group）Company of China，Limited v. Kingdom of Belgium，ICSID Case No. ARB/12/29（2012）.

③ 参见蔡从燕：《外国投资者利用国际投资仲裁机制新发展反思——国际法实施机制与南北矛盾的双重视角》，载《法学家》2007 年第 3 期，第 103 页。

④ 根据 ICSID 六则案例管辖权决定整理而成。

请求的范围，可见旨在缓解办案压力、提升办案效率的仲裁庭简易驳回制度已颇富成效，对于作为被申请方对 ICSID 仲裁抱怨尤多的投资东道国而言亦为福音。因此，巧妙利用仲裁庭简易驳回制度，至少可以使中国作为被申请方有效缩小仲裁请求的范围，减小适用 ICSID 机制的风险。中国在提出异议请求时应紧扣第 41（5）条的程序性和实质性审查要件，结合先例中仲裁庭的意见论证“明显缺乏法律依据”：（1）异议既可针对管辖权亦可针对实体请求；（2）异议应针对仲裁请求的法律障碍，而非事实障碍；（3）异议应清楚明晰、易于理解。①

管辖权、主体资格和时效是仲裁实务中被申请方的三大利器，其优势在于不深挖实体即可终结案件。在 ICSID 仲裁中，中国作为被申请方应尤其注意针对管辖权和主体资格的异议。关于管辖权的异议中国可借鉴 A&D v. Hungary 案和 Emmis v. Hungary 案。与上述两案的被申请方匈牙利相似，中国在签署《公约》时亦只同意允许将因征收与国有化所产生的补偿争议提交 ICSID 管辖②。因此，在面对申请方基于非征收事项提起仲裁请求时，中国作为被申请方应及时利用仲裁庭简易驳回制度提出异议，合理缩小仲裁请求的范围，避免日后因不必要的举证论证而造成的拖延和仲裁成本的耗费。而关于主体资格的异议，中国可借鉴 Global Trading v. Ukraine。该案中，乌克兰政府通过援引美国国会批准该双边投资协定时的材料，③ 证明申请方的仲裁请求完全基于贸易合同的支付问题，申请方非适格投资者，无权提起 ICSID 仲裁。概而言之，作为投资东道国，中国应充分利用仲裁庭简易驳回制度，最大程度维护中方利益。

（二）投资者视角

中国已由单一的投资接受国逐渐发展为兼具投资东道国和投资母国双重身份的投资大国，2012 年的平安富通投资案即是中国企业作为投资者申请 ICSID 仲裁的典型案例。在此背景下，中国企业有必要熟悉 ICSID 仲裁规则的新进展，维护自己的切身利益。如上文所述，仲裁庭简易驳回制度的设立在一定程度上是为了回应投

---

① RSM Production v. Grenada, ICSID Case No ARB/10/6, Award of 10 December 2010, para. 6. 1. 1.

② ICSID, Contracting States and Measures Taken by Them for the Purpose of the Convention, ICSID/8-D, September 2012, p. 1.

③ Message from the President of the United States, 27 September 1994, p. VII: “The requirement that a ‘claim to money’ be associated with an investment excludes claims arising solely from trade transactions, such as a transaction involving only a cross-border sale of goods, from being considered investments covered by the Treaty.” (“与投资相关的‘金钱请求’不包括单纯由贸易交易产生的金钱请求，例如，只涉及跨境货物买卖的交易不属于本条约意义上的投资。”)

资东道国对ICSID机制的不满，本质上则是为了平衡东道国和投资者之间的利益，保障ICSID机制在国际投资争端解决领域的良性运作。因此，作为申请方的中国企业，应对投资东道国基于第41（5）条提出的异议做好充分准备，合理合法地驳回异议申请，争取属于自己的权利。例如，中国企业可以借鉴Brandes v. Venezuela一案仲裁庭的意见，坚持区分法律依据与事实依据的认定方法，即将申请方声称的事实前提视为真实存在。再如，在面对实体请求依据时，中国企业可以借鉴A&D v. Hungary和Emmis v. Hungary两案仲裁庭的意见，让仲裁庭了解所援引法律依据的合理性或者至少搁置对实体法律依据的确定。总之，申请方应抓住反驳的关键，即论证其仲裁请求并非明显缺乏法律依据。

结　语

纵观目前适用ICSID仲裁庭简易驳回程序的全部案例，不难发现，仲裁庭和当事人对于程序性要素基本无异议，至于较为复杂抽象的实体性要素，仲裁庭对其的认定标准也日益成形，正如RSM v. Grenada案的仲裁庭的总结：历经七年的发展，ICSID仲裁庭简易驳回制度已日渐成熟而稳定，这对于刚刚接触ICSID仲裁的中国和中国企业而言具有颇为深远的意义。正确理解和把握该制度的内在价值和实务要点，一方面有利于中国政府作为被申请方及时运用该制度最大限度降低仲裁成本，避免累讼；另一方面有利于中国企业作为申请方有效应对相关异议，维护自身合法权益。

ICSID Summary Dismissal over Unmeritorious Treaty Claims
—from the perspective of Six ICSID Cases

Abstract: One of the amendments to the ICSID Arbitration Rules in 2006 - namely, the amendment to Article 41 (5) - is noteworthy because it provides a textual basis for ICSID tribunal to summarily dismiss a proceeding if the respondent files an objection before the first session that the claim is "manifestly without legal merit". Given the vagueness of the wording, a correct understanding of the new provision relies not only on knowledge of the background and purpose of the amendment, but also the interpretation made by ICSID tribunals in specific cases. There are six cases in total from April 2006 to March 2013, in which the respondents filed preliminary objection based on Article 41 (5). A thorough analysis will be given to these cases so that parties can make full use of this expedited procedure in the future.

Keywords: ICSID Arbitration Rules preliminary objection summary dismissal manifestly without legal merit

论国际投资仲裁中腐败问题的可仲裁性*

□ 马　迅

内容摘要：在国际投资中，腐败行为已经成为一个严重的问题。在这种背景下，在近年来的国际投资仲裁案件中，一些当事人开始提出了腐败的指控或者抗辩。国际投资仲裁庭在实践中将腐败问题作为可仲裁事项进行审查，并根据案件的不同情况，采取了不同的处理方式。有些案件直接将其排除在仲裁庭的管辖权之外，有些案件在基于管辖之后以涉嫌腐败为由裁定合同不可执行或无效，而有些案件则以证据不足为由驳回了腐败的主张或抗辩。投资仲裁庭的这些裁决的依据包括投资条约、其他国际条约、东道国国内法以及一般法律原则。虽然国际投资仲裁庭对腐败问题进行仲裁存在若干缺陷，如缺乏第三方参与仲裁的程序、证明标准不清等，但总体来说，主张腐败问题在国际投资仲裁中不具有可仲裁性的理由并不充分，我们对投资仲裁庭的反腐败裁决不应持反对态度。

关键词：投资仲裁　腐败　可仲裁性

目　次

---

* 本论文系重庆工商大学2011年博士科研启动经费项目《国际投资法中的发展问题研究》的成果之一。

马迅，(1977—)，男，汉族，重庆工商大学法学院教师，法学博士，研究主要领域：国际经济法。

四、结论——我国对投资仲裁中腐败问题的可仲裁性应持的态度

一、问题的提出

跨国公司的贿赂行为已经成为国际投资中一个颇为严重的问题。尤其是在垄断性行业和政府监管严格的行业中，比如公共工程建设、房地产、能源、电信等行业的国际投资中，腐败的可能性则更大。正如2003年《联合国反腐败公约》所指出，国际社会认识到“腐败已经不再是局部问题，而是一种影响所有社会和经济的跨国现象，因此，开展国际合作预防和控制腐败是至关重要的……”① 虽然目前国际上已经存在着一些打击跨国腐败问题的国际公约，如《联合国反腐败公约》、《美洲反腐败公约》、《非洲联盟预防和打击腐败公约》等，但是，对于跨国腐败的打击仍然存在着一些法律障碍。比如，虽然绝大多国家都对本国公职人员接受贿赂行为和行贿本国公职人员进行坚决的打击，但是，对于对外国官员或私营部门行贿的行为，许多国家却并未将其作为法律制裁的对象。②

在这种背景下，近年来，在一些国际投资仲裁案件中，一部分申请人或被申请人提出了针对腐败的指控或抗辩。仲裁庭也不得不着手处理这一棘手的问题。那么腐败问题在国际投资仲裁中是否具有可仲裁性？在晚近的国际仲裁庭是如何处理这些指控或抗辩的？国际投资仲裁对腐败问题进行仲裁有哪些法律依据？对于投资仲裁庭审查纠纷中的腐败问题的合理性有哪些质疑？对于腐败问题在投资仲裁中的可仲裁性问题我们究竟应该持何种态度？

二、国际投资仲裁中腐败问题的可仲裁性之实践

（一）国际投资仲裁庭对涉及腐败案件的处理

在分析国际投资仲裁中的腐败问题是否具有可仲裁性之前，我们有必要先审视一下相关投资仲裁案例中相关仲裁庭的做法。

1. 以涉嫌腐败的合同不具有合法性而将其排除在仲裁庭管辖权之外

---

① 《联合国反腐败公约》序言，http：//www. unodc. org/pdf/corruption/publications _ unodc_ convention-c. pdf。

② 张薇：《国际投资中的社会责任研究》，华东政法大学2010年博士学位论文，第113-114页。

在这类案件中，Inceysa Vallisoletana S. L. 诉萨尔瓦多案（以下简称 Inceysa 案）是一个典型的代表。① 在本案中，申请人主张萨尔瓦多政府违反了 1995 年西班牙-萨尔瓦多 BIT、萨尔瓦多 1995 年投资法以及投资合同本身。萨尔瓦多则向 ICSID 仲裁庭提出了管辖权抗辩，其理由在于申请人在获得该合同的投标过程中存在欺诈（提供虚假的、不真实的财务信息和合伙人信息等），因此该投资不合法。由于西萨 BIT 中有投资须符合东道国法律的条款，因此该投资不受该 BIT 保护，因而仲裁庭不能依据该 BIT 获得管辖权；同时，根据萨尔瓦多法律，欺诈的合同不受法律保护，因此其也不能依据其国内投资法获得 ICSID 的管辖。而仲裁庭最终接受了萨尔瓦多的观点。Inceysa 案虽然没有直接涉及贿赂问题，但由于贿赂问题与欺诈等问题类似，都涉及投资的合法性问题，而且一些国家也是将贿赂作为一种欺诈行为来处理的，因此本案的裁决可能会被仲裁庭多次引用来排除对涉及腐败的投资合同的管辖权。

与 Inceysa 案类似的另一个案件是 Fraport AG Frankfurt Airport Services Worldwide 诉菲律宾案（以下简称 Fraport 案）。② 在菲律宾埃斯特拉达政府时期，申请人与菲律宾航站楼营建公司达成协议，共同建造马尼拉阿基诺国际机场三号航站楼，然而到 2004 年阿罗约上台，菲政府终止了该合约。申请人认为菲律宾的行为构成了征收，而菲律宾针对申请人的仲裁请求提出的抗辩，主张申请人的投资存在大量违规并有欺诈和贿赂，因而违反了当地法律而不具有合法性，鉴于德国-菲律宾 BIT 中有投资须符合东道国法律的条款，因此仲裁庭没有管辖权。仲裁庭的大多数也采纳了菲律宾的抗辩。

2. 决定仲裁庭有管辖权但以涉嫌腐败合同无效为由驳回申请人的仲裁请求

这类案件一个典型的代表是 World Duty Free 诉肯尼亚案（以下简称 World Duty Free 案）。③ 在本案中申请人与被申请人缔结了一个租赁协议，该协议规定 10 年租赁期限届满时，申请人有权在相同的合同条件下续租 10 年，且被申请人只能就租金问题与申请人重新协商。但 10 年租赁期满后，被申请人单方面终止了这一协议。因此申请人向仲裁庭提起了仲裁。而被申请人则抗辩称，该协议是申请人总裁通过向当时的肯尼亚总统行贿 200 万美元订立的，因此可撤销。最终仲裁庭采纳了被申请人的观点，认为申请人的行为构成贿赂，依照英国普通法和肯尼亚法并参考了国

① See Inceysa Vallisoletana S. L. v. Republic of El Salvador, ICSID Case No. ARB/03/26, available at http://italaw. com/documents/Inceysa_ Vallisoletana_ en_ 001. pdf.

② See Fraport AG Frankfurt Airport Services Worldwide v. Republic of the Philippines, ICSID Case No. ARB/03/25, Award of August 16, available at http://ita. law. uvic. ca/documents/FraportAward. pdf.

③ See World Duty Free Company Limited v. Republic of Kenya, ICSID Case No. ARB/00/7, available at http://ita. law. uvic. ca/documents/WDFv. KenyaAward. pdf.

际公共政策，裁决该合同“不可执行”（unenforceable）。

与 Inceysa 案不同，本案并不是一个投资条约下的仲裁，也并非依国内投资法提起的仲裁。本案的仲裁请求完全是依据合同本身。因此，被申请人没有以合同涉嫌腐败为由提起管辖权的抗辩。但是，即使是依据投资条约提起的仲裁，仲裁庭也有可能采取这种处理方式。一种可能是，该投资条约中根本没有投资的“合法性”条款，比如《能源宪章条约》，那么仲裁庭对于该项投资就不能拒绝管辖，但是在实体审理阶段则有可能基于国际公共政策、一般法律原则等依据裁定该投资合同无效。另一种可能则是，也有少数专家学者认为即使投资条约中有投资的“合法性”规定，但这一问题的审理应该是在实体审理阶段。

3. 虽然合同涉嫌腐败但由于某种原因驳回腐败之抗辩

这种情况之一是由于当事人并未提出相应的请求或者没有充足的证据来证明相应的请求。比较典型的案例是 RSM Production Corporation 诉格林纳达案（以下简称 RSM 案）。在本案中，有关腐败的主张在该案的不同阶段都曾被提出。① 作为申请人的外国投资者提出主张，被申请人拒绝了申请人的勘探许可申请并终止了双方之前签订的合同，其原因在被申请人的相关官员接受了另一家公司的贿赂。② 在申请撤销裁决阶段，委员会指出，在本案仲裁的实质审查阶段，申请人的代理人并没有要求原审仲裁庭对相关的腐败事实作出裁决。③ 而申请人一方则请求委员会在撤销裁决阶段对所涉腐败问题进行调查，因为现阶段出现了一些新的证据。但是很显然，与原审仲裁庭相比，撤销裁决委员会的权利有限，无权对本案的事实问题进行审查。因此这一抗辩显然提出得太晚而无法得到支持。RSM 案说明，即使相关投资涉及腐败，但如果当事人并未提出请求或者证据不足，其关于腐败的主张则会被驳回。

与 RSM 案类似的一个案件是 EDF（Services）Limited 诉罗马尼亚案（以下简称 EDF 案）。④ 在该案中，申请人（英国公司）宣称，被申请人的高级别政府官员代表首相向其索贿，遭其拒绝。其后被申请人的司法、立法以及税务机构等国家机构

① See RSM Production Corporation v. Grenada, ICSID Case No. ARB/05/14 (Annulment Proceeding), Decision on RSM Production Corporation's Application for a Preliminary Ruling of October 29, 2009, available at https://icsid.worldbank.org/ICSID/FrontServlet?requestType=CasesRH&actionVal=showDoc&docId=DC1350_En&caseId=C58.

② See RSM Production Corporation v. Grenada, ICSID Case No. ARB/05/14, Award of March 13, 2009, available at http://ita.law.uvic.ca/documents/RSMvGrenadaAward.pdf.

③ RSM v. Grenada, Annulment Preliminary Ruling, para. 6. See RSM v. Grenada, Award, ibid, para. 212.

④ EDF (Services) Limited v. Romania, ICSID Case No. ARB/05/13, Award of October 8, 2009, available at http://ita.law.uvic.ca/documents/EDFAwardandDissent.pdf.

联合起来“摧毁”了其在罗马尼亚的投资并拒绝续展申请人已到期的协议。因此，申请方以其投资遭到征收，受到不正当、不公平、武断及歧视待遇为由，依据英国-罗马尼亚 BIT 向 ICSID 提出仲裁申请，要求被申请人赔偿损失。但最终仲裁庭认为申请人提交的证据不足以证实腐败行为的存在。

另外一种可能性则是相关违法行为过于轻微，仲裁庭也有可能驳回相应的抗辩。比较典型的是 Tokios Tokelés 诉乌克兰案。[①] 在该案中，被申请人主张申请人的若干投资行为违反了东道国当地法律，因此其投资不受保护，仲裁庭不具有管辖权。但是仲裁庭经审查认为，投资者的投资在某些方面确有瑕疵，但是“如果基于如此微小的错误就排除一项投资，则会违反条约之宗旨与目的。”[②] 虽然，本案中申请人的违法行为与腐败无关，而且世界各国一般普遍认为腐败系极为严重的违法行为，但至少该案说明这样一种可能性，如果相关违法行为被认为是极为轻微而非实质性的，则仲裁庭也可能驳回该抗辩。

从上述国际投资仲裁庭在仲裁实践中对涉及腐败的合同的态度来看，仲裁庭显然认为腐败问题是具有可仲裁性的，并在仲裁中对该问题进行实际审查之后再结合当事人的请求或者抗辩进行裁决。

（二）国际投资仲裁庭裁决腐败问题的法律依据

1. 国际投资协定

目前绝大多数国际投资仲裁都是依据投资者母国与投资东道国之间的国际投资协定（IIA）提起的。这类协定可能是双边的也可能是多边的，但其中一般都包含投资者在发生投资争议之后可以直接提起投资仲裁的仲裁条款。在这类协定中，多数也约定了仲裁的法律适用：该条约本身和可适用的国际法规则。由此可见国际投资仲裁庭处理腐败问题的首要法律依据就是国际投资协定本身。

在国际投资协定中最多被援引用来处理腐败问题的条款即上文中所提到的投资“合法性条款”。比如，前述 Fraport 案所涉德国-菲律宾 BIT 就规定：“‘投资’一词应指依据任一缔约方所接受的与其各自法律法规相一致的各种类型的资产……”；[③] 又如，《南方共同市场关于促进与相互保护投资的科洛尼亚议定书》中对投资的定义：“投资是指缔约国一方的投资者在另一缔约国境内直接或间接投资的任何类型

---

① See Tokios Tokelés v. Ukraine, ICSID Case No. ARB/02/18, Decision on Jurisdiction of April 29, 2004, (2005) 20 ICSID Rev. —FILJ 205.

② See Tokios Tokelés v. Ukraine, ICSID Case No. ARB/02/18, Decision on Jurisdiction of April 29, 2004, (2005) 20 ICSID Rev. —FILJ 205, para. 86.

③ Fraport Case, p. 129.

的资产，并且符合另一缔约方的法律法规。包括但不限于……”。① 按照这一定义，如果一项投资涉及腐败，那么它将会因不符合东道国法律而不受投资协定的保护。

当然，其不受保护的后果，到底是仲裁庭会拒绝管辖该案件，还是仲裁庭应该在实体审理阶段驳回当事人的仲裁请求，则有不同的观点。目前在仲裁案件中比较一致的观点是前者，即在基本原则上，“符合东道国法律”是确立仲裁庭管辖权的要件之一。② 比如前述 Inceysa 案的仲裁庭就认为，这种不合法的投资不受条约保护，仲裁庭无管辖权。但也有少数学者认为，即使存在这一“合法性条款”，其审查也应该是在实体审理阶段。比如前述 Fraport 案中，虽然仲裁庭的多数意见是因投资不合法而拒绝管辖，但仲裁员 Cremades 却认为，把投资者的非法行为放在管辖权阶段来审理，而把被申请人东道国的不法行为放在实体审理阶段来审理，这种做法使得东道国占有极大的优势，对投资者不公平，也不符合最基本的程序原则。③

除了“合法性条款”之外，国际投资协定中的“公平与公正待遇条款”也可能成为仲裁庭审理腐败问题的法律依据。对于“公平与公正待遇”，有学者归纳它包含以下一些内容：透明度与投资者合理期待、东道国遵守合同义务、正当程序、善意、免受骚扰和胁迫。④ 虽然公平与公正待遇是否包含上述全部内涵尚有争议。但从上述 RSM 案和 EDF 案可以看出，如果东道国当地政府与外国投资者的竞争对手之间存在腐败行为或者存在东道国官员向投资者索贿等腐败行为，从而损害了外国投资者的利益，那么投资者很可能以东道国违反正当程序、善意原则等为理由提起仲裁。虽然 RSM 案和 EDF 案由于证据不足，相关的指控仲裁庭没有支持，但是在有充分证据的情况下，仲裁庭可能认定该腐败行为导致东道国违反公平与公正待遇从而承担责任。

除了上述国际投资协定中的这些通用条款可以成为仲裁庭审理腐败问题的法律依据以外，不排除未来在某些国际投资协定中出现直接关涉腐败问题的条款。目前新型的国际投资条约开始关注投资和劳工、投资和环境的关系，那么，就投资和反腐败的关系而言，也不排除被纳入国际投资协定的可能。在国际社会中将反腐败任

① See Article 1 (1) of the Protocol of Colonia for the Promotion and Reciprocal Protection of Investment in MERCOSUR of January 17, 1994.

② 于文捷：《双边投资条约投资定义条款中“符合东道国法律”要求对 ICSID 仲裁管辖的影响及其启示》，载《国际经济法学刊》2009 年第 16 卷第 4 期，第 334 页。

③ Dissenting Opinion of Mr. Bernardo M. Cremades, in Fraport case, para. 37.

④ Rudolf Dolzer & Christoph Schreuer, Principles of International Investment Law, Oxford University Press, 2008, p. 133.

务纳入到国际投资条约的第一次的尝试是《多边投资协议》（MAI）。① MAI将《经济合作与发展组织跨国公司指南》（以下简称《指南》）作为其不具有约束力的条约附件。《指南》要求跨国公司“不得向公务人员或担任公职的人员直接或间接行贿和提供其他不正当的利益，亦不得听人教唆而有以上行为”。②《指南》中，第七部分专门规定了“打击行贿”，不仅要求跨国公司不应向公职人员行贿和答应索贿，也要求跨国公司不应向私营部门行贿。同时规定跨国公司应确保代理商的报酬合理并只为合法服务支付报酬；提高其打击行贿与索贿活动的透明度，并公布公司为履行承诺而制定的管理制度；宣传公司政策，促进雇员了解并遵守公司政策；采用抑制行贿或腐败行为的管理控制制度，加强账目管理建设；不向公职候选人、政党或其他政治组织非法捐款。虽然，《指南》并无约束力，而且MAI本身也未能签订，但这种尝试为未来国际投资条约规制腐败问题提供了一种路径。

2. 与反腐败问题相关的国际公约

投资仲裁所适用的法律除了投资协定本身以外，通常还包括可适用的国际法规则。这种可适用的国际法规则首先就是投资者母国与投资东道国共同加入的国际公约。

在反腐败的国际公约方面，最近十年来缔结的数量很多。最早的公约是1996年《美洲反腐败公约》。1997年，经合组织通过了《在国际商事交易中反对行贿外国公职人员公约》。欧盟分别在1997年通过了《欧洲委员会打击欧洲共同体官员或欧洲联盟成员国官员反腐败公约》，1999年通过了《欧洲委员会反腐败刑法公约》和《欧洲委员会反腐败民法公约》。2003年，非盟通过了《非洲联盟预防和打击腐败公约》。2003年，联合国又通过了《联合国反腐败公约》。虽然这些公约并不直接涉及国际投资中的反腐败问题，但是其对于如何界定腐败、各国反腐败的义务等方面，对于投资仲裁庭审理相关腐败问题仍然有重要的意义。

在前述World Duty Free案中，仲裁庭虽然并没有在法律适用时直接援引上述公约，但是在判断反腐败是否构成一项国际公共政策时，却非常明确地参考了《非洲联盟预防和打击腐败公约》和《联合国反腐败公约》。这两个公约被申请人均是缔约国之一。

3. 东道国国内法

按照《解决国家与他国国民间投资争议公约》第42条第1款的规定，在

---

① 张薇：《国际投资中的社会责任研究》，华东政法大学2010年博士学位论文，第134页。

② OECD Guidelines for ultinational Enterprises, available at http://www.oecd.org/daf/inv/mne/oecdguidelinesformultinationalenterprises.htm.

ICSID 仲裁中，仲裁庭应依照双方可能同意的法律规则判定一项争端，如无此种协议，法庭应适用争端一方的缔约国的法律（包括其关于冲突法的规则）以及可以适用的国际法规则。上述规定显示，在投资仲裁中，东道国国内法显然也是仲裁庭法律适用的选项之一。一些双边投资协定也有类似的规定。如 2006 年中俄 BIT 就规定："仲裁裁决应当基于：（1）本协定的条款；（2）接受投资的缔约方的法律和法规，包括与法律冲突相关的规则；（3）国际法的规则和普遍接受的原则。"①

但具体到不同案件而言，是否适用东道国国内法则要视情况而定。其一，是因为不同的案件提出的基础不同，违反条约义务的案件和违反投资合同义务的案件其法律适用和可能不同；其二，也并非所有的投资仲裁案件都由 ICSID 仲裁，因此公约的上述规定也未必有约束力。

对于仲裁庭的法律适用问题，长期以来存在较大的争议，恰恰就在于东道国国内法与国际法之间的关系。具有代表性的美国 2004 年双边投资协定范本的规定具有参考价值。该范本首先规定诉被告国违反条约第 3 条到第 10 条之行为，仲裁庭根据条约及国际法规则予以裁决。当东道国被诉违反投资协定或者违反特许投资授权时，仲裁庭应当依据以下规则予以裁决：（1）在相关投资协定以及特许投资授权中确定的法律规则，或者争议方可能同意的法律规则；（2）如果不存在上述选择确定的法律规则或者双方可能同意的法律规则时，仲裁庭可以适用：一是被告国的法律，包括冲突法律规则；二是能被适用的国际法律规则。②

笔者比较赞同美国 BIT 范本至上述规定。首先如果该案件是起诉东道国违反了条约义务，那么当然应适用投资协定本身和国际法。但是在这种情况下，并非东道国国内法就完全没有适用的空间，因为在某些具体问题上——比如前文中提到的投资必须符合东道国国内法的"合法性条款"——投资协定本身就要求以东道国法律作为判断的标准。其次，如果投资者是基于东道国违反投资合同或者特许协议中的义务而提起仲裁，那么依据国际私法规则，首先应当尊重当事人意思自治，适用当事人选择的或者可能同意适用的法律，这种法律也可能是东道国国国内法。在没有意思自治的情况下，按照最密切联系原则，当然应该首先适用东道国国内法，包括其冲突规则。

在涉及腐败的投资仲裁案例中，很显然，一方面在该投资是否符合东道国国内法、是否构成受条约保护的投资问题上，东道国国内法具有明显的适用空间；另一方面，对于一项涉嫌腐败的投资的合同，其究竟是否构成腐败、是否无效或者可撤

---

① 中华人民共和国政府和俄罗斯联邦政府关于促进和相互保护投资协定，第 9 条第 4 款，http：//tfs. mofcom. gov. cn/aarticle/h/au/201002/20100206774629. html。

② US model BIT 2004，available at www. state. gov/documents/organization/117601. pdf.

销等问题，按照最密切联系原则，往往也需要适用东道国国内法来解决——尤其是双方国家之间没有签订与腐败问题相关的国际公约时。

4. 一般法律原则

依照《联合国国际法院规约》第38条第1款，我们一般认为，一般法律原则也是国际法的渊源之一。因此，在仲裁庭审理投资仲裁案件时，如果既不能适用国际条约和国际习惯，又不能适用国内法时，则往往会适用一般法律原则处理案件。虽然对于一般法律原则这一概念的认识尚存在一些分歧，但学者们一般认为一般法律原则是指各国国内法中的一些共同的法律原则。

在国际投资仲裁的实践中，涉及腐败问题所适用的一般法律原则，从目前来看，一般有以下几个：

第一，国际公共政策。应该说，不论是从各国国内法立法的角度、缔结国际条约的角度、各国国内法院司法裁决的角度，还是从国际仲裁庭的实践的角度来分析，都已经有比较充分的证据证明，反腐败已经初步形成为国际公共政策。① 尽管各国由于政治社会、法律、经济乃至人文历史的国情不同，导致对普遍接受的公共政策原则的确切含义、标准和适用范围始终存在分歧，② 但这并不影响国际社会形成这一共识。

比如在World Duty Free案中，仲裁庭在证明存在贿赂行为后，就通过参考与其有关的国内法、国际公约、法院与仲裁庭的实践，从而得出结论国际社会已经形成了反贿赂国际公共政策，从涉及贿赂的合同中产生的请求权不能被仲裁庭支持。③ 在Inceysa案和Plama Consortium Limited诉保加利亚案（以下简称Plama案）中，仲裁庭同样也援引了国际公共政策原则。④

---

① 这一点也可以参见相关学者的论文，A. Timothy Martin，*International Arbitration and Corruption: An Evolving Standard*，Transnational Dispute Management，Vol. 1，Issue 2，May 2004；Hilmar Raeschke-Kessler，Dorothee Gottwald，*Corruption in Foreign Investment Contracts and Dispute Settlement Between Investors，State and Agents*，the Journal of World Investment & Trade，Vol. 9，No. 1，April 2008；Florian Haugeneder，*Corruption in Investor-State Arbitration*，the Journal of World Investment & Trade，Vol. 10，No. 1，2009；贾浪、蒋围：《涉及贿赂的跨国投资合同法律效力问题初探》，载《国际经济法学刊》2010年第17卷第1期，第209页。

② 张宪初：《外国商事仲裁裁决司法审查中"公共政策"理论与实践的新发展》，载《中国仲裁咨询》2005年第1期，第15页。

③ World Duty Free Case，para. 157.

④ Inceysa Case，para. 249；Plama Consortium Limited v. Republic of Bulgaria，ICSID Case No. ARB/03/24，Award of August 27，2008，available at http：//ita. law. uvic. ca/documents/PlamaBulgariaAward. pdf，para. 143-146.

第二，善意原则。如前所述，善意原则在国际投资仲裁的理论与实践中，各国学者和仲裁庭均一致将其作为公平与公正待遇标准的一个重要构成要素。① 实际上善意原则可以适用于所有国际义务的履行，其本身便是国际习惯法规则并明确写明于《维也纳条约法公约》第31条，因此善意原则对于作为投资争议一方的缔约国来说，既是国际习惯法上的义务，也是投资协定中的条约义务。

但是从近年来善意原则的发展来看，其已经不仅仅针对东道国的行为，也针对的投资者的行为。由于国际习惯法和国际条约约束的对象主要是国家，那么基于善意原则对投资者提出要求，则原因在于该原则已经构成一项各国法律中的一般法律原则。在Inceysa案中，仲裁庭拒绝了该案的管辖权，其法律依据之一就是申请人的投资的不合法性违背了善意原则。② 在Plama案中，仲裁庭同样以保加利亚法和国际法中都具有善意原则作为拒绝支持申请人仲裁请求的理由之一。③

第三，任何人不得从其错误中获益原则（nemo auditur propriam turpitudinem allegans）。这是民法中的一项原则，在Inceysa案和Plama案中，仲裁庭都曾援引用来作为拒绝管辖或驳回申请人仲裁请求的依据。④

第四，不光彩的原因不得提起诉讼原则（ex turpi causa non oritur actio）。这一原则是指原告不得以与其自己的不法行为相关的理由来提起诉讼。这一原则又被称为“违法性抗辩”，即，被告人虽然可能自己有违约或者有疏忽大意的行为，但是原告由于他自己的行为具有违法性，被告仍然可以以此为由抗辩。在World Duty Free案，仲裁庭发现，在英国法（投资者母国法）和肯尼亚法中都有这一原则，因此仲裁庭援引该原则作为理由之一驳回了原告的请求。⑤

总之，从上述对腐败问题进行仲裁所适用的法律来看，国际投资仲裁庭对投资者-东道国纠纷中的腐败问题进行仲裁，具有比较坚实的法律依据。

三、对国际投资仲裁庭裁决腐败问题的质疑及评析

众所周知，仲裁制度本身，是设计用于解决私人之间的纠纷的，然而国际法的

① 相关观点可以参见 Rudolf Dolzer & Christoph Schreuer, Principles of International Investment Law；张庆麟、张晓静：《论公正与公平待遇的习惯国际法特征》，载《国际经济法学刊》2009年第16卷第4期，第38页。

② Inceysa Case, paras. 230-239.

③ Plama Case, paras. 143-146.

④ Inceysa Case, paras. 240-244; Plama Case, paras. 143-146.

⑤ World Duty Free Case, para. 179.

不断发展，却使得仲裁庭现在不得不处理一些与公共利益有关的重要的公众性事项。① 许多学者也指出，在商事仲裁中，即使双方当事人并不希望仲裁庭这样做，但仲裁庭还是有义务去审查在合同订立或履行过程中的腐败、洗钱、严重欺诈等问题。② 然而，在当前的国际法律环境下，即使投资仲裁庭尽力去审查案件中所涉及的腐败问题，其能力也是有重大缺陷的。正是因为如此，一些学者对投资仲裁庭裁决腐败问题的合理性提出了质疑。

（一）在涉嫌腐败的合同中拒绝保护投资者所引发的公平性和实效性问题

在本文中所讨论的好几个案件中，尤其是 World Duty Free 案，当作为申请人的投资者与作为被申请人的东道国之间的投资合同被证实存在腐败问题时，仲裁庭往往选择拒绝管辖或者认定合同无效（或不可执行）。有人认为，这种裁决实际上让外国投资者一方承担了腐败的全部责任，这对于投资者而言是不公平的，是单方面有利于东道国。因为在国际投资仲裁中，一旦被证明投资者与东道国之间的合同存在腐败，那么仲裁庭往往就不再讨论东道国的违约、违反投资协定义务等问题了。而且由于在仲裁程序中，仲裁庭不会对涉嫌腐败的官员以及东道国政府进行任何实质性处罚，因此其反腐败实效是非常有限的。因此，拒绝执行涉嫌腐败的合同，是单方面有利于东道国。

这种观点表面上看起来合理，但实际上却是片面的。因为，虽然在大多数情况下，确实是投资者提起仲裁，而东道国以腐败为由进行抗辩，但从理论上说，也不排除东道国向国际投资仲裁庭提起仲裁（虽然这种可能性很小），而外国投资者以合同涉及腐败来进行抗辩。而且，即使不发生这种原被告身份的转变，在前述提到的 RSM 案和 EDF 案中，也是作为原告一方的投资者提出了关于腐败的主张。更为重要的是，不论究竟是哪一方为原告、哪一方为被告，也不论是哪一方提起关于腐败的主张，腐败都是严重违反公共政策的。在这种情况下，仲裁庭对于涉及腐败的合同不予保护并不是维护原被告双方哪一方利益的问题，而是维护整个社会公共秩序的问题。这正如 World Duty Free 案中仲裁庭所述：法律是用来保护肯尼亚人民而不是保护原被告哪一方的利益；一项不合法的主张被驳回，是为了公共利益而不

---

① Ibironke T. Odumosu, *International Investment Arbitration and Corruption Claims*: *An Analysis of World Duty Free v. Kenya*, The Law and Development Review, Vol. 4, No. 3, 2011, p. 117.

② B. M. Cremades & D. K. A. Cairns, *Transnational Public Policy in International Arbitral Decision-Making*: *The Cases of Bribery*, *Money Laundering and Fraud* in Arbitration: Money Laundering, Corruption and Fraud, ed. by Karsten & Berkeley, International Chamber of Commerce, 2003, p. 80.

是被告的利益。①

当然，不可否认的是，仲裁庭没有任何权力去追究东道国一方腐败官员的责任，其能起到的反腐败的作用肯定是有限的。而且很可能从客观结果上说，是有利于东道国而不利于投资者的。然而，这是由于仲裁机制本身造成的。如前所述，仲裁机制只是设计来处理私人之间的私法性质的争议。反腐败的任务不可能完全通过投资仲裁机制来完成，而必须通过其他国际或者国内机制。

（二）仲裁庭权力有限不利于查证腐败问题

腐败案件的证据往往非常隐秘，在 World Duty Free 案中，申请人一方主动提供了关于行贿的一些细节，这种情况大多数涉嫌腐败的案件中是不会出现的。如何查证腐败问题往往成为一个难题。当然，仲裁庭并非完全没有主动调查收集证据能力，比如，ICSID 公约第 43 条就允许在当事方不反对的情况下，仲裁庭要求当事方提交有关文件和证据。但是，因为仲裁制度本质上是当事人私下解决纠纷的制度，具有秘密性，因此仲裁庭的调查、强制权和执行权都是非常有限的，其权力远远少于国内法院的权力。

在国际投资仲裁中，由于一方当事人是国家，其纠纷往往涉及社会公共利益，在涉及腐败的投资的问题上更是如此。正是如此，关于使用这一私下解决纠纷的机制来处理一些涉及社会公共利益的纠纷，饱受学者的质疑。而且，即使在一些国际投资仲裁中，仲裁庭按照“法庭之友”制度，允许第三方独立提交案件有关的意见或证据，也只能是基于第三方的自愿。仲裁庭，至少 ICSID 仲裁庭，是没有任何权力强迫原被告之外的任何第三方参与到仲裁程序之中的。

在 World Duty Free 案中，仲裁庭拒绝了申请人要求签发传唤肯尼亚前总统莫伊出庭作证的传票。② 仲裁庭指出：“莫伊，作为肯尼亚前总统，不是这些仲裁程序的一方当事人，也不在这些程序作为法定代表。同时他也不是证人。本仲裁庭对于这位前总统没有任何管辖权。本仲裁庭是根据双方当事人向本庭提交的意见和举出的证据来裁决这一争端的。”③

由于仲裁庭本身没有权力开启第三方程序，也无权强迫证人出庭，也没有更多的主动调查证据的权力，那么其在查证腐败行为的能力上的确存在缺陷。这一点，凸显了仲裁制度本身私下解决纠纷的属性，与其更多地被用于处理一些与公共利益有关的事项这一现实之间不可避免的矛盾。

---

① World Duty Free v. Kenya Case, para. 181.

② World Duty Free v. Kenya Case, para. 54.

③ World Duty Free v. Kenya Case, para. 3.

（三）证据规则方面的缺陷问题

如前所述，大多数涉嫌腐败的案件证据往往难以收集。在这种情况下，如何证实腐败行为是否存在，举证责任和证明标准规则就显得极为重要了。

关于举证责任问题，在有些仲裁规则中有原则上的规定，比如 UNCITRAL 仲裁规则第 24 条（1）就规定："对于自己的主张或抗辩所依据的事实，任何一方有义务举证证明。"然而更多的仲裁规则，根本没有一个专门条款来规定举证责任问题。但即使是 UNCITRAL 仲裁规则第 24 条（1）这项规定，也非常简单和抽象。关于证明标准问题，迄今为止，尚没有发现任何仲裁规则对仲裁案件的证明标准进行任何规定。①

因此，在涉及腐败这一关涉社会公共利益的重大问题上，如何认定腐败是否存在就成了摆在仲裁庭面前的一道难题。实际上，在大多数涉及腐败问题的投资仲裁当中，仲裁庭对于采用何种证明标准往往采取回避态度，比如前述 World Duty Free 案、Inceysa 案以及 Wena 诉埃及案（以下简称 Wena 案）。② 只有在最近的 EDF 案中，仲裁庭才对于何种证明标准有了明确的表态。在该案中仲裁庭认为，如果确有索贿行为存在，当然构成了不公正待遇并违反国际公共政策。这一索贿指控是非常严重的，应采用"明确而令人信服"的证明标准。而且仲裁庭还认为申请人提交的仲裁案例说明国际仲裁庭及学者们都一致认为对贿赂需要采取高度的证明标准。③ 最终仲裁庭根据这一证明标准判定索贿指控不成立。

虽然，有一部分学者提出，在国际仲裁庭中对于腐败问题的证明标准采取了比普通民事诉讼中"优势证据"标准更高的证明标准。但笔者认为，普通的国际商事仲裁与国际投资仲裁在性质上还是有所差异，用普通国际商事仲裁的案例来判断国际投资仲裁的实践，说服力不强。在国际投资仲裁中，腐败问题证明标准究竟如何，尚没有确定性的结论。而这种认定标准的不统一可能导致错误的裁决，恰恰不利于国际反腐败。

① Florian Haugeneder and Christoph Liebscher, Chapter V: Investment Arbitration - Corruption and Investment Arbitration: Substantive Standards and Proof in Austrian Arbitration Yearbook 2009, by Christian Klausegger, Peter Klein, et al. ed., C. H. Beck, Stämpfli & Manz, 2009, p. 544.

② 王海浪：《论国际投资仲裁中贿赂行为的证明标准》，载《法律科学（西北政法大学学报）》2012 年第 1 期，第 160 ~ 161 页。

③ EDF Case, para. 221.

四、结论——我国对投资仲裁中腐败问题的可仲裁性应持的态度

通过前述分析可见，国际投资仲裁庭在实践中支持腐败问题可仲裁性，而且其这种对腐败问题的裁决具有较为坚实的法律依据和基础。而且，笔者认为，在当前整个国际社会反腐败的大环境下，国际投资仲裁庭的实践发挥了一定程度的国际反腐败功能，具有积极意义。

当然，通过本文第三部分的分析也可以发现，国际投资仲裁庭对腐败问题进行裁决确实存在一些缺陷，因此国内有学者的观点就是，中国作为吸引外资的大国，在投资仲裁庭倾向于使用更高的证明标准的情况下，其裁决结果很可能对外国投资者有利，从而放纵腐败行为，因此建议中国在BIT中将涉嫌腐败的问题作为不可仲裁的事项加以规定，否则就要明确规定对于腐败不应采取比普通民事案件更高的证明标准。①

对上述学者的观点，笔者不敢苟同。理由如下：

第一，不允许国际仲裁庭审理涉嫌腐败案件，既不符合当前全球反腐败的大气候也与国内法律实践不一致。从国际反腐败的大气候来看，各国都认可尽管对反腐败行为的打击更多的由各国的刑法来完成，但是在跨国腐败的问题上，也需要国家之间的进一步合作，甚至各种非政府民间力量的共同努力，国际投资仲裁庭作为民间机构，对其反腐败的作用不能期待过高，只要能作为国家合作反腐的补充即可。而且从我国国内仲裁的实践来看，仲裁庭也是有权审理涉及腐败的合同，并对涉及腐败的合同认定为无效合同的，那么对于同为民间机构的国际仲裁庭，我们有何理由不允许其审查投资合同中的腐败问题？

第二，关于采取更高的证明标准会放纵腐败行为并对中国不利这一论断不能成立。首先，从前述案例我们可以看出，除了EDF案仲裁庭明确采用了更高的证明标准外，其他的仲裁庭对于证明标准这一问题主要还是采取回避态度，因此说投资仲裁庭采用更高的证明标准这一论断不能成立。其次，不论采用何种证明标准，从现存的与腐败有关的投资仲裁案例来看，看不出对投资者有利的结论。采取更高证明标准的EDF案，最终的结果对于投资者不利。World Duty Free案、Fraport案的结果都是对投资者不利。只有Wena案的结果是对投资者有利的，而该案仲裁庭没

① 贾浪、蒋围：《涉及贿赂的跨国投资合同法律效力问题初探》，载《国际经济法学刊》2010年第17卷第1期，第209页；王海浪：《论国际投资仲裁中贿赂行为的证明标准》，载《法律科学（西北政法大学学报）》2012年第1期，第160~161页。

有明确采用何种证明标准。再次，如前所述，关于腐败的主张或抗辩，既有可能是投资者提出，也有可能是东道国提出。不论采用何种证明标准，对双方都是公平的。对于腐败的审查是为了社会公共利益而非当事方哪一方的利益。最后，我国既是资本输入大国，也是资本输出大国，我国投资者在海外投资也可能遭遇到行贿之类的非难，① 因此考虑采取何种证明标准，不应单从将我国是资本输入大国这一立场出发来考虑，而应从这一问题本身哪种标准更为合理为出发点。

第三，笔者认为，对于腐败如此严重的指控，采取较高的证明标准是合理的。因为，其一，越是严重指控，其发生的可能性越小，当然证明标准要求就更加严格；其二，腐败的合同的结果往往是合同无效，这一结果是非常严重的，一旦错误判决合同无效，往往会给双方当事人都带来严重的损失，因为在认定上当然需要更加谨慎。所以，无论是在大陆法系还是英美法系，对于贿赂这种极为重大或敏感的事项，都要求更高的证明标准。② 实际上，为什么在刑法上我们要采取“排除合理怀疑”这样一个很高的证明标准，也是因为刑法上指控的罪行都是极为严重的，如不谨慎，往往造成极坏的后果。

第四，不论采取何种证明标准，其实都是一个仲裁员或者法官自由心证的过程，这一过程往往还需要配合举证责任规则才能实现。某些学者担心，在投资仲裁中，大多数情况下是东道国提出腐败的抗辩主张合同无效，过高的证明标准会有利于投资者。但是，在这种情况下，双方当事人对于腐败问题的举证能力是不完全一样的。众所周知，腐败由于其本身的隐秘性，如果没有国家机关的调查，很难掌握实质性证据。在这种情况下将举证责任较多地分配给东道国一方显然是合理的，因为东道国政府对于腐败问题的举证能力远远强于投资者一方。因此，这种情况下，仲裁庭要求东道国更清晰地证明腐败的存在以支持其抗辩也是合理的。

综上所述，笔者认为，应当肯定投资纠纷中的腐败问题在国际投资仲裁中具有可仲裁庭。至于国际投资仲裁庭在仲裁腐败问题中的一些缺陷，是由其制度本身的缺陷造成的，国际投资仲裁在制度确有进一步完善的空间，这些需要各国在缔结投资协定时或者在投资合同中，对于投资仲裁的程序规则进行进一步细化，甚至可以在各种类型的国际投资条约进一步强化要求缔约国履行打击跨国腐败的义务，赋予

---

① 在近年来国内媒体的报道中，虽然多数是报道外国投资者在中国投资时行贿的问题，如2003年“沃尔玛”案，2009年“大摩”案，2002—2007年“西门子”案等，但也不乏我国企业在海外投资时遭遇行贿非难的报道，如《中兴通讯菲律宾遭遇政治法律壁垒 被指行贿》，http：//news. itxinwen. com/2012/0602/406233. shtml。

② Alan Redfern，Claude Reymond，*The Standards and Burden of Proof in International Arbitration*，Arbitration International，Vol. 10，No. 3，1994，p. 334.

投资仲裁庭打击腐败更为坚实的法律基础。总之，国际反腐败的工作涉及整个国际社会的公共利益，而国家作为国际社会的主体，当然在这方面应当承担最为主要责任，而国际仲裁庭最多只能某一个方面起到一些辅助作用。如果考虑到这点，我们就应当对投资仲裁庭在仲裁腐败问题中的缺陷保持宽容，承认腐败问题的可仲裁性，发挥国际投资仲裁庭的反腐败功能。

An Analysis on the Arbitrability of Corruption Issues in International Investment Arbitration

Abstract: Corruption is a very serious problem in international investment nowadays. In this context, some parties in international investment arbitration cases began to put forward the corruption charges or defenses in recent years. International investment arbitration tribunals deem these corruption issues as arbitrable matters and have taken different approaches in handling them according to the different situations. In some cases the tribunal declined jurisdiction, in some other cases the tribunal assumed jurisdiction but ruled the contracts unenforceable or invalid and in some other cases with insufficient evidences of corruption the tribunal rejected claims or defenses. The legal basis of the investment arbitration tribunals' ruling include international investment agreements, international conventions, domestic laws of host countries and general legal principles. Even there are some defects of the international investment arbitration's arbitration on corruption issues, such as the lack of a third party participation procedure and the ambiguity of proof standards, but overall, the reasons against the arbitrability of corruption issues in international investment arbitration are not sufficient. We should not object international investment arbitration tribunal ruling over corruption issues.

Keywords: investment arbitration corruption arbitrability

